독자의 1초를
아껴주는 정성을
만나보세요!

세상이 아무리 바쁘게 돌아가더라도 책까지 아무렇게나 빨리 만들 수는 없습니다.
인스턴트 식품 같은 책보다 오래 익힌 술이나 장맛이 밴 책을 만들고 싶습니다.
땀 흘리며 일하는 당신을 위해 한 권 한 권 마음을 다해 만들겠습니다.
마지막 페이지에서 만날 새로운 당신을 위해 더 나은 길을 준비하겠습니다.

FUTATABI NO KOKOSUGAKU by Hiroyuki Nagano

Copyright © Hiroyuki Nagano, 2016

All rights reserved.

Original Japanese edition published by Subarusya Corporation

Korean translation copyright © 2021 by Gilbut Publishing co.

This Korean edition published by arrangement with Subarusya Linkage, Tokyo,

through HonnoKizuna, Inc., Tokyo, and Botong Agency

이 책의 한국어판 저작권은 Botong Agency를 통한 저작권자와의 독점 계약으로 (주) 도서출판 길벗이 소유합니다.

신 저작권법에 의하여 한국 내에서 보호를 받는 저작물이므로 무단전재와 무단복제를 금합니다.

다시 고등 수학

Try again! High school mathematics

초판 발행 · 2022년 1월 19일

초판 3쇄 발행 · 2024년 2월 19일

지은이 · 나가노 히로유키

옮긴이 · 서재원

발행인 · 이종원

발행처 · (주)도서출판 길벗

출판사 등록일 · 1990년 12월 24일

주소 · 서울시 마포구 월드컵로 10길 56(서교동)

대표전화 · 02)332-0931 | **팩스** · 02)323-0586

홈페이지 · www.gilbut.co.kr | **이메일** · gilbut@gilbut.co.kr

기획 및 책임편집 · 이다빈(dabinlee@gilbut.co.kr) | **디자인** · 배진웅(유어텍스트) | **제작** · 이준호, 손일순, 이진혁

영업마케팅 · 임태호, 전선하, 차명환, 지운집, 박성용 | **영업관리** · 김명자 | **독자지원** · 윤정아

교정교열 · 박한솔 | **전산편집** · 김정하 | **출력 및 인쇄** · 금강인쇄 | **제본** · 금강제본

- 잘못된 책은 구입한 서점에서 바꿔 드립니다.
- 이 책은 저작권법에 따라 보호받는 저작물이므로 무단전재와 무단복제를 금합니다. 이 책의 전부 또는 일부를 이용하려면 반드시 사전에 저작권자와 ㈜도서출판 길벗의 서면 동의를 받아야 합니다.

ISBN 979-11-6521-818-8 93000

(길벗 도서번호 080242)

정가 22,000원

독자의 1초까지 아껴주는 정성 길벗출판사

길벗 | IT단행본, IT교육서, 교양&실용서, 경제경영서

길벗스쿨 | 어린이학습, 어린이어학

페이스북 · www.facebook.com/gbitbook

다시 고등 수학

TRY AGAIN,
HIGH SCHOOL MATHEMATICS

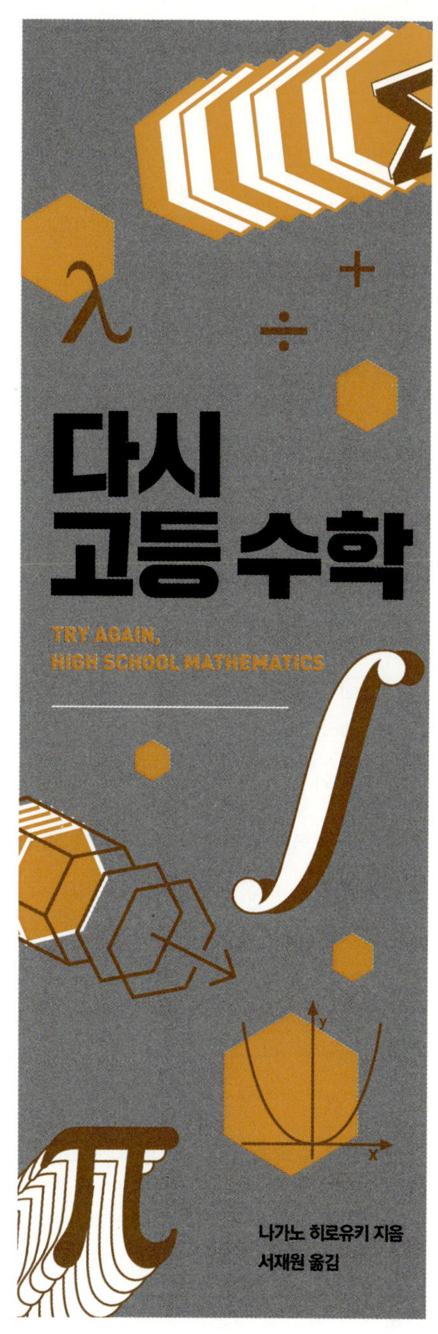

나가노 히로유키 지음

서재원 옮김

길벗

수학 공부는

    (1) 새로운 개념 배우기

    (2) 정리나 공식의 의미 이해

    (3) 문제 풀기

라는 세 가지 단계를 거치는 것이 정석입니다.

그러나 고등학교에서는 정기 시험이나 대학 입시를 의식한 나머지 (3) 위주로 공부하는 경우가 적지 않습니다. 이때 학생들은 본래의 목적을 잃은 채 '풀이법을 외워 문제 풀기'에만 몰두하기 쉽습니다. 그렇게 되면 수학은 문제를 풀지 못하는 학생에게 가시밭길이 되어 버릴 것이고, 문제를 풀 수 있는 학생에게는 이것을 풀 수 있는지가 최대 관심사가 됩니다. 이렇게 되면 클리어 여부가 최대 관심사인 게임과 큰 차이가 없어집니다. 어느 쪽의 고등학생이든 수학을 배우는 의미와 목적을 깨닫는 상황은 매우 드물 것입니다.

하지만 대학교 수학에서는 위의 (1)과 (2)를 더 중요시합니다. 왜냐하면 대학에서는 수학을 학문으로 보기 때문입니다. 수학이 학문인 이상, 그것을 배우는 의미와 목적을 이루기 위해서는 '무엇이 새로운 개념인가?', '새로운 개념을 통해 무엇을 알아낼 수 있는가?'라는 점이 가장 중요하다는 것은 두말할 나위가 없습니다.

고등학교 수학의 '전체'를 내려다보고, 대학교 수학의 '도입부'를 몸으로 느끼자

〈다시 고등 수학〉으로 명명된 이 책이 품은 가장 큰 목표는 '고등학교 수학이란 무엇이었던 것일까?'라는 질문에 답하는 것입니다.

바꾸어 말하면 고등학교 수학을 학문으로서 다시 살펴보자는 것입니다. 그래서 이 책은 정리나 공식을 유도하는 데 지면을 많이 할애합니다. 하지만 필요한 사전 지식은 거의 없습니다. 각 단원의 내용은 가장 기본적인 것부터 설명합니다. 아무쪼록 안심하고 블록을 하나하나 쌓아가듯 책을 읽어 주세요. 그러면 '그때 배운 그 수학에 이런 뜻이 있었구나!'라고 무릎을 치는 순간이 오리라 자부합니다.

또한, 각 절에 마련한 문제들은 실제로 풀지 않아도 됩니다(물론 실력에 자신이 있는 분은 꼭 도전해 보시길!). 각각의 문제에 붙인 해설과 해답을 통해 '문제 풀이 실력'이 없어도 개념이나 원리, 공식을 본질적으로 이해하면 문제를 잘 풀 수 있다는 사실만 인지해도 충분합니다.

그런 의미에서 이 책은 '수학은 공부하는 방법을 모르겠어', '아무리 풀이법을 암기해도 문제가 안 풀려'라며 고민하는 고등학생 여러분께도 도움이 되는 부분이 있을 것입니다.

또한, 단원마다 수록된 칼럼에는 고등학교에서 배우는 수학이 역사 속에서 어떻게 태어났으며, 사회에서 어떤 역할을 하는지 고등학교 수학과 대학 수학은 어떤 관계인지를 적어 두었습니다. 교과서적인 설명과는 다르게 고등학교 수학을 다른 각도에서 바라보는 경험이 '입체적인 이해'로 이어지기를 바랍니다.

이 책의 구성과 '수학 지도'에 대하여

고등학생 여러분이 수학에서 헤매는 또 다른 이유는, 각 단원의 내용이 서로 어떻게 연관되어 있는지가 와닿지 않기 때문이 아닐까요? 고등학생은 교과 과정에 따라 계속 새로운 단원을 배워야 하므로 지금 배우는 단원이 어떤 분야인지 이것이 과거에 배운 단원과 어떤 관련이 있는지 이해할 여유가 없습니다.

그래서 이 책은 고등학교 수학의 내용을 다음처럼 7개의 장으로 나누고 다시 구성했습니다.

1장: 기하학

2장: 대수학

3장: 해석기하학

4장: 정수론과 수열

5장: 해석학

6장: 확률과 통계

7장: 대학 수학으로 가는 길

전체를 수학 분야별로 내려다 볼 수 있도록 8쪽 그림을 꼭 확인해 주세요. 이것은 중학교와 고등학교, 대학(1학년 정도)까지 다루는 수학 내용의 관계성을 고등학교 수학을 중심으로 정리한 것입니다.

고등학교 수학에서도 큰 비중을 차지하는 3개의 장인 기하학(1장)과 대수학(2장), 해석학(5장)은 일본에서 '3대 수학 분야'로 알려져 있습니다. 또한, 사회적인 수요의 증가를 반영하여 확률과 통계(6장) 비율을 이전보다 늘렸습니다. 중학교 수학에서의 '기하'와 '문자와 식', '함수', '자료의 해석' 이 4개 분야가 기초가 됩니다.

기하학과 대수학은 데카르트가 변수와 좌표를 도입함으로써 해석기하학(3장)이라는 열매를 맺었습니다. 또한, '1, 2, 3, …'으로 이어지는 자연수를 다루는 정수론과 수열(4장)의 내용은 다른 수학 분야의 관계가 다소 얕고, 독특한 발상이 필요하기에 다른 단원과 동떨어진 단원이라고도 할 수 있지만, 수열의 이해는 극한을 이해하고, $n \times n$ 행렬의 성분을 이해하는 데에도 필요한 개념이기 때문에 빼놓을 수 없습니다.

대학에 진학하면 보통 먼저 '미적분'과 '선형대수'를 배웁니다. 일차방정식을 다루는 선형대수는 벡터와 행렬을 사용합니다. 따라서 이들은 대학 수학으로 가는 길(7장)에 정리했습니다. 또한, '행렬'과 '복소평면'도 7장에 넣었습니다.

'고등학교 수학'이라는 큰 바다로 향하는 당신에게 이제부터의 항로는 절대 짧지 않을 것입니다. 하지만 필자가 항해사가 되어 그 전체 내용을 밝힐 수 있도록 책임감을 가지고 앞에서 이끌겠습니다. 모든 페이지를 넘겼을 때, 당신에게 고등학교 수학은 더 이상 정체 모를 것이 아닐 것입니다. 동시에 이 책이 수학을 '학문'으로 만나는 계기가 될 수 있다면, 필자로서는 더할 나위 없이 기쁠 것입니다.

나가노 히로유키

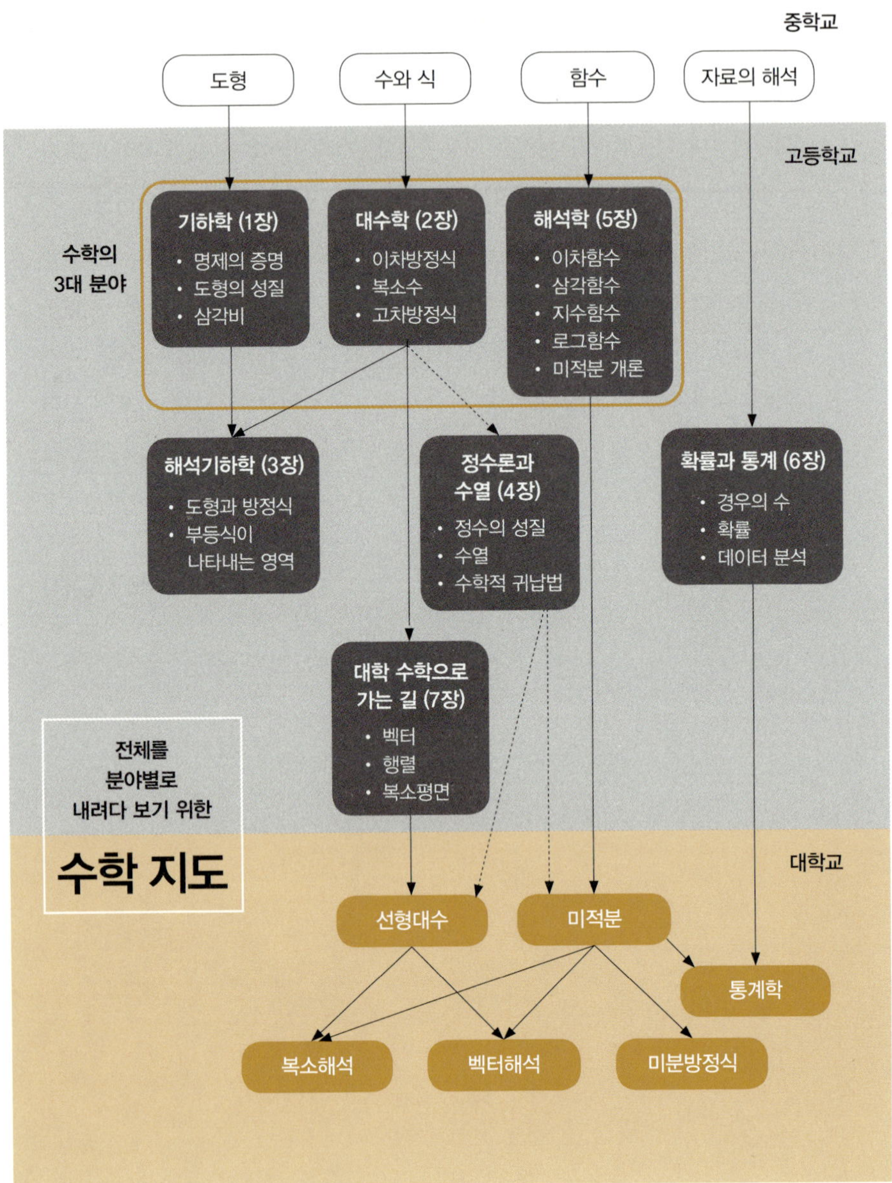
중학교
도형
수와 식
함수
자료의 해석
고등학교
수학의
3대 분야
기하학 (1장)
• 명제의 증명
• 도형의 성질
• 삼각비
대수학 (2장)
• 이차방정식
• 복소수
• 고차방정식
해석학 (5장)
• 이차함수
• 삼각함수
• 지수함수
• 로그함수
• 미적분 개론
해석기하학 (3장)
• 도형과 방정식
• 부등식이
  나타내는 영역
정수론과
수열 (4장)
• 정수의 성질
• 수열
• 수학적 귀납법
확률과 통계 (6장)
• 경우의 수
• 확률
• 데이터 분석
대학 수학으로
가는 길 (7장)
• 벡터
• 행렬
• 복소평면
전체를
분야별로
내려다 보기 위한
수학 지도
대학교
선형대수
미적분
통계학
복소해석
벡터해석
미분방정식

이 책을 처음 보았을 때는 기본적인 설명을 통해 개념이나 정리의 본질적인 이해를 유도한다는 점에서 좋은 참고서라고 생각했습니다.

특히 다음과 같은 장점이 도드라집니다.

1. 고등학교 수학의 범위를 뛰어넘는 내용을 복습할 수 있다.

2. 고등학교 수학에서 대학 수학으로 넘어가는 징검다리 역할에 충실하다.

3. 식 변형에 자세한 주석이 붙어 있어서 독자의 기억을 되살려준다.

저자가 본문에서도 밝히고 있지만, 고등학교 수학은 교과 과정을 다 소화하기에도 벅차기 때문에 학생들이 흥미를 가지기가 어렵습니다.

그것을 보완하기 위해서 수시로 왜 이 교과 과정을 배워야 하는지에 대한 동기부여를 아낌없이 해 줍니다.

독자 여러분께서도 이 책을 통해 학창시절에 배웠던 고등학교 수학에 대한 기억을 되살려 보세요.

감사합니다.

2022년 1월

서재원

학창 시절에 학습이 미흡했거나 오랜 시간이 지나면서 흐릿해진 수학 개념을 다시 잡기에 유용했습니다. 주요 개념들을 이해하기 쉽게 설명했고 같은 개념을 여러 관점을 통해 설명하여 이해를 도왔습니다. 또한, 일상에서 접할 수 있는 예시를 들고 그림을 통해 설명하기 때문에 개념을 더욱 확실하게 이해할 수 있습니다. 하지만 단순한 교양서는 아니기 때문에 수학 개념의 복기뿐만 아니라 새로운 개념을 이해하기 위한 시간을 투자해야 합니다. 현재 책에서 다루는 수학 개념이 반드시 필요한 분들이라면 투자 시간 대비 확고하게 지식을 쌓을 수 있으리라 생각합니다. 수학을 어렵게 느꼈던 분들이나 이공학적 관점으로 살아오지 않으셨던 분들도 이 책을 통해 더욱 쉽고 재미있게 익힐 수 있길 바랍니다.

문주영_웹 프런트엔드 개발자

중·고등학생 때 수학은 제게 큰 고난이었습니다. 다른 분들도 마찬가지였을 것이라 생각합니다. 그렇지 않아도 친하지 않은 수학인데 군대를 다녀온 뒤로 수학 개념을 잊어 버려서 어떻게 공부해야 할지 고민이 많이 됐습니다. 수학의 필요성이 더 크게 와닿기 시작했지만 막상 시작하려니 대책도 없고 무작정 문제집을 사서 풀자니 거부감이 들었습니다. 그러던 중 이 책을 접할 수 있게 되었고, 읽으면서 잊어 버렸던 내용들이 다시 기억나서 다행이라 느꼈습니다. 그림과 설명이 적절하게 배치되어 있어서 이해하기 쉬웠습니다. 아무런 준비가 되어 있지 않은 사람도 이 책을 읽으면 어려움 없이 수학을 공부할 수 있고, 자신감을 얻어갈 수 있을 것입니다. 걱정하지 않으셔도 됩니다. 이 책은 충분히 친절하니까요!

조훈희_전북대학교 컴퓨터공학부

고등학교 1학년 이후 수학을 포기한 저에게 다시 수학을 공부하는 것은 너무 어려운 일이었습니다. 그 전 공식부터 다시 되짚어 보면 배워야 할 것이 너무 많기 때문입니다. 하지만 이 책은 이 책만으로도 기초 수학을 충분히 배울 수 있는 책입니다. 공식과 정리에 대한 식만 나오는 것이 아니라 관련된 유래나 이야기로 풀어 주기 때문에 흥미롭게 읽으면서 자연스럽게 익힐 수 있었습니다. 그리고 중간중간 귀여운 그림으로 유쾌한 농담을 넣어 주어 지루하지 않게 읽을 수 있었습니다. 정의나 정리는 증명을 통해 알려 주기 때문에 식의 원리를 이해할 수 있었습니다. 고등학교 졸업한 지 10년이 다 되어가는 지금, 천천히 하나하나 수학을 알아가는 것이 어렸을 때 처음 수학을 배웠을 때처럼 재밌게 느껴졌습니다.

오병현_충북대학교 학부생

저는 '비전공자'라고 불리는 문과 출신 개발자입니다. 주입식 입시 교육으로 관성적으로만 수학을 받아들인 이후로 다시 공부할 엄두를 내지 못했으나, 개발자로서 효율적으로 프로그래밍하기 위해서는 수학적 능력의 기반이 필요하다 느껴 〈다시 고등 수학〉 베타 리더에 지원하게 됐습니다. 수학에 흥미를 느낄 수 있도록 개념이 등장한 배경을 언급하는 부분과 공식을 왜 알아야 하는지 설명해 주는 부분이 특히 마음에 들었습니다. 〈다시 고등 수학〉을 통해 논리적 사고를 단련하면 실무에도 큰 도움이 될 것 같습니다.

김세영_웹 프런트엔드 개발자

6장 확률과 통계 — 우연을 다루기 위한 수학 ····· 363

7장 대학 수학으로 가는 길 선형대수와 복소평면 ····· 439

1장

기하학

설득술로서 발전해 온 수학

▶ 수학의 어원에 대하여

수학(mathematics)의 어원은 그리스어의 마테마타(mathemata)라고 알려져 있습니다. 마테마타의 뜻은 '배워야만 하는 것(복수형)'입니다. 즉, 처음에는 '수학'과 '학과'가 같은 뜻이었습니다.

고대 그리스에서 마테마타(수학 = 학과)란 다음 네 가지를 가리킵니다.

1) 산술

2) 음악 = 응용 정수론

3) 기하학

4) 천문학 = 구면 기하학(움직임 속의 기하학)

고대 그리스의 마테마타(수학 = 학과)

이 네 가지를 해석해 보면 다음과 같습니다.

산술

음악 = 응용 정수론

기하학

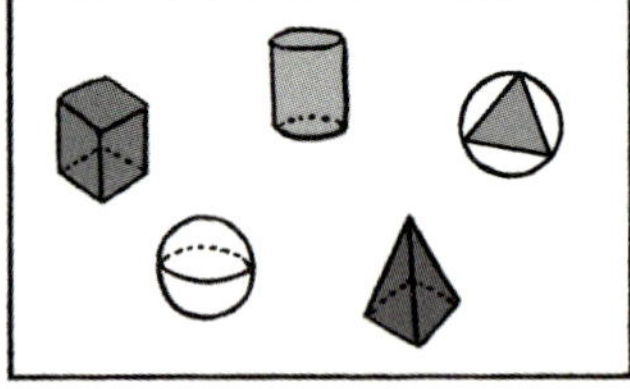

천문학 = 구면 기하학

고대 그리스 사람들이 음악을 '응용 정수론'으로 받아들인 이유는 '부분 : 전체 = 1 : 2'가 되는 지점의 현을 짚고 연주하면 한 옥타브 위의 음이 되고, '부분 : 전체 = 2 : 3'이 되는 지점의 현을 짚고 연주하면 5도('도'와 '솔'의 음정)의 화음이 되어 아름답게 조화한다는 것과 같은 사실을 알고 있었기 때문입니다.

원래 옥타브나 '도'와 '솔'과 같은 음정의 관계에 법칙이 있음을 처음 발견한 이는 고대 그리스의 수학자 피타고라스(기원전 580~500년)와 그를 따르는 학파였습니다. 인간이 자연스레 아름다움을 느끼는 음정에 간단한 정수비가 숨어 있다는 사실은 큰 놀라움이었을 것입니다. '신'의 존재를 실감했을지도 모릅니다.

실제로 음계에 관한 연구는 피타고라스 학파가 '만물은 수이다'라는 다소 극단적인 생각(교리)에 도달하는 계기가 되었습니다.

예나 지금이나 수학은 '배워야 하는 것'의 대명사

고대 그리스에서 수학이 '배워야만 하는 것'의 대명사였던 이유는 고대 그리스의 기저에 민주주의 사상이 깔려 있던 것과 관련이 있습니다. 논의를 통해 중요한 결정을 하는 사회 구조에서는 **자신과 다른 생각을 하는 상대에게 자기 생각을 설파하는 능력 혹은 상대의 생각을 이해하는 능력, 즉 논리력**이 꼭 필요했습니다. 이 논리력을 연마하기 위해 수학을 반드시 배워야 한다고 생각했던 것입니다.

물론 오늘날에도 이런 상황은 비슷합니다. 하지만 사회에 진출해서 이차방정식을 풀거나 벡터의 내적을 계산할 기회는 일단 없다고 봐야 할 것입니다. 그런데도 한국은 물론 전 세계의 선진국에서 문과·이과를 불문하고 수학이 필수 과목이 된 이유는 **논리력을 닦는 데 있어 수학이 최적의 과목**이기 때문입니다.

01 명제와 증명

누군가 고등학교 수학에서 가장 중요한 단원은 무엇이냐고 물어본다면 망설이지 않고 이 절에서 설명할 '명제와 증명'이라 대답할 것입니다.

그 중에서도 **필요조건**과 **충분조건**에 대한 이해는 모든 논리의 기초가 되는 가장 중요한 사항이라 해도 과언이 아닙니다.

수학은 논리와 떼려야 뗄 수 없는 관계라는 것은 모두가 아는 사실이지만 '필요'와 '충분'은 수학의 논리 중에서도 가장 중요한 역할을 하는 기본적인 사고방식입니다. '이것 없이는 어떠한 수학적 논리도 전개할 수 없다'라고 단언할 수 있을 정도입니다.

또한, '부정'을 이용해서 증명하는 방법인 **대우**와 **귀류법**의 이해도 매우 중요합니다.

대우는 얼핏 보기에도 복잡해 보이는 명제를 단순화하고, 귀류법은 정면 돌파로는 증명할 수 없는(하기 어려운) 명제를 증명할 때 큰 힘을 발휘합니다.

자세히 설명하기 전에 명제가 무엇인지 확인해 봅시다.

> **명제: 참과 거짓을 객관적으로 판정할 수 있는 문장이나 식**

예를 들어 '백두산은 한국에서 가장 높은 산이다'는 명제지만 '백두산은 멋있다'는 명제가 아닙니다. 백두산의 높이가 한국에서 가장 높은지는 객관적으로 판정할 수 있지만, 백두산이 멋지다고 느끼는 데는 개인차가 있으며 (심지어 대부분이 '멋지다'고 생각할지라도) 참과 거짓을 객관적으로 판단할 수 없기 때문입니다.

논리적 사고의 기초: 필요조건과 충분조건

우선 필요조건과 충분조건의 정의를 살펴보겠습니다.

필요조건과 충분조건의 정의

명제 'P이면 Q이다'가 참일 때,

$$P를\ (Q\text{이기 위한})\ \text{충분조건}$$
$$Q를\ (P\text{이기 위한})\ \text{필요조건}$$

이라고 합니다.

'P이면 Q이다'에서 P를 '재즈'라 하고 Q를 '음악'이라 하면 '재즈는 음악이다'가 됩니다. 이는 당연히 참이므로(올바르므로) 정의에 따라

재즈: 충분조건

음악: 필요조건

이 됩니다.

확실히 재즈가 되기 위해서는 (적어도) 음악일 **필요**가 있습니다.

또한, 음악이 되기 위해서 재즈면 (넉넉하게) **충분**하다고 할 수 있습니다.

재즈는 음악의 한 장르이므로 이 둘의 관계를 그림으로 표현하면 다음과 같은 모습이 됩니다.

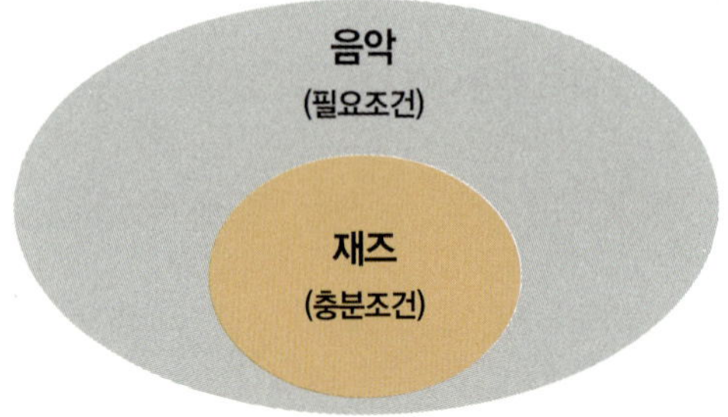

이처럼 **한쪽이 다른 한쪽을 완전히 포함하는 경우**를 다음과 같이 집합으로 이해 해 보는 것도 매우 중요합니다(집합에 관한 내용은 6장에서 자세히 다룹니다).

> 영역이 더 작은 쪽(재즈): 충분조건
>
> 영역이 더 큰 쪽(음악): 필요조건

특히 두 개의 명제 'P이면 Q다'와 'Q이면 P다'가 모두 참일 경우에는 'P와 Q 가 서로의 필요충분조건이다'라고 합니다. 또는 'P와 Q는 서로 동치다'라고도 합니다.

문제를 풀어 봅시다.

문제 1

실수 x에 대하여 $-1 < x \leq 2$인 것이 $a < x < a + 4$이기 위한 충분조건이 되 는 a의 범위를 구하세요.

해답

$$P : -1 < x \leq 2$$
$$Q : a < x < a + 4$$

로 바꾸면 'P가 Q이기 위한 충분조건이 되는 a의 범위를 구하세요'라는 문제가 됩니다. 즉, P가 Q에 포함되는(P 쪽이 Q보다 작아지는) a의 범위를 구하면 되는 것입니다.

수직선을 사용해서 생각해 봅시다. 출제 의도(출제한 목적)를 만족하는 경우는 P와 Q의 관계가 다음과 같을 때입니다.

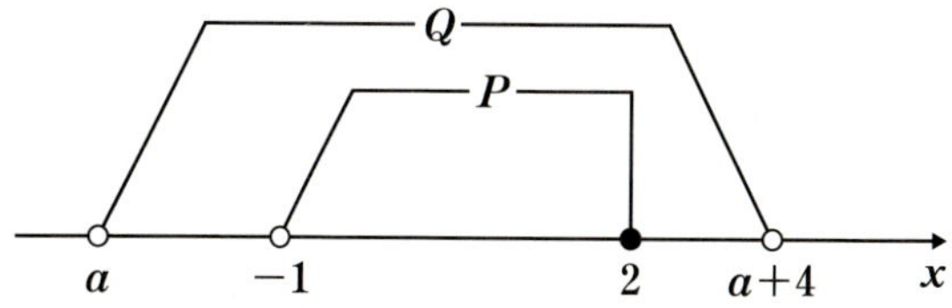

이 그림에서 왼쪽 끝부분에 주목하세요. $a = -1$일 때도 P는 Q 밖으로 빠져나오지 않습니다. 하지만 오른쪽 끝부분이 $2 = a + 4$일 때는 P가 Q 밖으로 빠져나옵니다.

이에 따라 구해야 하는 조건은

$$a \leq -1 \quad \text{그리고} \quad 2 < a+4$$

임을 알 수 있습니다. 이를 풀면 답은 다음과 같습니다.

$$2-4 < a \Rightarrow -2 < a$$

$$-2 < a \leq -1$$

수학에서는 일반적으로 부등식의 범위를 수직선에 나타낼 때,

　　등호 없는 부등호(<)는 ○와 대각선

　　등호 있는 부등호(≤)는 ●와 (직선에) 수직으로 뻗은 선

으로 표기합니다.

예를 들어 $1 \leq x < 4$는 다음과 같이 표기합니다.

▼ 그림 1-3 수직선에 나타낸 $1 \leq x < 4$

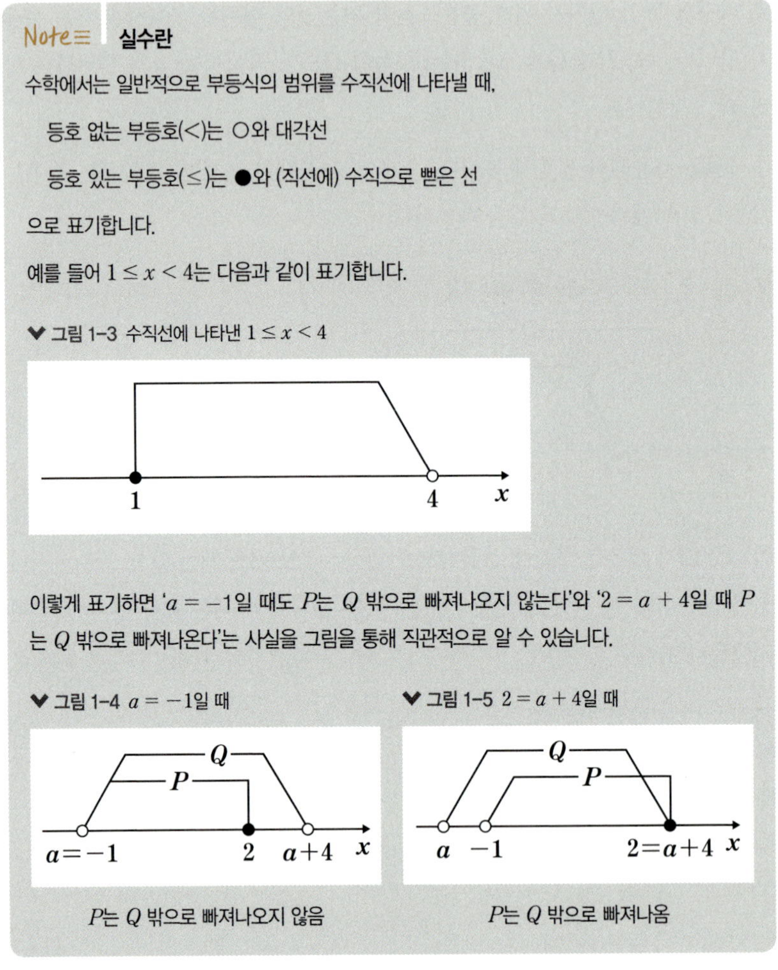

이렇게 표기하면 '$a = -1$일 때도 P는 Q 밖으로 빠져나오지 않는다'와 '$2 = a + 4$일 때 P는 Q 밖으로 빠져나온다'는 사실을 그림을 통해 직관적으로 알 수 있습니다.

▼ 그림 1-4 $a = -1$일 때　　　　　▼ 그림 1-5 $2 = a + 4$일 때

P는 Q 밖으로 빠져나오지 않음　　　　　P는 Q 밖으로 빠져나옴

우리는 보통 무언가를 고를 때, 자연스레 **필요조건에 따라 후보를 줄여 나갑니다. 그리고 충분조건을 만족하는 후보를 탐색합니다.**

예를 들어 점심 메뉴를 고를 때, '8,000원 안팎의 메뉴'처럼 예산이 필요조건인 사람이 적지 않을 것입니다. 거기에 '30분 안에 먹을 수 있는 메뉴' 혹은 '깔끔한 맛' 등의 필요조건을 더해, 그 모든 필요조건을 만족하는 메뉴로 후보를 줄여 나가지 않나요? 그리고 남은 메뉴(후보)가 오늘 점심으로 괜찮은지(충분한지) 고민합니다. 그 결과 (예를 들어) '그럼 오늘 점심은 콩나물국밥으로 하자'고 결

정하는 사고방식은 매우 당연하다고 생각할 것입니다.

이처럼 필요조건과 충분조건을 구분하는 능력은 문제를 해결할 때 대단한 위력을 발휘합니다.

다음 예제에서 활용해 봅시다.

문제 2

$0 < x \leq y \leq z$인 정수 x, y, z에 대하여 $xyz = x + y + z$를 만족하는 정수 x, y, z를 모두 구하세요.

해설

정수 문제는 때때로 어렵게 나오는 경우가 있어서 (자세한 내용은 4장 '정수론과 수열'에서 다룹니다) 특별한 접근이 필요하지만, 이런 문제에는 **극단적인 예를 가정하고 필요조건에 따라 범위를 좁히며 충분조건을 만족하는지 탐색**하는 방법이 좋습니다.

문제에 $0 < x \leq y \leq z$라고 적혀 있으므로 x와 y 모두 z 이하의 수입니다. 그래서 '극단적인 예'인 $x = z$, $y = z$인 경우를 따져 보는 것입니다.

해답

$0 < x \leq y \leq z$에 의해

$$xyz = x + y + z \leq z + z + z = 3z$$
$$\Rightarrow \quad xyz \leq 3z \qquad \leftarrow 필요조건$$

$z \neq 0$이므로

$$xy \leq 3 \quad \cdots ①$$

x, y는 양의 정수이므로 ①을 만족하려면 (x, y)는

$$(x, \ y) = (1, \ 1), \quad (1, \ 2), \quad (1, \ 3) \qquad \leftarrow 필요조건$$

중 하나여야 할 필요가 있습니다.

후보가 3개로 좁혀졌으니 각각이 $0 < x \le y \le z$와 $xyz = x + y + z$를 만족하는지 탐색합니다.

(1) $(x, y) = (1, 1)$일 때,

    $xyz = x + y + z$에 의해

$$z = 2 + z$$

이를 만족하는 z는 존재하지 않으므로 부적절합니다.

(2) $(x, y) = (1, 2)$일 때,

    $xyz = x + y + z$에 의해

$$2z = 3 + z$$
$$\Rightarrow \quad z = 3$$

이는 $0 < x \le y \le z$를 만족하므로 적절합니다.

(3) $(x, y) = (1, 3)$일 때,

    $xyz = x + y + z$에 의해

$$3z = 4 + z$$
$$\Rightarrow \quad z = 2$$

이는 $0 < x \le y \le z$를 만족하지 않으므로 부적절합니다.

따라서 구하는 해는 다음과 같습니다.

$$(x, \ y, \ z) = (1, \ 2, \ 3)$$

Note≡ $\Rightarrow$는 '~이면'을 뜻하는 논리 기호입니다.

진실을 파헤치는 '대우'

수학에는 $P \Rightarrow (\sim$이면$)$ Q라는 명제에 대한 '역·이·대우'라는 명제가 있고, 이는 다음과 같이 정의합니다.

> **명제의 역·이·대우**
>
> **역: ⇒의 앞뒤를 맞바꿈**
>
> **이: ⇒의 앞뒤는 맞바꾸지 않고, 각각의 부정을 만듦**
>
> **대우: ⇒의 앞뒤를 맞바꾸고, 각각의 부정을 만듦**

위 정의를 그림으로 그려 봅니다. 이 그림 속의 $\overline{P}$, $\overline{Q}$는 각각 P의 부정, Q의 부정을 나타냅니다.

▼ 그림 1-6 $P \Rightarrow Q$의 역·이·대우

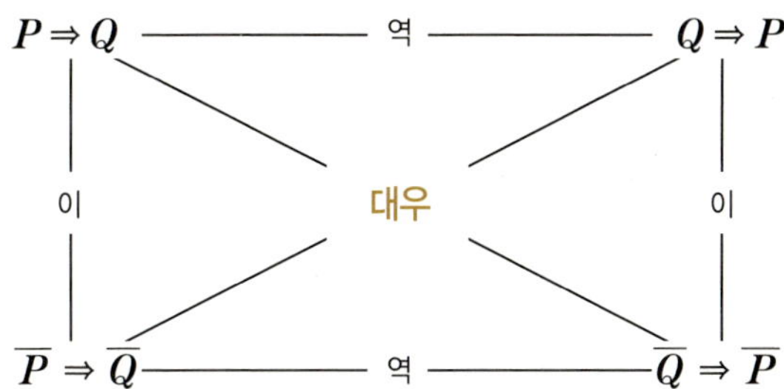

이 중에서 특히 중요한 것은 대우입니다.

왜냐하면 **원래 명제의 참·거짓과 대우의 참·거짓은 일치하기 때문**입니다. '한라산은 한국에서 가장 높은 산이다'라는 명제는 확실히 참이고, 이의 대우인 '한국에서 가장 높은 산이 아니라면 한라산이 아니다' 역시 참입니다. 또한, '수도권에 거주한다면 서울에 거주하는 것이다'라는 거짓된 명제(경기도 등의 반례가 있음)이고, 이의 대우 '서울에 거주하지 않으면 수도권에 거주하는 것이 아니다' 역시 거짓입니다.

원래 명제와 그 대우의 참·거짓이 일치한다는 것은 다음 그림으로 설명할 수 있습니다.

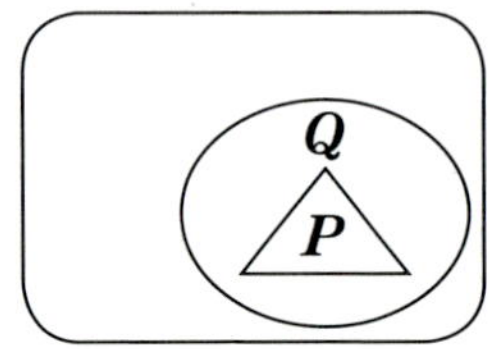

일 때,

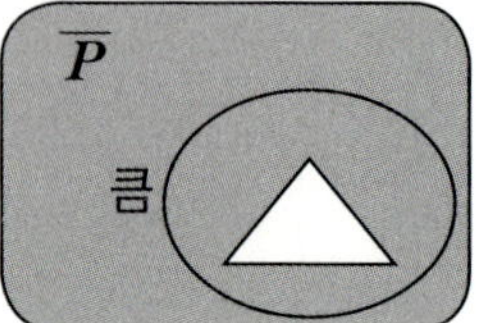

명제 $P \Rightarrow Q$가 참이면 P는 Q에 포함된다(P 쪽이 작고, Q 쪽이 큼)고 했지요? 이때 $\overline{Q}$와 $\overline{P}$는 어떻게 되어 있나요? 그렇죠. $\overline{Q}$는 $\overline{P}$에 포함됩니다($\overline{Q}$ 쪽이 작고, $\overline{P}$ 쪽이 크므로).

그래서 $P \Rightarrow Q$가 참이면 $\overline{Q} \Rightarrow \overline{P}$ 또한 참인 것입니다.

마찬가지로 $P \Rightarrow Q$가 거짓일 때를 생각해 보면 $\overline{Q}$가 $\overline{P}$에 포함되지 않음($\overline{Q} \Rightarrow \overline{P}$가 거짓)을 확인할 수 있습니다.

대우가 위력을 발휘하는 문제를 풀어 봅시다.

문제 3

명제 '자연수 a, b에 대하여 $a^2 + b^2$이 홀수이면 ab는 짝수'가 성립함을 증명하세요.

해설

이 문제를 평소대로 증명하려면 가정인 '$a^2 + b^2$이 홀수'를 수식

$$a^2 + b^2 = 2k + 1 \ (k\text{는 정수})$$

과 같은 형태로 만든 다음에 ab가 '$2 \times$ 정수' 형태가 된다는 것을 밝혀야 하지만, 위 식을 '$ab = $'와 같은 형태로 만들기 쉽지 않습니다.

그래서 **대우를 생각하고, 그 대우가 참이라는 점을 이용해서 원래 명제도 참임을** **밝혀서 문제를 해결합니다.**

증명

원래 명제의 대우 'ab가 홀수이면 $a^2 + b^2$은 짝수'가 참임을 밝힙니다.

ab가 홀수면 a와 b 모두 홀수이므로 다음과 같이 둘 수 있습니다.

$$a = 2k + 1 \ (k\text{는 정수})$$
$$b = 2l + 1 \ (l\text{은 정수})$$

이때

$$
\begin{aligned}
a^2 + b^2 &= (2k + 1)^2 + (2l + 1)^2 \\
&= 4k^2 + 4k + 1 + 4l^2 + 4l + 1 \\
&= 2(2k^2 + 2k + 2l^2 + 2l + 1)
\end{aligned}
$$

곱셈 공식
$$(p+q)^2 = p^2 + 2pq + q^2$$

$(2k^2 + 2k + 2l^2 + 2l + 1)$은 정수이므로 $a^2 + b^2$은 짝수가 됩니다.

따라서 대우가 참이므로 원래 명제도 참이 됩니다.

증명 끝

이해하기 어려운 명제(문장)에 대하여 이의 참·거짓을 밝히기 까다로울 때, 대우로 바꿔서 생각하면 생각이 훨씬 편해지는 경우가 있습니다.

예를 들어 '판로를 개척하지 않으면 이익 확대는 기대하기 어렵다' 라는 명제가 있다고 합시다. 얼핏 보기에는 참인 것 같지만 '않으면', '어렵다'라는 부정어가 많이 들어 있기 때문에 애매한 문장입니다.

이제 이 문장을 대우로 바꿔서 생각해 봅니다. 대우는 '이익 확대를 기대한다면 판로를 개척하라'입니다. 그렇다면 이 명제는 참일까요? '이익 확대를 기대한다' 는 가정에 대한 결론은 '판로를 개척한다'만 있는 것이 아니지요? '고객의 충성 도를 높인다'거나 '비용을 절감한다' 등의 결론도 나올 수 있습니다. 따라서 '판로를 개척하지 않으면 이익의 확대는 기대하기 어렵다'는 명제는 거짓입니다.

만약 부정어가 많이 사용된 명제(문장)가 이해하기 어렵다면 그 명제를 대우로 바꿔서 생각해 보세요.

불가능과 존재를 증명하는 '귀류법'

증명이 까다로운 명제는 우선 대우로 바꿔서 생각해 보는 것이 정석이지만, 그래도 잘 안 될 때는 귀류법을 쓰면 됩니다.

귀류법은 증명하려는 결론의 부정을 가정해서 모순을 끌어내는 증명법입니다. 단계는 다음과 같습니다.

귀류법의 단계

① 증명하려는 결론을 부정한다.

② 모순을 끌어낸다.

20세기 전반에 활약한 일본의 대표 수학자 중 한 사람인 **오카 기요시**는

> 풀리는 문제를 증명하라면 풀어서 증명하면 되지만, 풀리지 않는 문제를 증명하려면 어떻게 해야 하는가? 갈수록 그것이 궁금해 견딜 수가 없었다.

라고 말했습니다.

확실히 '지금까지 할 수 없었다(풀리지 않았다)'고 해서 '어떻게 해도 할 수 없다(풀 수 없다)'가 되지는 않습니다. 마찬가지로 '지금까지 발견되지 않았다'가 '영원히 발견할 수 없다'를 뜻하지는 않습니다. 이렇게 증명하기 어려운 경우에 귀류법의 활약이 펼쳐집니다. 일반적으로

(i) 불가능한 것

(ii) 존재하지 않을 것

(iii) 무한한 것

등을 증명하는 경우에 귀류법을 자주 사용합니다.

참고로 고등학교 수학의 귀류법 문제 대부분은 무리수와 관련된 문제입니다.

왜냐하면 무리수라는 것은 '분수로 나타내기 **불가능한** 숫자'이므로 분수로 나타내는 것이 불가능하다는 것을 증명해야 하는데, 이 점이 귀류법과 궁합이 좋기 때문입니다.

여기에서는 '존재하지 않는 것'을 증명하기 위해 귀류법을 사용해 봅니다.

문제 4

x, y가 모두 홀수이고 n이 정수일 때, x, y에 대한 방정식 $x^2 + y^2 = n^2$을 만족하는 (x, y)가 존재하지 않음을 증명하세요.

해설

x, y가 모두 홀수인 해가 존재하지 않음을 밝혀야 하므로 그런 x, y가 **존재한다고 가정**하고 모순을 끌어냅니다. 모순을 끌어낼 때, n이 짝수인 경우와 홀수인 경우를 각각 따져 보는 것 또한 포인트입니다.

증명

$x^2 + y^2 = n^2$을 만족하는 홀수 x, y가 존재한다고 가정하고, 각각을

$$x = 2k + 1 \ (k는 \ 정수)$$
$$y = 2l + 1 \ (l은 \ 정수)$$

라고 합니다. 이를 주어진 방정식에 대입하면

$$(2k + 1)^2 + (2l + 1)^2 = n^2$$
$$\Rightarrow \quad 4k^2 + 4k + 1 + 4l^2 + 4l + 1 = n^2$$
$$\Rightarrow \quad n^2 = 4(k^2 + k + l^2 + l) + 2$$

$k^2 + k + l^2 + l$은 정수이므로 위 식은 n^2을 4로 나눈 나머지가 2임을 나타내고 있습니다. …①

반면, n이 짝수라면 다음과 같이 쓸 수 있습니다.

$$n = 2m \quad \Rightarrow \quad n^2 = (2m)^2 = 4m^2 \ (m은 \ 정수)$$

따라서 n^2을 4로 나눈 나머지는 0이다.

또한, n이 홀수라면 다음과 같이 쓸 수 있습니다.

$$n = 2m + 1 \quad \Rightarrow \quad n^2 = (2m + 1)^2$$
$$= 4m^2 + 4m + 1$$
$$= 4(m^2 + m) + 1 \ (m은 \ 정수)$$

따라서 n^2을 4로 나눈 나머지는 1이 됩니다.

즉, n^2을 4로 나눈 나머지는 반드시 0 또는 1이 됩니다. ①의 'n^2을 4로 나눈 나머지는 2'라는 결론은 이와 모순됩니다.

따라서 $x^2 + y^2 = n^2$을 만족하는 홀수 x, y는 존재하지 않습니다.

증명 끝

대우와 귀류법을 혼동하지 않으려면?

'대우'와 '귀류법'을 혼동하는 사람이 적지 않은데, **이 둘은 닮은 것 같지만 서로 다른 것입니다.**

예를 들어 **음악이 아니면 재즈가 아니다**라는 명제를 생각해 봅시다.

이 명제를 $\Rightarrow$을 사용해서 표기해 보면

음악이 아니다 ⇒ 재즈가 아니다

가 되므로

가정: 음악이 아니다

결론: 재즈가 아니다

가 되는군요. 먼저 대우를 이용해서 증명해 봅니다.

《대우를 이용한 증명》

대우는 가정과 결론을 부정하고 가운데에 ⇒를 두어 앞뒤를 바꾼 것이므로

대우: 재즈다 ⇒ 음악이다

가 됩니다.

그림 1-1(재즈는 음악에 포함된다)에 의해 이는

충분조건(소) ⇒ 필요조건(대)

이 되므로 참입니다. **대우가 참임을 밝혔으므로 원래 명제 '음악이 아니다 ⇒ 재즈가 아니다' 또한 참입니다.**

이번에는 같은 명제를 귀류법을 사용해서 증명해 봅니다.

《귀류법을 이용한 증명》

원래 했던 가정과 '결론의 부정'을 함께 가정합니다.

음악이 아닌 것이 재즈라고 가정한다.

↓

재즈는 음악의 한 장르이므로 모순된다.

↓

따라서 음악이 아닌 것은 재즈가 아니다.

이렇게 비교하면 대우와 귀류법의 차이를 이해할 수 있을 것입니다.

'P다(가정)' $\Rightarrow$ 'Q다(결론)'를 밝히는 방법의 차이

——— [대우를 이용한 증명] ———

'Q가 아니다' $\Rightarrow$ 'P가 아니다'를 밝힌다.

——— [귀류법을 이용한 증명] ———

'P다'와 'Q가 아니다'를 가정
↓
모순을 끌어낸다.

❯ 기하학을 배우는 진짜 이유 – 파스칼의 설득술 –

기하학을 배우는 진짜 목적은 무엇이라고 생각하나요?

기하학을 실생활에 필요한 수학과 비교해 보면 기하학은 실용적이지 않을지도 모릅니다. 특히 도형에 관한 지식을 배우는 기하학은 사회에서는 거의 도움이 되지 않습니다. 함수와 방정식, 확률·통계에 관한 지식과 기술이라면 모를까 기하학에서 배우는 합동과 피타고라스 정리, 원주각의 정리 등을 업무나 생활 속에서 활용할 수 있는 상황은 (극히 제한된 경우를 제외하고) 일단 없다고 봅니다.

그래도 우리들은 기하학을 버리지 않습니다.

실용적이지 않지만 배우는 것 자체에 의미가 있기 때문입니다. 수학의 모든 분야에서 (장래에 수학을 사용하지 않는다면 더더욱) 기하학만큼은 반드시 배워야만 한다고 생각합니다. 서양에서 2,000년 이상 수학 교과서로 계속 사용해 온 〈원론〉(Digireads.com Publishing, 2017)이라는 책을 알고 계신가요? 〈원론〉은 알렉산드리아에서 활동한 **유클리드**(Euclid, 기원전 330~275경)가 고대 그리스에서 기원전 6세기 이후에 발전했던 논증 기하학을 정리한 책입니다.

〈원론〉은 총 13권으로 이루어진 책인데, 대부분 도형에 관한 내용입니다. 그 당시에는 아직 함수나 방정식은 물론 오늘날 우리가 사용하는 수식조차 존재하지 않았기 때문입니다.

뒤집어서 생각해 보면 〈원론〉은 좀 더 실용적인 수학이 탄생한 이후에도 계속 수학 교육의 중심에 있었던 것입니다. 왜일까요?

그것은 **논리적 사고력을 단련하는 데는 기하학을 이용하는 방법이 가장 원시적이면서도 명료하기 때문**입니다.

실제로 한국의 수학 교육 과정에서도 '증명'은 중학교 1학년의 '작도와 합동'이라는 기하학 단원에서 처음 다룹니다.

사람을 설득하는 두 가지 방법

'인간은 생각하는 갈대'라는 격언으로 널리 알려진 **파스칼**(Biaise Pascal, 1623–1662)은 〈설득술에 대하여〉라는 글 속에 사람을 설득하는 두 가지 방법을 다음과 같이 기록했습니다.

> (1) 상대가 마음에 들어 하는 말투를 쓰는 방법
>
> (2) 엄밀한 논리를 쌓아 상대를 논파하는 방법

파스칼은 대단히 뛰어난 작가이기에 (1)번 방법에도 재능이 있었지만 본인 스스로는 (1)번 방법은 서투르다며 겸손한 태도를 취했습니다. 그러고는 (2)번 방법만 파고들었다고 합니다. 다음과 같이 간단하게 정리해 둡니다.

- 자명한 사실을 제외한 모든 단어를 **명백하게 정의**한다.
- 논의의 출발점으로 인정해야만 하는 **공리(전제)를 확인**한다.
- 자명하지 않은 모든 명제는 **정의나 공리, 이미 증명된 명제(정리)만을 이용하여 증명**한다.

이것이 〈원론〉이 전하는 논리적 사고의 기초 그 자체이며, 이 자세를 몸에 익히는 것이야말로 기하학을 배우는 진짜 이유입니다.

다음 절은 '도형의 성질'입니다. 진정으로 기하학 그 자체를 다루는 단원을 배웁니다. 내용은 책의 분량을 고려해서 매우 엄선했습니다. 중요한 것은, 등장하는 정리를 단순히 외우는 것이 아니라 **그 정리가 어떻게 증명되었는지 되새겨 보는 것입니다.**

02 도형의 성질

먼저 중학교 수학에 나오는 평행사변형의 정의와 정리, 사각형이 평행사변형이 되는 조건을 되짚어 봅시다. 증명은 생략합니다.

중학교 수학 되짚기 ① 평행사변형

▼ 그림 1-8 평행사변형의 정리

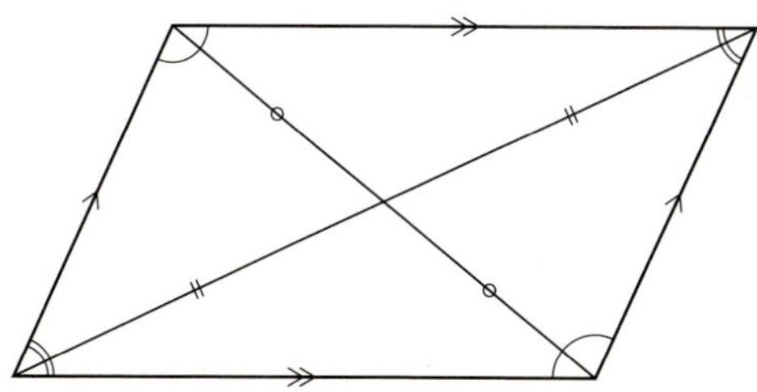

평행사변형의 정의

두 쌍의 마주 보는 변이 각각 평행한 사각형을

평행사변형

이라고 합니다.

평행사변형의 정리

(1) 두 쌍의 대변의 길이가 같습니다.

(2) 두 쌍의 대각의 크기가 같습니다.

(3) 대각선은 각각의 중점에서 만납니다.

평행사변형이 되는 조건

(1) 두 쌍의 대변이 평행합니다.

(2) 두 쌍의 대변의 길이가 같습니다.

(3) 두 쌍의 대각의 크기가 같습니다.

(4) 한 쌍의 대변이 평행하고 길이가 같습니다.

(5) 대각선이 각각의 중점에서 만납니다.

중학교 수학 되짚기 ② 중점 연결 정리

중점 연결 정리도 중학교 수학 내용이지만 중요한 것이니 되짚어 보겠습니다.

중점 연결 정리

△ABC의 변 AB와 변 AC의 중점을 각각 M과 N이라고 할 때, 다음이 성립합니다.

$$\overline{MN} \mathbin{/\mkern-5mu/} \overline{BC}$$

$$\overline{MN} = \frac{1}{2}\overline{BC}$$

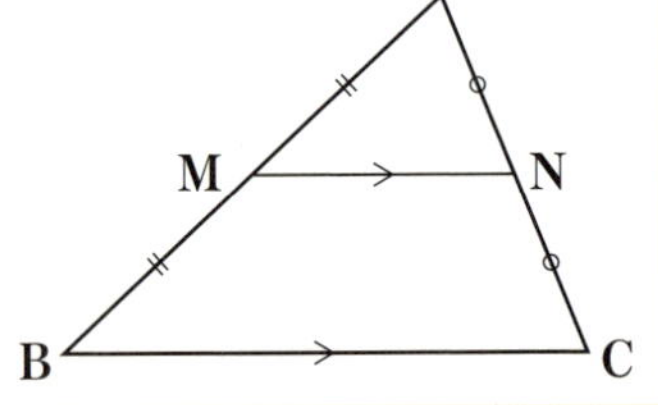

▼ 그림 1-9 삼각형의 중점 연결 정리

$\triangle ABC$에서 $\overline{AB}$의 중점을 M, $\overline{AC}$의 중점을 N이라고 합시다.

▼ 그림 1-10 삼각형의 중점 연결 정리의 증명

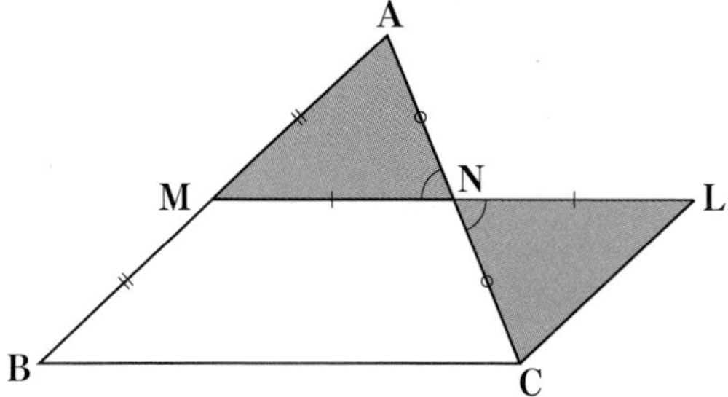

위 그림과 같이 $\overline{MN}$의 N 쪽 연장선 위에

$$\overline{MN} = \overline{LN}$$

이 되는 점 L을 잡습니다.

여기에서 $\triangle AMN$과 $\triangle CLN$은 다음이 성립합니다.

$$\begin{cases} \overline{MN} = \overline{LN} \quad \cdots① \\[1mm] \overline{AN} = \overline{CN} \ (\text{N은 } \overline{AC}\text{의 중점}) \quad \cdots② \\[1mm] \angle ANM = \angle CNL \ (\text{맞꼭지각}) \quad \cdots③ \end{cases}$$

①~③에 따라 두 변의 길이와 그 끼인각의
크기가 각각 같으므로 다음과 같습니다.

$$\triangle AMN \equiv \triangle CLN$$

($\equiv$는 합동을 뜻하는 기호)

[삼각형의 합동 조건]
- 세 변의 길이가 같다.
- 두 변의 길이와 그 끼인각의 크기가 각각 같다.
- 한 변의 길이와 양쪽 끝각의 크기가 각각 같다.

합동인 도형은 대응각의 크기와 대응변의 길이가 각각 같으므로 다음이 성립합
니다.

$$\angle AMN = \angle CLN \quad \cdots④$$
$$\overline{AM} = \overline{CL} \quad \cdots⑤$$

④에 따라 엇각의 크기가 같으므로 다음이 성립합니다.

$$\overline{MB} /\!/ \overline{CL} \qquad \cdots ⑥$$

처음에 M은 $\overline{AB}$의 중점이라 가정했으므로 다음이 성립합니다.

$$\overline{AM} = \overline{MB} \qquad \cdots ⑦$$

⑤, ⑦에 따라 다음이 성립합니다.

$$\overline{MB} = \overline{CL} \qquad \cdots ⑧$$

⑥, ⑧에 따라 □MBCL은 한 쌍의 대변이 평행하고 길이가 같은 평행사변형입니다. 따라서

$$\begin{cases} \overline{ML} = \overline{BC} \\ \overline{ML} /\!/ \overline{BC} \end{cases}$$

이며, $\overline{ML} = 2\overline{MN}$에 따라 다음이 성립합니다.

$$\begin{cases} \overline{MN} /\!/ \overline{BC} \\ \overline{MN} = \dfrac{1}{2}\overline{BC} \end{cases}$$

증명 끝

[평행사변형이 되기 위한 조건]
- 두 쌍의 대변이 평행하다.
- 두 쌍의 대변의 길이가 같다.
- 두 쌍의 대각의 크기가 같다.
- 한 쌍의 대변이 평행하고 길이가 같다.
- 대각선이 각각의 중점에서 만난다.

> **Note =** M과 N은 각각 선분 AB와 AC의 중점이므로 '삼각형에서 평행선과 선분의 길이의 비'라는 성질을 사용할 수 있습니다. 이 성질에 의하면 △ABC와 △AMN은 서로 닮음 관계가 됩니다. 이 성질을 이용해서 중점 연결 정리의 증명을 유도하도록 배웠던 분도 있을 것입니다. 그러나 '삼각형에서 평행선과 선분의 길이의 비'라는 성질로 증명을 하면 결국 닮음을 사용하게 되는데, 이러면 논리의 순환이 일어납니다. 따라서 중점 연결 정리는 닮음을 사용하지 않고 증명해야 올바릅니다.

삼각형의 오심 ① 무게중심

삼각형에는 다섯 개의 '중심'이 있는데, 이를 가리켜 **오심**이라고 합니다.

> - **무게중심**: 세 개의 중선이 만나는 점
> - **외심**: 외접원의 중심
> - **내심**: 내접원의 중심
> - **수심**: 각각의 꼭짓점에서 대변에 내린 세 개의 수선이 만나는 점
> - **방심**: 한 내각을 나누는 이등분선과 다른 두 외각을 나누는 이등분선의 교점

이 책에서는 무게중심과 외심, 수심을 다룹니다.

무게중심

$\triangle ABC$의 세 변 AB, BC, CA의 중점을 각각 M, L, N이라고 하면 AL, BN, CM은 하나의 점 G에서 만납니다.

또한, G는 세 변 AL, BN, CM을 2:1로 내분합니다. 이때 G를 $\triangle ABC$의 **무게중심**이라고 합니다.

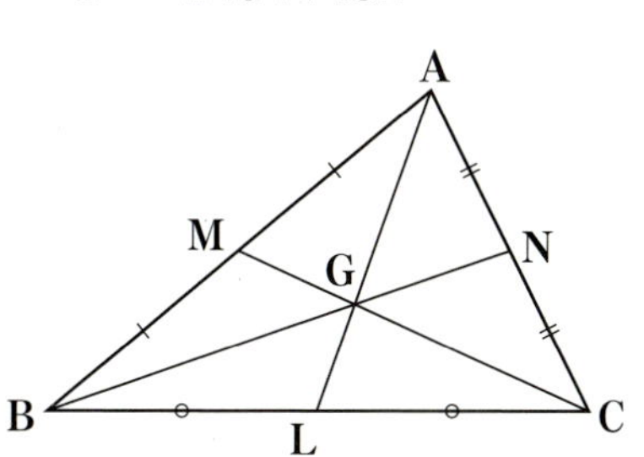

Note≡ 세 변 AL, BN, CM처럼 하나의 꼭짓점과 그 대변의 중점을 잇는 선분을 가리켜 **중선**이라고 합니다. 또한, 무게중심은 **삼각형에서 세 중선이 만나는 점**으로 바꾸어 말할 수도 있습니다.

해설

우선 $\overline{BN}$과 $\overline{CM}$이 만나는 점 G가 $\overline{BN}$과 $\overline{CM}$을 2:1로 내분함을 밝힙니다. 그러면 대칭성에 의해 $\overline{BN}$과 $\overline{AL}$이 만나는 점 G′도 $\overline{BN}$과 $\overline{AL}$을 2:1로 내분함을 알 수 있으므로 G와 G′이 일치함을 밝힐 수 있습니다. 또한, 평행사변형의 두 대각선이 각각의 중점에서 만나는 성질을 사용합니다.

증명

△ABC에서 $\overline{AB}$, $\overline{AC}$의 중점을 각각 M, N이라 하고, $\overline{BN}$과 $\overline{CM}$이 만나는 점을 G라고 합시다.

❤ 그림 1-12 삼각형의 무게중심의 증명

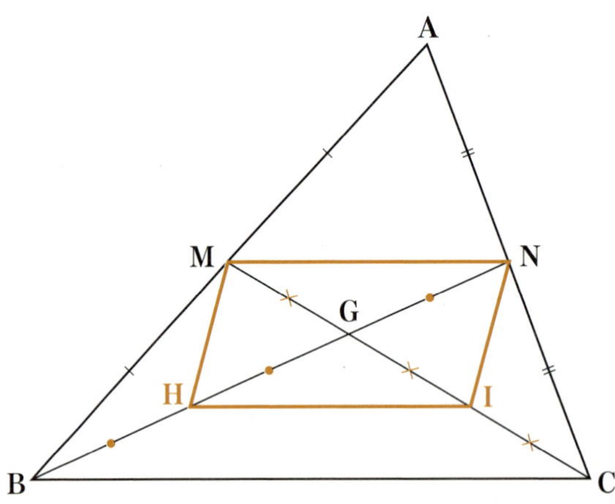

또한, 위 그림과 같이 $\overline{GB}$, $\overline{GC}$의 중점을 각각 H, I라 하면 중점 연결 정리에 따라 △GBC는 다음이 성립합니다.

$$\begin{cases} \overline{HI} \,/\!/\, \overline{BC} & \cdots ① \\[2mm] \overline{HI} = \dfrac{1}{2}\overline{BC} & \cdots ② \end{cases}$$

$\triangle$ABC 또한 중점 연결 정리에 따라 다음이 성립합니다.

$$\begin{cases} \overline{MN} \parallel \overline{BC} & \cdots ③ \\ \overline{MN} = \dfrac{1}{2}\overline{BC} & \cdots ④ \end{cases}$$

①~④에 따라

$$\begin{cases} \overline{HI} = \overline{MN} \\ \overline{HI} \parallel \overline{MN} \end{cases}$$

입니다. 즉, □MHIN은 한 쌍의 대변이 평행하고 길이가 같으므로 평행사변형입니다.

평행사변형의 두 대각선은 각각의 중점에서 만나므로 다음이 성립합니다.

$$\begin{cases} \overline{HG} = \overline{GN} \\ \overline{IG} = \overline{GM} \end{cases}$$

따라서 **G는 $\overline{BN}$과 $\overline{CM}$을 2:1로 내분하는 점**입니다.

$\overline{BC}$의 중점을 L이라 하고, $\overline{AL}$과 $\overline{BN}$이 만나는 점을 G′이라 하면 마찬가지로 **G′은 $\overline{AL}$과 $\overline{BN}$을 2:1로 내분하는 점**이라는 것을 알 수 있습니다. G도 G′도 $\overline{BN}$을 2:1로 내분하므로 G와 G′은 일치합니다. 따라서 세 중선 BN, CM, AL은 모두 하나의 점 G에서 만납니다. 그러면 G는 각각의 중선을 2:1로 내분합니다.

증명 끝

삼각형의 오심 ② 외심

외심을 설명하기 전에 선분의 수직이등분선 정리를 훑어보겠습니다.

l을 선분 AB의 수직이등분선이라고 하면 다음이 성립합니다.

(1) $\overline{AP} = \overline{BP} \Rightarrow$ P는 l 위에 있다.

(2) P가 l 위에 있다. $\Rightarrow \overline{AP} = \overline{BP}$

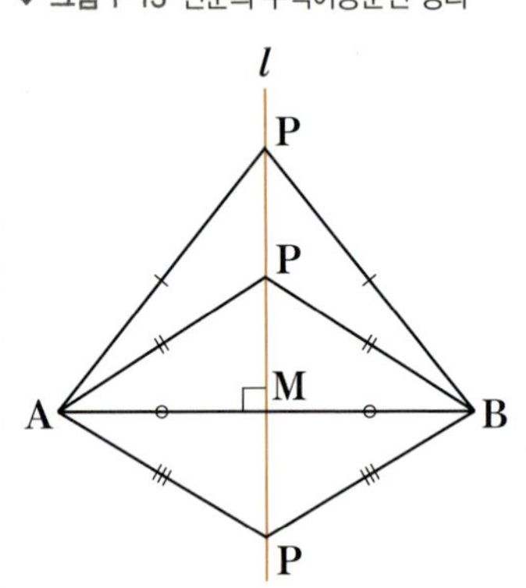

❤ 그림 1-13 선분의 수직이등분선 정리

즉, 'P와 A 사이의 거리는 P와 B 사이의 거리와 같다'와 'P는 선분 AB의 수직이등분선 위에 있다'가 동치(서로의 필요충분조건, 24쪽 참조)라는 뜻입니다. 증명은 (1)과 (2)로 나누어 하겠습니다.

증명

선분 AB의 중점을 M이라고 합시다.

(1) '$\overline{AP} = \overline{BP} \Rightarrow$ P는 l 위에 있다.'의 증명

   (i) P = M일 때, 명백히 P는 l 위에 있습니다.

   (ii) P ≠ M일 때, $\triangle$PAM과 $\triangle$PBM은 다음이 성립합니다.

$$\begin{cases} \overline{AP} = \overline{BP} \ (\text{가정}) \\ \overline{AM} = \overline{BM} \ (\text{M은 AB의 중점}) \\ \overline{PM}\text{은 공통변} \end{cases}$$

   세 변은 길이가 같으므로

$$\triangle \text{PAM} \equiv \triangle \text{PBM}$$

합동인 도형의 대응각은 크기가 같으므로

$$\angle \text{PMA} = \angle \text{PMB} \qquad \cdots ①$$

또한,

$$\angle \text{PMA} + \angle \text{PMB} = 180° \ (\overline{\text{AB}}\text{는 선분}) \quad \cdots ②$$

이고, ①과 ②에 따라 $\angle \text{PMA} = 90°$가 됩니다.

$$\angle \text{PMA} + \angle \text{PMA} = 180° \Rightarrow \angle \text{PMA} = 90°$$

따라서 다음이 성립합니다.

$$\overline{\text{AB}} \perp \overline{\text{PM}}$$

M은 $\overline{\text{AB}}$의 중점이므로 직선 PM은 $\overline{\text{AB}}$의 수직이등분선 l과 일치합니다.

(i)과 (ii)에 따라 $\overline{\text{AP}} = \overline{\text{BP}}$이면 P는 l 위에 있다는 것을 알 수 있습니다.

Note≡ ⊥는 수직을 뜻하는 기호입니다. 즉, $\overline{\text{AB}} \perp \overline{\text{PM}}$은 $\overline{\text{AB}}$와 $\overline{\text{PM}}$이 수직이라는 뜻입니다.

(2) 'P는 l 위에 있다. $\Rightarrow \overline{\text{AP}} = \overline{\text{BP}}$'의 증명

(i) P가 l 위의 점 M에 있을 때, 명백히 $\overline{\text{AP}} = \overline{\text{BP}}$입니다.

(ii) P ≠ M일 때, $\triangle \text{PAM}$과 $\triangle \text{PBM}$은 다음이 성립합니다.

$$\begin{cases} \angle \text{PMA} = \angle \text{PMB} = 90° \ (\text{P는 } l \text{ 위에 있음}) \\ \overline{\text{AM}} = \overline{\text{BM}} \ (\text{M은 AB의 중점}) \\ \overline{\text{PM}}\text{은 공통변} \end{cases}$$

두 변의 길이와 그 끼인각의 크기가 각각 같으므로

$$\triangle PAM \equiv \triangle PBM$$

합동인 도형의 대응변은 길이가 같으므로

$$\overline{AP} = \overline{BP}$$

(i)과 (ii)에 따라 P이 l 위에 있다면 다음이 성립합니다.

$$\overline{AP} = \overline{BP}$$

그러므로 (1)과 (2)에 따라 선분 AB의 수직이등분선이 l일 때 다음이 성립합니다.

$$\overline{AP} = \overline{BP} \Leftrightarrow \text{P는 } l \text{ 위에 있다.}$$

증명 끝

외심

삼각형에서 각 변의 수직이등분선은 한 점에서 만납니다. 이 점 O를 삼각형의 외심(외접원의 중심)이라고 합니다.

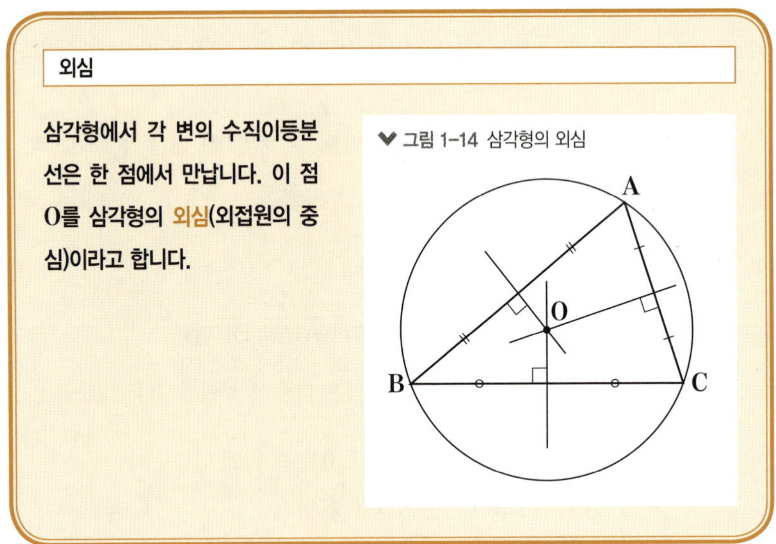

먼저 $\overline{AB}$의 수직이등분선과 $\overline{BC}$의 수직이등분선이 만나는 점을 O라 하고, 수직이등분선의 성질을 이용하여 점 O가 $\overline{AC}$의 수직이등분선 위에 있음을 밝힙니다.

▼ 그림 1-15 삼각형의 외심의 증명

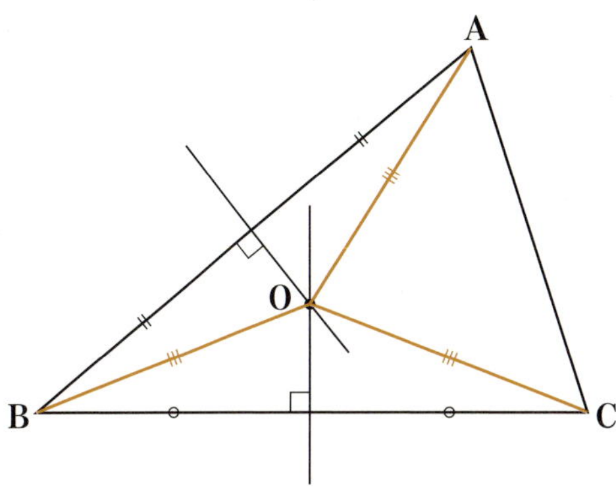

$\overline{AB}$의 수직이등분선과 $\overline{BC}$의 수직이등분선이 만나는 점을 O라고 합시다.

O는 $\overline{AB}$의 수직이등분선 위에 있으므로

$$\overline{OA} = \overline{OB} \quad \cdots ①$$

수직이등분선의 성질 (2)
선분의 수직이등분선 위에 있는 점은 그 선분의 양 끝점에서 같은 거리에 있다.

또한 O는 $\overline{BC}$의 수직이등분선 위에 있으므로

$$\overline{OB} = \overline{OC} \quad \cdots ②$$

①, ②에 따라

$$\overline{OA} = \overline{OC} \quad \cdots ③$$

즉, O는 $\overline{AC}$의 수직이등분선 위에 있습
니다. 따라서 세 변 AB, BC, CA의 수
직이등분선은 한 점에서 만납니다.

또한, ①~③에 따라 다음이 성립합니다.

$$\overline{OA} = \overline{OB} = \overline{OC}$$

따라서 O는 △ABC의 외접원의 중심, 즉 외심입니다.

증명 끝

삼각형의 오심 ③ 수심

수심

삼각형의 각 꼭짓점에서 대변에
내린 수선은 한 점에서 만납니다.
각 수선이 만나는 점 H를 삼각형
의 **수심**이라고 합니다.

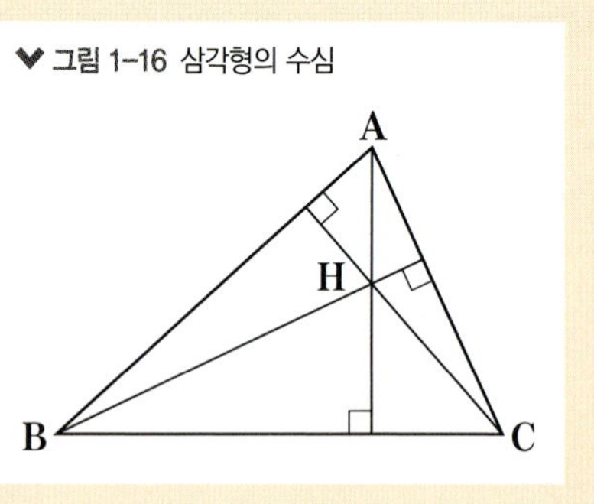

▼ 그림 1-16 삼각형의 수심

해설

삼각형의 각 꼭짓점에서 대변에 내린 수선이 한 점에서 만난다는 것을 증명하
는 방법은 여러 가지지만 그 어느 것도 쉽지 않습니다. 여기서는 보조선을 그어
큰 삼각형을 만들고 외심의 성질을 이용하여 증명하는 획기적인 방법을 소개합
니다. 하지만 이 증명은 흔히 말하는 관상용입니다. 그러므로 이 증명을 보고

'나는 왜 생각조차 못 했지…'라며 자조하기보다는 '기발한 방법이네'라는 마음
으로 읽어 보세요.

다음 그림과 같이 △ABC의 각 꼭짓점을 지나고 △ABC의 각 변과 평행한 직
선 3개를 그어 △PQR을 만듭니다.

▼ 그림 1-17 삼각형의 수심의 증명

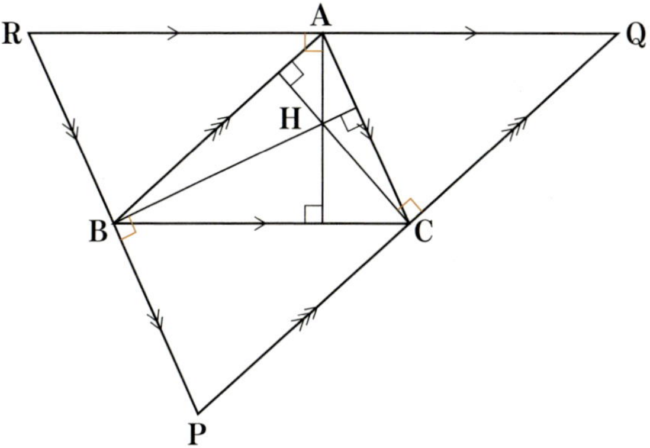

□ABCQ은 두 쌍의 대변이 각각 평행하므로 평행사변형입니다.

따라서 다음과 같습니다.

$$\overline{AQ} = \overline{BC} \quad \cdots ①$$
$$\overline{AB} = \overline{QC} \quad \cdots ②$$

마찬가지로 □ARBC도 평행사변형이므로

$$\overline{RA} = \overline{BC} \quad \cdots ③$$
$$\overline{RB} = \overline{AC} \quad \cdots ④$$

또한, □ABPC도 평행사변형이므로

$$\overline{AB} = \overline{CP} \quad \cdots ⑤$$
$$\overline{BP} = \overline{AC} \quad \cdots ⑥$$

①과 ③에 따라 A는 $\overline{QR}$의 중점입니다.

④와 ⑥에 따라 B는 $\overline{RP}$의 중점입니다.

②와 ⑤에 따라 C는 $\overline{PQ}$의 중점입니다.

따라서 A를 통과하고 $\overline{QR}$에 수직인 직선은 선분 QR의 수직이등분선이 됩니다.

마찬가지로 B를 통과하고 $\overline{RP}$에 수직인 직선과, C를 통과하고 $\overline{PQ}$에 수직인 직선도 각각 선분 RP와 선분 PQ의 수직이등분선이 되며, 이 세 수직이등분선은 $\triangle PQR$의 외심(H)에서 만납니다.

> 삼각형의 각 변의 수직이등분선은 삼각형의 외심에서 만난다.

또한, 다음이 성립합니다.

$$\overline{QR} \,/\!/\, \overline{BC}\text{이고 } \overline{QR} \perp \overline{AH}\text{이므로 } \overline{AH} \perp \overline{BC}$$
$$\overline{RP} \,/\!/\, \overline{CA}\text{이고 } \overline{RP} \perp \overline{BH}\text{이므로 } \overline{BH} \perp \overline{CA}$$
$$\overline{PQ} \,/\!/\, \overline{AB}\text{이고 } \overline{PQ} \perp \overline{CH}\text{이므로 } \overline{CH} \perp \overline{AB}$$

즉, $\overline{AH}$, $\overline{BH}$, $\overline{CH}$는 $\triangle ABC$의 각 꼭짓점에서 대변에 내린 수선이며, 이들은 하나의 점 H에서 만납니다.

증명 끝

계속해서 원주각의 정리, 원주각을 사용하여 유도하는 톨레미의 정리를 소개합니다.

원주각의 정리는 중학교 수학의 범위에 들어가지만 여기서는 증명도 함께 확인해 둡니다.

중학교 수학 되짚기 ③ 원주각의 정리

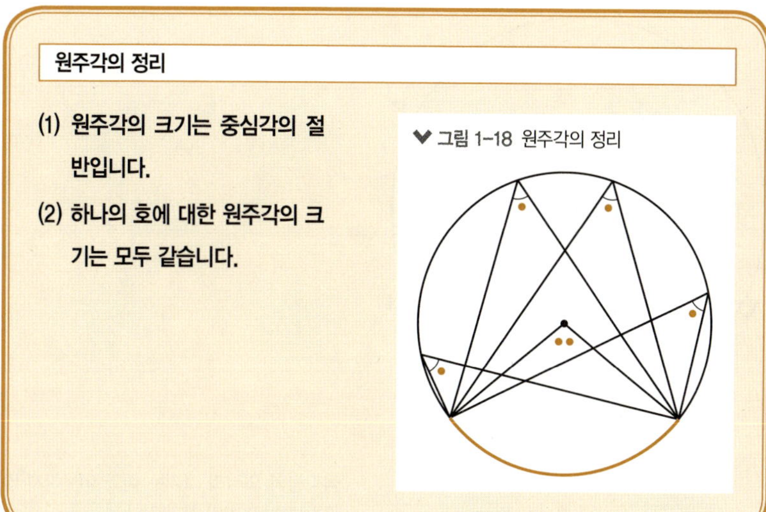

원주각의 정리

(1) 원주각의 크기는 중심각의 절반입니다.
(2) 하나의 호에 대한 원주각의 크기는 모두 같습니다.

▼ 그림 1-18 원주각의 정리

해설

(1)을 증명하면 (2)는 명백합니다.

(1)의 증명은 하나의 호에 대한 원주각의 정점의 위치를 세 가지로 나눈 다음 각각의 경우를 증명해야 합니다.

▼ 그림 1-19 하나의 호에 대한 원주각의 정점들

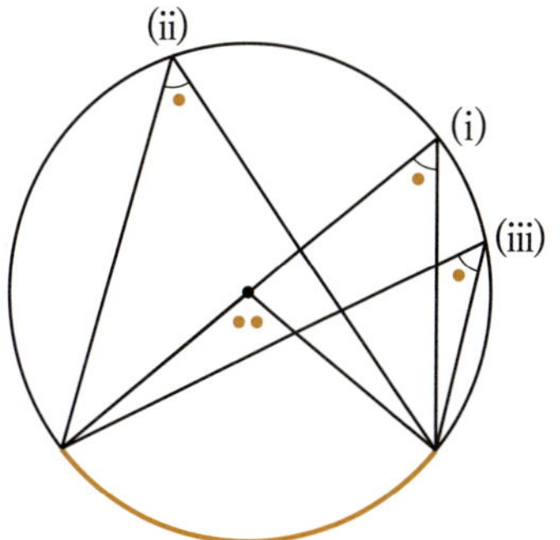

▼ 그림 1-20 △OPB는 이등변삼각형

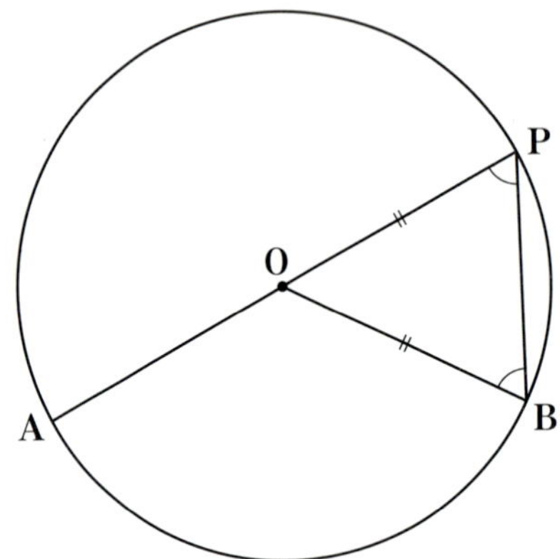

(i) △OPB는 이등변삼각형($\overline{\text{OP}}$와 $\overline{\text{OB}}$는 모두 원의 반지름)이므로

$$\angle\text{OPB} = \angle\text{OBP}$$

입니다. 또한, $\angle\text{AOB}$는 △OPB 의 외각이므로

$$\angle\text{AOB} = \angle\text{OPB} + \angle\text{OBP}$$

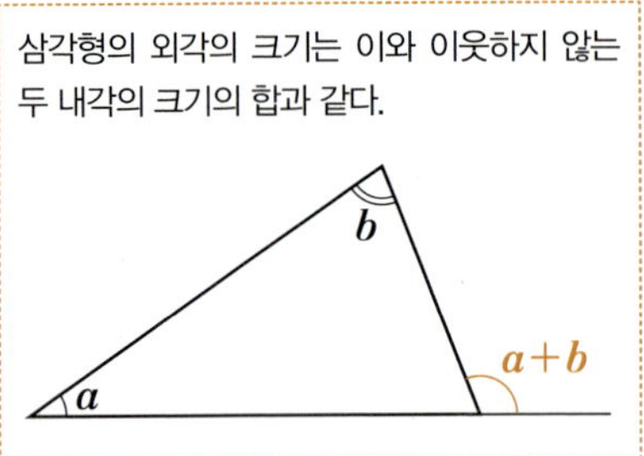

입니다. 따라서 다음과 같이 쓸 수 있습니다.

$$\angle\text{AOB} = 2\angle\text{OPB} + 2\angle\text{OPA}$$
$$\Rightarrow \angle\text{APB} = \frac{1}{2}\angle\text{AOB}$$

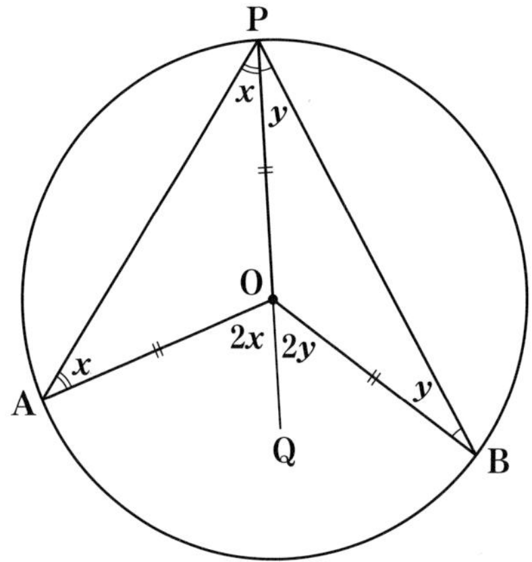

(ii) $\angle$OPA의 크기를 x, $\angle$OPB의 크기를 y라고 합시다.

$\overline{\text{OA}} = \overline{\text{OB}} = \overline{\text{OP}}$(모두 원의 반지름)이므로 $\triangle$OPA와 $\triangle$OPB는 모두 이등변삼각형입니다.

따라서 다음과 같습니다.

$$\angle\text{OPA} = \angle\text{OAP} = x$$
$$\angle\text{OPB} = \angle\text{OBP} = y$$

또한, $\angle$AOQ는 $\triangle$OAP의 외각이므로

$$\angle\text{AOQ} = \angle\text{OPA} + \angle\text{OAP} = x + x = 2x$$

입니다. 마찬가지로

$$\angle\text{BOQ} = \angle\text{OPB} + \angle\text{OBP} = y + y = 2y$$

입니다. 이에 따라 다음이 성립합니다.

$$\angle AOB = \angle AOQ + \angle BOQ$$
$$= 2x + 2y$$
$$= 2(x + y)$$
$$= 2(\angle OPA + \angle OPB)$$
$$= 2\angle APB$$
$$\Rightarrow \angle APB = \frac{1}{2}\angle AOB$$

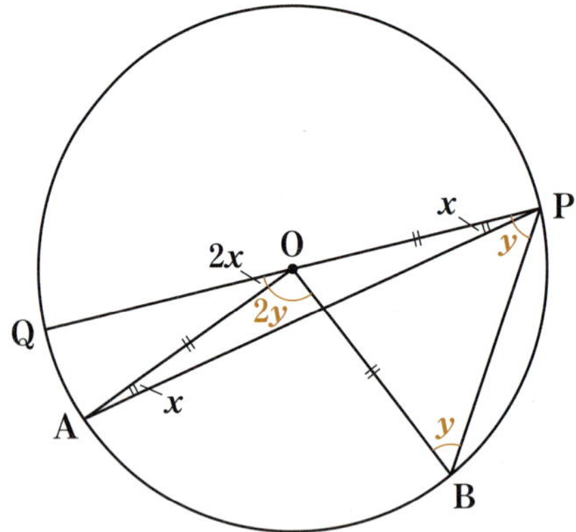

(iii) $\angle OPA$의 크기를 x, $\angle OPB$의 크기를 y라고 합시다.

$\overline{OA} = \overline{OB} = \overline{OP}$(모두 원의 반지름)이므로 $\triangle OPA$와 $\triangle OPB$는 모두 이등변삼각형입니다. 따라서

$$\angle OPA = \angle OAP = x$$
$$\angle OPB = \angle OBP = y$$

또한, $\angle AOQ$는 $\triangle OAP$의 외각이므로

$$\angle AOQ = \angle OPA + \angle OAP = x + x = 2x$$

마찬가지로

$$\angle BOQ = \angle OPB + \angle OBP = y + y = 2y$$

입니다. 이에 따라 다음이 성립합니다.

$$\angle AOB = \angle BOQ - \angle AOQ$$
$$= 2y - 2x$$
$$= 2(y - x)$$
$$= 2(\angle OPB - \angle OPA)$$
$$= 2\angle APB$$
$$\Rightarrow \angle APB = \frac{1}{2}\angle AOB$$

$$\angle OPA = x$$
$$\angle OPB = y$$
$$\angle OPB - \angle OPA = \angle APB$$

(i), (ii), (iii)에 따라 원주각의 크기는 그 호에 대한 중심각의 크기의 절반입니다.

하나의 호에 대한 중심각의 크기는 일정하므로 하나의 호에 대한 원주각의 크기도 일정합니다.

증명 끝

알아 두면 편리한 '톨레미의 정리'

톨레미란 고대 그리스의 천문학자 **프톨레마이오스**(Ptolemy)를 말합니다. '톨레미의 정리'가 고등학교 교육 과정에 포함된 내용은 아니지만 나중에 배울 삼각함수의 덧셈정리(264쪽)만큼 중요하므로 소개합니다. 실제로 프톨레마이오스는 이 법칙을 바탕으로 오늘날 이야기하는 삼각비를 계산해서 행성의 운행 데이터를 수학적으로 설명하는 데 성공했습니다.

원에 내접하는 사각형 ABCD에서 대변의 길이를 곱해서 더한 값은 대각선의 길이를 곱한 값과 같습니다. 즉, 다음 식이 성립합니다.

$$\overline{AB} \cdot \overline{CD} + \overline{AD} \cdot \overline{BC} = \overline{AC} \cdot \overline{BD}$$

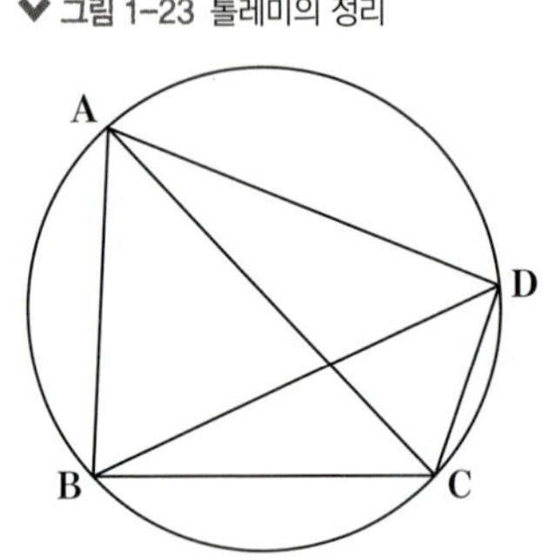

▼ 그림 1-23 톨레미의 정리

해설

증명에는 앞서 설명한 '원주각의 정리'를 사용합니다. 가장 중요한 부분은 $\overline{BD}$ 위에 $\angle BAE = \angle CAD$가 되도록 점 E를 잡는 것입니다. 그러면 삼각형의 닮음의 성질을 많이 이용해 증명할 수 있습니다.

증명

점 E를 $\overline{BD}$ 위에

$$\angle BAE = \angle CAD \quad \cdots ①$$

가 되도록 잡습니다.

$\triangle ABE$와 $\triangle ACD$에서 다음이 성립합니다.

[삼각형의 닮음 조건]
- 세 대응변의 길이의 비가 같다.
- 두 대응변의 길이의 비와 그 끼인 각의 크기가 각각 같다.
- 두 각의 크기가 같다.

$$\angle ABE = \angle ACD \ (호 \ AD에 \ 대한 \ 원주각) \quad \cdots ②$$

①, ②에서 두 각이 같으므로 $\triangle ABE$와 $\triangle ACD$는 서로 닮음입니다.

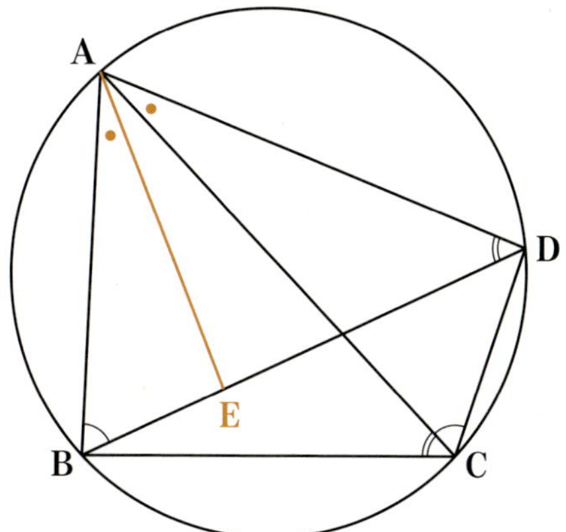

닮은 도형은 대응변의 길이의 비가 같으므로 다음과 같이 쓸 수 있습니다.

$$\overline{AB} : \overline{BE} = \overline{AC} : \overline{CD}$$
$$\Rightarrow \overline{AB} \cdot \overline{CD} = \overline{AC} \cdot \overline{BE} \quad \cdots ③$$

$a : b = c : d \ \Rightarrow \ ad = bc$
(외항의 곱 = 내항의 곱)

또한, $\triangle AED$와 $\triangle ABC$에서 다음이 성립합니다.

$$\angle EAD = \angle EAC + \angle CAD$$
$$= \angle EAC + \angle BAE$$
$$= \angle BAC$$

①에 의해

따라서 다음과 같이 쓸 수 있습니다.

$$\angle EAD = \angle BAC \quad \cdots ④$$
$$\angle ADE = \angle ACB \ (\text{호 AB에 대한 원주각}) \quad \cdots ⑤$$

④, ⑤에 따라 두 각이 같으므로 $\triangle AED$와 $\triangle ABC$는 서로 닮음입니다.

닮은 도형의 대응변의 길이의 비는 같으므로 다음이 성립합니다.

$$\overline{AD} : \overline{ED} = \overline{AC} : \overline{BC}$$
$$\Rightarrow \overline{AD} \cdot \overline{BC} = \overline{AC} \cdot \overline{ED} \quad \cdots ⑥$$

③ + ⑥을 하면

$$\overline{AB}\cdot\overline{CD} + \overline{AD}\cdot\overline{BC} = \overline{AC}\cdot\overline{BE} + \overline{AC}\cdot\overline{ED}$$
$$= \overline{AC}\cdot(\overline{BE} + \overline{ED})$$
$$= \overline{AC}\cdot\overline{BD}$$

따라서 다음이 성립합니다.

$$\overline{AB}\cdot\overline{CD} + \overline{AD}\cdot\overline{BC} = \overline{AC}\cdot\overline{BD}$$

증명 끝

수고했습니다! 어떠한 상황에서도 결과만으로는 참과 거짓을 판단할 수 없습니다. **참과 거짓을 판단하는 것은 언제나 그것을 증명하는 과정**이라는 사실을 기하의 증명을 통해 배울 수 있었기를 바랍니다.

03 삼각비

이 절에서는 **삼각비**를 정리합니다. 이는 5장에서 삼각함수를 설명하기 위한 준비 과정이기도 합니다.

삼각비의 정의와 상호 관계

직각이 아닌 한 각도가 서로 같은 직각삼각형은 모두 서로 닮음입니다(크기는 달라도 형태는 같음).

▼ 그림 1-25 서로 닮음인 직각삼각형

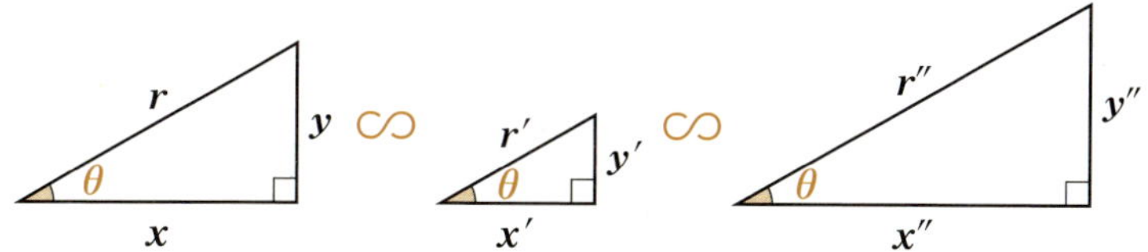

> Note≡ ∽는 '서로 닮음'을 나타내는 기호이며, simillis(닮음)이라는 단어의 첫 글자 s에서 유래한 것입니다.

서로 닮음인 도형은 대응변의 길이의 비가 같으므로

$$\frac{x}{r} = \frac{x'}{r'} = \frac{x''}{r''}, \quad \frac{y}{r} = \frac{y'}{r'} = \frac{y''}{r''}, \quad \frac{y}{x} = \frac{y'}{x'} = \frac{y''}{x''}$$

임을 알 수 있습니다. 이 비율(분수 값)은 직각이 아닌 하나의 각도 θ(세타)만으로 정해지는데, 각각을 $\cos\theta$(코사인), $\sin\theta$(사인), $\tan\theta$(탄젠트)로 이름 붙였습니다.[1]

---

[1] 한자어로는 $\cos\theta$을 여현, $\sin\theta$을 정현, $\tan\theta$을 정접이라고 합니다.

$$\frac{x}{r} = \frac{x'}{r'} = \frac{x''}{r''} = \cos\theta, \quad \frac{y}{r} = \frac{y'}{r'} = \frac{y''}{r''} = \sin\theta, \quad \frac{y}{x} = \frac{y'}{x'} = \frac{y''}{x''} = \tan\theta$$

위 식에서 분모를 없애면(양변에 r을 곱하면) 다음 식이 됩니다.

$$\frac{x}{r} = \cos\theta, \quad \frac{y}{r} = \sin\theta$$

이 식을 그림으로 나타내면

▼ 그림 1-26 삼각비의 관계

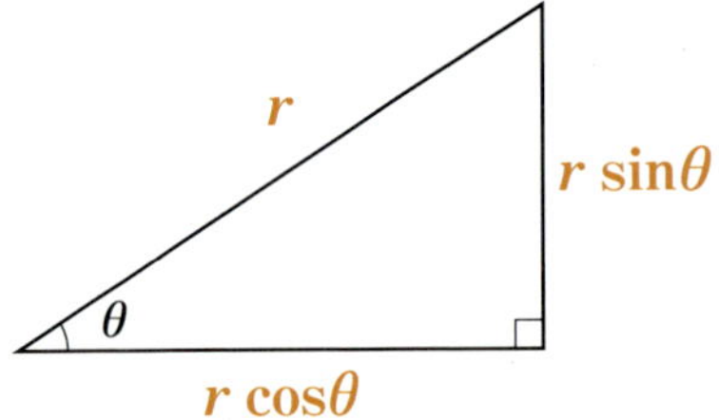

이런 모습이 됩니다(이 그림은 앞으로 자주 나옵니다!).

이 그림에 비추어 보면

$$\frac{y}{x} = \tan\theta$$

이므로

$$\frac{y}{x} = \frac{r\sin\theta}{r\cos\theta} = \frac{\sin\theta}{\cos\theta} = \tan\theta$$

임을 바로 알 수 있습니다.

또한, 위 직각삼각형에 피타고라스 정리(132쪽의 노트 참조)를 사용하면 다음 식을 유도할 수 있습니다.

$$(r\cos\theta)^2 + (r\sin\theta)^2 = r^2$$
$$\Rightarrow \quad r^2(\cos\theta)^2 + r^2(\sin\theta)^2 = r^2 \quad \left.\right\} \div r^2$$
$$\Rightarrow \quad (\cos\theta)^2 + (\sin\theta)^2 = 1$$
$$\Rightarrow \quad \cos^2\theta + \sin^2\theta = 1$$

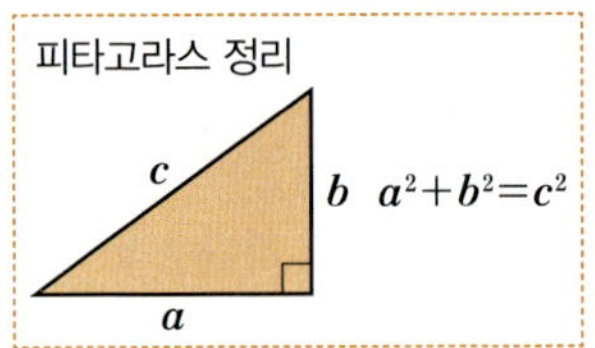

$$(\cos \theta)^2 = \cos^2 \theta, \ (\sin \theta)^2 = \sin^2 \theta$$

만약 $\cos \theta^2$로 표기하면 이를 θ^2에 대한 삼각비로 오해할 수도 있기 때문입니다.

앞의 과정을 통해 $\cos \theta$, $\sin \theta$, $\tan \theta$ 사이에는 θ 값에 상관없이 항상 성립하는 관계가 있음을 알 수 있습니다.

이 관계를 삼각비(삼각함수)의 상호 관계라고 합니다. 이는 삼각비를 다른 삼각비로 변환할 때 꼭 필요한 것입니다.

삼각비(삼각함수)의 상호 관계

$$\text{(i)} \quad \tan \theta = \frac{\sin \theta}{\cos \theta}$$

$$\text{(ii)} \quad \cos^2 \theta + \sin^2 \theta = 1$$

(i), (ii)를 사용하면

$$1 + \tan^2 \theta = 1 + \left(\frac{\sin \theta}{\cos \theta} \right)^2$$

$$= 1 + \frac{\sin^2 \theta}{\cos^2 \theta} = \frac{\cos^2 \theta}{\cos^2 \theta} + \frac{\sin^2 \theta}{\cos^2 \theta} = \frac{\cos^2 \theta + \sin^2 \theta}{\cos^2 \theta} = \frac{1}{\cos^2 \theta}$$

에 의해

$$\text{(iii)} \quad 1 + \tan^2 \theta = \frac{1}{\cos^2 \theta}$$

라는 관계식도 구할 수 있습니다. (iii)도 유명한 삼각비의 상호 관계입니다.

Note☰   단, (iii)는 (i), (ii)에서 유도한 식입니다. 즉, (i)~(iii) 중 독립식(다른 표현에 의존하지 않는 식)은 2개라는 점을 기억하세요.

$\cos\theta$, $\sin\theta$, $\tan\theta$이라는 세 값 사이에는 항상 2개의 독립식이 성립합니다. 따라서 삼각비를 알고 있거나 θ에 대한 다른 등식을 하나라도 구할 수 있다면 $\cos\theta$, $\sin\theta$, $\tan\theta$의 값을 모두 구할 수 있습니다.

문제 5

$\cos^2\theta = \sin\theta$일 때,

$$\frac{1}{1+\cos\theta} + \frac{1}{1-\cos\theta}$$

의 값을 구하세요.

해설

삼각비의 상호 관계 (ii)에서 다음이 성립합니다.

$$\cos^2\theta + \sin^2\theta = 1 \quad\Rightarrow\quad \cos^2\theta = 1 - \sin^2\theta$$

이를 주어진 식에 대입하면 $\sin\theta$에 대한 이차방정식을 구할 수 있으므로 여기에 근의 공식(83쪽)을 사용하면 $\sin\theta$의 값을 구할 수 있습니다.

단, $\sin\theta$은 $\cos^2\theta$(어떤 수의 제곱)와 같으므로 $\sin\theta \geq 0$임에 주의하세요.

해답

$\cos^2\theta + \sin^2\theta = 1$에서

$$\cos^2\theta = 1 - \sin^2\theta$$

이를 주어진 식에 대입하면

$$\cos^2\theta = \sin\theta \quad \cdots ①$$
$$\Rightarrow \quad 1 - \sin^2\theta = \sin\theta$$
$$\Rightarrow \quad \sin^2\theta + \sin\theta - 1 = 0$$

$\sin\theta = x$라 하면
$x^2 + x - 1 = 0$

으로 변형할 수 있습니다. 근의 공식에 의해

$$\sin\theta = \frac{-1 \pm \sqrt{1^2 - 4 \cdot 1 \cdot (-1)}}{2 \cdot 1}$$

$$= \frac{-1 \pm \sqrt{1+4}}{2}$$

$$= \frac{-1 \pm \sqrt{5}}{2}$$

가 됩니다. $\cos^2\theta = \sin\theta$에 의해 $\sin\theta \geq 0$이므로

$$\sin\theta = \frac{-1 + \sqrt{5}}{2} \quad \cdots ②$$

가 됩니다. 따라서 다음과 같이 정리할 수 있습니다.

$$\frac{1}{1+\cos\theta} + \frac{1}{1-\cos\theta}$$

$$= \frac{(1-\cos\theta) + (1+\cos\theta)}{(1+\cos\theta)(1-\cos\theta)}$$

$$= \frac{2}{1-\cos^2\theta}$$

$$= \frac{2}{1-\sin\theta}$$

$$= \frac{2}{1 - \dfrac{-1+\sqrt{5}}{2}}$$

$$= 2 \div \left(1 - \frac{-1+\sqrt{5}}{2}\right) = 2 \div \frac{2+1-\sqrt{5}}{2}$$

$$= 2 \div \frac{3-\sqrt{5}}{2} = 2 \times \frac{2}{3-\sqrt{5}} = \frac{4}{3-\sqrt{5}}$$

 마지막 답은 분모를 유리화(분모를 $\sqrt{}$ 없는 꼴로 바꾸는 것)하면 다음과 같이
간단하게 바뀝니다.

$$\frac{4}{3-\sqrt{5}} = \frac{4(3+\sqrt{5})}{(3-\sqrt{5})(3+\sqrt{5})} = \frac{4(3+\sqrt{5})}{3^2-(\sqrt{5})^2} = \frac{4(3+\sqrt{5})}{9-5} = \frac{4(3+\sqrt{5})}{4}$$
$$= 3+\sqrt{5}$$

이제부터는 삼각비의 적용 범위를 직각삼각형에서 모든 삼각형으로 넓혀 봅니
다. 이때 다음에 소개하는 사인법칙과 코사인법칙이 중요하게 쓰입니다.

 사인은 $\sin\theta$, 코사인은 $\cos\theta$를 말합니다(61쪽).
이외에도 탄젠트법칙($\tan\theta$의 정리)이라는 법칙이 있지만 이는 고등학교 수학의 범위를 넘어
섭니다.

이제부터는 그림 1-27처럼 △ABC의 꼭짓점 A, B, C와 마주 보는 변 BC,
CA, AB의 길이는 각각 a, b, c로 표기합니다. 그리고 ∠A, ∠B, ∠C도 각
각 A, B, C로 줄여서 표기합니다(이 관례는 세계 공통입니다).

▼ 그림 1-27 꼭짓점과 마주 보는 변, 각의 표기

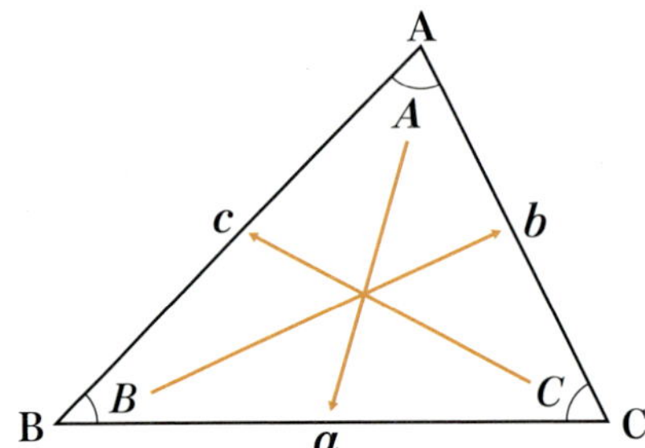

66

사인법칙과 그 증명

우선 정리를 밝힙니다.

$\triangle$ABC에 외접하는 원의 반지름을 R이라 하면

$$\frac{a}{\sin A} = \frac{b}{\sin B} = \frac{c}{\sin C} = 2R$$

이 성립합니다.

▼ 그림 1-28 사인법칙

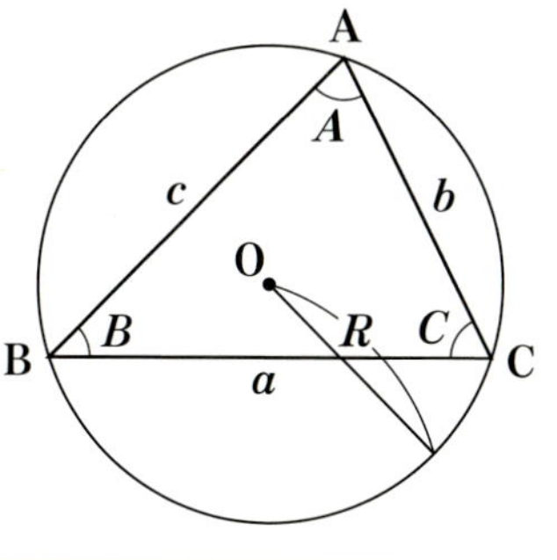

증명

사인법칙을 증명할 때 원주각의 정리(53쪽)를 사용합니다.

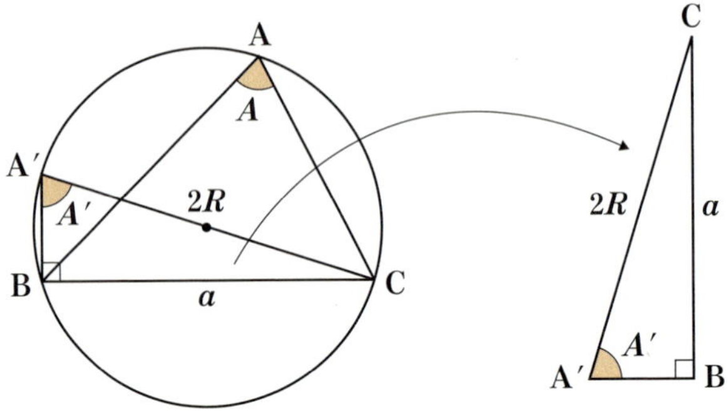

위 그림처럼 $\triangle ABC$의 외접원 위에 $\overline{A'C}$가 지름이 되는 점 A'을 잡으면 **원주각의 정리**에 따라 $\angle A = \angle A'$이므로

$$A = A' \quad \cdots ①$$

이 됩니다.

지름에 대한 원주각은 $90°$(69쪽 노트 참조)이므로 $\angle A'BC = 90°$입니다. 또한, $\overline{A'C}$는 지름이므로 $\overline{A'C} = 2R$입니다. 즉, $\triangle A'BC$는 빗변이 $2R$인 직각삼각형입니다(그림 1-29 참조).

따라서 다음과 같이 식을 유도할 수 있습니다.

$$a = 2R \cdot \sin A'$$

$$\Rightarrow \quad \frac{a}{\sin A'} = 2R$$

①에 의해

$$\Rightarrow \quad \frac{a}{\sin A} = 2R$$

같은 방법으로

$$\frac{b}{\sin B} = 2R \qquad \frac{c}{\sin C} = 2R$$

도 밝힐 수 있습니다. 따라서 다음과 같이 정리할 수 있습니다.

$$\frac{a}{\sin A} = \frac{b}{\sin B} = \frac{c}{\sin C} = 2R$$

증명 끝

> **Note** 지름에 대한 원주각은 90°임을 증명하기
>
> ▼ 그림 1-31 지름에 대한 원주각은 90°가 된다
>
> 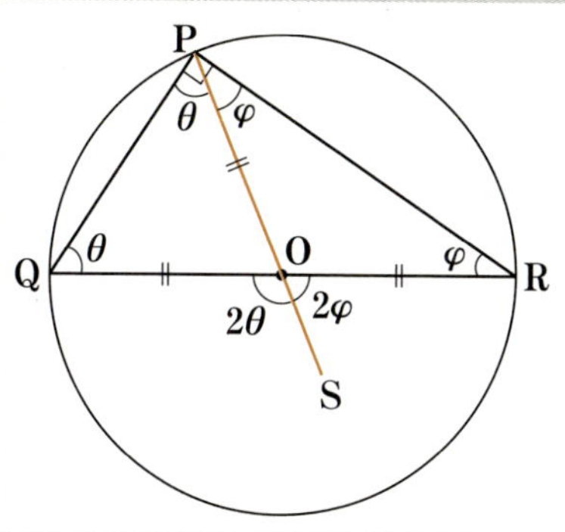
>
> φ(파이)는 각도를 나타낼 때 θ(세타) 다음으로 많이 사용하는 그리스 문자이다.
>
> 위 그림처럼 $\triangle$PQR의 $\overline{QR}$이 외접원의 지름과 일치할 때, $\overline{OP}$, $\overline{OQ}$, $\overline{OR}$은 외접원의 반지름이므로 $\triangle$OPQ와 $\triangle$ORP는 이등변삼각형입니다.
>
> 따라서 $\angle$OPQ $= \theta$, $\angle$OPR $= \varphi$라고 하면
>
> $$\angle OPQ = \angle OQP = \theta,\ \angle OPR = \angle ORP = \varphi$$
>
> 입니다. $\angle$SOQ와 $\angle$SOR은 각각 $\triangle$OPQ과 $\triangle$ORP의 외각(54쪽)이므로
>
> $$\angle SOQ = \angle OPQ + \angle OQP = 2\theta,\ \angle SOR = \angle OPR + \angle ORP = 2\varphi$$
>
> $\angle$SOQ $+ \angle$SOR $= 180°$에 의해 다음과 같습니다.
>
> $$2\theta, + 2\varphi = 180° \Rightarrow \theta + \varphi = 90°$$
>
> 따라서 $\angle$QPR $= \angle$OPQ $+ \angle$OPR $= \theta + \varphi = 90°$입니다.

코사인법칙과 그 증명

우선 정리를 밝힙니다.

$\triangle$ABC에서 다음 등식이 성립합니다.

$$a^2 = b^2 + c^2 - 2bc\cos A$$
$$b^2 = c^2 + a^2 - 2ca\cos B$$
$$c^2 = a^2 + b^2 - 2ab\cos C$$

증명

코사인법칙을 증명할 때 피타고라스 정리를 사용합니다.

▼ 그림 1-32 코사인법칙의 증명

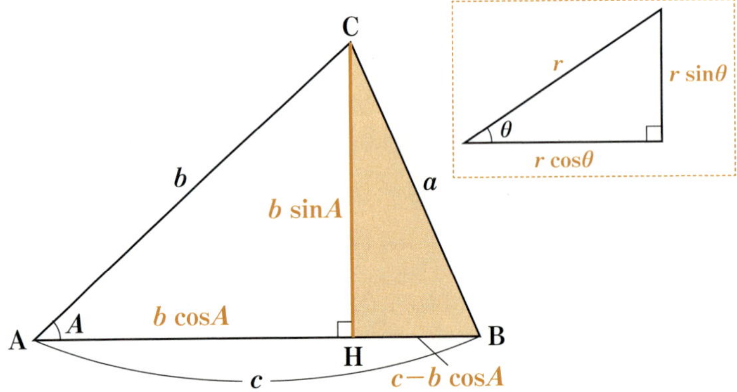

위 그림처럼 C에서 $\overline{\text{AB}}$에 수선 $\overline{\text{CH}}$를 내립니다. $\triangle$AHC는 빗변이 b인 직각

삼각형이므로

$$\overline{\text{CH}} = b\sin A$$

$$\overline{\text{AH}} = b\cos A$$

입니다. 따라서

$$\overline{\text{BH}} = \overline{\text{AB}} - \overline{\text{AH}} = c - b\cos A$$

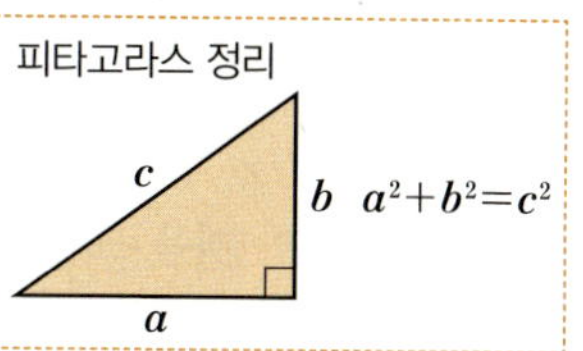

이고, $\triangle\text{CHB}$에 대해 **피타고라스 정리**에 따라

$$\begin{aligned}
a^2 &= (c - b\cos A)^2 + (b\sin A)^2 \\
&= c^2 - 2\cdot c\cdot b\cos A + b^2\cos^2 A + b^2\sin^2 A \\
&= c^2 - 2bc\cos A + b^2(\cos^2 A + \sin^2 A) \\
&= c^2 - 2bc\cos A + b^2\cdot 1
\end{aligned}$$

$$(p-q)^2 = p^2 - 2pq + q^2$$

$$\cos^2\theta + \sin^2\theta = 1$$

입니다. 따라서

$$a^2 = b^2 + c^2 - 2bc\cos A$$

이고, 같은 방법으로

$$b^2 = c^2 + a^2 - 2ca\cos B$$

$$c^2 = a^2 + b^2 - 2ab\cos C$$

도 나타낼 수 있습니다.

증명 끝

사인법칙은 각도의 정리, 코사인법칙은 변의 정리

이처럼 사인법칙은 원주각의 정리에서 유래한 것이고, 코사인법칙은 피타고라스 정리에서 유래한 것입니다. 또한, 원주각의 정리는 각도에 관한 정리이고, 피타고라스 정리는 변의 길이에 관한 정리입니다. 따라서 사인법칙을 각도의 정리, 코사인법칙을 변의 정리로 불러도 좋을 것입니다. 실제로 삼각형에 관한

문제를 풀 때도 **주어진 문제 안에 각도에 대한 정보가 많다면 사인법칙을, 변에 대한 정보가 많다면 코사인법칙을 사용해서 풀 수 있는 경우가 많습니다.**

이번에는 필자가 처음 코사인법칙을 배웠을 때 감동 받았던 문제 하나를 소개하고자 합니다.

$\triangle$ABC에서 $a = 5$, $b = 6$, $c = 7$일 때, 이 삼각형의 넓이 S를 구하세요.

해설

평범한 문제처럼 보이지만 필자는 이 문제를 통해 초등학생 시절부터 느꼈던 (한에 가까운?)갈증을 달랠 수 있었습니다.

잘 알고 있겠지만 문제에서 세 변의 길이가 주어지면 삼각형이라는 도형은 어느 정도 결정됩니다.

그런데도 높이를 알아야만 넓이를 구할 수 있다는 점이 성에 차지 않았던 것입니다.

뒤에서 밝히겠지만 꼭짓점에서 내린 수선의 길이를 $\sin A$로 나타내면 넓이 S는

$$S = \frac{1}{2} \cdot 7 \cdot 6 \sin A$$

로 아주 간단하게 나타낼 수 있습니다.

단, 세 변의 길이를 가지고 $\sin A$을 직접 구할 수는 없으니 (변의 정리인) 코사인법칙을 사용하여 $\cos A$를 구하고 삼각비의 상호 관계로 $\sin A$의 값을 계산합니다.

Note ≡ 코사인법칙은 피타고라스 정리에서 유도한 것입니다. 따라서 이 문제는 수선을 내리고 피타고라스 정리를 여러 번 사용하는 방법으로도 풀 수 있습니다.

해답

▼ 그림 1-33 세 변의 길이를 알고 있는 삼각형의 넓이 구하기

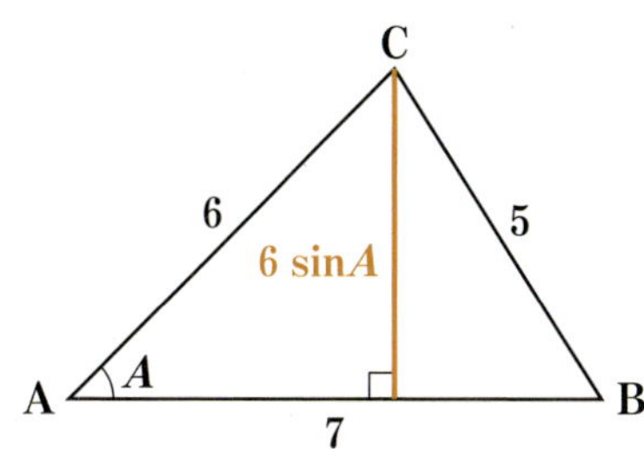

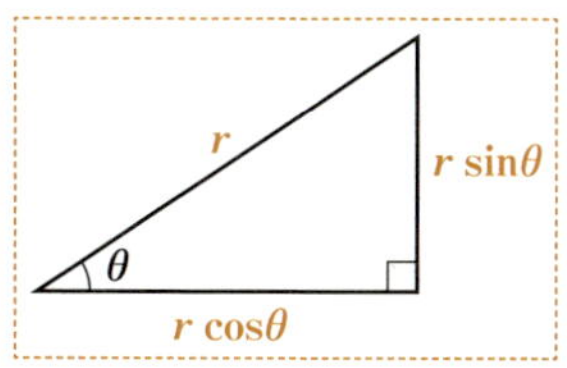

위 그림처럼 C에서 $\overline{AB}$에 수선을 내리면 $\triangle ABC$의 높이가 $6 \sin A$임을 알 수 있으므로 다음이 성립합니다.

$$S = \frac{1}{2} \cdot 7 \cdot 6 \sin A \quad \cdots ①$$

$\triangle ABC$에 대한 코사인법칙에 의해

$$a^2 = b^2 + c^2 - 2bc \cos A$$
$$\Rightarrow \quad 5^2 = 6^2 + 7^2 - 2 \cdot 6 \cdot 7 \cdot \cos A$$
$$\Rightarrow \quad 25 = 36 + 49 - 84 \cos A$$
$$\Rightarrow \quad 84 \cos A = 36 + 49 - 25 = 60$$
$$\Rightarrow \quad \cos A = \frac{60}{84} = \frac{5}{7}$$

이고, 삼각비의 상호 관계에 의해

$$\cos^2 A + \sin^2 A = 1$$

$$\Rightarrow \quad \left(\frac{5}{7}\right)^2 + \sin^2 A = 1$$

$$\Rightarrow \quad \sin^2 A = 1 - \frac{25}{49} = \frac{49 - 25}{49} = \frac{24}{49}$$

입니다. $\sin A > 0$에 의해

$$\sin A = \sqrt{\frac{24}{49}} = \frac{2\sqrt{6}}{7}$$

이므로 이를 ①에 대입하면 다음과 같이 구할 수 있습니다.

$$S = \frac{1}{2} \cdot 7 \cdot 6 \cdot \frac{2\sqrt{6}}{7} = 6\sqrt{6}$$

앞의 논의를 일반화하면 넓이를 구하는 공식을 구할 수 있는데, 이를 **헤론의 공식**이라고 부릅니다. 이 공식의 증명은 문자식이 나열된 매우 복잡한 모습이 되지만 이 절을 마무리하는 의미로 소개해 둡니다.

> Note≡ | 헤론은 고대 로마의 알렉산드리아(현재의 이집트)에서 활약한 그리스 사람입니다.

헤론의 공식 유도하기

▼ 그림 1-34 세 변의 길이로 삼각형의 넓이를 구하려면?

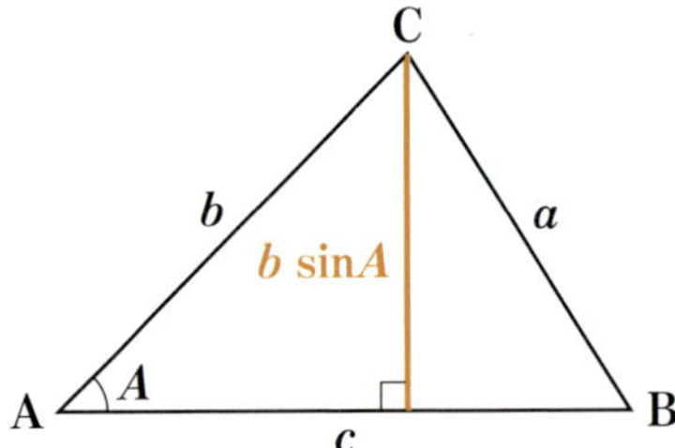

$\triangle$ABC의 넓이를 S라고 하면

$$S = \frac{1}{2} \cdot c \cdot b \sin A = \frac{1}{2} bc \sin A \quad \cdots ①$$

코사인법칙에 의해

$$a^2 = b^2 + c^2 - 2bc \cos A$$

$$\Rightarrow \quad 2bc \cos A = b^2 + c^2 - a^2$$

$$\Rightarrow \quad \cos A = \frac{b^2 + c^2 - a^2}{2bc} \quad \cdots ②$$

이 됩니다. 그리고 삼각비의 상호 관계에 의해

$$\cos^2 A + \sin^2 A = 1$$

$$\Rightarrow \quad \sin^2 A = 1 - \cos^2 A$$

$$= (1 + \cos A)(1 - \cos A) \qquad \boxed{p^2 - q^2 = (p+q)(p-q)}$$

$$= \left(1 + \frac{b^2 + c^2 - a^2}{2bc}\right)\left(1 - \frac{b^2 + c^2 - a^2}{2bc}\right) \quad ②$$

$$= \frac{2bc + b^2 + c^2 - a^2}{2bc} \times \frac{2bc - b^2 - c^2 + a^2}{2bc}$$

$$\boxed{\begin{aligned} p^2 + 2pq + q^2 &= (p+q)^2 \\ p^2 - 2pq + q^2 &= (p-q)^2 \end{aligned}} \quad = \frac{(b^2 + 2bc + c^2) - a^2}{2bc} \times \frac{a^2 - (b^2 - 2bc + c^2)}{2bc}$$

$$= \frac{(b+c)^2 - a^2}{2bc} \times \frac{a^2 - (b-c)^2}{2bc} \qquad \boxed{p^2 - q^2 = (p+q)(p-q)}$$

$$= \frac{\{(b+c) + a\}\{(b+c) - a\}}{2bc} \times \frac{\{a + (b-c)\}\{a - (b-c)\}}{2bc}$$

$$= \frac{(a+b+c)(-a+b+c)}{2bc} \times \frac{(a+b-c)(a-b+c)}{2bc} \quad \cdots ③$$

가 됩니다. 여기서

$$a + b + c = 2s$$

로 두면

$$-a + b + c = a + b + c - 2a = 2s - 2a = 2(s - a)$$

$$a + b - c = a + b + c - 2c = 2s - 2c = 2(s - c)$$

$$a - b + c = a + b + c - 2b = 2s - 2b = 2(s - b)$$

로 표기할 수 있으므로 이들을 ③에 대입하면

$$\sin^2 A = \frac{2s \cdot 2(s-a)}{2bc} \times \frac{2(s-c) \cdot 2(s-b)}{2bc}$$

$$= \frac{2s(s-a)}{bc} \times \frac{2(s-c)(s-b)}{bc}$$

$$= \frac{4s(s-a)(s-b)(s-c)}{b^2 c^2}$$

입니다. $\sin A > 0$에 의해

$$\sin A = \sqrt{\frac{4s(s-a)(s-b)(s-c)}{b^2 c^2}}$$

$$= \frac{2\sqrt{s(s-a)(s-b)(s-c)}}{bc}$$

이므로 ①에 대입해서

$$S = \frac{1}{2} bc \sin A = \frac{1}{2} bc \cdot \frac{2\sqrt{s(s-a)(s-b)(s-c)}}{bc}$$

$$= \sqrt{s(s-a)(s-b)(s-c)}$$

가 됩니다. 이에 따라 다음 공식을 구할 수 있습니다.

헤론의 공식

$\triangle$ABC의 넓이를 S라고 하면

$$S = \sqrt{s(s-a)(s-b)(s-c)}$$

$$\left(\text{단, } s = \frac{a+b+c}{2}\right)$$

예 — 문제 **6**에서 $\triangle$ABC는 $a=5$, $b=6$, $c=7$이므로

$$s = \frac{a+b+c}{2} = \frac{5+6+7}{2} = \frac{18}{2} = 9$$

입니다. 헤론의 공식을 적용하면 다음이 성립합니다.

$$\begin{aligned}
S &= \sqrt{s(s-a)(s-b)(s-c)} \\
&= \sqrt{9 \cdot (9-5) \cdot (9-6) \cdot (9-7)} \\
&= \sqrt{9 \cdot 4 \cdot 3 \cdot 2} \\
&= \sqrt{3^2 \cdot 2^2 \cdot 3 \cdot 2} \\
&= 6\sqrt{6}
\end{aligned}$$

이 책의 독자라면 이미 이해했겠지만 헤론의 공식도 구체적인 숫자를 넣어서 답을 구하는 것 자체로는 큰 의미가 없습니다(누구나 할 수 있는 계산이니까요). 무엇보다 공식을 유도하는 과정이 중요합니다.

특히 종종 $p^2 - q^2 = (p+q)(p-q)$를 **사용해서 계산을 좀 더 편하게** 하는 부분에 주목하세요. 어려운 식을 변형하는 데 자주 사용합니다.

2장

대수학

방정식을 풀기 위한 수학

▶ 고대의 방정식 −대수학의 본질은 일반화 −

2장에서는 대수학을 다룹니다. 대수학(代數學)이란 문자 그대로 숫자(數) 대신에(代) 문자를 사용하여 **방정식**을 푸는 학문(學), 또는 이로부터 발전한 수학 전반을 말합니다.

애당초 '방정식'이란 무엇일까요? 한 마디로 설명하자면 **특정한 값을 대입했을 때만 성립하는 식**이라고 할 수 있습니다. 예를 들어

$$2x + 1 = 3$$

이라는 식은 $x = 1$일 때만 성립하므로 방정식입니다.

반면,

$$x + x + 1 = 2x + 1$$

이라는 식은 $x = 1$일 때도 $x = 100$일 때도 $x = 0.1$일 때도 성립합니다. 이처럼 어떠한 값에 대해서도 성립하는 식을 **항등식**이라고 합니다.

인류가 처음 '방정식'을 손에 넣은 시기는 그리스에서 기하학(≒논증 수학)이 발전했던 시대보다 약 1,000년 전입니다.

현재 영국의 대영 박물관에 소장된 기원전 1,800년 경의 수학책 〈린드 파피루스〉에는 약 90개의 문장식 문제(word problems)가 실려 있고, 그 중에는 다음과 같은 문제가 있습니다.

> **어떤 양에 그 양의 7분의 1을 더하면 19가 된다. 어떤 양은 얼마인가?**

이 문제의 어떤 양(미지수 = 특정 값)을 x로 바꾸면

$$x + \frac{1}{7}x = 19$$

로 나타낼 수 있는 기본적인 일차방정식 문제가 됩니다.

그러나 이 문제를 위와 같은 수식으로 표현할 수 있게 된 것은 훨씬 훗날(16세기말)의 일이므로 그 당시에는 다음과 같이 풀었습니다.

먼저 '임시 값'을 가정합니다. 예를 들어 (7분의 1을 계산하기 쉽도록) 임시 값을 7로 가정하면

$$7 + \frac{1}{7} \times 7 = 8$$

이 되지요? 그 다음, 계산 결과(우변)를 19로 만들기 위해 앞서 가정한 7에 $\frac{19}{8}$를 곱합니다.

$$7 \times \frac{19}{8} = \frac{133}{8}$$

따라서 문제의 답이 $\frac{133}{8}$임을 알 수 있습니다.

먼저 답을 가정하고 그로부터 얻은 결과를 올바른 답으로 수정해 나가는 방법은 1세기 경의 중국에서도, 4세기 경의 그리스에서도, 6~7세기 경의 인도에서도 널리 사용되고 있었습니다. 일본의 '츠루카메잔[2]'도 처음에 모두를 학(또는 거북이)로 가정하고, 학과 거북이를 맞바꾸어 답을 수정해 나가는 식이므로 발상이 같습니다.

그러나 이러한 사고방식은 무모할 뿐만 아니라 한계가 있습니다. 임시 값을 무엇으로 가정하느냐에 따라 계산이 복잡해질 수 있고, 애당초 어떻게 가정해야 하는지 알 수 없는 문제도 있기 때문입니다.

그래서 인류는 좀 더 효율적이며 범용성이 뛰어난 방법을 찾게 되는데, 그 과정에서 (긴 세월이 흐른 후) 숫자 대신 문자를 사용하게 되었습니다. 이는 발명한 해법이나 밝혀진 숫자의 특성을 일반화하는 것을 목표로 한 결과였습니다.

일상 속에서 진리를 탐구한 고대 이집트인

대수학의 본질이 그 일반성에 있다는 사실에 비추어 생각해 보면 〈린드 파피루스〉의 머리말에 담긴 다음 문장은 매우 의미심장하게 다가옵니다.

> (이 책은) 사물 속에 존재하는 모든 신비와 비밀을 풀기 위한 계산법(을 다룬다)

'린드 파피루스'에 실린 대부분의 문장식 문제는 다음과 같은 일상생활 속 구체적인 문제입니다. '100개의 빵을 10명이 나누어 가진다. 그러나 선원과 대장, 문지기는 다른 사람의 2배를 받는다. 각자가 받는 빵은 몇 개인가?' 하지만 고대 이집트 사람들은 이 속에서 보편적인 진리를 봤을지도 모릅니다.

현대대수학의 직계 조상은 〈린드 파피루스〉가 등장하고도 3,000년 후에 탄생합니다. 그럼에도 이 문제가 '방정식'이라는 사실에는 틀림이 없습니다. 만약 고대 이집트 사람들이 구체적인 수치 계산을 일반화한 문제 해결 방법을 알고 있었다면 〈린드 파피루스〉에 실린 해법을 대수학의 시초로 높게 평가해야 한다고 생각합니다.

---

[2] 일본 에도시대에 상서로운 동물로 여겼던 학과 거북이가 등장하는 스타일의 문장식 문제

01 이차방정식

이전 칼럼에서 나온

$$2x + 1 = 3$$

은 미지수 x에 대한 일차식이므로 '일차방정식'입니다. 일차방정식을

$$2x + 1 = 3 \quad \Leftrightarrow \quad 2x = 3 - 1$$
$$\Leftrightarrow \quad 2x = 2$$
$$\Leftrightarrow \quad x = 1$$

로 푸는 방법은 중학교에서 배웠습니다.

이 절에서 배우는 것은

$$ax^2 + bx + c = 0$$

형태의 **이차방정식을 푸는 방법**입니다(단, a, b, c는 정수이고, $a \neq 0$).

일반적으로 방정식을 만족하는 x의 값을 방정식의 **해** 또는 **근**이라고 하고, **모든 해를 구하는 것을 '방정식을 푼다'**라고 합니다.

이차방정식은 푸는 방법은 크게 두 가지가 있습니다.

> **이차방정식을 푸는 방법**
>
> (i) 근의 공식을 사용하는 방법
>
> (ii) 인수분해를 사용하는 방법

이차방정식의 근의 공식

결론부터 말하면, 이차방정식의 근의 공식은 다음과 같은 수식을 말합니다.

> **이차방정식의 근의 공식**
>
> $ax^2 + bx + c = 0$일 때,
> $$x = \frac{-b \pm \sqrt{b^2 - 4ac}}{2a}$$

많은 분들이 이 공식에 대한 추억이 있을 것입니다. 학창 시절 그다지 수학과 친하지 않았더라도 대부분은 이 공식을 알고(완전히 기억나지는 않지만 그런 것이 있었다는 건 기억나는 상태) 있지 않나요? 사실 이 공식을 스스로 유도할 수 있는 사람은 매우 적을 것입니다.

그러나 **수학을 배우는 목적이 사고력과 논리력을 단련하는 데 있는 이상, 공식을 암기하고 공식에 숫자를 대입하는 일은 큰 의미가 없습니다.**

이 책에서는 이 공식을 스스로 유도할 수 있게 하고, 그 과정에서 이차방정식 풀이의 본질과 식 변형의 묘미를 느낄 수 있게 하려고 합니다.

간단한 이차방정식부터 시작하기

가장 간단한 이차방정식부터 시작해 봅시다.

$$x^2 = k$$

형태를 한 방정식(k는 0 이상의 정수)은 $\sqrt{}$(루트)를 사용하면 쉽게 풀 수 있습니다. 예를 들어

$$x^2 = 3 \quad \Leftrightarrow \quad x = \pm\sqrt{3}$$

이 되겠군요.

Note☰ $\sqrt{\ }$(근호)와 $\pm$(부호)에 대하여

양수 k에 대하여 제곱하면 k가 되는 수를 k의 제곱근이라 하고, k의 제곱근(양의 값과 음의 값 두 가지를 가집니다) 중에서 양의 값을 $\sqrt{k}$로 나타냅니다.

예를 들어 $\sqrt{3^2} = \sqrt{9} = 3$, $\sqrt{(-3)^2} = \sqrt{9} = 3$을 일반화하면 $\sqrt{a^2} = |a|$가 됩니다($|a|$는 중학교에서 배웠던 '절댓값'입니다. $a > 0$이면 $|a| = a$이 되고, $a < 0$이면 $|a| = -a$가 됩니다).

또한, $x = \pm\sqrt{k}$는 $x = \sqrt{k}$ 또는 $x = -\sqrt{k}$라는 뜻입니다.

이를 응용해 봅시다. 예를 들어

$$(x+1)^2 = 3$$

이라는 이차방정식을

$$(x+1)^2 = 3 \quad \Leftrightarrow \quad x+1 = \pm\sqrt{3}$$
$$\Leftrightarrow \quad x = -1 \pm\sqrt{3}$$

으로 풀 수 있습니다.

잠깐 연습해 볼까요?

문제 1

다음 이차방정식을 푸세요.

(1) $x^2 = 25$

(2) $3x^2 - 21 = 0$

(3) $(x-2)^2 = 16$

(4) $3(x+1)^2 - 15 = 0$

해답

(1) $\quad x^2 = 25 \quad \Leftrightarrow \quad x = \pm\sqrt{25}$
$$= \pm 5$$

(2) $3x^2 - 21 = 0 \quad \Leftrightarrow \quad 3x^2 = 21$

$\qquad\qquad\qquad \Leftrightarrow \quad x^2 = 7$

$\qquad\qquad\qquad \Leftrightarrow \quad x = \pm\sqrt{7}$

(3) $(x-2)^2 = 16 \quad \Leftrightarrow \quad x - 2 = \pm\sqrt{16}$

$\qquad\qquad\qquad\qquad\quad = \pm 4$

$\qquad\qquad\qquad\quad \Leftrightarrow \quad x = 2 \pm 4$

$\qquad\qquad\qquad\quad \Leftrightarrow \quad x = 6 \quad \text{또는} \quad x = -2$

(4) $3(x+1)^2 - 15 = 0 \quad \Leftrightarrow \quad 3(x+1)^2 = 15$

$\qquad\qquad\qquad\qquad\quad \Leftrightarrow \quad (x+1)^2 = 5$

$\qquad\qquad\qquad\qquad\quad \Leftrightarrow \quad x + 1 = \pm\sqrt{5}$

$\qquad\qquad\qquad\qquad\quad \Leftrightarrow \quad x = -1 \pm\sqrt{5}$

이제 (4)와 같은

$$a(x+p)^2 - k = 0$$

형태의 이차방정식을 풀 수 있게 되었습니다. 하지만 이런 이차방정식 문제는 매우 드뭅니다. 그러면 이번에는 $ax^2 + bx + c$를

$$ax^2 + bx + c = a(x+p)^2 - k$$

로 변형해 봅시다.

이 식 변형을 **완전제곱식 변형**이라고 합니다. **완전제곱식 변형은 고등학교 수학 에서 가장 중요하면서도 난해한 수식 변형 중 하나이니 차분하게 살펴봅시다.**

완전제곱식 변형 비법

곱셈 공식(91쪽) 중

$$(x+p)^2 = x^2 + 2px + p^2$$

이 있습니다. 이를 변형해서

$$x^2 + 2px = (x+p)^2 - p^2$$

으로 만듭니다.

겨우 이 정도 변형한 식이지만, 이 식이 완전제곱식을 변형할 때 가장 중요한 기초입니다. 그래서 필자는 이를 완전제곱식 변형 비법이라고 부릅니다.

▼ 그림 2-1 그림으로 표현한 완전제곱식

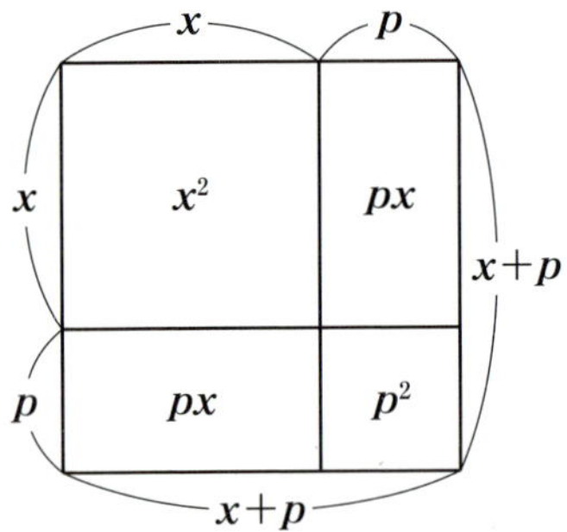

$$(x+p)^2 = x^2 + 2px + p^2$$

완전제곱식 변형 비법

$$x^2 + 2px = (x+p)^2 - p^2$$

$$x^2 + 8x = (x+4)^2 - 16$$

$$x^2 - 14x = (x-7)^2 - 49$$

$$x^2 + 5x = \left(x + \frac{5}{2}\right)^2 - \frac{25}{4}$$

완전제곱식 변형으로 근의 공식 유도하기

이제 $ax^2 + bx + c$를 완전제곱식으로 변형해 봅시다. 가장 앞에 있는 두 항 $ax^2 + bx$는 완전제곱식 변형 비법을 사용해서 다음과 같이 변형할 수 있습니다.

$$ax^2 + bx = a\left(x^2 + \frac{b}{a}x\right) = a\left\{\left(x + \frac{b}{2a}\right)^2 - \left(\frac{b}{2a}\right)^2\right\}$$

$$= a\left\{\left(x + \frac{b}{2a}\right)^2 - \frac{b^2}{4a^2}\right\}$$

위 수식에서 짙은 회색으로 칠한 부분에 '완전제곱식 변형 비법'이 적용됐다는 것을 눈치챘나요(가장 먼저 a로 묶는 지점도 포인트입니다)?

$$ax^2 + bx + c = 0$$

$$\Leftrightarrow \quad a\left\{\left(x + \frac{b}{2a}\right)^2 - \frac{b^2}{4a^2}\right\} + c = 0$$

$$\Leftrightarrow \quad a\left(x + \frac{b}{2a}\right)^2 - \frac{b^2}{4a} + c = 0$$

$$\Leftrightarrow \quad a\left(x + \frac{b}{2a}\right)^2 - \frac{b^2 - 4ac}{4a} = 0$$

$$-\frac{b^2}{4a} + c = -\frac{b^2}{4a} + \frac{4ac}{4a} = -\left(\frac{b^2}{4a} - \frac{4ac}{4a}\right)$$

복잡한 모습이 되었지만 이것으로 완전제곱식 변형은 끝입니다. 다음은 문제 1의 (4)와 같은 방법으로 변형하면 됩니다.

$$a\left(x + \frac{b}{2a}\right)^2 - \frac{b^2 - 4ac}{4a} = 0$$

$$\Leftrightarrow \quad a\left(x + \frac{b}{2a}\right)^2 = \frac{b^2 - 4ac}{4a}$$

$$\Leftrightarrow \quad \left(x + \frac{b}{2a}\right)^2 = \frac{b^2 - 4ac}{4a^2}$$

$$\Leftrightarrow \quad x + \frac{b}{2a} = \pm\sqrt{\frac{b^2 - 4ac}{4a^2}}$$

$$x^2 = k \Leftrightarrow x = \pm\sqrt{k}$$

$$= \pm\frac{\sqrt{b^2 - 4ac}}{2|a|}$$

$$\sqrt{4a^2} = 2|a|$$

여기서 $a > 0$이면 $|a| = a$이고, $a < 0$이면 $|a| = -a$이므로

$$a > 0 \quad \Rightarrow \quad \pm\frac{\sqrt{b^2 - 4ac}}{2|a|} = \pm\frac{\sqrt{b^2 - 4ac}}{2a}$$

$$a < 0 \quad \Rightarrow \quad \pm\frac{\sqrt{b^2 - 4ac}}{2|a|} = \pm\frac{\sqrt{b^2 - 4ac}}{-2a} = \mp\frac{\sqrt{b^2 - 4ac}}{2a}$$

이지만 이들은

$$\pm \frac{\sqrt{b^2 - 4ac}}{2a}$$

로 정리할 수 있으므로(아래 노트 참조) 결국

$$x + \frac{b}{2a} = \pm \frac{\sqrt{b^2 - 4ac}}{2a}$$

가 됩니다.

따라서 다음과 같이 식을 정리할 수 있습니다.

$$x = -\frac{b}{2a} \pm \frac{\sqrt{b^2 - 4ac}}{2a}$$

$$\Leftrightarrow \quad x = \frac{-b \pm \sqrt{b^2 - 4ac}}{2a}$$

Note≡

$\pm A$는 $+A$이거나 $-A$라는 뜻이고, $\mp A$는 $-A$이거나 $+A$라는 뜻이므로 이 둘은 결국 같은 것입니다.

이것으로 이차방정식의 근의 공식을 유도해냈습니다(고생했습니다)!

예

$$3x^2 + 5x + 1 = 0$$

$$\Leftrightarrow \quad x = \frac{-5 \pm \sqrt{5^2 - 4 \cdot 3 \cdot 1}}{2 \cdot 3}$$

$$= \frac{-5 \pm \sqrt{13}}{6}$$

곱셈 공식과 인수분해 공식

인수분해란 수 또는 다항식(114쪽 노트 참조)을

$$6 = 2 \times 3$$

$$ax + ay + az = a(x + y + z)$$

처럼 곱의 형태로 분해하는 것을 말합니다.

수의 인수분해(소인수분해라고 합니다)는 4장에서 설명하니 이 절에서는 다항식, 특히 이차방정식의 인수분해를 확인해 봅시다.

기본이 되는 공식은

$$(ax + p)(bx + q) = abx^2 + (aq + bp)x + pq \quad \cdots (가)$$

라는 곱셈 공식입니다.

이 공식이 참인지는 분배법칙으로 바로 증명할 수 있지만 이번에는 그림을 통해 이해해 봅시다.

다음 큰 직사각형의 넓이는 직사각형 4개 ①~④의 넓이를 합한 것과 같군요.

▼ 그림 2-2 그림으로 표현한 91쪽의 곱셈 공식 (1)

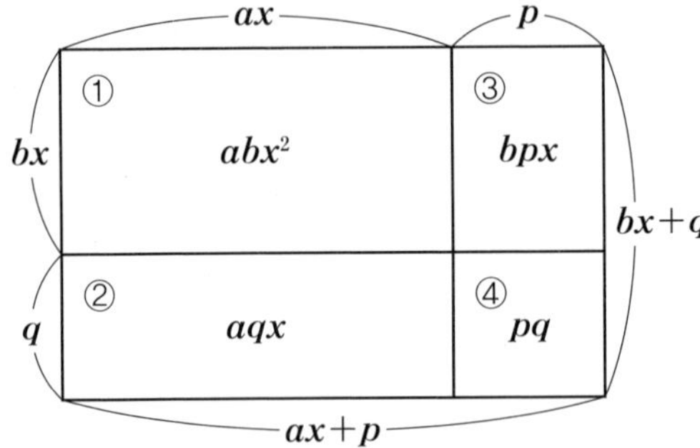

$$(ax + p)(bx + q) = \underset{①}{abx^2} + \underset{②}{aqx} + \underset{③}{bpx} + \underset{④}{pq}$$

$$= abx^2 + (aq + bp)x + pq$$

$a = b = 1$로 두면

$$(x+p)(x+q) = x^2 + (p+q)x + pq \quad \cdots (가)$$

가 됩니다. 이때 $q = p$라 하면

$$(x+p)^2 = x^2 + 2px + p^2 \qquad \cdots (나)$$

이 되고, (나)에서 $p \to -p$로 두면

$$(x-p)^2 = x^2 - 2px + p^2$$

이 됩니다. 그리고 (가)에서 $q = -p$라 하면

$$(x+p)(x-p) = x^2 - p^2$$

과 같이 정리할 수 있습니다.

곱셈 공식

(1) $(ax+p)(bx+q) = abx^2 + (aq+bp)x + pq$

(2) $(x+p)(x+q) = x^2 + (p+q)x + pq$

(3) $(x+p)^2 = x^2 + 2px + p^2$

(4) $(x-p)^2 = x^2 - 2px + p^2$

(5) $(x+p)(x-p) = x^2 - p^2$

곱셈 공식의 좌변(등호를 기준으로 왼쪽 부분)과 우변(등호를 기준으로 오른쪽 부분)을 맞바꾸면 인수분해 공식이 됩니다.

$$(1)\quad abx^2 + (aq + bp)x + pq = (ax + p)(bx + q)$$
$$(2)\quad x^2 + (p + q)x + pq = (x + p)(x + q)$$
$$(3)\quad x^2 + 2px + p^2 = (x + p)^2$$
$$(4)\quad x^2 - 2px + p^2 = (x - p)^2$$
$$(5)\quad x^2 - p^2 = (x + p)(x - p)$$

이 중에서 (1)번 인수분해가 특히 어렵습니다. (1)번 인수분해를 하려면 x^2의 계수인 ab와 상수항 pq를 각각 분해하고 다음과 같은 이른바 **엇갈려 곱하기**를 한 후 x의 계수 $aq + bp$와 일치하는 조합을 찾아야 합니다.

엇갈려 곱하기

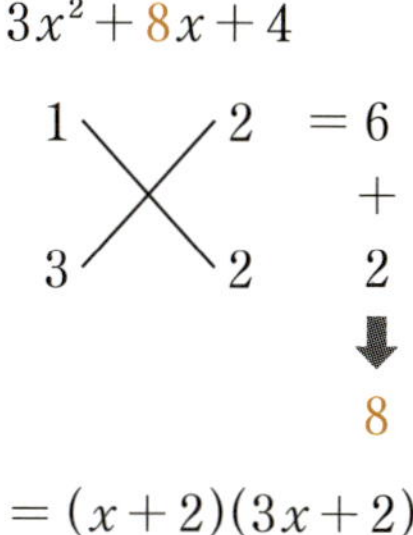

$$3x^2 + 8x + 4$$

$$= (x+2)(3x+2)$$

인수분해로 이차방정식을 푸는 방법

이차방정식을 인수분해로 풀려면

$$A \times B = 0 \quad \Leftrightarrow \quad A = 0 \quad \text{또는} \quad B = 0$$

을 사용합니다.

간단한 방정식이라면 인수분해 공식을 사용하지 않아도 풀 수 있습니다. 예를 들어

$$x^2 + x = 0$$
$$\Leftrightarrow \quad x(x+1) = 0$$
$$\Leftrightarrow \quad x = 0 \quad \text{또는} \quad x+1 = 0$$
$$\Leftrightarrow \quad x = 0 \quad \text{또는} \quad x = -1$$

처럼요.

인수분해 공식의 사용법을 연습해 봅시다.

다음 이차방정식을 푸세요.

(1) $6x^2 + 5x + 1 = 0$

(2) $x^2 + 7x + 10 = 0$

(3) $x^2 + 8x + 16 = 0$

(4) $4x^2 - 4x + 1 = 0$

(5) $2x^2 - 50 = 0$

해답

(1) $6x^2 + 5x + 1 = 0$

$\Leftrightarrow (2x+1)(3x+1) = 0$

$\Leftrightarrow 2x+1 = 0$ 또는 $3x+1 = 0$

$\Leftrightarrow x = -\dfrac{1}{2}$ 또는 $x = -\dfrac{1}{3}$

$$6x^2 + 5x + 1$$
$$\begin{matrix} 2 & & 1 = 3 \\ & \times & + \\ 3 & & 1 = 2 \\ & & \downarrow \\ & & 5 \end{matrix}$$
$$= (2x+1)(3x+1)$$

(2) $x^2 + 7x + 10 = 0$

$\Leftrightarrow x^2 + (2+5)x + 2 \cdot 5 = 0$

$\Leftrightarrow (x+2)(x+5) = 0$

$\Leftrightarrow x+2 = 0$ 또는 $x+5 = 0$

$\Leftrightarrow x = -2$ 또는 $x = -5$

$$x^2 + (p+q)x + pq = (x+p)(x+q)$$

(3) $x^2 + 8x + 16 = 0$

$\Leftrightarrow x^2 + 2 \cdot 4x + 4^2 = 0$

$\Leftrightarrow (x+4)^2 = 0$

$\Leftrightarrow x+4 = 0$

$\Leftrightarrow x = -4$

$$x^2 + 2px + p^2 = (x+p)^2$$

(4) $\quad 4x^2 - 4x + 1 = 0$

$\quad\quad \Leftrightarrow \quad (2x)^2 - 2 \cdot 1 \cdot 2x + 1^2 = 0$

$\quad\quad \Leftrightarrow \quad (2x - 1)^2 = 0$

$\quad\quad \Leftrightarrow \quad 2x - 1 = 0$

$\quad\quad \Leftrightarrow \quad 2x = 1$

$\quad\quad \Leftrightarrow \quad x = \dfrac{1}{2}$

> $2x = X$일 때,
> $$X^2 - 2pX + p^2 = (X - p)^2$$

(5) $\quad 2x^2 - 50 = 0$

$\quad\quad \Leftrightarrow \quad x^2 - 25 = 0$

$\quad\quad \Leftrightarrow \quad x^2 - 5^2 = 0$

$\quad\quad \Leftrightarrow \quad (x + 5)(x - 5) = 0$

$\quad\quad \Leftrightarrow \quad x + 5 = 0 \quad$ 또는 $\quad x - 5 = 0$

> $$x^2 - p^2 = (x + p)(x - p)$$

이차방정식은 인수분해로 풀면 계산이 편하지만 개중에는 좀처럼 인수분해를 할 수 없는(숫자의 조합을 찾아낼 수 없는) 문제도 있습니다. 근의 공식은 인수분해에 비해 계산이 좀 더 복잡하지만 숫자를 대입하면 반드시 답이 나옵니다. 그래서 이차방정식을 풀 때는 다음 단계를 밟는 것이 정석입니다.

> **우선 인수분해를 할 수 있을지 (30초 정도) 고민한다.**
>
> ↓
>
> **(30초 동안 고민해도) 인수분해를 할 수 없으면 근의 공식을 사용한다.**

또한, 이차방정식은 (1), (2), (5)처럼 서로 다른 두 실수해를 가질 수도 있고 (3), (4)처럼 해를 하나만 가질 수도 있습니다. 또는 원래부터 실수해가 없는 경우도 있습니다.

이차방정식이 실수해를 가지지 않는다면 허수해를 가지게 되는데, 허수는 다음 절에서 설명하겠습니다.

02 복소수

이전 절에서 이차방정식에 대한 근의 공식을 유도했고, 인수분해를 사용해서 해를 구하는 방법도 배웠습니다. 하지만 우리는 여전히 다음과 같은 아주 간단한 이차방정식을 풀 수 없습니다.

$$x^2 = -1$$

이 방정식의 해는 '제곱하면 -1이 되는 수'이지만, 양수는 물론 음수도 제곱하면 양수가 되므로 실수 범위에는 위 방정식을 만족하는 해가 존재하지 않습니다.

이 방정식을 풀려면 실수와 다른 별개의 수, 즉 **제곱하면 음수가 되는 새로운 수**를 창조할 필요가 있습니다. 바로 **허수**입니다.

인류가 처음으로 허수와 마주한 순간

인류 최초로 허수를 고안한 사람은 16세기 전반기에 이탈리아에서 수학자, 의사, 도박사로 활약한 **지롤라모 카르다노**(1501-1576)입니다. 참고로 카르다노는 확률론의 아버지로도 알려져 있습니다.

카르다노는 그의 저서 〈아르스 마그나(위대한 기법)〉에서 다음과 같은 예제를 제시했습니다.

> 두 수가 있다. 둘을 더하면 10이 되고, 곱하면 40이 된다.
> 두 수는 각각 얼마인가?

구하고자 하는 수를 각각 x와 y로 놓으면

$$\begin{cases} x + y = 10 & \cdots① \\ x \times y = 40 & \cdots② \end{cases}$$

이 됩니다. ①에 의해

$$y = 10 - x$$

가 되고, 이를 ②에 대입하면

$$x \times (10 - x) = 40$$
$$\Leftrightarrow \quad 10x - x^2 = 40$$
$$\Leftrightarrow \quad x^2 - 10x + 40 = 0$$

이 됩니다. 근의 공식에 의해

$$ax^2 + bx + c = 0 \text{일 때,} \quad x = \frac{-b \pm \sqrt{b^2 - 4ac}}{2a}$$

$$x = \frac{-(-10) \pm \sqrt{(-10)^2 - 4 \cdot 1 \cdot 40}}{2 \cdot 1}$$
$$= \frac{10 \pm \sqrt{-60}}{2}$$
$$= \frac{10 \pm \sqrt{4 \times (-15)}}{2}$$
$$= \frac{10 \pm 2\sqrt{-15}}{2}$$
$$= 5 \pm \sqrt{-15}$$

로 정리됩니다. $\sqrt{-15}$는 제곱하면 -15가 되는 수이지만 그런 수는 존재하지 않습니다.

카르다노 이전까지는 여기서 '해 없음'으로 결론을 내렸습니다. 하지만 카르다노는 '정신적인 고통만 감내하면 이 두 수의 곱은 40이 되고, 이는 조건을 확실히 만족한다'라는 주석을 달고 $5 + \sqrt{-15}$와 $5 - \sqrt{-15}$야말로 이 문제의 해라고 기록했습니다.

인류가 처음으로 허수와 마주한 순간입니다.

허수는 양수도 음수도 아니기 때문에 수직선 위에 표현할 수 없습니다.

▼ 그림 2-3 실수의 수직선 위에서 허수는 어디에 위치하는가?

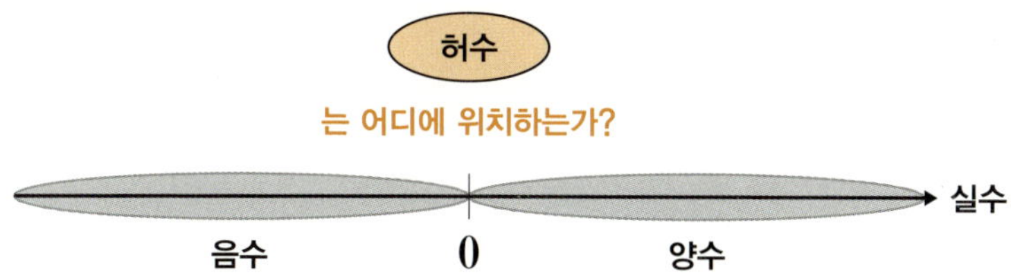

이런 이유로 **르네 데카르트**(1596–1650)는 카르다노가 주창한 음수의 제곱근 (제곱하면 음수가 되는 수)을 가리켜 부정적인 뉘앙스의 프랑스어 nombre imaginaire(상상 속의 수)라고 불렀으며, 훗날 이 단어는 허수를 뜻하는 영어 단어 imaginary number의 어원이 됩니다.

다음 장에서 자세하게 설명하겠지만 데카르트는 기하학과 대수학을 융합한 해석기하학을 발명한 인물이니 '그림으로 표현할 수 없는 숫자'는 받아들이기 어려웠을 것입니다.

허수단위 i

18세기에 접어들어 '허수 = 그림으로 표현할 수 없는 상상 속의 숫자'를 탐구하려는 천재가 등장합니다. 바로 레온하르트 오일러(1707–1783)입니다.

그는 $\sqrt{-1}$을 허수단위로 정하고 imaginary number의 첫 글자 i를 허수단위로 사용하기로 합니다.

$$\boxed{\begin{array}{l} \text{허수단위} \\[2mm] \quad i = \sqrt{-1} \quad \Leftrightarrow \quad i^2 = -1 \end{array}}$$

허수단위를 사용하면 이 절 처음에 나왔던 이차방정식도 다음과 같이 풀 수 있습니다.

$$
\begin{aligned}
x^2 = -1 \quad &\Leftrightarrow \quad x^2 + 1 = 0 \\
&\Leftrightarrow \quad x^2 - (-1) = 0 \\
&\Leftrightarrow \quad x^2 - i^2 = 0 \\
&\Leftrightarrow \quad (x+i)(x-i) = 0 \\
&\Leftrightarrow \quad x+i = 0 \quad \text{또는} \quad x-i = 0 \\
&\Leftrightarrow \quad x = -i \quad \text{또는} \quad x = i
\end{aligned}
$$

$$-1 = i^2$$
$$x^2 - p^2 = (x+p)(x-p)$$

> **Note** $x^2 = -1$의 해는 2개지만 이 중 어느 것이 i인지는 알 수 없습니다. 실수와는 다르게 허수에는 음과 양, 수의 크고 작음이 없습니다(수의 음과 양, 크고 작음은 실수이면서 수직선 위에 있는 수가 아니면 판단할 수 없기 때문입니다). 이것이 '$x^2 = -1$의 2개의 해 중에서 양의 값을 i로 한다'고 단언할 수 없는 이유입니다. 그저 '$x^2 = -1$의 해는 i와 $-i$다'라고만 말할 수 있습니다.

i는 복소수를 계산할 때 문자처럼 취급할 수 있습니다. 단, i^2이 나오면 이를 -1로 치환할 수는 있습니다.

예

$$(2+3i) + (4-5i) = 2+3i+4-5i = (2+4) + (3-5)i = 6-2i$$

$$
\begin{aligned}
(2+3i)(4-5i) &= 2 \cdot 4 - 2 \cdot 5i + 4 \cdot 3i + 3 \cdot (-5)i^2 \\
&= 8 - 10i + 12i - 15i^2 \\
&= 8 + 2i - 15 \cdot (-1) = 8 + 2i + 15 = 23 + 2i
\end{aligned}
$$

*i*가 가져다 준 세상에서 가장 아름다운 수식

오일러는 허수단위 *i*를 도입한 후, 훗날 '세상에서 가장 아름다운 수식'으로 널리 알려지는 **오일러의 공식**(554쪽 칼럼 참조)을 발견하게 됩니다.

오일러의 공식

$$e^{i\theta} = \cos\theta + i\sin\theta$$

이 수식으로 기원이 전혀 다른 지수함수와 삼각함수(5장 참조)가 허수단위 *i*를 통해 연결됩니다. 이뿐만이 아닙니다. θ에 π를 대입하면

$$e^{i\pi} + 1 = 0$$

이 되는데, 이 수식은 자연로그의 밑 e, 허수단위 i, 원주율 π, 1(곱셈의 항등원), 0(덧셈의 항등원)처럼 수학 전체를 지배하는 중요한 숫자들의 상관 관계를 매우 간단한 형태로 나타냅니다. 이것을 보고 있자면 마치 **허와 실이 원과 삼각형을 잇는 다리가 되어 연결**되는 듯한 신비로운 느낌이 듭니다. 오일러의 공식을 '인류의 보물'이라고 부른 데는 그만한 이유가 있습니다.

허수는 이를 발명한 카르다노조차 적극적으로 받아들이지 않던 부분이 있었습니다. 그러나 오일러는 허수는 결코 의미 없는 상상 속의 숫자가 아니라 세상의 진리를 나타내기 위해 꼭 필요한 '수'임을 분명히 한 것입니다. 실제로 허수 없이는 양자역학을 설명할 수 없습니다. 그 유명한 스티븐 호킹 박사도 '허수 시간'을 이용한 덕분에 아인슈타인의 상대성 이론을 부정하지 않으면서 우주의 기원을 설명할 수 있었습니다.

허와 실이 함께하는 금실 좋은 '복소수': 그 정의와 상등 관계

> **복소수의 정의**
>
> 실수 a, b를 이용하여
>
> $$a + bi$$
>
> 로 나타내는 숫자를 **복소수**라고 합니다.

복소수(complex number) $a + bi$에 대하여 a를 **실수부분**, b를 **허수부분**이라고 합니다. 예를 들어 $2 + 3i$의 실수부분은 2, 허수부분은 3입니다.

또한, 복소수 $a + bi$에 대하여 다음과 같이 약속합니다.

> $b = 0$일 때 $\Rightarrow$ 복소수 $a + 0i$는 실수 a를 나타냅니다.
>
> $b \neq 0$일 때 $\Rightarrow$ 복소수 $a + bi$를 허수라고 합니다.
>
> 특히 $a = 0$, $b \neq 0$일 때 $\Rightarrow$ 복소수 $0 + bi$를 순허수라고 합니다.

$b \neq 0$인 복소수 $a + bi$는 i를 포함하기 때문에 실수를 나타내는 수직선 위에 표현할 수 없습니다. 따라서 실수가 아닌 복소수($b \neq 0$인 복소수 $a + bi$)는 허수로 간주합니다. 참고로 복소수 $a + bi$를 그림으로 표현하기 위해 도입된 **복소평면**은 7장에서 자세히 설명합니다.

복소수를 다룰 때 가장 중요한 것은 복소수의 상등이 뜻하는 바를 정확히 이해하는 것입니다.

> **복소수의 상등(정의)**
>
> $$a + bi = p + qi$$
> $$\Leftrightarrow \quad a = p \quad \text{그리고} \quad b = q$$

예

$$x + 3i = 1 + yi$$

$$\Leftrightarrow \quad x = 1 \quad \text{또는} \quad y = 3$$

마지막으로 지금까지 배운 내용을 복습하는 문제를 풀어 봅시다.

문제 3

제곱하면 $-18i$가 되는 복소수를 구하세요.

해설

구하고자 하는 복소수를 $x + yi$로 둡니다(단 x, y는 실수).

문제에서 '제곱하면 $-18i$가 된다'고 했으므로 다음과 같이 쓸 수 있습니다.

$$(x + yi)^2 = -18i$$
$$x^2 + 2xyi + y^2 i^2 = -18i$$
$$x^2 + 2xyi + y^2 \cdot (-1) = -18i$$
$$x^2 - y^2 + 2xyi = -18i$$
$$x^2 - y^2 = 0 \ \text{그리고} \ 2xy = -18$$

$(x + p)^2 = x^2 + 2px + p^2$

$i^2 = -1$

우변을 $0 - 18i$로 간주하면
$a + bi = p + qi$
$\Leftrightarrow \ a = p \ \text{그리고} \ b = q$

즉, 다음 연립방정식을 풀면 문제가 해결됩니다.

해답

$$\begin{cases} x^2 - y^2 = 0 & \cdots ① \\ 2xy = -18 & \cdots ② \end{cases}$$

①에 의해

$$x^2 - y^2 = 0 \quad \Leftrightarrow \quad (x+y)(x-y) = 0$$
$$\Leftrightarrow \quad x+y = 0 \quad \text{또는} \quad x-y = 0$$
$$\Leftrightarrow \quad x = -y \quad \text{또는} \quad x = y$$

(i) $x = -y$일 때,

②에 대입하면 다음과 같이 정리할 수 있습니다.

$$2(-y) \cdot y = -18 \quad \Leftrightarrow \quad -2y^2 = -18$$
$$\Leftrightarrow \quad y^2 = 9$$
$$\Leftrightarrow \quad y = \pm\sqrt{9} = \pm 3$$

$x = -y$이므로

$$y = 3 \text{일 때,} \quad x = -3$$
$$y = -3 \text{일 때,} \quad x = 3$$

이 됩니다.

(ii) $x = y$일 때,

②에 대입하면 다음과 같이 정리할 수 있습니다.

$$2y \cdot y = -18 \quad \Leftrightarrow \quad 2y^2 = -18$$
$$\Leftrightarrow \quad y^2 = -9$$

y는 실수이므로 이를 만족하는 y는 존재하지 않습니다. 이에 따라

$$(x, y) = (-3, 3) \quad \text{또는} \quad (3, -3)$$

입니다.

따라서 구하고자 하는 복소수는 다음과 같습니다.

$$-3 + 3i \quad \text{또는} \quad 3 - 3i$$

03 고차방정식

이 절에서는 고차방정식(삼차 이상의 방정식)의 풀이법을 배웁니다.

고차방정식을 풀 때는 주로 다음 세 가지 방법을 사용합니다.

(1) 인수분해 공식 이용하기

(2) 치환 이용하기

(3) 인수정리 이용하기

이들 중 가장 많이 쓰는 방법은 (3)이지만 우선은 (1)부터 차례로 살펴보겠습니다.

첫 번째 풀이법: 인수분해 공식 이용하기

92쪽에서는 이차식의 인수분해 공식을 정리했습니다. 이 절에서는 삼차식의 인수분해 공식을 정리해 둡니다.

삼차식의 인수분해 공식

$$\text{(i)} \quad a^3 + 3a^2b + 3ab^2 + b^3 = (a + b)^3$$

$$\text{(ii)} \quad a^3 - 3a^2b + 3ab^2 - b^3 = (a - b)^3$$

$$\text{(iii)} \quad a^3 + b^3 = (a + b)(a^2 - ab + b^2)$$

$$\text{(iv)} \quad a^3 - b^3 = (a - b)(a^2 + ab + b^2)$$

(i)과 (iii)는 우변을 전개하고 좌변과 동등한지 확인합니다.

(ii)와 (iv)는 각각의 결과에서 b를 $-b$로 치환하면 곧바로 확인할 수 있습니다.

(i) ───────────────────────────────

$$
\begin{aligned}
우변 &= (a+b)^3 \\
&= (a+b)(a+b)^2 \\
&= (a+b)(a^2+2ab+b^2) \\
&= (a+b)\cdot a^2 + (a+b)\cdot 2ab + (a+b)\cdot b^2 \\
&= a^3 + a^2b + 2a^2b + 2ab^2 + ab^2 + b^3 \\
&= a^3 + 3a^2b + 3ab^2 + b^3 \\
&= 좌변
\end{aligned}
$$

$(x+p)^2 = x^2 + 2px + p^2$

(ii) ───────────────────────────────

(i) $a^3 + 3a^2b + 3ab^2 + b^3 = (a+b)^3$

에서 $b \to -b$로 하면

$$a^3 + 3a^2(-b) + 3a(-b)^2 + (-b)^3 = \{a+(-b)\}^3$$

$$\downarrow$$

$$a^3 - 3a^2b + 3ab^2 - b^3 = (a-b)^3$$

(iii) ───────────────────────────────

$$
\begin{aligned}
우변 &= (a+b)(a^2-ab+b^2) \\
&= (a+b)\cdot a^2 - (a+b)\cdot ab + (a+b)\cdot b^2 \\
&= a^3 + a^2b - a^2b - ab^2 + ab^2 + b^3 \\
&= a^3 + b^3 = 좌변
\end{aligned}
$$

(iv) ───────────────────────────────

(i) $a^3 + b^3 = (a+b)(a^2-ab+b^2)$

에서 $b \to -b$로 하면

$$a^3 + (-b)^3 = \{a + (-b)\}\{a^2 - a(-b) + (-b)^2\}$$

$$\downarrow$$

$$a^3 - b^3 = (a - b)(a^2 + ab + b^2)$$

바로 다음 문제에서 활용해 봅시다.

문제 4

다음 삼차방정식을 푸세요.

(1) $x^3 + 3x^2 + 3x + 1 = 0$

(2) $8x^3 - 36x^2 + 54x - 27 = 0$

(3) $x^3 + 1 = 0$

(4) $27x^3 - 125 = 0$

해설

모두 인수분해 공식을 사용해서 풀 수 있습니다.

또한, (3)과 (4)에서는 이전 절에서도 나왔던 $A \times B = 0 \Leftrightarrow A = 0$ 또는 $B = 0$ 을 사용합니다. 만약 A 또는 B가 이차방정식이면 이전 절에서 유도한 근의 공식을 사용해서 풀고, $\sqrt{}$ 안이 음수가 되면 허수단위 i를 사용해서 나타냅시다.

해답

(1) $x^3 + 3x^2 + 3x + 1 = 0$

$\Leftrightarrow x^3 + 3 \cdot x^2 \cdot 1 + 3 \cdot x \cdot 1^2 + 1^3 = 0$ $\boxed{a^3 + 3a^2b + 3ab^2 + b^3 = (a + b)^3}$

$\Leftrightarrow (x + 1)^3 = 0$ $\boxed{X^3 = 0 \ \Leftrightarrow \ X = 0}$

$\Leftrightarrow x + 1 = 0$

$\Leftrightarrow x = -1$

(2) $8x^3 - 36x^2 + 54x - 27 = 0$

$\Leftrightarrow (2x)^3 - 3 \cdot (2x)^2 \cdot 3 + 3 \cdot 2x \cdot 3^2 - 3^3 = 0$

$$a^3 - 3a^2b + 3ab^2 - b^3 = (a-b)^3$$

$\Leftrightarrow (2x - 3)^3 = 0$

$\Leftrightarrow 2x - 3 = 0$

$$X^3 = 0 \quad \Leftrightarrow \quad X = 0$$

$\Leftrightarrow x = \dfrac{3}{2}$

(3) $x^3 + 1 = 0$

$\Leftrightarrow x^3 + 1^3 = 0$

$$a^3 + b^3 = (a+b)(a^2 - ab + b^2)$$

$\Leftrightarrow (x+1)(x^2 - x \cdot 1 + 1^2) = 0$

$\Leftrightarrow (x+1)(x^2 - x + 1) = 0$

$\Leftrightarrow x + 1 = 0 \quad$ 또는 $\quad x^2 - x + 1 = 0$

(i) $x + 1 = 0$일 때,

$x = -1$

(ii) $x^2 - x + 1 = 0$일 때, 근의 공식에 의해

$$x = \dfrac{-(-1) \pm \sqrt{(-1)^2 - 4 \cdot 1 \cdot 1}}{2 \cdot 1}$$

$ax^2 + bx + c = 0$일 때, $x = \dfrac{-b \pm \sqrt{b^2 - 4ac}}{2a}$

$$= \dfrac{1 \pm \sqrt{1 - 4}}{2}$$

$$= \dfrac{1 \pm \sqrt{-3}}{2}$$

$$= \dfrac{1 \pm \sqrt{3}\, i}{2}$$

$$\sqrt{-1} = i$$

(i)과 (ii)에 의해

$x = -1 \quad$ 또는 $\quad x = \dfrac{1 \pm \sqrt{3}\, i}{2}$

(4) $27x^3 - 125 = 0$

$\Leftrightarrow (3x)^3 - (5)^3 = 0$

$\Leftrightarrow (3x-5)\{(3x)^2 + 3x \cdot 5 + 5^2\} = 0$

$$a^3 - b^3 = (a-b)(a^2 + ab + b^2)$$

$\Leftrightarrow (3x-5)(9x^2 + 15x + 25) = 0$

$\Leftrightarrow 3x - 5 = 0 \quad$ 또는 $\quad 9x^2 + 15x + 25 = 0$

(i) $3x - 5 = 0$일 때,

$$x = \frac{5}{3}$$

(ii) $9x^2 + 15x + 25 = 0$일 때,

$$x = \frac{-15 \pm \sqrt{(-15)^2 - 4 \cdot 9 \cdot 25}}{2 \cdot 9}$$

$ax^2 + bx + c = 0$일 때,
$$x = \frac{-b \pm \sqrt{b^2 - 4ac}}{2a}$$

$$= \frac{-15 \pm \sqrt{225 - 900}}{2 \cdot 9}$$

$$= \frac{-15 \pm \sqrt{-675}}{2 \cdot 9}$$

$$\sqrt{-1} = i$$

$$= \frac{-15 \pm \sqrt{675}\, i}{2 \cdot 9}$$

$675 = 5^2 \times 3^2 \times 3$ (소인수분해: 169쪽)

$$= \frac{-15 \pm \sqrt{15^2 \times 3}\, i}{2 \cdot 9}$$

$$= \frac{-15 \pm 15\sqrt{3}\, i}{2 \cdot 9}$$

$$= \frac{-5 \pm 5\sqrt{3}\, i}{6}$$

(i)과 (ii)에 의해

$$x = \frac{5}{3} \quad$$ 또는 $\quad x = \frac{-5 \pm 5\sqrt{3}\, i}{6}$$

두 번째 풀이법: 치환 이용하기

어떤 고차방정식은 **치환**해서 **보다 낮은 차수의 방정식으로 변형**할 수 있습니다. 그 중에서 특히 다음 2개가 유명합니다.

> (A) 복이차식
>
> (B) 상반방정식

(A) 복이차식

복이차식은 x^2에 대한 이차식이라는 뜻이며, 다음과 같이 일반화할 수 있습니다.

$$ax^4 + bx^2 + c = 0 \ \ (a \neq 0)$$

$x^4[=(x^2)^2]$인 항, x^2인 항, 상수항만을 가지며 이외의 차수인 항은 가지지 않는 점이 특징입니다. 이런 유형의 방정식은

$$x^2 = X$$

로 치환하면 X에 대한 이차식이 되므로 바로 방정식을 풀 수 있습니다.

예

$$x^4 - 7x^2 + 10 = 0$$

$x^2 = X$로 치환하면

$$X^2 - 7X + 10 = 0$$

$x^2 + (a+b)x + ab = (x+a)(x+b)$ 에서 $a = -2$ 또는 $b = -5$인 경우

$$\Leftrightarrow \ (X-2)(X-5) = 0$$
$$\Leftrightarrow \ X-2 = 0 \quad \text{또는} \quad X-5 = 0$$
$$\Leftrightarrow \ X = 2 \quad \text{또는} \quad X = 5$$

$X = x^2$

$$\Leftrightarrow \ x^2 = 2 \quad \text{또는} \quad x^2 = 5$$
$$\Leftrightarrow \ x = \pm\sqrt{2} \quad \text{또는} \quad x = \pm\sqrt{5}$$

(B) 상반방정식

상반방정식이란 가운데 항을 중심으로 계수가 대칭을 이루는 방정식을 말하며, 다음과 같이 일반화할 수 있습니다.

가운데 항

$$ax^4 + bx^3 + cx^2 + bx + a = 0 \quad (a \neq 0)$$

상반방정식의 대표적인 풀이법은 양변을 x^2으로 나누어 변형한 후

$$x + \frac{1}{x} = X$$

로 치환하는 것입니다.

예를 들어 다음과 같은 식을 생각해 봅시다.

예

$$3x^4 - 7x^3 + 6x^2 - 7x + 3 = 0$$

> 이 방정식의 해는 명백히 $x \neq 0$이므로 x^2으로 나누는 것이 허용된다.

양변을 x^2으로 나누고

$$3x^2 - 7x + 6 - \frac{7}{x} + \frac{3}{x^2} = 0$$

$$\Leftrightarrow \quad 3\left(x^2 + \frac{1}{x^2}\right) - 7\left(x + \frac{1}{x}\right) + 6 = 0 \quad \cdots ①$$

여기에서

> $(x+p)^2 = x^2 + 2px + p^2$

$$\left(x + \frac{1}{x}\right)^2 = x^2 + 2 \cdot x \cdot \frac{1}{x} + \left(\frac{1}{x}\right)^2 = x^2 + 2 + \frac{1}{x^2}$$

에 의해

$$x^2 + \frac{1}{x^2} = \left(x + \frac{1}{x}\right)^2 - 2$$

이므로 이를 ①에 대입하면 다음과 같이 정리할 수 있습니다.

$$3\left\{\left(x + \frac{1}{x}\right)^2 - 2\right\} - 7\left(x + \frac{1}{x}\right) + 6 = 0$$

$$\Leftrightarrow \; 3\left(x + \frac{1}{x}\right)^2 - 6 - 7\left(x + \frac{1}{x}\right) + 6 = 0$$

$$\Leftrightarrow \; 3\left(x + \frac{1}{x}\right)^2 - 7\left(x + \frac{1}{x}\right) = 0$$

여기서 $x + \dfrac{1}{x} = X$로 치환하면

$$3X^2 - 7X = 0$$

$$\Leftrightarrow \; X(3X - 7) = 0$$

$$\Leftrightarrow \; X = 0 \quad \text{또는} \quad 3X - 7 = 0$$

$$\Leftrightarrow \; X = 0 \quad \text{또는} \quad X = \frac{7}{3}$$

$$\Leftrightarrow \; x + \frac{1}{x} = 0 \quad \text{또는} \quad x + \frac{1}{x} = \frac{7}{3}$$

(i) $x + \dfrac{1}{x} = 0$일 때,

$$x + \frac{1}{x} = 0$$

$$\Leftrightarrow \; x^2 + 1 = 0$$

$$\Leftrightarrow \; x^2 = -1$$

$$\Leftrightarrow \; x = \pm\sqrt{-1}$$

$$\Leftrightarrow \; x = \pm i$$

양변에 x를 곱한다.

$\sqrt{-1} = i$

(ii) $x + \dfrac{1}{x} = \dfrac{7}{3}$ 일 때,

$$x + \frac{1}{x} = \frac{7}{3}$$

양변에 $3x$를 곱한다.

$$\Leftrightarrow \quad 3x^2 + 3 = 7x$$

$$\Leftrightarrow \quad 3x^2 - 7x + 3 = 0$$

$$\Leftrightarrow \quad x = \frac{-(-7) \pm \sqrt{(-7)^2 - 4 \cdot 3 \cdot 3}}{2 \cdot 3}$$

$ax^2 + bx + c = 0$ 일 때,
$$x = \frac{-b \pm \sqrt{b^2 - 4ac}}{2a}$$

$$\Leftrightarrow \quad x = \frac{7 \pm \sqrt{49 - 36}}{6}$$

$$\Leftrightarrow \quad x = \frac{7 \pm \sqrt{13}}{6}$$

이에 따라 다음과 같이 해를 구할 수 있습니다.

$$x = \pm i \quad \text{또는} \quad x = \frac{7 \pm \sqrt{13}}{6}$$

Note≣ 중간에 나온

$$x^2 + \frac{1}{x^2} = \left(x + \frac{1}{x}\right)^2 - 2$$

와 삼차 공식

$$x^3 + \frac{1}{x^3} = \left(x + \frac{1}{x}\right)^3 - 3\left(x + \frac{1}{x}\right)$$

은 외워 두면 계산할 때 도움이 됩니다.

이번에는 고차방정식의 풀이법 중 가장 많이 사용하는 인수정리를 이용하는 방법을 알아보겠습니다. 하지만 그 전에 조금 준비가 필요합니다.

세 번째 풀이법: 인수정리 이용하기

$$2x$$

$$3x - 5$$

$$9x^2 - 15x + 25$$

$$x^3 + 3x^2 + 3x + 1$$

처럼 분모나 $\sqrt{}$(근호) 안에 미지수를 나타내는 문자가 없는 수식을 다항식이라고 합니다.

Note 다항식의 덧셈, 뺄셈, 곱셈은

다항식 + 다항식 = 다항식

다항식 − 다항식 = 다항식

다항식 × 다항식 = 다항식

처럼 그 결과도 다항식이 됩니다.

예를 들어 $x + \dfrac{1}{x}$과 $\sqrt{x + 1}$ 등은 다항식이 아니지만 $\dfrac{1}{2}x + 1$과 $\sqrt{3}x^2 + 1$은 다항식입니다.

또한, $2x$처럼 숫자와 문자로 이루어진 식은 **단항식**, $9x^2 - 15x + 25$처럼 1개 이상 단항식의 덧셈과 뺄셈으로 이루어진 수식은 **다항식**이라고 합니다. 그런데 단항식을 항이 하나인 다항식으로 보는 경우가 많아 다항식으로 통틀어 사용하기도 합니다.

다항식의 덧셈과 뺄셈, 곱셈은 중학교 때 배우는 내용이라 이 책에서도 특별한 설명 없이 사용하고 있었지만, 다항식의 나눗셈은 공통수학에서 배우는 내용입니다.

예를 들어 2개의 다항식

$$A = 2x^2 + 3x + 4, \;\; B = x + 5$$

에 대한 $A \div B$의 계산은 정수를 나눗셈하듯 '필산'으로 풉니다.

$$x+5 \overline{\smash{\big)}\, 2x^2 + 3x + 4}$$

$$\begin{array}{r} 2x \\ x+5 \overline{\smash{\big)}\, 2x^2 + 3x + 4} \end{array}$$

$$\begin{array}{r} 2x \\ x+5 \overline{\smash{\big)}\, 2x^2 + 3x + 4} \\ 2x^2 + 10x \end{array}$$

$$\begin{array}{r} 2x \\ x+5 \overline{\smash{\big)}\, 2x^2 + 3x + 4} \\ 2x^2 + 10x \\ \hline -7x + 4 \end{array}$$

$$\begin{array}{r} 2x - 7 \\ x+5 \overline{\smash{\big)}\, 2x^2 + 3x + 4} \\ 2x^2 + 10x \\ \hline -7x + 4 \end{array}$$

$$
\begin{array}{r}
2x - 7 \\
x + 5 \overline{) \, 2x^2 + 3x + 4} \\
2x^2 + 10x \\
\hline
-7x + 4 \\
-7x - 35
\end{array}
$$

$(x+5) \times (-7) = -7x - 35$

$$\Downarrow$$

$$
\begin{array}{r}
2x - 7 \\
x + 5 \overline{) \, 2x^2 + 3x + 4} \\
2x^2 + 10x \\
\hline
-7x + 4 \\
-7x - 35 \\
\hline
39
\end{array}
$$

$(-7x+4) - (-7x-35) = 39$

남은 차수가 나누는 다항식$(x+5)$의 차수(1)보다 낮으면(이 문제의 경우 0차, 즉 상수가 되면) **계산이 끝납니다.**

> Note ≡ 일반적으로 n차식으로 나눈 나머지의 차수는 $n-1$ 이하입니다.

이에 따라 $(2x^2 + 3x + 4) \div (x+5)$의 **몫은** $2x - 7$이고 **나머지**는 39임을 알 수 있습니다.

그런데 초등학교에서 나머지가 있는 나눗셈은

$$15 \div 2 = 7 \cdots 1 \ (15 \div 2의 \ 몫은 \ 7이고 \ 나머지는 \ 1)$$

로 표현하도록 배웠습니다. 하지만 이런 표현 방식은 수식 변형에 활용하기 어려우므로 수학에서는 같은 내용을

$$15 = 2 \times 7 + 1$$

로 나타냅니다.

다항식의 나눗셈에서도 '$(2x^2 + 3x + 4) \div (x + 5)$의 몫은 $2x - 7$이고 나머지는 39'라는 표현을

$$2x^2 + 3x + 4 = (x + 5)(2x - 7) + 39$$

로 표현합니다.

다항식의 나눗셈에서는 이 표현 방법에 익숙해지는 것이 중요합니다.

수학에서는 x에 대한 두 다항식 $f(x)$, $g(x)$에 대한 표현 '$f(x) \div g(x)$의 몫은 $q(x)$이고 나머지는 $r(x)$'를 다음과 같이 나타냅니다.

$$f(x) = g(x)q(x) + r(x) \qquad [r(x) \text{는 } g(x) \text{보다 차수가 낮은 다항식}]$$

특히 $g(x) = x - \alpha$**인 경우는** (이 절의 메인 요리이기도 한) **인수정리로 바로 이어지므로 아주 아주 중요**합니다.

$g(x)$가 일차식인 경우, 나머지는 $r(x$를 포함하지 않는 상수)이므로 다음과 같이 정리할 수 있습니다.

> **다항식의 일차식 나눗셈**
>
> 다항식 $f(x)$를 일차식 $x - \alpha$로 나눈 몫이 $q(x)$이고 나머지가 r(상수)일 때,
>
> $$f(x) = (x - \alpha)q(x) + r$$
>
> 로 나타낼 수 있습니다.

여기에서

$$f(x) = (x - \alpha)q(x) + r$$

은 $f(x)$를 $x - \alpha$로 나눈 결과를 나타낼 뿐이므로 x에 대한 **항등식**(x에 어떤 값을 대입해도 성립하는 식)이 되어 있습니다. 따라서

$$f(0) = (0 - \alpha)q(0) + r$$
$$f(1) = (1 - \alpha)q(1) + r$$
$$f\left(-\frac{3}{2}\right) = \left(-\frac{3}{2} - \alpha\right)q\left(-\frac{3}{2}\right) + r$$
$$f(k) = (k - \alpha)q(k) + r$$

은 모두 성립하는 식입니다. 이제 x에 α를 대입해 봅시다. 그러면

$$f(\alpha) = (\alpha - \alpha)q(\alpha) + r$$
$$= 0 \cdot q(\alpha) + r$$
$$= r$$

이 되어

$$f(\alpha) = r$$

임을 알 수 있습니다.

$f(x)$를 $x - \alpha$로 나눈 나머지는 $f(x)$와 일치하는 셈입니다. 그러니 나머지만 구하고 싶다면 **번거롭게 계신할 필요 없이** $f(x)$의 x에 α를 대입한 $f(\alpha)$를 계산하면 됩니다. 이를 나머지정리라고 합니다. 예를 들어

$$f(x) = 2x^2 + 3x + 4$$

일 때, $f(x)$를 $x + 5$로 나눈 나머지는 다음과 같습니다.

$$f(-5) = 2 \cdot (-5)^2 + 3 \cdot (-5) + 4$$
$$= 50 - 15 + 4$$
$$= 39$$

입니다.

이 결과는 방금 전(117쪽)의 필산 결과인

$$2x^2 + 3x + 4 = (x+5)(2x-7) + 39$$

와 일치하네요.

드디어 준비가 끝났습니다!

이제 $f(x)$가 $x - \alpha$로 나누어떨어지는 경우를 생각해 봅니다. 즉,

$$f(x) = (x-\alpha)q(x)$$

일 때이며, 나머지정리로 생각하면

$$f(\alpha) = 0$$

임을 알 수 있습니다. 이를 **인수정리**라고 합니다.

인수정리

$$\text{다항식 } f(x)\text{가 } x - \alpha \text{로 나누어떨어짐} \quad \longrightarrow \quad f(\alpha) = 0$$

인수정리를 사용하면 인수분해를 할 수 있습니다.

예

$$f(x) = x^3 - 1$$

이면

$$f(1) = 1^3 - 1 = 0$$

이므로 인수정리에 따라 $f(x)$는 $x - 1$로 나누어떨어지는($x - 1$을 인수로 가지는) 것을 알 수 있습니다. 실제로

$$f(x) = x^3 - 1 \qquad \boxed{a^3 - b^3 = (a-b)(a^2 + ab + b^2)}$$

$$= x^3 - 1^3$$

$$= (x-1)(x^2 + x + 1)$$

입니다.

드디어 인수정리를 사용해서 고차방정식을 풀어 볼 차례입니다.

문제 5

다음 삼차방정식을 푸세요.

(1) $x^3 - 6x^2 + 11x - 6 = 0$

(2) $2x^3 + 3x^2 + 3x + 1 = 0$

해설

$f(\alpha) = 0$이 되는 α를 찾을 수 있다면 $f(x)$는 $x - \alpha$로 나누어떨어지는($x - \alpha$를 인수로 가지는) 것이므로

$$f(x) = 0 \qquad \boxed{\text{필산으로 } f(x) \div (x - \alpha)\text{를 계산}}$$

$$\Leftrightarrow \ (x - \alpha)q(x) = 0 \qquad \boxed{\text{해서 } q(x)\text{를 구한다.}}$$

$$\Leftrightarrow \ x - \alpha = 0 \quad \text{또는} \quad q(x) = 0$$

으로 풀 수 있습니다.

> **Note≡** 지문 속의 모든 문제가 삼차방정식이므로 $q(x)$는 이차방정식이 됩니다. 따라서 '$q(x) = 0$'은 이차방정식으로 다룰 수 있지만, 사차 이상인 방정식에서 $q(x)$는 삼차 이상이 되므로 다시 인수정리와 필산을 이용해서 $q(x)$를 인수분해해야 합니다.

해답

(1) $f(x) = x^3 - 6x^2 + 11x - 6$으로 놓으면

$$f(1) = 1^3 - 6 \cdot 1^2 + 11 \cdot 1 - 6$$
$$= 1 - 6 + 11 - 6$$
$$= 0$$

이므로 인수정리에 따라

$$f(x) = (x-1)q(x)$$

로 나타낼 수 있습니다.

$$f(\alpha) = 0 \text{이면}$$
$$f(x) = (x-\alpha)q(x)$$

$$q(x) = f(x) \div (x-1)$$
$$= (x^3 - 6x^2 + 11x - 6) \div (x-1)$$
$$= x^2 - 5x + 6$$

$$\begin{array}{r}
x^2 - 5x + 6 \\
x-1 \overline{)\, x^3 - 6x^2 + 11x - 6} \\
x^3 - \ x^2 \\
\hline
-5x^2 + 11x - 6 \\
-5x^2 + \ 5x \\
\hline
6x - 6 \\
6x - 6 \\
\hline
0
\end{array}$$

따라서 다음과 같이 정리할 수 있습니다.

$$f(x) = 0$$
$$\Leftrightarrow (x-1)(x^2 - 5x + 6) = 0$$
$$\Leftrightarrow x - 1 = 0 \quad \text{또는} \quad x^2 - 5x + 6 = 0$$

$q(x) = x^2 - 5x + 6$에 의해
$f(x) = (x-1)(x^2 - 5x + 6)$

(i) $x - 1 = 0$일 때,

$$x = 1$$

(ii) $x^2 - 5x + 6 = 0$일 때,

$$x^2 - 5x + 6 = 0$$
$$\Leftrightarrow (x-2)(x-3) = 0$$
$$\Leftrightarrow x - 2 = 0 \quad \text{또는} \quad x - 3 = 0$$
$$\Leftrightarrow x = 2 \quad \text{또는} \quad x = 3$$

$x^2 + (a+b)x + ab = (x+a)(x+b)$
에서 $a = -2$이고 $b = -3$인 경우

(i)과 (ii)에 따라 다음과 같이 구할 수 있습니다.

$$x = 1 \quad \text{또는} \quad x = 2 \quad \text{또는} \quad x = 3$$

(2) $f(x) = 2x^3 + 3x^2 + 3x + 1$로 놓으면

$$f\left(-\frac{1}{2}\right) = 2 \cdot \left(-\frac{1}{2}\right)^3 + 3 \cdot \left(-\frac{1}{2}\right)^2 + 3 \cdot \left(-\frac{1}{2}\right) + 1$$

$$= 2 \cdot \left(-\frac{1}{8}\right) + 3 \cdot \frac{1}{4} + 3 \cdot \left(-\frac{1}{2}\right) + 1$$

$$= -\frac{1}{4} + \frac{3}{4} - \frac{3}{2} + 1$$

$$= 0$$

이므로 인수정리에 따라

$$f\left(x\right) = \left(x + \frac{1}{2}\right) q(x)$$

로 나타낼 수 있습니다.

$$q(x) = f(x) \div \left(x + \frac{1}{2}\right)$$

$$= (2x^3 + 3x^2 + 3x + 1) \div \left(x + \frac{1}{2}\right)$$

$$= 2x^2 + 2x + 2$$

따라서 다음과 같이 정리할 수 있습니다.

$$f(x) = 0$$

$$\Leftrightarrow \left(x + \frac{1}{2}\right)(2x^2 + 2x + 2) = 0$$

$$\Leftrightarrow x + \frac{1}{2} = 0 \quad \text{또는} \quad 2x^2 + 2x + 2 = 0$$

$f(-\alpha) = 0$이라면
$$f(x) = \{x - (-\alpha)\} q(x)$$
$$= (x + \alpha) q(x)$$

$$\begin{array}{r}
2x^2 + 2x + 2 \\
x + \frac{1}{2} \overline{\smash{\big)}\ 2x^3 + 3x^2 + 3x + 1} \\
\underline{2x^3 + \ x^2} \\
2x^2 + 3x + 1 \\
\underline{2x^2 + \ x} \\
2x + 1 \\
\underline{2x + 1} \\
0
\end{array}$$

$q(x) = 2x^2 + 2x + 2$에 의해
$$f(x) = \left(x + \frac{1}{2}\right)(2x^2 + 2x + 2)$$

(i) $x + \dfrac{1}{2} = 0$일 때,

$$x = -\dfrac{1}{2}$$

(ii) $2x^2 + 2x + 2 = 0$일 때,

$$2x^2 + 2x + 2 = 0$$
$$x^2 + x + 1 = 0$$

근의 공식에 따라

$$x = \dfrac{-1 \pm \sqrt{1^2 - 4 \cdot 1 \cdot 1}}{2 \cdot 1}$$
$$= \dfrac{-1 \pm \sqrt{1 - 4}}{2}$$
$$= \dfrac{-1 \pm \sqrt{-3}}{2}$$
$$= \dfrac{-1 \pm \sqrt{3}\,i}{2}$$

$$ax^2 + bx + c = 0\text{일 때,}$$
$$x = \dfrac{-b \pm \sqrt{b^2 - 4ac}}{2a}$$

$$\sqrt{-1} = i$$

이에 따라 다음과 같이 구할 수 있습니다.

$$x = -\dfrac{1}{2} \quad \text{또는} \quad x = \dfrac{-1 \pm \sqrt{3}\,i}{2}$$

Note≡ 일반적으로 n차 방정식은 복소수의 범위 안에서는 반드시 n개의 해를 가집니다 (단, n개의 해 중 몇몇이 같은 값이 되는(이런 해를 중복된 근, 중근이라고 합니다) 경우는 서로 다른 해의 개수가 n보다 작습니다). 이것을 바로 가우스가 증명한 대수학의 기본 정리라고 합니다.

❯ 근의 공식을 둘러싼 드라마

-삼차방정식 근의 공식 소개-

지금까지 고차방정식의 세 가지 풀이법을 배웠습니다. 하지만 인수분해 공식을 이용하는 풀이법과 치환을 이용하는 풀이법은 적용 가능한 범위가 좁고, 인수정리를 사용하는 풀이법은 절차가 복잡합니다.

이차방정식에 근의 공식이 있는 것처럼 고차방정식에도 뚝딱하면 근이 나오는 공식이 있지 않을까요?

사실 삼차방정식과 사차방정식에도 근의 공식이 있습니다. 삼차방정식의 근의 공식은 카르다노의 공식, 사차방정식의 근의 공식은 페라리의 공식이라고 하며 모두 16세기 이탈리아에서 발견되었습니다.

카르다노는 앞서 97쪽에서 허수를 처음 고안한 사람으로 소개했습니다. 그런데 정작 삼차방정식의 근의 공식을 가장 처음 발견한 사람은 카르다노가 아닌 볼로냐 대학의 수학 교수였던 스키피오네 델 페로(1465-1526)라고 합니다.

하지만 그는 자신이 발견한 해법을 발표하지 않은 채로 사망합니다. 당시에는 수학에 자신이 있는 사람들끼리 서로 문제를 내고 많은 문제를 푼 사람이 승자가 되어 명예와 상금을 얻는 '수학 시합' 같은 것이 유행했고, 수학자들은 모두 자신이 발견한 해법을 비밀로 붙이는 것이 보통이었기 때문입니다.

사람 좋은 폰타나, 계산적인 카르다노

페로가 사망한 후 삼차방정식의 근의 공식이 존재한다는 소문을 들은 니콜로 폰타나(1506-1557)는 삼차방정식의 연구에 몰두하였고, 결국 자력으로 일반 삼차방정식에 대한 근의 공식을 유도하는 데 성공합니다.

> Note≡ 　참고로 폰타나는 생전에 말을 더듬는 습관이 있었는데, 그 때문에 이탈리아어로 '말 더듬이'를 뜻하는 '타르탈리아'라는 별명으로 불렸다고 합니다. 현재도 폰타나라는 이름보다도 타르탈리아라는 별명이 더 알려져 있습니다.

1533년 2월, 페로의 제자였던 피올이라는 인물과 폰타나가 만나 삼차방정식 30문제를 푸는 '수학 시합'을 했습니다. 기록에 따르면 이 경기에서 피올은 정해진 시간 안에 한 문제도 풀지 못했지만, 폰타나는 모든 문제를 (겨우 2시간 만에) 풀어 버렸다고 합니다.

이를 알게 된 카르다노는 폰타나를 찾아가 풀이법을 가르쳐 달라고 간청했습니다. 당연히 폰타나는 거절했지만 카르다노가 너무나 끈질겼기 때문에 절대 다른 사람에게 알려 주지 않는다는 약속을 받고 자신이 발견한 '삼차방정식의 근의 공식'을 가르쳐 줍니다.

그러나 카르다노는 6년 후에, 그것도 하필이면 앞에서 소개한 책 〈아르스 마그나(위대한 기법)〉에 폰타나에게서 배운 풀이법을 자신이 발견한 것처럼 발표합니다. 그 결과 삼차방 정식의 근의 공식은 '카르다노의 공식'이라는 이름으로 알려지게 되었습니다. 당연히 이에 화가 난 폰타나는 항의했지만 이미 엎질러진 물이었습니다. 현재는 폰타나(통칭 타르탈리아)에게 경의를 표하는 의미로 삼차방정식의 근의 공식을 '카르다노 = 타르탈리아의 공식' 이라 부르기도 합니다.

사차방정식의 근의 공식은 삼차방정식의 근의 공식이 확립된 얼마 후, 카르다노의 제자였던 로도비코 페라리(1522 –1565)가 발견합니다.

삼차방정식과 사차방정식에 대한 근의 공식이 발견되었으니 그 다음은 당연히 5차방정식에 대한 근의 공식을 발견하기 위한 노력이 있었습니다. 하지만 **5차 이상의 방정식은 근의 공식이 존재하지 않습니다.**

이 사실을 처음으로 증명한 사람은 19세기 노르웨이의 수학자 닐스 헨리크 아벨(1802 –1829)입니다. 페라리가 사차방정식의 근의 공식을 발견한 지 약 300년 후의 일입니다. 그 사이에 얼마나 많은 수학자들이 5차방정식의 근의 공식을 꿈꾸고 스러져 갔을까요?

또한, 프랑스의 에바리스트 갈루아(1811–1832)는 그 당시에 확립된 상태가 아니었던 **군론**(Group theory)을 이용해 무한히 존재하는 5차방정식을 유한집합에 대응시키는 데 성공했고, 아벨이 발표한 정리의 증명을 크게 단순화시킵니다.

여담으로 갈루아는 희대의 천재 수학자였지만, 동시에 극적인 인생을 살다 간 것으로도 유명한 인물이었습니다. 정치적 활동으로 사범 학교(에꼴 노르말 쉬페르웨르)에서 퇴학 처분을 받기도 했고, 두 차례에 걸쳐 체포되어 투옥 생활을 하기도 합니다. 마지막에는 여성 문제가 발단이 된 결투에 패배해 20살의 짧은 생애를 마감합니다.

결투 전날, 그는 친구에게 편지를 보냅니다. 편지의 마지막에는 급하게 휘갈긴 메모가 있었는데, 그 내용은 그가 사망한 지 50년이 지난 후에나 실현되는 수학적 아이디어(대수학으로는 풀 수 없는 5차 이상 방정식의 풀이법에 대한 내용)와 '나에게는 더 이상의 시간이 없다(je n'ai pas le temps)'라는 한 마디였다고 합니다. 만약 갈루아가 천수를 누렸다면 수학의 역사는 크게 바뀌었을지도 모릅니다.

그런데 앞에서 언급한 대로 삼차방정식에는 근의 공식이 있습니다. '그런 공식이 있으면 질질 끌지 말고 처음부터 가르쳐라!'라고 생각할 수도 있지만, 실제 공식을 보면 왜 고등학교에서 이 공식을 가르치지 않는지 알게 될 것입니다.

삼차방정식의 근의 공식(카르다노=타르탈리아 공식)

$$x^3 + ax^2 + bx + c = 0$$

일 때, 이 방정식의 세 근을 x_1, x_2, x_3으로 놓으면 다음과 같이 정리할 수 있습니다.

$$x_1 = \sqrt[3]{-\frac{27c+2a^3-9ab}{54} + \sqrt{\left(\frac{27c+2a^3-9ab}{54}\right)^2 + \left(\frac{3b-a^2}{9}\right)^3}}$$
$$+ \sqrt[3]{-\frac{27c+2a^3-9ab}{54} - \sqrt{\left(\frac{27c+2a^3-9ab}{54}\right)^2 + \left(\frac{3b-a^2}{9}\right)^3}} - \frac{1}{3}a$$

$$x_2 = \frac{-1+\sqrt{3}\,i}{2}\sqrt[3]{-\frac{27c+2a^3-9ab}{54} + \sqrt{\left(\frac{27c+2a^3-9ab}{54}\right)^2 + \left(\frac{3b-a^2}{9}\right)^3}}$$
$$+ \frac{-1-\sqrt{3}\,i}{2}\sqrt[3]{-\frac{27c+2a^3-9ab}{54} - \sqrt{\left(\frac{27c+2a^3-9ab}{54}\right)^2 + \left(\frac{3b-a^2}{9}\right)^3}} - \frac{1}{3}a$$

$$x_3 = \frac{-1-\sqrt{3}\,i}{2}\sqrt[3]{-\frac{27c+2a^3-9ab}{54} + \sqrt{\left(\frac{27c+2a^3-9ab}{54}\right)^2 + \left(\frac{3b-a^2}{9}\right)^3}}$$
$$+ \frac{-1+\sqrt{3}\,i}{2}\sqrt[3]{-\frac{27c+2a^3-9ab}{54} - \sqrt{\left(\frac{27c+2a^3-9ab}{54}\right)^2 + \left(\frac{3b-a^2}{9}\right)^3}} - \frac{1}{3}a$$

보다시피 실용적이라고 평하기에는 어려운 식입니다. 이 공식을 접하고 보니 인수정리를 이용하는 방법이 귀여워 보이지 않나요? 당연히 사차방정식의 근의 공식인 페라리의 공식은 이보다 더 복잡합니다.

3장

해석기하학

수와 도형의 통일

❯ 데카르트가 일으킨 혁명 −기하학과 대수학의 융합−

대수학은 방정식의 풀이법을 연구하며, 그것의 일반화를 연구하는 학문입니다. 앞서 소개한 '고차방정식의 근의 공식을 둘러싼 드라마'도 수학자들의 '일반화'에 대한 끝없는 탐구심의 산물이었습니다. 그런데 수학자들은 왜 이렇게까지 '일반화'에 집착하는 것일까요? 그 이유는 믿을 것이 못 되는 **감을 몰아내고, 어떤 문제라도 풀 수 있게 만들기 위해서**입니다.

하지만 알파벳으로 표현한 근의 공식에 구체적인 숫자를 대입하여 방정식의 해를 계산해 내었다 한들, 이것이 방정식의 의미를 깨달았다는 걸 뜻하진 않습니다.

예를 들어 놀랄 만큼 복잡한 삼차방정식의 근의 공식(126쪽)에 $x^3 - 3x^2 + 5x - 3 = 0$을 대입하여

$$x = 1 \quad \text{또는} \quad 1 + \sqrt{2}\,i \quad \text{또는} \quad 1 - \sqrt{2}\,i$$

이라는 3개의 해를 구했다고 합시다. 하지만 이것이 무슨 뜻인지 그림으로 나타내기란 쉽지 않을 것입니다.

반면, 기하학 문제(어떤 선분의 길이를 구하거나 두 도형이 합동임을 나타내는 등)에서는 구한 답의 의미를 이해하지 못하는 경우가 매우 드뭅니다. 하지만 기하학의 경우 하나의 문제를 끙끙거리며 어떻게든 풀어내더라도, 다른 문제를 풀 때에도 똑같이(혹은 이전 문제 이상으로) 끙끙거리며 같은 고생을 해야 하는 경우가 많습니다. 왜냐하면 다른 도형에서 사용했던 개념을 재활용할 수 없는 경우가 많고, 해법에 일반성이 거의 없기 때문입니다.

즉, 대수학과 기하학은 각각

대수학: 해법을 일반화하기는 쉽지만, 그림으로 나타내기 어렵다.

기하학: 해법을 일반화하기는 어렵지만, 그림으로 나타내기 쉽다.

라는 장단점을 가지고 있습니다. 서로의 장단점이 반대인 것이지요.

삼차방정식과 사차방정식의 근의 공식이 발견된 이래 지금과 같은 방정식의 표기법이 만들어진 것은 17세기 초의 일입니다. 그 시기는 로마 제국의 멸망과 함께 쇠퇴했던 고대 그리스의 기하학이 이른바 '암흑시대'를 거친 후 유럽에서 완전히 부활한 시기이기도 했습니다. 즉, 17세기는 기하학과 대수학이 처음으로 동시에 출발한 시대이기도 했던 것입니다.

그 와중에 **르네 데카르트**(1596−1650)는 기하학과 대수학의 장단점이 서로 반대라는 점에 주목하여 **기하학 문제의 대수적인 해결을 꾀하는 해석기하학**(analytical geometry)이라는 전혀 새로운 수학을 창조합니다.

이에 대해 데카르트는 '나는 생각한다. 그러므로 나는 존재한다.'라는 명언으로 유명한 그의 저서에서 다음과 같은 문장을 남겼습니다.

> 기하학적 분석과 대수학의 모든 장점을 가져와서
> 한쪽의 단점을 다른 한쪽의 장점으로 바로 잡으려 한다.

해석기하학에서는 도형을 방정식으로 표현하므로 방정식의 의미를 더욱 쉽게 이미지로 나타낼 수 있음은 물론, 기하학적 문제를 대수적으로 풀 수 있습니다. 이것이야말로 기하학과 대수학의 장점만을 따온 하이브리드라고 할 수 있겠지요. 데카르트가 발명한 해석기하학을 수학 역사의 혁명이라고 부르는 사람들도 있습니다.

변수와 좌표의 도입

기하학과 대수학을 융합하기 위해 필요한 요소는 바로 변수와 좌표입니다.

예를 들어

$$x - y = 1$$

이라는 방정식의 해를 생각해 봅시다.

이 방정식의 미지수는 x와 y 2개이지만 식이 하나밖에 없기 때문에 해가

$$(x, y) = (2, 1), (3, 2), (4, 3), (5, 4), (6, 5), (7, 6), (8, 7), \cdots\cdots$$

처럼 무수히 많으므로 이 중에서 하나만 해로 결정할 수 없습니다.

즉, 이 방정식을 만족하는 (x, y)는 미지수인 **동시에 부정**입니다.

데카르트는 이처럼 불명이면서 다양한 값을 취할 수 있는 양(quantity)에 **변수**라는 이름을 붙입니다.

데카르트 이전에도 숫자 대신 알파벳을 사용했지만, 이는 어디까지나 특정한 숫자를 대신하는 용도였습니다. 마치 숫자가 복면을 쓴 상태에 비유할 수 있습니다.

근의 공식 등을 사용해서 방정식을 풀어 버리면(복면을 벗겨 버리면) 그 다음에 해(= 정체)가 다른 숫자로 바뀌는 일은 없습니다. 하지만 변수는 미지수인 동시에 부정이므로 복면을 벗길 때마다 숫자가 달라져도 상관이 없습니다. 알파벳 하나에 여러 수를 허용하는 데카르트의 아이디어는 실로 획기적이었습니다.

알고 있겠지만 좌표란 어느 평면 위에 있는 점의 위치를 (2, 1)과 같은 한 쌍의 숫자로 나타낸 것을 말합니다. 데카르트는 평면 위에 있는 점을 좌표로 나타낼 수 있도록 x축을 그

리고 이와 직각으로 교차하는 y축으로 구성된 이른바 **직교좌표계(데카르트 좌표계)**를 고안했습니다.

▼ 그림 3-1 직선 위의 점과 $x - y = 1$의 해 (x, y)가 일대일대응한다

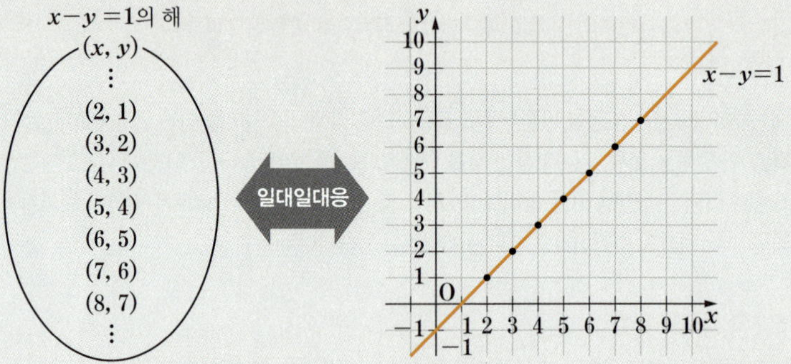

그런데 위 그림처럼 $x - y = 1$의 해 (x, y)를 좌표로 보고 이를 좌표계 위에 나타내면 모두가 하나의 직선 위에 있음을 알 수 있습니다. 반대로, 이 직선 위에 있는 점의 좌표를 가져다 $x - y = 1$에 대입해 보면 반드시 '='이 성립하는 것도 바로 확인할 수 있습니다.

이때 좌표계의 점과 한 쌍의 숫자가 일대일로 대응한다는 점이 아주 중요합니다.

만약 $x - y = 1$의 여러 해 중 하나인 (2, 1)이 여러 개의 점과 대응한다면 그 모든 점들이 직선 위에 있다고 말할 수 없습니다. 마찬가지로 직선 위의 한 점에 대응하는 (x, y)가 여러 개라면 그 모든 순서쌍들이 $x - y = 1$을 만족하는지 알아내는 것은 매우 어렵습니다.

그러나 실제로는 $x - y = 1$을 만족하는 해 (x, y)와 직선 위의 점은 일대일로 대응하므로 방정식의 해의 집합과 직선 위에 있는 점의 집합은 일치합니다. 즉, 위 그림의 좌표계 위의 직선을 방정식 $x - y = 1$을 만족하는 점의 집합으로 볼 수 있는 것입니다.

> Note≣ | 물론 $x - y = 1$을 $y = x - 1$로 변형하면 y를 x에 대한 일차함수의 그래프로 볼 수도 있습니다. 함수와 그래프의 관계는 5장에서 자세히 설명합니다.

방정식의 해를 변수로 보고 이 변수를 좌표계 위의 점에 일대일로 대응시킴으로써, 도형을 방정식의 해로 구성된 집합으로 본다는 아이디어야말로 데카르트가 수학 역사에 발자취를 명확하게 남기게 된 혁명이었습니다.

01 도형의 방정식

피타고라스 정리로 구하는 '두 점 사이의 거리'

먼저 좌표평면 위에 있는 두 점 사이의 거리를 구하는 공식부터 유도해 봅시다.

▼ 그림 3-2 좌표평면 위의 두 점 $A(x_a, y_a)$와 $B(x_b, y_b)$

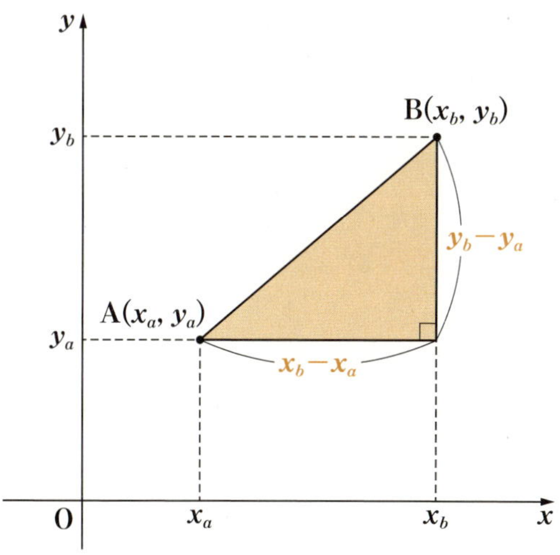

좌표평면 위에 두 점 $A(x_a, y_a)$와 $B(x_b, y_b)$가 있을 때, 위 그림처럼 $\overline{AB}$를 빗변으로 하는 직각삼각형을 생각해 봅니다. 그러면 피타고라스 정리(132쪽 노트 참조)에 따라 다음과 같이 식을 유도할 수 있습니다.

$$\overline{AB}^2 = (x_b - x_a)^2 + (y_b - y_a)^2$$
$$\Rightarrow \overline{AB} = \sqrt{(x_b - x_a)^2 + (y_b - y_a)^2}$$

▼ 그림 3-3 원점 O와 $A(x_a, y_a)$ 사이의 거리

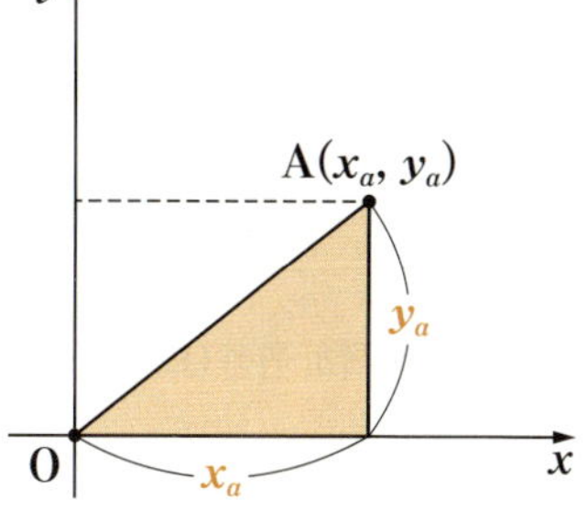

특히 원점 O와 $A(x_a,\ y_a)$ 사이의 거리는 피타고라스 정리에 따라 다음과 같습니다.

$$\overline{OA}^2 = x_a{}^2 + y_a{}^2$$
$$\Rightarrow\quad \overline{OA} = \sqrt{x_a{}^2 + y_a{}^2}$$

Note≡ 피타고라스 정리

피타고라스 정리란 직각삼각형에서 직각을 끼고 있는 두 변과 빗변 사이에 성립하는 다음 관계식을 말합니다.

이 식의 증명은 매우 다양하지만(100가지 이상!) 이 절에서는 '피타고라스 증명'을 짧게 소개합니다. 다음 그림에서 '바깥쪽 큰 사각형의 넓이=안쪽 작은 정사각형의 넓이+직각삼각형의 넓이×4'이므로 다음과 같이 식을 정리할 수 있습니다.

▼ 그림 3-4 피타고라스 정리

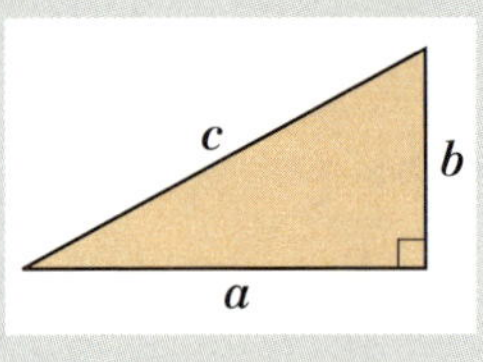

$$a^2 + b^2 = c^2$$

▼ 그림 3-5 피타고라스 정리의 피타고라스 증명

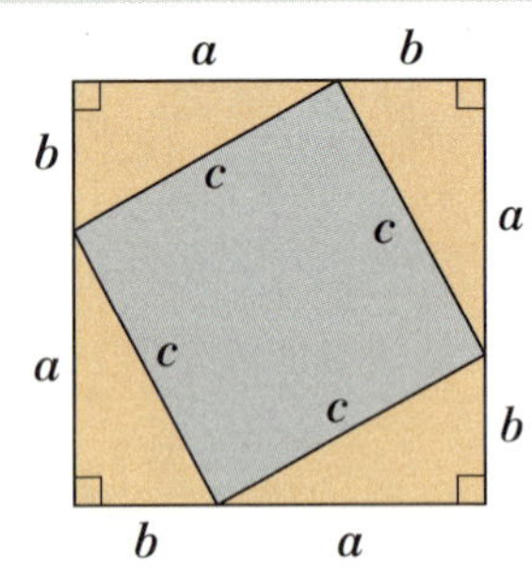

$$(a+b)^2 = c^2 + \frac{1}{2}ab \times 4$$

$$\downarrow$$

$$a^2 + 2ab + b^2 = c^2 + 2ab$$

$$\downarrow$$

$$a^2 + b^2 = c^2$$

두 점 사이의 거리

두 점 $A(x_a,\ y_a)$와 $A(x_b,\ y_b)$ 사이의 거리 $\overline{AB}$는

$$\overline{AB} = \sqrt{(x_b - x_a)^2 + (y_b - y_a)^2}$$

입니다. 특히 원점 O와 $A(x_a,\ y_a)$ 사이의 거리 $\overline{OA}$는 다음과 같습니다.

$$\overline{OA} = \sqrt{x_a{}^2 + y_a{}^2}$$

x와 y의 방정식을 만족하는 점 (x, y)의 집합이 그리는 도형을 **방정식이 나타내는 도형**이라고 하며, 그 방정식은 **도형의 방정식**이라고 합니다.

이 절에서는 직선의 방정식과 원의 방정식을 배웁니다.

직선의 방정식 (1): 통과하는 점 하나와 기울기를 아는 경우

▼ 그림 3–6 통과하는 점 하나와 기울기를 아는 경우의 직선의 방정식

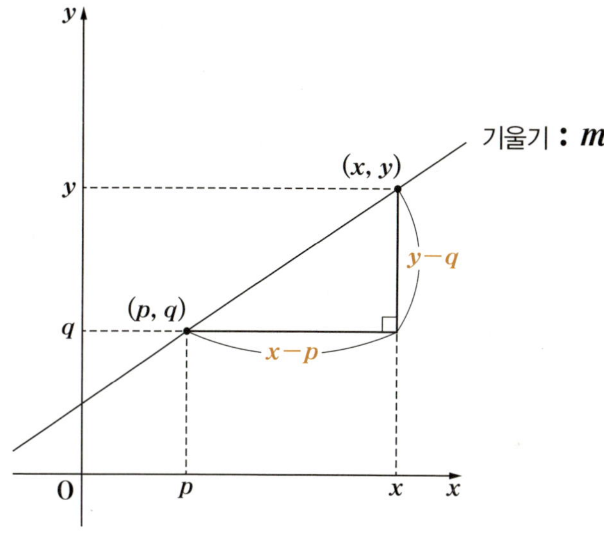

위 그림처럼 점 (p, q)를 통과하고 기울기가 m인 직선 위의 점 (x, y)를 생각해 봅시다. 그러면 직선의 기울기 m은 기울기의 정의(134쪽 노트 참조)에 따라

$$\frac{y-q}{x-p} = m$$

입니다. 이때 분모를 없애면

$$y - q = m(x - p) \quad \Rightarrow \quad y = m(x - p) + q$$

가 됩니다.

직선 위에 있는 (x, y)는 (p, q)일 때를 포함하여 모든 경우에 이 식을 만족하므로 이것은 점 (p, q)를 통과하고 경사가 m인 직선의 방정식입니다.

또한, 점 (p, q)를 통과하고 x축에 수직인 직선 위에 (x, y)가 있을 때, 직선 위에 있는 (x, y)는 다음 식을 만족합니다.

$$x = p$$

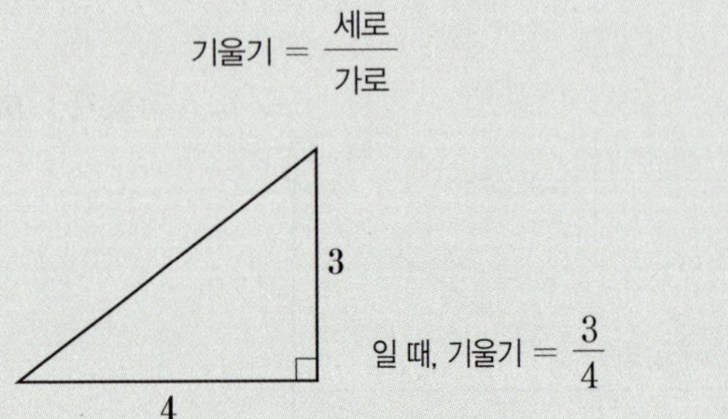

직선의 방정식 (1)

점 (p, q)를 통과하고 기울기가 m인 직선의 방정식

$$y = m(x - p) + q$$

점 (p, q)를 통과하고 x축에 수직인 직선의 방정식

$$x = p$$

직선의 방정식 (2): 통과하는 점 2개를 아는 경우

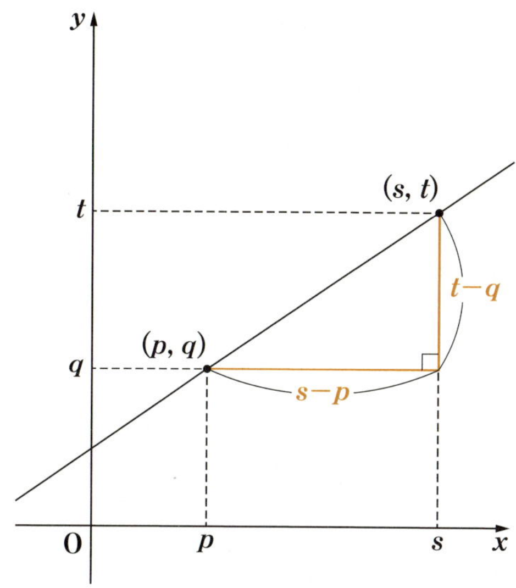

직선이 점 (p, q)와 점 (s, t)를 통과할 때, $p \neq s$라면 직선의 기울기는

$$\frac{t-q}{s-p}$$

이므로 직선의 방정식 (1)의 기울기 m에 이를 대입하면 다음과 같습니다.

$$y = m(x-p) + q \quad \Rightarrow \quad y = \frac{t-q}{s-p}(x-p) + q$$

$p = s$이고 $q \neq t$일 때 직선은 x축에 수직이므로

$$x = p$$

가 됩니다.

> ### 직선의 방정식 (2)
>
> 서로 다른 두 점 (p, q)와 (s, t)를 통과하는 직선의 방정식
>
> $p \neq s$일 때,
>
> $$y = \frac{t - q}{s - p}(x - p) + q$$
>
> $p = s$이고 $q \neq t$일 때,
>
> $$x = p$$

예를 들어 점 $(1, 5)$와 점 $(3, 9)$를 통과하는 직선의 방정식을 구할 때, 둘 중 무엇을 (p, q)로 둬야 하는지를 두고 고민하는 사람이 있습니다. 안심하세요. 어떤 걸 골라도 같은 결과가 나옵니다.

$(p, q) = (1, 5)$, $(s, t) = (3, 9)$일 경우

$$y = \frac{9 - 5}{3 - 1}(x - 1) + 5 = \frac{4}{2}(x - 1) + 5 = 2(x - 1) + 5 = 2x - 2 + 5$$
$$= 2x + 3$$

$(p, q) = (3, 9)$, $(s, t) = (1, 5)$일 경우

$$y = \frac{5 - 9}{1 - 3}(x - 3) + 9 = \frac{-4}{-2}(x - 3) + 9 = 2(x - 3) + 9 = 2x - 6 + 9$$
$$= 2x + 3$$

만약 x축에 수직인 직선의 방정식이 $x = p$가 되는 것이 이상해 보인다면 좌표평면 위에 $x = 1$을 만족하는 점의 집합을 가정해 보세요. $x = 1$을 만족하는 점의 집합은 $(1, 0)$, $(1, 1)$, $(1, 2)$, $(1, 3)$, $(1, 4)$, $(1, 5)$, … 등의 집합이지요? 그림으로 그려 보면 이 점들은 모두 x축에 수직인 직선 위에 있음을 알 수 있습니다.

기울기에서 실마리를 찾아보는 '두 직선의 관계'

두 직선이 평행이 되는 조건과 수직이 되는 조건을 생각합니다.

두 직선이 평행이라는 것은 기울기가 같다는 뜻이므로 간단합니다. 즉,

$$y = m_1 x + n_1 \text{과 } y = m_2 x + n_2 \text{가 평행} \iff m_1 = m_2$$

입니다.

한편, 수직이 되는 조건은 계산이 조금 필요합니다(피타고라스 정리를 사용합니다). $y = m_1 x + n_1$과 $y = m_2 x + n_2$이 수직인 것과 이 모두가 원점을 통과하는 직선으로 평행이동한 $y = m_1 x$와 $y = m_2 x$가 수직인 것은 등가이므로 $y = m_1 x$와 $y = m_2 x$가 수직이 되는 조건을 생각해 봅니다.

▼ 그림 3-8 두 직선이 평행이 되는 조건과 수직이 되는 조건

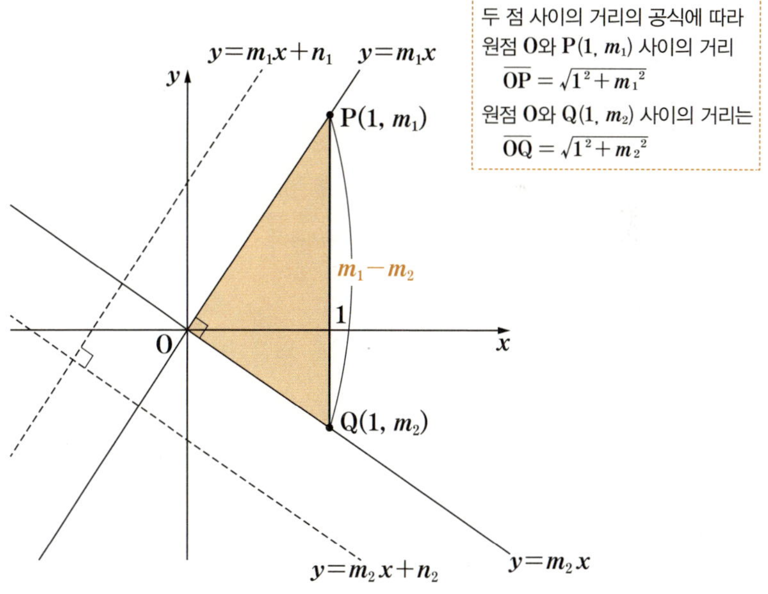

두 직선 $y = m_1 x$와 $y = m_2 x$ 위에 각각 x좌표가 1인 점 $\mathrm{P}(1, \ m_1)$과 $\mathrm{Q}(1, \ m_2)$를 취하면 $\triangle\mathrm{OPQ}$는 직각삼각형이므로 피타고라스 정리를 이용해 다음과 같이 식을 나타낼 수 있습니다.

$$\overline{\mathrm{PQ}}^2 = \overline{\mathrm{OP}}^2 + \overline{\mathrm{OQ}}^2$$

이에 따라

$$
\begin{aligned}
(m_1 - m_2)^2 &= (1^2 + m_1{}^2) + (1^2 + m_2{}^2) \\
\Leftrightarrow \quad m_1{}^2 - 2m_1 m_2 + m_2{}^2 &= 1 + m_1{}^2 + 1 + m_2{}^2 \\
\Leftrightarrow \quad -2m_1 m_2 &= 2 \\
\Leftrightarrow \quad m_1 m_2 &= -1
\end{aligned}
$$

$$
\begin{aligned}
(a-b)^2 \\
= a^2 - 2ab + b^2
\end{aligned}
$$

로 정리합니다.

> **두 직선의 평행과 수직**
>
> $y = m_1 x + n_1$과 $y = m_2 x + n_2$에 대하여
>
> $$\text{두 직선이 평행} \Leftrightarrow m_1 = m_2$$
>
> $$\text{두 직선이 수직} \Leftrightarrow m_1 m_2 = -1$$

기하학과 대수학의 융합이 만들어내는 장점을 느낄 수 있는 예제를 풀어 봅시다.

1장에서 수심을 소개할 때, 삼각형의 각 꼭짓점에서 대변에 내린 수선이 반드시 한 점에서 만나는 성질을 증명하기 쉽지 않았습니다(51~52쪽). 하지만 좌표를 도입하고 직선의 방정식을 사용하면 같은 내용을 감에 의존하지 않아도 증명할 수 있습니다.

삼각형의 각 꼭짓점에서 대변에 내린 수선이 한 점에서 만나는 성질을 증명하세요.

해설

삼각형을 좌표계 위에 놓아야 하는데, 이때 다음 〈잘못된 예〉처럼 놓아 버리면 (어떻게든 풀 수야 있겠지만) 계산이 굉장히 힘들어집니다. **증명**에서 볼 수 있듯이 한 점은 y축 위에 놓고, 남은 두 점을 x축 위에 놓으면 좋습니다.

▼ 그림 3-9 좌표계 위에 삼각형을 올리는 잘못된 예

〈잘못된 예〉

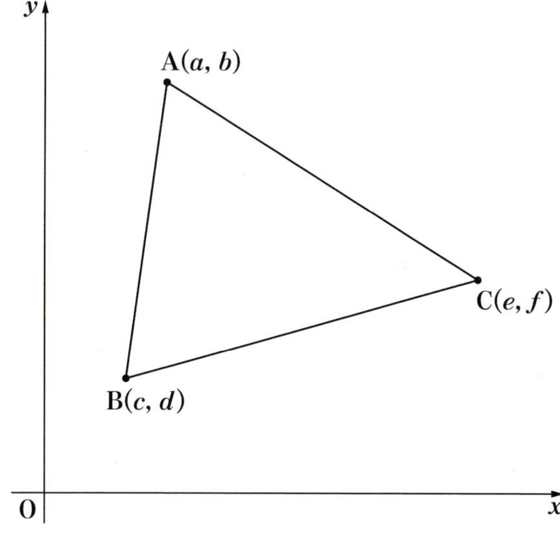

❤ 그림 3-10 좌표계 위에 삼각형을 놓는 올바른 예

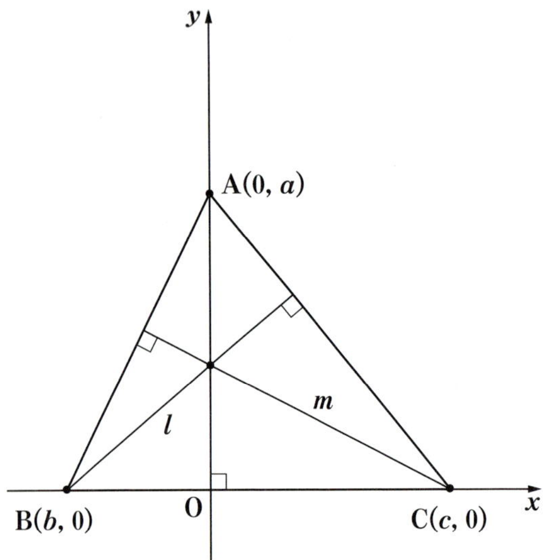

△ABC의 모든 꼭짓점의 좌표를 위 그림처럼

$$A\ (0,\ a),\ B\ (b,\ 0),\ C\ (c,\ 0)$$

이라 하고, B를 통과하고 $\overline{AC}$에 수직인 직선을 l, C를 통과하고 $\overline{AB}$에 수직인 직선을 m이라 합시다.

$$\overline{AC}\text{의 기울기} = \frac{0-a}{c-0} = -\frac{a}{c}$$

> 두 점 (p, q)와 (s, t)를 통과하는 직선의 기울기
> $$\frac{t-q}{s-p}$$

직선 l은 $\overline{AC}$와 수직이므로

$$l\text{의 기울기} = \frac{c}{a}$$

> 기울기가 $m_1 = m_2$인 두 직선이 수직일 때,
> $$m_1 m_2 = -1 \quad \Rightarrow \quad m_2 = -\frac{1}{m_1}$$

가 됩니다. 직선 l은 B를 통과하므로 직선 l의 방정식은 다음과 같습니다.

$$y = \frac{c}{a}(x - b) + 0 = \frac{c}{a}x - \frac{bc}{a} \quad \cdots ①$$

마찬가지로

$$\overline{\mathrm{AB}}\text{의 기울기} = \frac{0 - a}{b - 0} = -\frac{a}{b}$$

이고, 직선 m은 $\overline{\mathrm{AB}}$와 수직이므로

$$m\text{의 기울기} = \frac{b}{a}$$

직선 m은 C$(c, 0)$을 통과하므로 직선
m의 방정식은 다음과 같습니다.

$$y = \frac{b}{a}(x - c) + 0 = \frac{b}{a}x - \frac{bc}{a} \quad \cdots ②$$

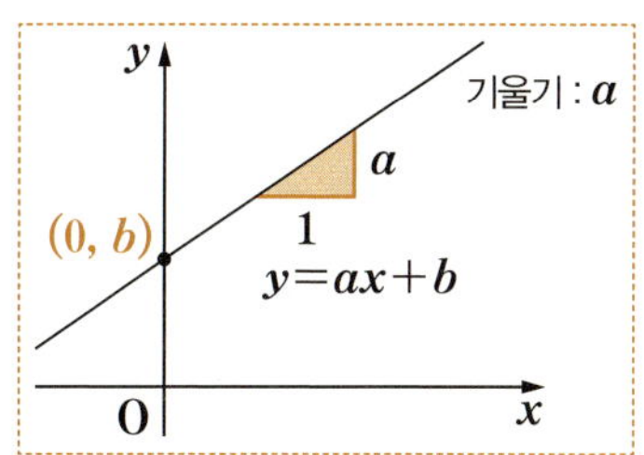

①과 ②에 따라 직선 l과 y축이 만나는 점, 직선 m과 y축이 만나는 점은

$$\left(0, \ -\frac{bc}{a} \right)$$

로 서로 같다는 것을 알 수 있습니다.

y축은 A에서 대변 BC에 내린 수선 그 자체입니다. 이에 따라 A, B, C에서 각각의 대변에 내린 세 개의 수선이 한 점 $\left(0, \ -\dfrac{bc}{a} \right)$에서 만남을 보였습니다.

증명 끝

'원의 방정식'은 두 점 사이의 거리를 반지름으로 보고 구한다

원은 **중심에서 일정한 거리에 위치한 점의 집합**입니다. 이를 식으로 나타내면 원의 방정식을 구할 수 있습니다.

▼ 그림 3-11 반지름이 r인 원 위의 점 $\mathrm{P}(x, y)$와 원의 중심 $\mathrm{C}(a, b)$

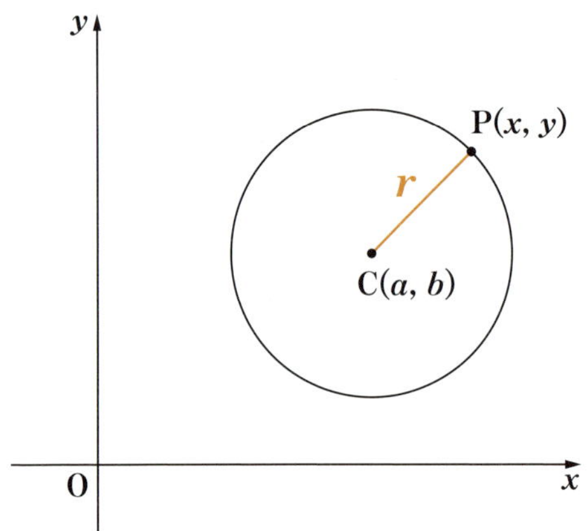

중심이 $\mathrm{C}(a, b)$이고 반지름이 r인 원에 점 $\mathrm{P}(x, y)$를 취하면 $\overline{\mathrm{CP}} = r$(일정함)이므로 다음과 같이 나타낼 수 있습니다.

$$\sqrt{(x-a)^2 + (y-b)^2} = r$$

> 두 점 사이의 거리(132쪽)
> $\mathrm{A}(x_a, y_a)$, $\mathrm{B}(x_b, y_b)$일 때,
> $$\overline{\mathrm{AB}} = \sqrt{(x_b - x_a)^2 + (y_b - y_a)^2}$$

양변을 제곱하면

$$(x-a)^2 + (y-b)^2 = r^2$$

이 됩니다.

$$\boxed{\begin{array}{l} \textbf{원의 방정식} \\[4pt] \text{중심이 } (a,\ b)\text{이고 반지름이 } r\text{인 원의 방정식은} \\[6pt] \qquad (x-a)^2 + (y-b)^2 = r^2 \\[6pt] \text{입니다. 특히 원점이 중심이고 반지름이 } r\text{인 원의 방정식은 다음과 같습니다.} \\[6pt] \qquad x^2 + y^2 = r^2 \end{array}}$$

이제 예제를 풀어 볼 건데, 오랜만에 입시 문제에 도전해 봅시다.

이런 유형의 문제는 풀이법도 널리 알려져 있지만 왜 이렇게 푸는지 이해하는 사람은 매우 드문 문제이기도 합니다.

문제 2

원 $C_1 : x^2 + y^2 + 6x + 2y - 6 = 0$과 중심이 $(2, 1)$이고 반지름이 3인 원 C_2 가 만나는 두 점 및 점 $(3, 1)$을 통과하는 원 C_3의 방정식을 구하세요.

해설

C_1의 방정식은 완전제곱식 변형 비법(86쪽)을 사용하면

$$x^2 + y^2 + 6x + 2y - 6 = 0$$
$$\Rightarrow x^2 + 6x + y^2 + 2y - 6 = 0$$
$$\Rightarrow (x+3)^2 - 9 + (y+1)^2 - 1 - 6 = 0$$
$$\Rightarrow (x+3)^2 + (y+1)^2 = 16$$
$$\Rightarrow \{x-(-3)\}^2 + \{y-(-1)\}^2 = 4^2$$

완전제곱식 변형 비법
$$x^2 + 2px = (x+p)^2 - p^2$$

으로 변형할 수 있으므로 C_1은 중심이 $(-3,\ -1)$이고 반지름이 4인 원입니다.

하지만 이번에는 이 방법을 사용하지 않습니다.

다음 해법은 다소 뜬금없는 발상으로 보일 수도 있습니다. 하지만 **어떤 방정식을 만족하는 점의 집합은 그 방정식이 나타내는 도형**이라는 기본을 다시 떠올려 보면 이해가 되지 않을까요?

C_2는 중심이 (2, 1)이고 반지름이 3인 원이므로 C_2의 방정식은

$$(x-2)^2 + (y-1)^2 = 3^2$$
$$\Rightarrow \quad x^2 - 4x + 4 + y^2 - 2y + 1 = 9$$
$$\Rightarrow \quad x^2 + y^2 - 4x - 2y - 4 = 0$$

입니다. 여기에 실수 k를 이용하여 다음과 같은 방정식을 만들어 봅니다.

$$k(x^2 + y^2 + 6x + 2y - 6) + x^2 + y^2 - 4x - 2y - 4 = 0 \quad \cdots ①$$

C_1과 C_2가 만나는 점 하나를 (x_0, y_0)이라 하고 ①의 좌변에 대입하면 C_1과 C_2이 만나는 점은 C_1과 C_2 양쪽 원 위에 있으므로

$$\begin{cases} x_0{}^2 + y_0{}^2 + 6x_0 + 2y_0 - 6 = 0 \\ x_0{}^2 + y_0{}^2 - 4x_0 - 2y_0 - 4 = 0 \end{cases}$$

이 동시에 성립합니다. 이때 ①은

$$k \cdot 0 + 0 = 0$$

이 되고, k의 값이 무엇이든지 반드시 '='이 성립하게 됩니다. **이것은 k의 값에 상관없이 ①이 나타내는 도형은 반드시 C_1과 C_2가 만나는 점을 통과한다는 뜻입니다.**

그러나 C_1과 C_2가 만나는 점을 통과하는 도형은 셀 수 없이 많을 것이므로 그

중 하나를 임의로 정할 수는 없습니다. 그러면 ①에 (3, 1)을 대입해서 ①이 C_3을 나타낼 때의 k의 값을 구해 봅시다.

①에 (3, 1)을 대입하면

$$k(3^2 + 1^2 + 6 \cdot 3 + 2 \cdot 1 - 6) + 3^2 + 1^2 - 4 \cdot 3 - 2 \cdot 1 - 4 = 0$$
$$\Rightarrow \quad k(9 + 1 + 18 + 2 - 6) + 9 + 1 - 12 - 2 - 4 = 0$$
$$\Rightarrow \quad 24k - 8 = 0$$
$$\Rightarrow \quad k = \frac{1}{3}$$

이 됩니다. ①에 따라 다음과 같이 나타낼 수 있습니다.

$$\frac{1}{3}(x^2 + y^2 + 6x + 2y - 6) + x^2 + y^2 - 4x - 2y - 4 = 0$$
$$\Rightarrow \quad (x^2 + y^2 + 6x + 2y - 6) + 3x^2 + 3y^2 - 12x - 6y - 12 = 0$$
$$\Rightarrow \quad 4x^2 + 4y^2 - 6x - 4y - 18 = 0$$

위 식의 양변을 4로 나누면 C_3의 방정식을 구할 수 있습니다.

$$x^2 + y^2 - \frac{3}{2}x - y - \frac{9}{2} = 0$$

$$(x-a)^2+(y-b)^2=r^2$$
$$\Rightarrow \quad x^2-2ax+a^2+y^2-2by+b^2=r^2$$
$$\Rightarrow \quad x^2+y^2-2ax-2by+a^2+b^2-r^2=0$$

이 됩니다. 여기에 $-2a=l$, $-2b=m$, $a^2+b^2+r^2=n$이라 하면

$$x^2+y^2+lx+my+n=0$$

이 됩니다. 위 문제에서 구한 C_3의 방정식도 이런 형태지만 문제에서 C_3의 중심과 반지름을 묻지 않았기 때문에 이를 답으로 해도 됩니다.

또한, ①의 k에 $\dfrac{1}{3}$이 아닌 값을 대입해 보면 C_1과 C_2가 만나는 점을 통과하는 직선과 (C_3이 아닌) 원의 방정식을 구할 수 있습니다.

▼ 그림 3-12 C_1과 C_2가 만나는 점을 통과하는 수많은 도형들

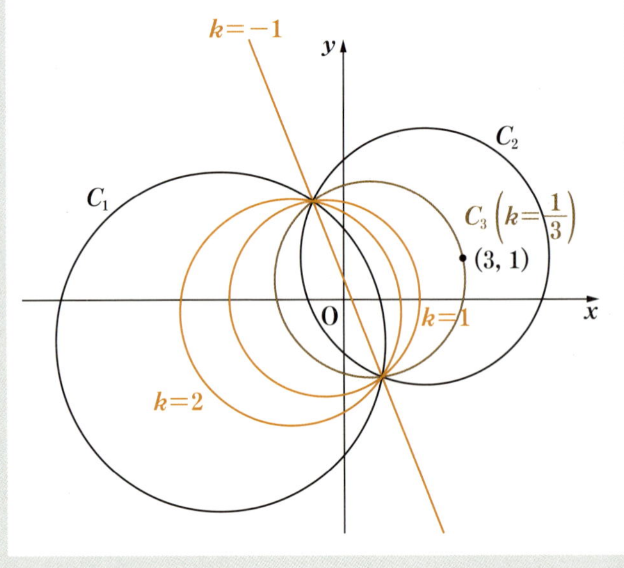

02 부등식의 영역

'방정식을 만족하는 점의 집합이 도형을 나타내는 것이라면 부등식을 만족하는 점의 집합은 (어떤 도형의 테두리가 경계선인) 무언가의 범위를 나타내지 않을까?'라는 생각이 자연스럽게 들 것입니다.

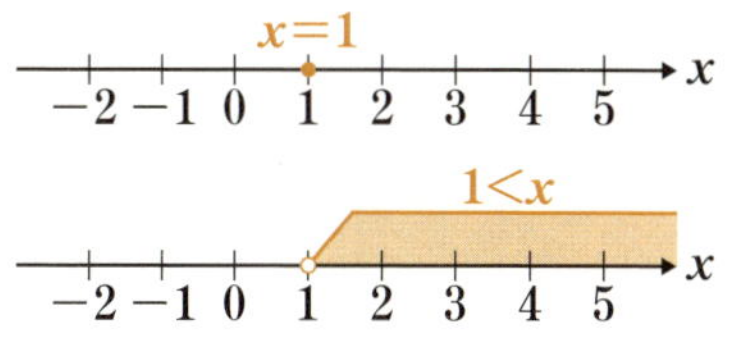

실제로 일차원(직선) 수직선 위에서 $x = 1$는 수직선 위의 한 점을 나타내고, $1 < x$는 1보다 큰 범위를 나타냅니다.

일차부등식의 영역: 그 경계는 직선

예를 들어

$$y > x + 1$$

이라는 일차부등식이 좌표평면 위에서 어떤 범위를 나타내는지 생각해 봅시다.

먼저 x를 3으로 고정하고 y의 값을 다양하게 바꾸어 봅니다.

(3, 4)는 '4 = 3 + 1'이 되어 '$y = x + 1$'을 만족하므로 직선 $y = x + 1$ 위의 점입니다.

(3, 5)는 5 > 3 + 1이 되어 $y > x + 1$을 만족하므로 $y > x + 1$이 나타내는 **범위에 포함된 점**입니다.

(3, 8)도 $y > x + 1$을 만족하므로 '$y > x + 1$'이 나타내는 **범위에 포함됩니다.**

반면, (3, 2)는 $2 < 3 + 1$이 되어 $y > x + 1$을 만족하지 않습니다. 따라서 (3, 2)는 $y > x + 1$이 나타내는 **범위에 포함되지 않는 점**입니다.

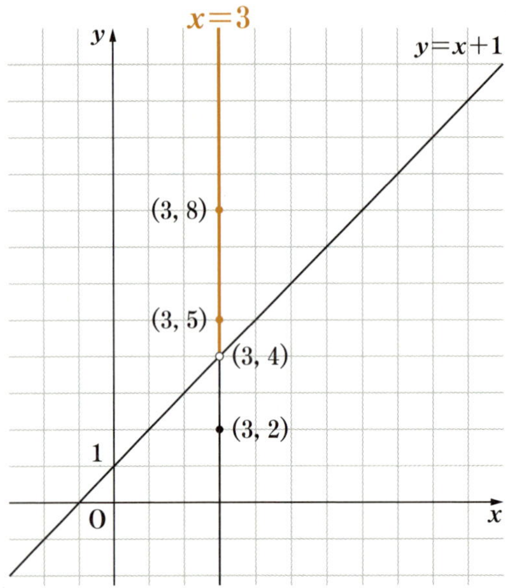

이렇게 생각하면 $x = 3$ 위에 있으면서 $y = x + 1$의 위쪽에 있는 모든 점이 $y > x + 1$이 나타내는 범위에 포함되는 것을 알 수 있네요.

이외에도 $x = 10$, $x = 0.1$, $x = -5$일 때 같은 방법으로 조사해 보면 결국 $y = x + 1$보다 위쪽에 있는 점은 모두 $y > x + 1$을 만족하므로

$$\text{‘}y > x + 1\text{’의 영역} = \text{‘}y = x + 1\text{’의 윗부분}$$

이라고 할 수 있습니다. 조금 더 나아가 보면

$$\text{‘}y < x + 1\text{’의 영역} = \text{‘}y = x + 1\text{’의 아랫부분}$$

이라는 것도 바로 이해될 것입니다.

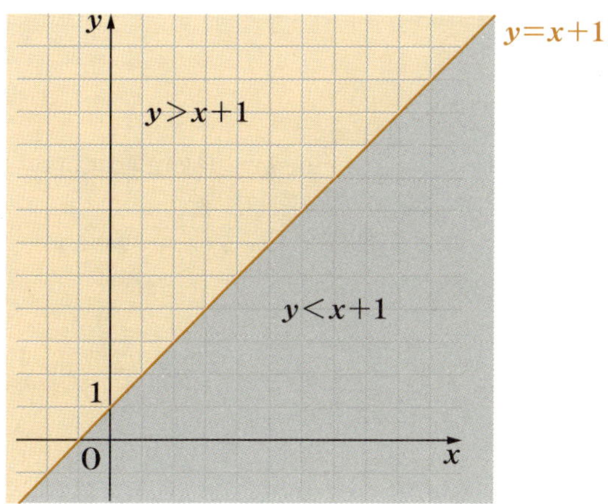

일반적으로 일차부등식의 영역은 다음과 같이 나타낼 수 있습니다.

직선과 영역

직선 $y = mx + n$을 l이라 하면

- 부등식 $y > mx + n$의 영역은 직선 l의 윗부분
- 부등식 $y < mx + n$의 영역은 직선 l의 아랫부분

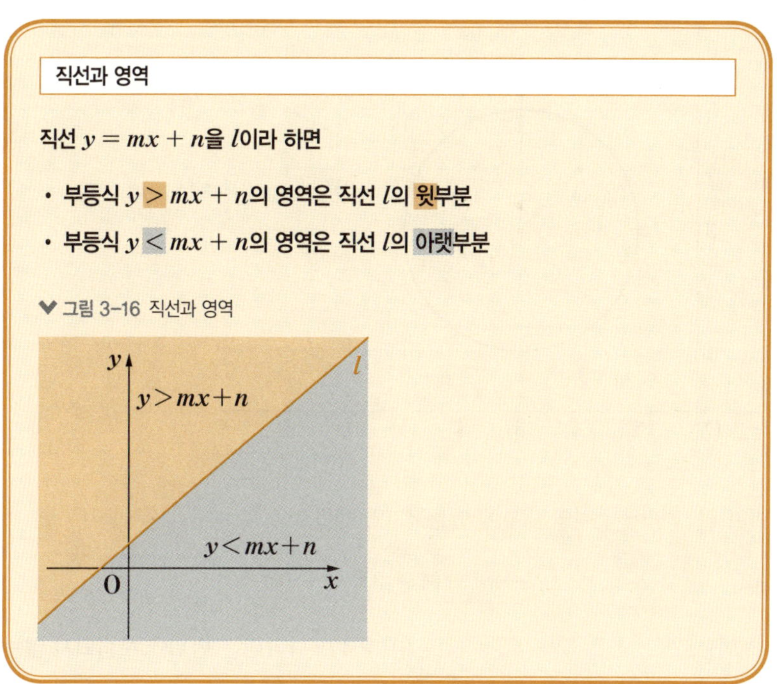

원을 경계로 하는 영역: 부등호의 방향이 원의 내부와 외부를 구분한다

예를 들어 중심이 (3, 3)이고 반지름이 2인 원은

$$(x-3)^2 + (y-3)^2 = 4$$

이라는 방정식으로 나타냈습니다(143쪽).

여기에서는 부등식

$$(x-3)^2 + (y-3)^2 > 4$$

가 나타내는 범위를 구해 봅시다.

> (a, b)가 중심이고 반지름이 r인 원의 방정식은
> $$(x-a)^2 + (y-b)^2 = r^2$$

▼ 그림 3-17 원의 내부와 외부를 나누는 부등식

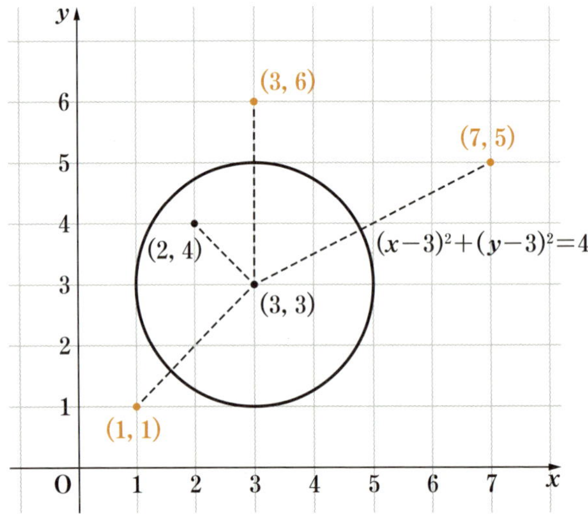

먼저 위 그림에서 원의 내부에 있는 점 (2, 4)를 조사해 보면

$$(2-3)^2 + (4-3)^2 = 1+1 < 4$$

가 되므로 (2, 4)는 $(x-3)^2 + (y-3)^2 > 4$가 나타내는 범위에 **포함되지 않는 점**입니다.

이번에는 원의 외부에 있는 점 (7, 5)를 조사해 봅니다.

$$(7-3)^2+(5-3)^2=16+4>4$$

가 되므로 (7, 5)는 $(x-3)^2+(y-3)^2>4$가 나타내는 범위에 **포함되는 점입**니다. 같은 방법으로 (1, 1)과 (3, 6)도 살펴봅니다. 모두

$$(1-3)^2+(1-3)^2=4+4>4$$
$$(3-3)^2+(6-3)^2=0+9>4$$

가 되므로 (1, 1)과 (3, 6)은 $(x-3)^2+(y-3)^2>4$를 나타내는 범위에 **포함되는 점**입니다.

이를 통해 **원의 외부에 있는 점, 즉 중심과의 거리가 2보다 큰 모든 점**은 $(x-3)^2+(y-3)^2>4$가 나타내는 범위에 포함되어 있다는 것을 알 수 있습니다.

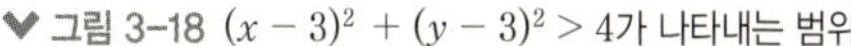

▼ 그림 3-18 $(x-3)^2+(y-3)^2>4$가 나타내는 범위

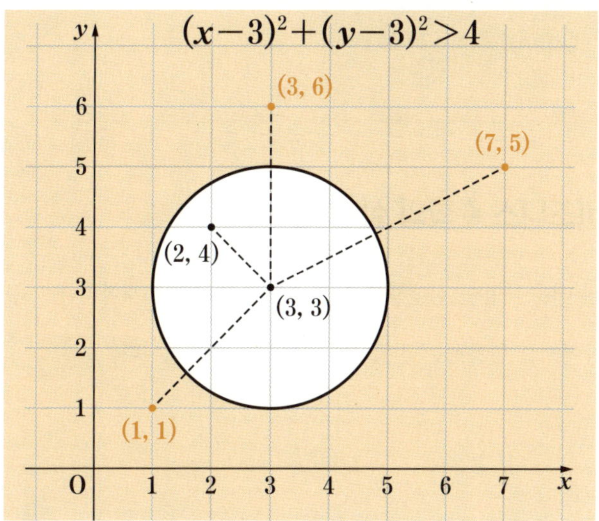

마찬가지로 점 (2, 4)처럼 **원의 내부에 있는 모든 점들**이 $(x-3)^2+(y-3)^2$ **> 4가 나타내는 범위에 포함된다**는 것도 이해할 수 있을 것입니다.

일반적으로 원을 경계로 하는 영역은 다음과 같이 나타낼 수 있습니다.

원과 영역

원 $(x-a)^2 + (y-b)^2 > r^2$을 C라고 하면

- 부등식 $(x-a)^2 + (y-b)^2 < r^2$의 영역은 원 C의 **내부**
- 부등식 $(x-a)^2 + (y-b)^2 > r^2$의 영역은 원 C의 **외부**

▼ 그림 3-19 원과 영역

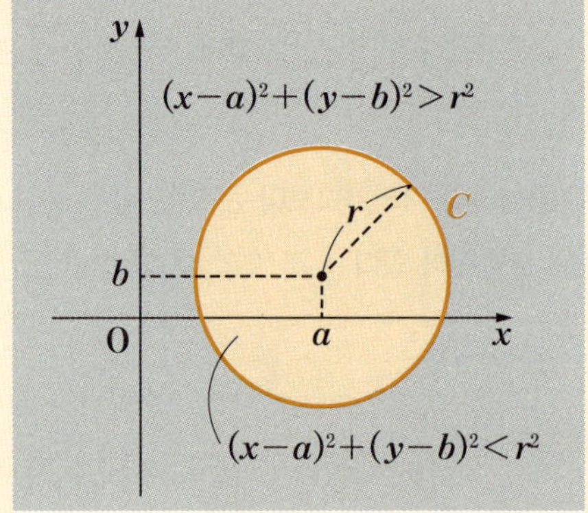

선형 계획법: 비즈니스 수학의 실제 예

'부등식의 영역'에서 배운 내용을 실생활에서 활용하는 사례를 소개합니다.

이는 비즈니스 현장에서도 활용하는 **선형 계획법**이라는 기법입니다.

 **문제 3**

100명이 어떤 구간을 비행기로 이동하는데, 표 7장이 들어 있는 480만 원 세트 A와 표 3장이 들어 있는 220만 원 세트 B를 구입해 사용하기로 합니다.

이때 A와 B를 각각 몇 세트씩 구입하면 가장 싸게 구입할 수 있는지 구하세요. 단, 두 세트 중 한 세트만 살 수 있습니다. 구입한 표는 남아도 됩니다.

해설

세트 A와 세트 B의 구입 세트 수를 x, y라 하면 구입 금액은

$$480x + 220y$$

입니다. 그러나 이 식에는 x와 y라는 변수가 2개 있습니다. 보통 여러 개의 변수로 결정되는 최솟값과 최댓값을 구하려면 대학 이후의 교과 과정에서 배우는 편미분이라는 기술을 사용해야 하므로 간단한 문제가 아닙니다. 하지만 **최솟값과 최댓값을 구하려는 값이 이변수 식이고, 변수의 조건이 부등식인 문제**의 경우 영역을 사용해서 풀 수 있을 때가 있습니다. 또한, 이 문제의 x와 y는 0 이상의 정수이므로 이 부분도 염두해 둬야 합니다.

해답

A를 x세트, B를 y세트 구입했을 때, 1세트에 A는 표 7장, B는 표 3장이 들어 있습니다. 이들을 조합해 100장 이상(지문에 '남아도 된다'고 적혀 있습니다)의 표를 만들어야 하므로 x와 y는 다음 부등식을 만족해야 합니다.

$$7x + 3y \geq 100$$
$$\Leftrightarrow \quad 3y \geq -7x + 100$$
$$\Leftrightarrow \quad y \geq -\frac{7}{3}x + \frac{100}{3} \quad \cdots \text{①}$$

또한, 구매 금액을 k만 원이라고 하면 다음과 같이 식을 만들 수 있습니다.

$$k = 480x + 220y$$
$$\Leftrightarrow \quad 220y = -480x + k$$
$$\Leftrightarrow \quad y = -\frac{24}{11}x + \frac{k}{220} \quad \cdots \text{②}$$

$$\frac{480}{220} = \frac{48}{22} = \frac{24}{11}$$

즉, ①을 만족하면서 음이 아닌 정수 (x, y) 중 ②의 k가 최소가 되도록 하는 값을 구하는 문제입니다.

부등식 ①과 $x \geq 0$, $y \geq 0$을 만족하는 영역을 D로 둡니다.

D와 ②를 좌표평면 위에 그려 봅시다.

$y = -\dfrac{7}{3}x + \dfrac{100}{3}$ 과 $y = -\dfrac{24}{11}x + \dfrac{k}{220}$ 의 기울기를 비교하면

$$\frac{7}{3} = 2.33\cdots$$

$$\frac{24}{11} = 2.18\cdots$$

이므로(미세하지만)

$y = -\dfrac{24}{11}x + \dfrac{k}{220}$ 의 기울기가 더

완만합니다(그림 3-20 참조).

따라서 영역 D와 직선 ②를 나타내는
그림은 다음과 같은 모습이 됩니다.

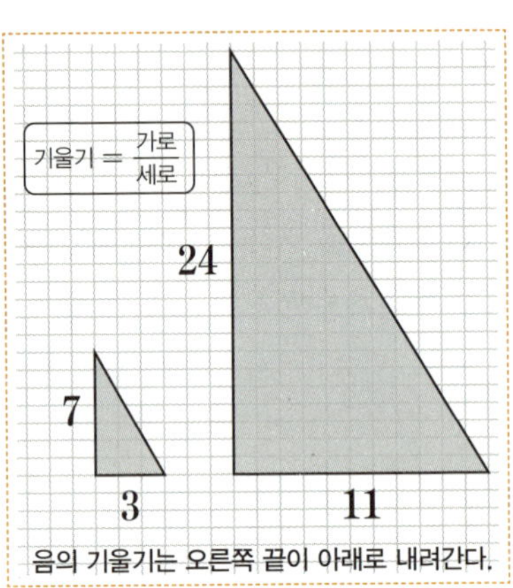

▼ 그림 3-20 기울기의 차이를 확대해 보면…

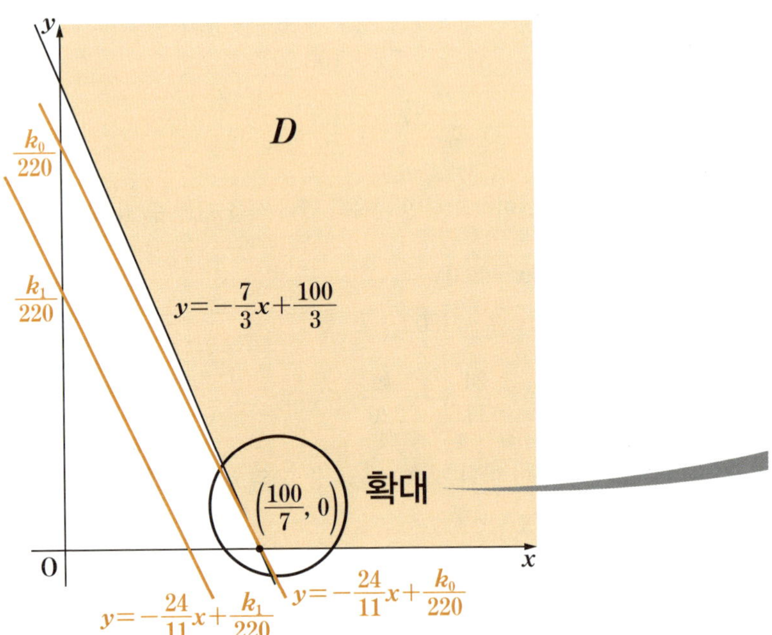

이제 **영역 D에 포함되는 정수 (x, y) 중** $y = -\dfrac{24}{11}x + \dfrac{k}{220}$ 에 대입했을 때 **k가 가장 작아지는 (x, y)**을 찾아야 하는데, 예를 들어 그림 3–20에 나타낸 직선 $y = -\dfrac{24}{11}x + \dfrac{k_1}{220}$ 위에는 D에 포함되는 (x, y)가 없으므로 k_1은 조건을 만족하는 k의 최솟값이 아닙니다.

아쉽게도 $y = -\dfrac{7}{3}x + \dfrac{100}{3}$ 과 x축의 교점은 $\left(\dfrac{100}{7},\ 0\right)$인데, x좌표가 정수가 아닙니다. 그래서 그림 3–20에 나타낸 k_0도 k(=구매 금액)의 최솟값은 될 수 없습니다.

이번에는 교점 근처를 확대해 봅시다(그림 3–21).

▼ 그림 3–21 교점 근처를 확대해 보면…

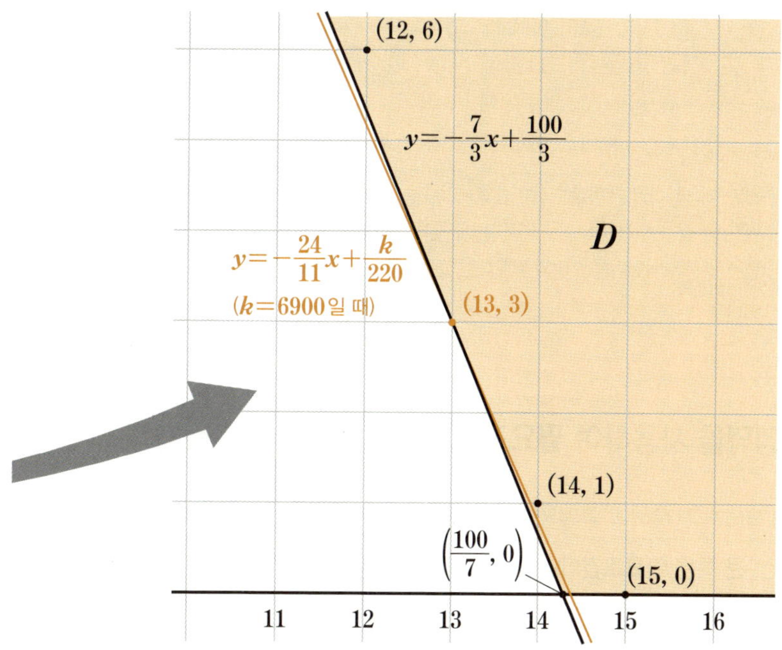

두 직선의 기울기의 차이가 미세해서 미처 발견하지 못했지만 확대해 보면 $(x, y) = (13, 3)$일 때 k가 **최소**가 되는 것을 확인할 수 있습니다.

이때

$$k = 480\,x + 220\,y = 480 \cdot 13 + 220 \cdot 3 = 6900$$

이므로 구입 금액이 가장 낮아지는 경우는 **A를 13세트, B를 3세트** 구입할 때이며 **그 금액은 6,900만 원입니다.**

Note≡ 실제로 문제를 풀 때는 그림을 확대해서 정확히 그리기 어렵기 때문에 D에 속하는 점 중 $\left(\dfrac{100}{7}, 0\right)$ 근처에서 (x, y)가 모두 정수인 점(이를 격자점이라고 합니다) 몇 개를 $k = 480x + 220y$에 대입하는 방식으로 찾습니다.

$$
\begin{aligned}
(x,\ y) = (15,\ 0)\text{일 때} &\quad\Rightarrow\quad k = 480 \cdot 15 + 220 \cdot 0 = 7200 \\
(x,\ y) = (14,\ 1)\text{일 때} &\quad\Rightarrow\quad k = 480 \cdot 14 + 220 \cdot 1 = 6940 \\
(x,\ y) = (13,\ 3)\text{일 때} &\quad\Rightarrow\quad k = 480 \cdot 13 + 220 \cdot 3 = 6900 \\
(x,\ y) = (12,\ 6)\text{일 때} &\quad\Rightarrow\quad k = 480 \cdot 12 + 220 \cdot 6 = 7080
\end{aligned}
$$

일반적으로 선형 계획법(linear programming)이란 이전 문제에서 다루었던 $k = 480x + 220y$와 같은 일차식의 최댓값과 최솟값을 구하는 방법 전반을 말하는 것입니다. 여기에서 선형(linear)이라는 이름은 (x와 y에 대한) 일차식이 좌표평면에서 직선을 나타내는 것에서 유래합니다.

영역을 사용하여 필요조건과 충분조건을 구분한다

1장에서 한쪽이 다른 한쪽을 완전히 포함하는 집합이 있을 때 **작은 쪽은 충분조건, 큰 쪽은 필요조건**이라는 것을 배웠습니다(24쪽).

이 지식과 영역에 대한 이해를 활용하면 다음 문제처럼 조금 복잡한 명제도 쉽게 풀 수 있습니다.

[ ] 안에 들어갈 수 있는 것을 (a)~(d) 중에서 고르세요.

$x < 1$ 또는 $y < 1$은 $x^2 + y^2 < 1$이기 위한 [   ].

(a) 필요조건이지만 충분조건이 아니다

(b) 충분조건이지만 필요조건이 아니다

(c) 필요충분조건이다

(d) 필요조건도 충분조건도 아니다

해설

$x < 1$ 또는 $y < 1$과 $x^2 + y^2 < 1$의 영역을 좌표평면 위에 그리고, 어느 한쪽이 다른 한쪽을 완전히 포함하는지 확인합니다.

해답

$x < 1$ 또는 $y < 1$의 영역을 P, $x^2 + y^2 < 1$의 영역을 Q라 하면 Q는 중심이 원점이고 반지름이 1인 원의 안쪽 영역이군요(152쪽). 각각을 좌표평면 위에 그리면 다음과 같은 모습이 됩니다(단, 경계선은 포함하지 않음).

▼ 그림 3-22 $x < 1$ 또는 $y < 1$과 $x^2 + y^2 < 1$이 각각 나타내는 영역을 좌표평면 위에 그리면…

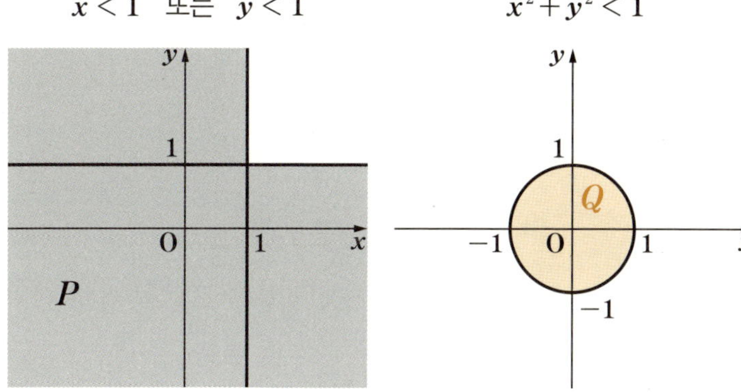

이 2개를 겹쳐 보면 다음과 같이 P가 Q를 완전히 포함하는 것을 알 수 있습니다.

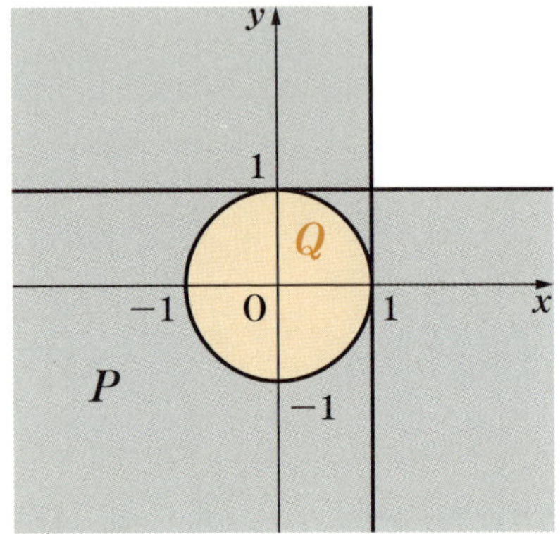

즉, P가 Q를 완전히 포함하는 것을 알 수 있습니다. **$P(x < 1$ 또는 $y < 1)$가 큰 쪽이므로 (Q이기 위한) 필요조건**입니다. 따라서 답은 (a)입니다.

'또는'과 '그리고'의 차이

이전 문제에서 $x < 1$ 또는 $y < 1$의 영역 P가 왜 앞의 그림처럼 표현되는지 이해했나요? '또는'과 '그리고'는 오해하기 쉬우니 다시 한 번 확인하겠습니다. $x < 1$ 또는 $y < 1$은 다음 세 가지 경우를 모두 포함합니다.

- $x < 1$ 그리고 $y < 1$
- $x < 1$ 그리고 $y \geq 1$
- $x \geq 1$ 그리고 $y < 1$

예를 들어 '혈액형이 O형'인 집합과 '20세 이상'인 집합을 그림으로 정리하면 이런 모습이 됩니다.

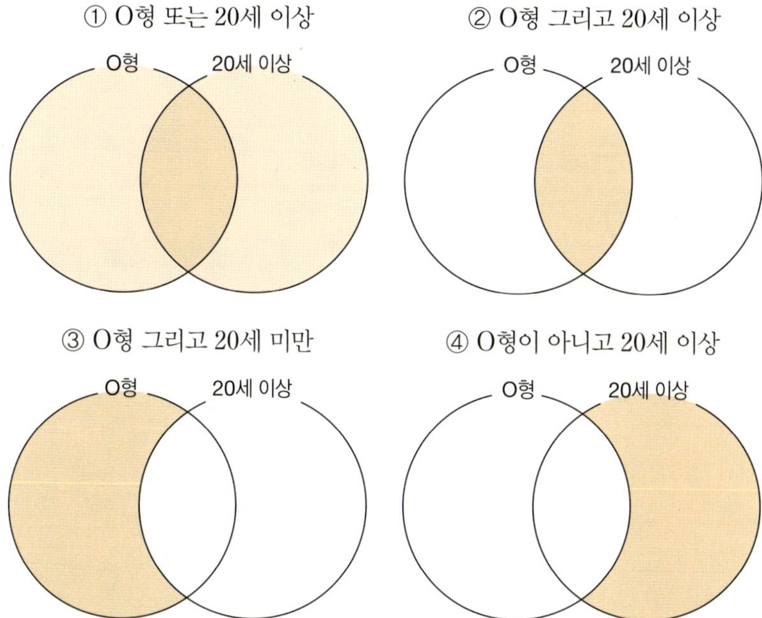

①은 ②~④를 합친 것임을 기억합시다.

❯ 오일러가 발명한 절대적으로 올바른 추론: 논리와 영역

오일러 다이어그램

'Q이면 P이다'라는 명제가 영역적으로

▼ 그림 3-25 P가 Q를 포함하는 경우의 오일러 다이어그램

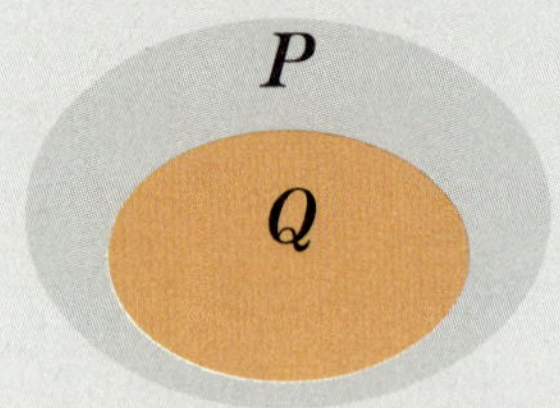

이라면

$$P : \text{필요조건}$$

$$Q : \text{충분조건}$$

이라는 것은 이전 절의 문제에서도 다루었습니다.

그리고 P와 Q가 이런 그림으로 나타날 때,

$$\text{'}Q\text{이면}(\Rightarrow)\,P\text{'는 반드시 참}$$

$$\text{'}P\text{이면}(\Rightarrow)\,Q\text{'는 반드시 거짓}$$

입니다.

> Note≡　　P와 Q가 위 그림과 같은 관계일 때, 'P이면$(\Rightarrow)\,Q$'에는 (P의 안쪽이지만 Q의 바깥인 영역에) 반례가 존재합니다. 수학에서는 반례가 하나라도 존재하는 명제를 '거짓'으로 단정합니다.

일반적으로 명제의 참·거짓을 밝히기란 쉽지 않습니다. 왜냐하면 그 명제가 참이라는 것을 증명하기 어렵거나 반례를 찾기 어려워 가짜 거짓으로 단정하기 어렵기 때문입니다.

하지만 위와 같은 그림을 사용할 수 있는 때는 자신감을 가지고 참·거짓을 밝힐 수 있습니다.

추론하는 데 이런 그림을 활용하여 어떤 부류의 명제도 확실하게 참·거짓을 밝힐 수 있도

록 한 인물은 그 유명한 **오일러**(1707-1783)입니다. 그래서 위와 같은 그림을 **오일러 다이어그램**(Euler diagram)이라고 합니다.

▼ 그림 3-26 벤 다이어그램

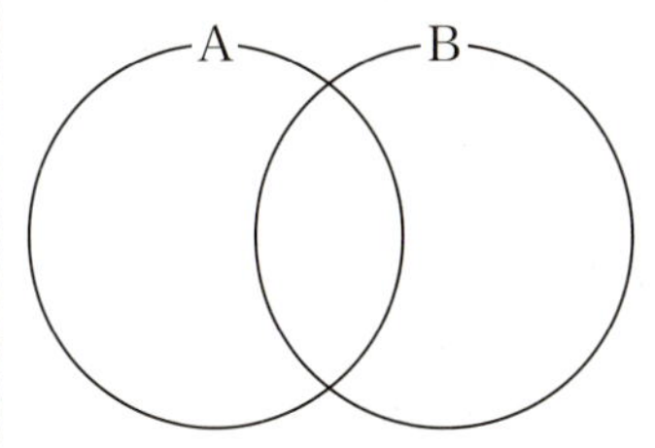

오일러 다이어그램과 벤 다이어그램은 비슷하게 생겼지만 벤 다이어그램은 각 집합을 나타내는 원과 원이 반드시 교차하는 특징이 있습니다. 반면, 오일러 다이어그램에서는 원과 원이 교차한다고 단정할 수 없으며, 다음 그림 ②처럼 교차하지 않는 경우도 있습니다.

주어진 명제를 오일러 다이어그램으로 그릴 때는 지켜야 하는 규칙이 있습니다.

오일러 다이어그램의 규칙

① 'P는 Q이다'이면 **P를 Q의 안쪽에 그립니다.**

② 'P는 Q가 아니다'이면 **P를 Q의 바깥쪽에 그립니다.**

③ '어떤 P는 Q이다'이거나 P와 Q 사이의 관계가 명확하지 않으면 **P와 Q를 교차시킵니다.**

▼ 그림 3-27 두 집합 P, Q의 오일러 다이어그램

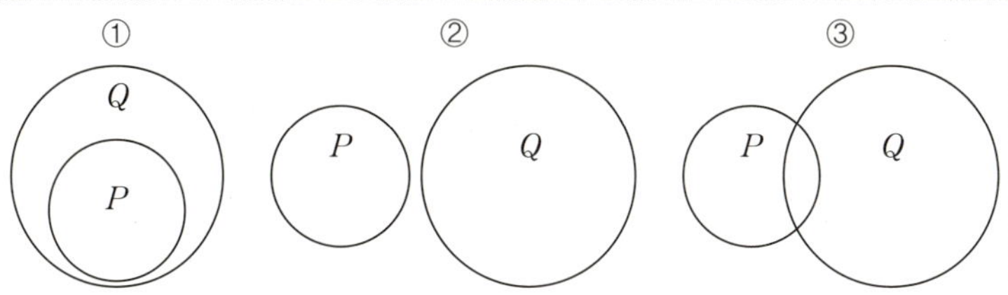

전제 조건을 오일러 다이어그램으로 그린 후에는 그림을 보고 주어진 명제의 참·거짓을 밝힙니다. 명제가 ①~③의 규칙을 따른다면 참, 그렇지 않다면 거짓입니다.

그러면 다음 문제를 오일러 다이어그램을 사용하여 생각해 봅시다.

문제 5

> 냉정하지 않은 사람은 합리적이지 않다.
> 활기찬 사람은 열정적이다.
> 냉정한 사람은 참을성이 많다.
> 냉정하지 않은 사람은 열정적이지 않다.

위 명제가 모두 참일 때, 논리적으로 옳은 것을 고르세요.

(a) 열정적이지 않은 사람은 합리적이지 않다.

(b) 참을성이 많은 사람은 합리적이다.

(c) 냉정하지 않은 사람은 활기차지 않다.

(d) 합리적인 사람은 활기차다.

(e) 열정적이지 않은 사람은 참을성이 부족하다.

해설

지문이 아주 복잡하므로 각각의 명제를 오일러 다이어그램으로 그려 나갑니다. 이때 부정 표현이 들어 있는 명제는 대우(29쪽)를 사용해서 다시 구성하면 이해하기 쉽습니다.

> $P \Rightarrow Q$의 참·거짓과 그 대우
> $\overline{Q} \Rightarrow \overline{P}$의 참·거짓은 일치한다.

해답

- '냉정하지 않은 사람은 합리적이지 않다'의 대우는 '합리적인 사람은 냉정하다'

  ⇒ '냉정'은 '합리적'을 포함

- '활기찬 사람은 열정적이다'

  ⇒ '열정적'은 '활기참'을 포함

- '냉정한 사람은 참을성이 많다'

  ⇒ '참을성이 많다'는 '냉정'을 포함

- '냉정하지 않은 사람은 열정적이지 않다'의 대우는 '열정적인 사람은 냉정하다'

  ⇒ '냉정'은 '열정적'을 포함

- '열정적'과 '합리적'의 관계는 명확하지 않으므로 교차

- '활기참'과 '합리적'의 관계도 명확하지 않으므로 교차

이를 오일러 다이어그램으로 나타내면 다음과 같은 모습이 됩니다.

▼ 그림 3-28 앞의 문제를 오일러 다이어그램으로 나타낸 결과

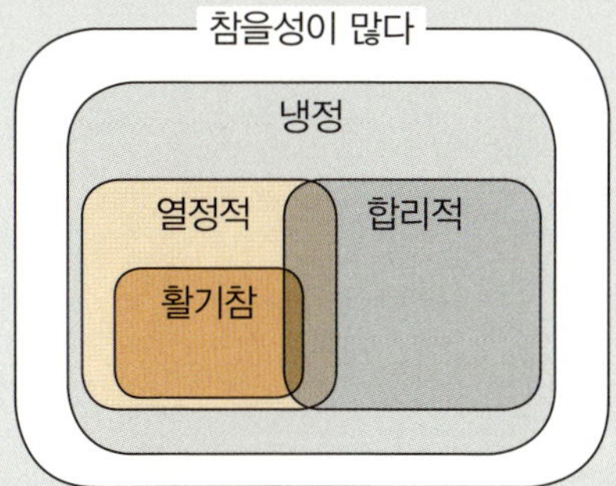

이제 지문에 적혀 있는 명제와 다이어그램이 일치하는지 살펴봅니다.

(a) 열정적이지 않은 사람은 합리적이지 않다.

이 지문의 대우는 '합리적인 사람은 열정적이다'입니다. 다이어그램에서는 '합리적'과 '열정적'이 교차('합리적'이 '열정적'의 내부에 없음)하므로 거짓입니다.

(b) 참을성이 많은 사람은 합리적이다.

다이어그램에서는 '합리적'이 '참을성이 많다'를 포함하지 않으므로 거짓입니다.

(c) 냉정하지 않은 사람은 활기차지 않다.

이 지문의 대우는 '활기찬 사람은 냉정하다'입니다. 다이어그램에서는 '활기참'이 '냉정'을 포함하므로 참입니다.

(d) 합리적인 사람은 활기차다.

다이어그램에서는 '합리적'과 '활기참'이 교차('활기참'이 '합리적'을 포함하지 않음)하므로 거짓입니다.

(e) 열정적이지 않은 사람은 참을성이 부족하다.

대우는 '참을성이 많은 사람은 열정적이다'입니다. 다이어그램에서는 '참을성이 많다'가 '열정적'을 포함하지 않으므로 거짓입니다.

따라서 정답은 (c)입니다.

정수론과 수열

1, 2, 3, …이 가장 어렵다고?

▶ 아름답고 고귀한 '수학의 여왕'

4장은 **정수론과 수열 ~1, 2, 3, …이 가장 어렵다고?~** 라는 제목으로 시작합니다. 정수론 이란

$$1, \quad 2, \quad 3, \quad 4, \quad 5, \quad 6, \quad 7, \quad \cdots\cdots$$

로 이어지는, 흔히 말하는 **자연수**(1 이상의 정수)를 연구하는 수학의 한 분야입니다. 자연수 는 인류 문명이 시작하기 전부터 존재하는 '수'이며, 이를 가리켜 19세기의 수학자 레오폴 트 크로네커는

> 자연수는 신이 만들었고, 나머지는 인간이 만들었다.

라는 말을 남기기도 했습니다.

실제로 최근 연구에 따르면 돌고래, 원숭이, 비둘기도 사물의 개수를 셀 수 있다고 하니 자 연수가 인간의 것만은 아니라고 하겠습니다(음수나 분수, 무리수와 허수 등은 확실히 인간 의 발명품입니다).

물론 어린 아이가 가장 먼저 배우는 '수' 또한 자연수입니다. 자연수만큼 우리에게 익숙한 수는 없습니다. 그런데도 소수를 비롯하여 자연수가 가진 대부분의 성질은 아직도 수수께 끼에 둘러싸여 있습니다. 증명하기까지 무려 350년의 세월이 걸린 것으로도 유명한 '페르 마의 마지막 정리' 또한 전형적인 정수론 문제입니다.

페르마의 마지막 정리

n이 3 이상의 정수일 때, 다음 등식을 만족하는 자연수 x, y, z는 존재하지 않 는다.

$$x^n + y^n = z^n$$

왜 정수론은 어려운 것일까요? 그 이유는 자연수(정수)가 수직선 위에서 뚝뚝 떨어져 있는 값만 가지기 때문입니다. **서로 이웃한 숫자 사이에 틈이 있다**(이산(離散)하고 있다)는 사실 이 수많은 도전 과제를 낳았습니다.

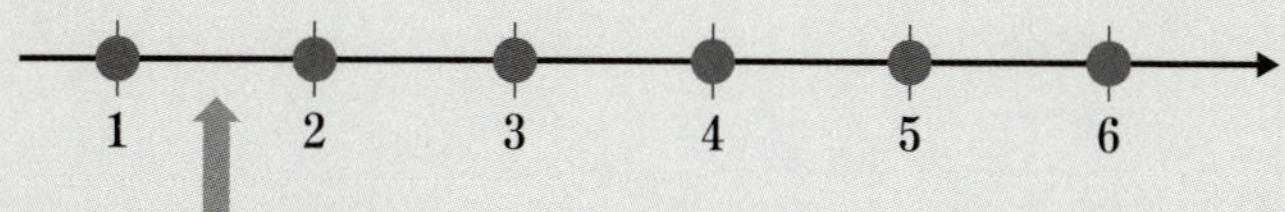

그림 4-1 자연수를 수직선 위에 나열해 보면…

숫자와 숫자 '사이'의
'틈'에 값이 없다!

정수론에서는 비연속적인 자연수를 처리하기 위한 독특한 방법이 셀 수 없을 만큼 많이 있습니다. 그 중에는 너무 대단해서 무심결에 무릎을 탁하고 칠 만큼 참신한 발상도 많이 있습니다. 너무나 정교한 나머지 아름다움을 느낄 정도입니다. 일찍이 가우스가 정수론을 가리켜

> 정수론은 수학의 여왕이다.

라고 평가한 일화는 유명합니다. 정수론이 다루는 많은 문제가 최고난도인 이유도 있겠지만, 대다수의 해법이 아름답기 때문이라고 생각하고 있습니다. 또한, 그 기술과 이론이 독특하면서도 이에 대한 응용을 다른 분야에 그다지 허용하지 않는 고고함을 갖추고 있다는 점이 정수론을 '여왕'에 걸맞은 품격을 갖추고 있는 것처럼 느끼게 했을지도 모릅니다.

정수처럼 뚝뚝 떨어져 있는(비연속적인) 대상을 다루는 수학 전반을 **이산수학**(discrete mathematics)이라고 합니다. 이는 6장 '확률과 통계'에서 설명하기로 하고, 이 장에서는 정수와 수열의 이야기를 풀어 봅니다.

01 소수의 성질

소수: 천년의 신비를 품은 중요한 수

들어가기에 앞서 정수의 성질을 복습합니다.

> **소수의 정의**
>
> 1과 자기 자신만으로 나누어떨어지는 (1을 제외한) 2 이상의 자연수

구체적으로는

$$2, \ 3, \ 5, \ 7, \ 11, \ 13, \ 17, \ 19, \ 23, \ 29, \ 31, \ 37, \ 41, \ 43, \ 47, \ \cdots$$

등이 소수입니다.

소수가 중요한 이유는 단어 그대로 '바탕이 되는 수'이기 때문입니다. 1을 제외한 모든 자연수(양의 정수)는 소수의 조합으로 만들어집니다. 이만큼 '중요한 수'임에도 소수가 출현하는 법칙은 (지금까지는) 무작위로 보이고 그 규칙성 또한 발견하지 못했습니다.

소수의 규칙성에 관해서는 **리만 가설**이라는 추측이 유명합니다. 이는 1859년 독일의 수학자 **베른하르트 리만**(1826-1866)이 주장한 것이지만 어디까지나 '가설'이므로 책을 번역하고 있는 2021년 현재 시점에도 올바른 것인지 증명되지 않았습니다.

리만 가설의 증명은 미국의 클레이 연구소에서 선정한 7개의 '밀레니엄 문제(천년 문제)' 중 하나가 되었고, 그들은 리만 가설에 100만 달러의 현상금을 걸었습니다.

리만 가설에 대한 자세한 설명은 이 책의 범위를 넘어서므로 생략하지만, 만약 리만 가설이 옳다면 n(충분히 큰 정수) 이하의 소수의 개수에 대한 근사가 더 높은 정밀도로 보장됩니다.

소인수분해: 소수에 1을 포함하지 않는 이유

정수를 조사할 때 가장 먼저 하는 일은 소인수분해입니다. **소인수분해란 정수를 소수의 곱으로 분해하는 것**을 말합니다. 그러면 우선 단어부터 정리해 둡시다.

인수: 정수를 자연수의 곱으로 나타낼 때 사용하는 숫자들

소인수: 인수 중 소수인 것

소인수분해를 하는 순서는 다음과 같습니다.

소인수분해를 하는 순서

(1) 나누어떨어지는 소수로 차례차례 나눕니다.

(2) 나눈 소수와 마지막 남은 소수의 곱으로 표현합니다.

소인수분해를 하면 나눗셈의 필산을 거꾸로 뒤집은 듯한 모습이 됩니다.

예를 들어 72를 소인수분해하면

$$
\begin{array}{r}
2\,)\,72 \\
2\,)\,36 \\
2\,)\,18 \\
3\,)\,\ 9 \\
\hline
3
\end{array}
\qquad
\begin{array}{l}
72 \div 2 = 36 \\
36 \div 2 = 18 \\
18 \div 2 = 9 \\
9 \div 3 = 3
\end{array}
$$

이므로

$$
72 = 2 \times 2 \times 2 \times 3 \times 3 = 2^3 \cdot 3^2
$$

입니다.

소인수분해를 하려면 나누어떨어지는 수를 찾아야 합니다. 이때 '나누어떨어지는 수를 찾는 방법'을 알아 두면 도움이 됩니다.

[나누어떨어지는 수를 찾는 방법]

2로 나누어떨어지는 수: 마지막 자리의 숫자가 짝수인 수

3으로 나누어떨어지는 수: 모든 자리의 숫자를 더한 값이 3으로 나누어떨어지는 수

4로 나누어떨어지는 수: 끝에서부터 두 자리의 숫자가 4로 나누어떨어지거나 00인 수

5로 나누어떨어지는 수: 마지막 자리의 숫자가 0이거나 5인 수

6으로 나누어떨어지는 수: 짝수이고 3으로 나누어떨어지는 수

7로 나누어떨어지는 수:

'마지막 자리의 숫자를 없앤 수'에서
'마지막 자리의 숫자에 2를 곱한 수'를 뺀 값이 7의 배수

예 581이면 $58 - 1 \times 2 = 56$이고, 56은 7의 배수이므로 581은 7로 나누어떨어진다.

8로 나누어떨어지는 수: 끝에서부터 세 자리의 숫자가 8로 나누어떨어지거나 000인 수

9로 나누어떨어지는 수: 모든 자리의 숫자를 더한 값이 9로 나누어떨어지는 수

10으로 나누어떨어지는 수: 마지막 자리의 숫자가 0인 수

11로 나누어떨어지는 수:

'홀수 번째 자리의 숫자들을 더한 값'에서
'짝수 번째 자리의 숫자들을 더한 값'을 뺀 값이 11의 배수

예 2816이면 $(8 + 6) - (2 + 1) = 11$이고, 11은 11의 배수이므로 2816은 11로 나누어떨어진다.

이 절의 시작 부분에서 소수를 '1을 제외한 2 이상의 자연수'로 정의했는데, 혹시 소수에서 1을 제외한 이유가 궁금하지 않나요? 바로 **소인수분해 결과를 한 개로 정하기 위해서**입니다.

만약 1을 소수의 정의에 넣어 버리면, 가령 15를 소인수분해할 때

$$15 = 3 \times 5$$
$$15 = 1 \times 3 \times 5$$
$$15 = 1 \times 1 \times 3 \times 5$$
$$15 = 1 \times 1 \times 1 \times 3 \times 5$$

처럼 다양한 방법으로 소인수분해를 할 수 있습니다.

그렇게 되면 **숫자 하나와 그 숫자를 소인수분해한 결과가 일대일로 대응하지 않으므로 어떤 수를 소인수분해한 결과를 되짚어 본다 해도 원래의 수를 완전히 조사한 것이 아니게 되기 때문입니다.** 이 점이 큰 골칫거리가 되리라는 것은 어렵지 않게 예상할 수 있습니다.

소인수분해를 사용하는 문제를 풀어 봅니다.

문제 1

50!을 계산하면 마지막 자리에 0이 연속해서 딱 [   ]개 늘어섭니다. 괄호 안에 들어갈 수를 구하세요.

> Note≡ '50!'은 '50팩토리얼' 또는 '50계승'이라고 읽으며 이는
>
> $$50! = 50 \times 49 \times 48 \times 47 \times \cdots \times 3 \times 2 \times 1$$
>
> 이라는 뜻입니다. 계승[3]이라는 이름은 숫자를 1씩 줄이면서 곱해 나가는 모습이 마치 계단을 한 칸 한 칸 내려가는 것과 비슷하다고 하여 붙여진 이름입니다.

해설

예를 들어 5!은

$$
\begin{aligned}
5! &= 5 \times 4 \times 3 \times 2 \times 1 \\
&= 5 \cdot 2^2 \cdot 3 \cdot 2 \\
&= 2^3 \cdot 3 \cdot 5 \\
&= 2^2 \cdot 3 \cdot (2 \cdot 5) \\
&= 12 \times 10
\end{aligned}
$$

이 되고, 마지막 자리에 0이 1개 늘어서는 것을 볼 수 있습니다.

---

3 섬돌 階, 곱할 乘

마찬가지로 50!을 소인수분해한 결과를 정리해서

$$50! = 2^k \cdot 5^l \cdot N \quad \cdots ①$$

이 되었다고 합시다(단, N은 2와 5를 제외한 소인수의 곱). 이때 $k < l$이 되는 것에 주목해 주세요(1~50까지의 곱을 소인수분해하면 5로 나누어떨어지는 횟수보다 2로 나누어떨어지는 횟수가 많아집니다).

$10 = 2 \cdot 5$이므로 ①은 다음과 같습니다.

$$50! = 2^{k-l} \cdot N \cdot (2 \cdot 5)^l$$
$$= 2^{k-l} \cdot N \cdot 10^l$$

$$2^k \cdot 5^l \cdot N = 2^{k-l} \cdot 2^l \cdot 5^l \cdot N$$
$$= 2^{k-l} \cdot (2 \cdot 5)^l \cdot N$$

따라서 50!은 마지막 자리에 0이 l개 늘어서는 숫자라고 말할 수 있습니다.

해답

50!이 5로 몇 번 나누어떨어지는지 생각해 봅니다. 먼저 1부터 50까지의 숫자에서 5의 배수만 골라 보면

$$5, \ 10, \ 15, \ 20, \ 25, \ 30, \ 35, \ 40, \ 45, \ 50$$

으로 모두 10개입니다. 이 중에서 25와 50은 5로 두 번 나누어떨어지므로, 결국 **50!은 5로 12(=10 + 2)번 나누어떨어집니다.** 따라서 50!을 소인수분해한 결과는 다음과 같습니다(단, N은 2와 5를 제외한 소인수의 곱을 나타낸다).

$$50! = 2^k \cdot 5^{12} \cdot N$$

이때 $k > 12$라는 사실이 명백하므로 다음과 같습니다.

$$50! = 2^{k-12} \cdot N \cdot (2 \cdot 5)^{12}$$
$$= 2^{k-12} \cdot N \cdot 10^{12}$$

따라서 50!은 마지막 자리에 0이 **12개** 늘어서는 수입니다.

약수와 공약수

소인수분해 결과에 나온 소인수는 그 수를 구성하는 이른바 '부품'입니다.

예를 들어 24는

$$24 = 2^3 \cdot 3$$

로 소인수분해를 할 수 있는데, 이는 24에 '2'라는 부품 3개와 '3'이라는 부품 하나가 들어 있다는 뜻입니다.

약수란 어떤 정수를 나누어떨어지게 하는 정수이며, 바꾸어 말하면 **부품(소인수)을 일부만 사용하거나 모두 사용해서 만들 수 있는 수**를 말합니다. 이 점을 염두에 두고 24의 약수를 나타내면 다음과 같은 모습이 됩니다. 표에서 색이 칠해진 숫자가 24의 약수입니다.

		2^0 2를 하나도 사용하지 않음	2^1 2를 한 개 사용함	2^2 2를 두 개 사용함	2^3 2를 세 개 사용함
3을 하나도 사용하지 않음	3^0	1	2	4	8
3을 한 개 사용함	3^1	3	6	12	24

> **Note** 일반적으로 $a^0 = 1$입니다.
>
> 그 이유는 5장에서 자세히 설명합니다.

이번에는 24와 30의 **공약수**를 생각해 봅시다.

공약수란 **둘 이상의 정수의 공통된 약수**를 말하지요. 즉, 24와 30의 공약수는 **24와 30이 공통으로 사용하는 부품**이라는 말이 됩니다.

24와 30을 소인수분해하면

$$24 = 2^3 \cdot 3^1$$
$$30 = 2^1 \cdot 3^1 \cdot 5^1$$

이므로 24와 30의 공통 부품(소인수)은 2가 한 개, 3이 한 개입니다.

최대공약수는 **공통 부품을 최대한(= 전부) 모은 것**으로 간주할 수 있으므로 24와 30의 최대공약수는

$$2^1 \times 3^1 = 6$$

입니다.

배수와 공배수

반면, **배수**란 어떤 정수를 정수배한 수를 말하고, **공배수**란 **둘 이상의 정수의 공통된 배수**를 말합니다.

24와 30의 **공배수**를 생각해 봅시다.

24의 배수:

24, 48, 72, 96, 120, 144, 168, 192, 216, 240, 264, 288, 312, 336, 360, ⋯

30의 배수:

30, 60, 90, 120, 150, 180, 210, 240, 270, 300, 330, 360, 390, 420, 450, ⋯

이므로

$$24와 \ 30의 \ 공배수: \ 120, \ 240, \ 360, \cdots$$

이 됩니다.

공배수 중 가장 크기가 작은 수는 **최소공배수**라고 합니다. 즉, 24와 30의 최소
공배수는 120입니다. 위에서 나열한 예를 보아도 알 수 있지만 공배수는 최소
공배수의 배수가 됩니다.

그렇다면 각각의 '부품'(소인수)을 조합해서 최소공배수를 구하려면 어떻게 해
야 할까요?

24와 30의 공배수를 M이라 하면 이 M은 정수 k와 정수 l을 이용하여

$$M = 24 \cdot k$$
$$M = 30 \cdot l$$

로 표기할 수 있습니다. M은 24로도 나누어떨어지고 30으로도 나누어떨어지
는 수이므로 **M은 24와 30의 '부품(소인수)'을 모두 가지고 있습니다.** 이 시점에
서 24와 30을 소인수분해했던 기억을 돌이켜 보면

$$24 = 2^3 \cdot 3^1$$
$$30 = 2^1 \cdot 3^1 \cdot 5^1$$

이었으므로 공배수 M은 적어도 '2'를 세 개, '3'을 한 개, '5'를 한 개는 가지고
있을 것입니다. 그런 M 중에서 가장 크기가 작은 수(최소공배수)를 $M_{\min}$으로
하면

$$M_{\min} = 2^3 \cdot 3^1 \cdot 5^1 = 120$$

입니다. 따라서 24와 30의 최소공배수는 120임을 알 수 있습니다.

여기서 24와 30의 최소공배수 120을 각각 최대공약수 $2^1 \times 3^1$으로 나타내면

$$24 = 2^1 \cdot 3^1 \cdot 2^2$$
$$30 = 2^1 \cdot 3^1 \cdot 5^1$$
$$120 = 2^1 \cdot 3^1 \cdot 2^2 \cdot 5^1$$

입니다. 그림으로 나타내면 이런 모습이 되지요.

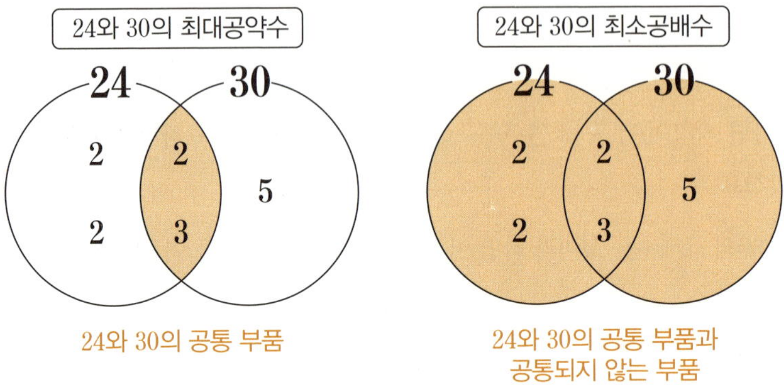

정리합니다.

최대공약수와 최소공배수

최대공약수 = 공통 소인수의 곱

최소공배수 = 공통 소인수의 곱 × 공통되지 않는 소인수의 곱

공약수나 공배수는 초등학교 때 배우는 내용이지만 고등학교 수학에서는 이런 문제가 됩니다.

문제 2

자연수 m과 n이 있습니다. 이들의 최대공약수는 23이며, $m < n$입니다. $n = 230$일 때, m이 가질 수 있는 값의 개수는 [가]이며, 그 중에서 가장 작은 값은 [나], 가장 큰 값은 [다]입니다. m이 최대일 때, m과 n의 최소공배수는 [라]입니다. 각 괄호 안에 들어갈 수를 구하세요.

m과 n의 최대공약수가 23이므로 정수 k와 정수 l을 이용해서

$$m = 23k$$
$$n = 23l$$

로 나타낼 수 있습니다.

이때 23은 **최대공약수**이므로 k와 l이 공통으로 가지는 소인수는 없습니다. 참고로 **공통된 소인수를 가지지 않는 정수들의 관계를 서로소**라고 부릅니다.

서로소인 정수 k와 l을 이용하여

$$m = 23k$$
$$n = 23l$$

로 바꾸어 쓸 수 있습니다. 지문에서 $m < n$이라고 했으므로

$$k < l$$

입니다. $n = 230$일 때

$$n = 23l = 230$$
$$\Rightarrow \quad l = 10 = 2 \cdot 5$$

이고, k와 l은 서로소이며 $k < l$이므로 k의 후보는

$$k = 1,\ 3,\ 7,\ 9$$

중 하나입니다. 따라서 $m = 23k$가 가질 수 있는 값의 개수는 4입니다.

　m의 최솟값은 $k = 1$일 때,
$$m = 23 \times 1 = 23$$

m의 최댓값은 $k = 9$일 때,

$$m = 23 \times 9 = \mathbf{207}$$

m의 값이 최대일 때,

$$m = 23 \times 9 = 23 \cdot 3^2$$

n은 230이므로

$$n = 23 \times 10 = 23 \cdot 2 \cdot 5$$

최소공배수는

$$23 \times 3^2 \times 2 \times 5 = \mathbf{2070}$$

이 됩니다.

따라서 답은

$$\textbf{가: } 4, \quad \textbf{나: } 23, \quad \textbf{다: } 207, \quad \textbf{라: } 2070$$

이 됩니다.

유클리드 호제법: 인류 최초의 알고리즘

최대공약수란 '공통된 소인수의 곱'입니다. 예를 들어 30과 21의 최대공약수를 구한다고 하면 각각을 소인수분해한 결과가

$$30 = 2 \times 3 \times 5$$
$$21 = 3 \times 7$$

이므로 최대공약수가 '3'이라는 것을 바로 알 수 있지만, 만약 48과 539의 최대공약수를 구한다고 하면 소인수분해가 조금 번거로운 일이 됩니다. 이럴 때 계산을 극적으로 간단하게 만드는 방법이 있습니다. 바로 **유클리드 호제법**입니다.

유클리드 호제법은 두 자연수의 최대공약수에 대해 일반적으로 성립하는 다음
정리를 사용합니다.

네 정수 a, b, q, r 사이에

$$a = bq + r$$

과 같은 관계가 성립할 때,

$$a와\ b의\ 최대공약수 = b와\ r의\ 최대공약수$$

입니다.

문자식으로는 이해하기 어려우니 30과 21일 때를 예로 들어 설명합니다.

$$30 \div 21 = 1 \cdots 9$$

이므로

$$30 = 21 \times 1 + 9$$

네요. 이때

$$30과\ 21의\ 최대공약수 = 21과\ 9의\ 최대공약수$$

라고 위 정리가 주장하고 있는 것입니다. 정말일까요? 확인해 봅시다. 30과 21
의 최대공약수는 3이었습니다. 그리고 21과 9를 각각 소인수분해하면

$$21 = 3 \times 7$$
$$9 = 3 \times 3$$

이니 21과 9의 최대공약수도 확실히 3입니다. 좀 더 찾아보면

$$21 \div 9 = 2 \cdots 3$$

에 의해

$$21 = 9 \times 2 + 3$$

이 되니 정리를 적용해 보면

> **21과 9의 최대공약수 = 9와 3의 최대공약수**

로 간주할 수도 있습니다. 그러면

> **30과 21의 최대공약수 = 21과 9의 최대공약수**
> **= 9와 3의 최대공약수**

와 같이 계산이 점점 편해집니다.

게다가 마지막 9와 3은

$$9 \div 3 = 3$$

으로 나누어떨어집니다. 즉, 3은 9의 약수입니다(당연하지요).

유클리드 호제법은 이렇게 위 정리를 반복적으로 사용해서 고민해야 하는 수의 크기를 점점 줄여나갑니다. 그리고 결국에는

> **마지막으로 나누어떨어질 때 나눈 수 = 최대공약수**

가 되는 방법입니다. 이를 그림으로 나타내면 다음과 같은 모습이 됩니다.

유클리드 호제법

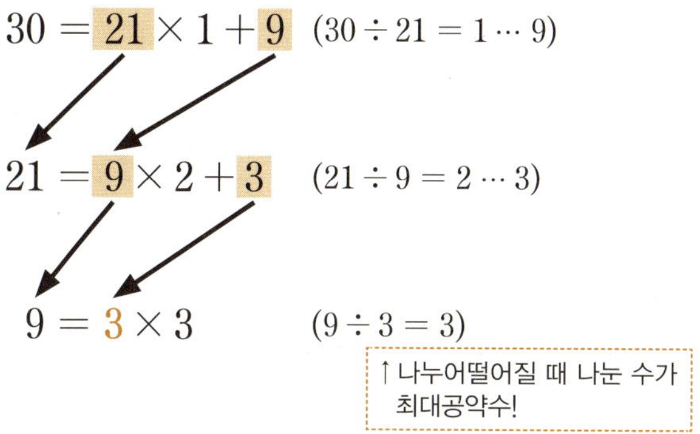

이것이 가능한 이유를 그림으로 설명합니다(깔끔한 증명은 이 절 마지막에 정리합니다).

30과 21의 공약수를 구하는 것은 가로가 30, 세로가 21인 **직사각형을 빈틈없이 채우는 정사각형의 한 변의 길이**를 구하는 것과 같습니다.

▼ 그림 4-3 그림으로 생각하는 30과 21의 공약수

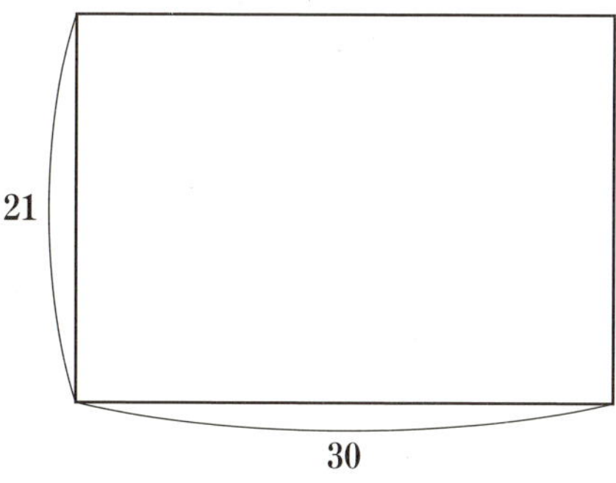

(i) $30 \div 21 = 1 \cdots 9$

가로가 30, 세로가 21인 직사각형에서 한 변의 길이가 21인 정사각형을 한 개 잘라내면 가로가 9, 세로가 21인 직사각형이 남습니다.

$$30 \div 21 = 1 \cdots 9$$

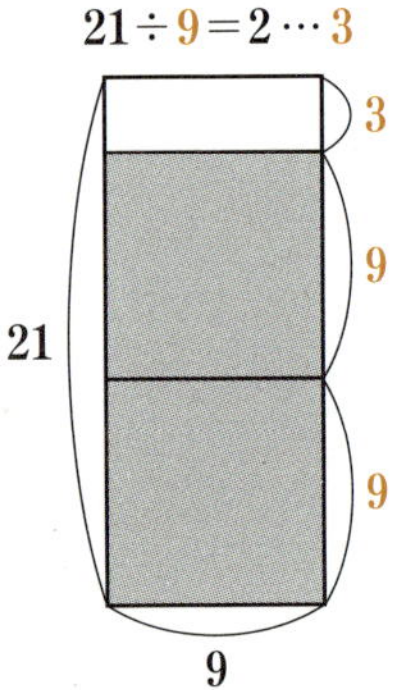

(ii) $21 \div 9 = 2 \cdots 3$

(i)의 결과에서 한 변의 길이가 9인 정사각형을 두 개 잘라내면 가로가 9, 세로가 3인 직사각형이 남습니다.

$$21 \div 9 = 2 \cdots 3$$

(iii) $9 \div 3 = 3$

(ii)의 결과는 가로가 9, 세로가 3인 직사각형이며, 이는 한 변의 길이가 3인 정사각형으로 빈틈없이 채울 수 있습니다.

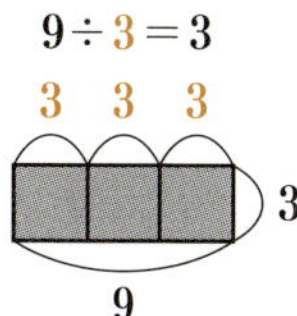

▼ 그림 4-6 한 변의 길이가 3인 정사각형으로 빈틈없이 채울 수 있다

(i)과 (ii)에서 잘라낸 정사각형은 한 변의 길이가 3인 정사각형으로 빈틈없이 채울 수 있으므로 처음 나왔던 직사각형(가로가 30, 세로가 21)도 한 변의 길이가 3인 정사각형으로 빈틈없이 채울 수 있음을 알 수 있습니다. 따라서 30과 21의 최대공약수는 3입니다.

▼ 그림 4-7 30과 21의 최대공약수는 3

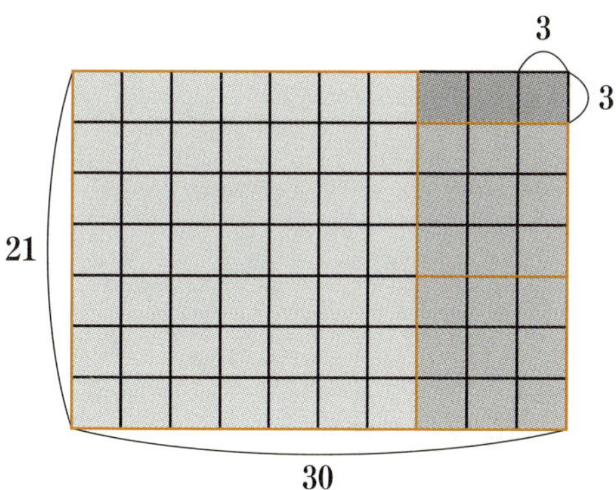

이번에는 48과 539의 최대공약수를 유클리드 호제법으로 찾아봅시다.

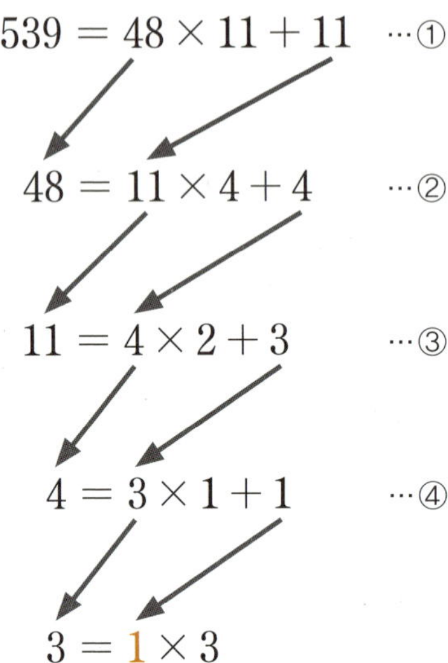

$$539 = 48 \times 11 + 11 \quad \cdots ①$$

$$48 = 11 \times 4 + 4 \quad \cdots ②$$

$$11 = 4 \times 2 + 3 \quad \cdots ③$$

$$4 = 3 \times 1 + 1 \quad \cdots ④$$

$$3 = 1 \times 3$$

따라서 48과 539의 최대공약수는 1입니다(48과 539는 서로소).

> **Note≡** 문제를 해결하기 위한 일련의 절차와 단계를 알고리즘이라고 하는데, 유클리드 호제법은 37쪽에서 언급한 〈원론〉에 실린 인류 최초의 알고리즘으로 알려져 있습니다.

유클리드 호제법으로 일차 부정방정식 풀기

유클리드 호제법은 다음과 같은 문제에 응용할 수 있습니다.

 **문제 3**

방정식 $48x + 539y = 2$를 만족하는 정수해 x, y를 모두 구하세요.

지문 속

$$48x + 539y = 2 \quad \cdots ☆$$

라는 방정식은 미지수가 2개이므로 무수한 해를 가집니다. (x, y)가 실수이면 ☆이 나타내는 직선 위의 모든 점은 ①의 해입니다(130쪽).

☆의 해 중 (x, y)가 정수인 해 또한 무수히 많지만 그들은 정수를 나타내는 문자(k 등)를 사용해서 나타낼 수 있습니다.

일반적으로

$$ax + by + c = 0 \quad (a, \ b, \ c, \ x, \ y\text{는 정수})$$

로 나타내는 방정식을 **디오판토스의 일차 부정방정식**이라고 합니다.

여기에서의 부정[4]은 '해를 하나로 정할 수 없다'는 뜻입니다.

디오판토스의 일차 부정방정식의 해는 부정이면서 정수이므로 만만치 않지만, **유클리드 호제법을 사용해서 한 쌍의 해를 찾아낸 다음에 서로소(177쪽)를 잘 이용하면 풀 수 있습니다.**

해답에 나타낸 방법은 조금 엉뚱해 보이지만 이는 유클리드와 디오판토스 등 고대 그리스인들의 지혜의 정수라고 해도 과언이 아닙니다.

$$48x + 539y = 2 \quad \cdots ☆$$

를 만족하는 해를 찾기 위해 184쪽의 유클리드 호제법에서 사용한 ①~④를 다음과 같이 변형합니다.

---

4 아닐 不, 정할 定

$$11 = 539 - 48 \times 11 \quad \cdots ①'$$
$$4 = 48 - 11 \times 4 \quad \cdots ②'$$
$$3 = 11 - 4 \times 2 \quad \cdots ③'$$
$$1 = 4 - 3 \times 1 \quad \cdots ④'$$

$$539 = 48 \times 11 + 11 \quad \cdots ①$$
$$48 = 11 \times 4 + 4 \quad \cdots ②$$
$$11 = 4 \times 2 + 3 \quad \cdots ③$$
$$4 = 3 \times 1 + 1 \quad \cdots ④$$

이 됩니다. ④'의 3에 ③'을 대입하면

$$1 = 4 - (11 - 4 \times 2) \times 1$$
$$= 4 - 11 + 4 \times 2$$
$$= 4 \times 3 - 11$$

이고, 4에 ②'을 대입하면

$$1 = (48 - 11 \times 4) \times 3 - 11$$
$$= 48 \times 3 - 11 \times 12 - 11$$
$$= 48 \times 3 - 11 \times 13$$

입니다. 11에 ①'을 대입하면

$$1 = 48 \times 3 - (539 - 48 \times 11) \times 13$$
$$= 48 \times 3 - 539 \times 13 + 48 \times 11 \times 13$$
$$= 48 \times 146 - 539 \times 13$$
$$= 48 \times 146 + 539 \times (-13)$$

이고, 좌우를 바꾸면

$$48 \times 146 + 539 \times (-13) = 1 \quad \cdots ⑤$$

이 됩니다. 그런데 우리가 해를 찾고 있는 방정식은

$$48x + 539y = 2 \quad \cdots ☆$$

아니었나요? 비슷합니다. ⑤에 2를 곱해서 우변을 2로 통일합시다! ⑤×2에 의해

$$48 \times 146 \times 2 + 539 \times (-13) \times 2 = 1 \times 2$$
$$\Leftrightarrow \quad 48 \times 292 + 539 \times (-26) = 2 \quad \cdots ⑥$$

이 됩니다. 이제 ☆**을 만족하는 한 쌍의 해** $(x,\ y) = (292,\ -26)$을 찾았습니다. 이번에는 ☆과 ⑥을 다음과 같이 변끼리 뺍니다.

$$
\begin{array}{rl}
& 48x \quad + \quad 539y \quad = 2 \\
-) & 48 \times 292 + 539 \times (-26) = 2 \\
\hline
& 48(x - 292) + 539(y + 26) = 0
\end{array}
$$
$$\Leftrightarrow \quad 48(x - 292) = 539\{-(y + 26)\} \quad \cdots ⑦$$

여기서 좌변의 $48(x - 292)$은 539의 배수가 되어 있는데, 48과 539의 관계는 **서로소**(최대공약수가 1, 즉 공통 부품이 없음)이므로 48이 539의 배수일 가능성은 없습니다. 그러므로 $x - 292$가 539의 배수임을 알 수 있습니다. 즉,

$$x - 292 = 539k \quad (k\text{는 정수})$$

입니다.

이를 ⑦에 대입하면

$$48 \times 539k = 539\{-(y + 26)\}$$
$$\Leftrightarrow \quad y + 26 = -48k$$

가 됩니다. 따라서

$$(x - 292,\ y + 26) = (539k,\ -48k) \quad (k\text{는 정수})$$
$$\Leftrightarrow \quad (\boldsymbol{x},\ \boldsymbol{y}) = (\boldsymbol{539k + 292},\ \boldsymbol{-48k - 26}) \quad (k\text{는 정수})$$

이 됩니다.

이전 칼럼에서 설명한 것처럼 정수는 이산적(연속적)이기 때문에 특유의 난이도가 있습니다. 그래서 정수 문제의 풀이법을 찾아보면 스스로 고안하기 어려운 것, 즉 최초 발견자의 대단함을 상기시키는 것이 많습니다.

정수 문제를 해결하는 대부분의 발상은 매우 유익하기 때문에 사실 더 많이 소개하고 싶지만 책의 쪽수에 한계가 있기 때문에 이 정도로 마무리하고자 합니다.

마지막으로 유클리드 호제법을 뒷받침하는 '나눗셈과 최대공약수의 정리'의 증명을 적어 둡니다.

보충 《나눗셈과 최대공약수의 정리》의 증명

네 정수 a, b, q, r 사이에

$$a = bq + r \quad \cdots ☆$$

이 성립할 때, 어떤 정수 n에 대하여

> **n이 a와 b의 공약수 ⇔ n은 b와 r의 공약수**

가 성립함을 '좌변 ⇒ 우변', '좌변 ⇐ 우변' 순서로 증명합니다(⇔의 증명을 나누어 생각합니다).

증명

⇒의 증명

n이 a와 b의 공약수라면 정수 k와 l를 이용하여

$$a = kn$$
$$b = ln$$

으로 바꾸어 쓸 수 있습니다. 이들을 ☆에 대입하면

$$kn = lnq + r$$
$$⇔ \quad r = kn - lnq$$
$$= n(k - lq)$$

입니다. n은 r의 약수, n은 b의 약수이므로

> **n이 a와 b의 공약수 $\Rightarrow$ n은 b와 r의 공약수**

임을 나타냈습니다.

$\Leftarrow$의 증명

반대로 n이 b와 r의 공약수일 때, 정수 k'과 l'을 이용하여

$$b = k'n$$
$$r = l'n$$

으로 바꾸어 쓸 수 있습니다. 이를 ☆에 대입하면

$$a = k'nq + l'n$$
$$= n(k'q + l')$$

입니다. 따라서 n은 a의 약수, n은 b의 약수이기도 하므로

> **n이 b와 r의 공약수 $\Rightarrow$ n은 a와 b의 공약수**

임을 나타냈습니다. 이에 따라

> **n이 a와 b의 공약수 $\Leftrightarrow$ n은 b와 r의 공약수**

가 성립함을 알 수 있습니다.

이는 a와 b의 공약수의 집합에서 임의의 숫자를 꺼내면 그 수는 b와 r의 공약수가 되며, 반대로 b와 r의 공약수의 집합에서 임의의 숫자를 꺼내면 그 수는 a와 r의 공약수가 되는 것을 나타냅니다.

즉,

a와 b의 공약수의 집합 $=$ b와 r의 공약수의 집합

입니다.

▼ 그림 4-8 각 집합에서 가장 큰 수도 일치한다

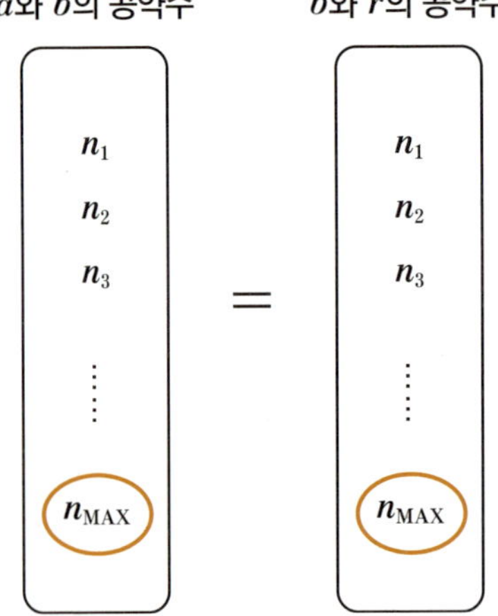

이때 각 집합에서 가장 큰 수도 일치하므로

a와 b의 최대공약수 $=$ b와 r의 최대공약수

임이 명백합니다.

증명 끝

▶ 친화수와 완전수, 메르센 수

2006년 일본에서는 원작 소설을 바탕으로 한 영화 '박사가 사랑한 수식'이 화제를 모았던 적이 있습니다. 한국에서도 원작 소설이 〈박사가 사랑한 수식〉(현대문학, 2014)으로 번역되어 스테디셀러로 자리매김하고 있지요.

'박사가 사랑한 수식'은 교통사고로 기억이 80분만 지속되는 수학자 '박사'와 그의 집에 가정부로 들어온 '쿄코', 그녀의 아들 '루트'가 교감하는 이야기입니다.

어느 장면에서 박사는 쿄코의 생일을 물어봅니다. 그의 질문에 2월 20일이라고 대답하는 쿄코. 박사는 학창 시절에 학장상으로 받은 시계에 새겨진 숫자 284(역대 수상자 수)를 보여 줍니다. 그리고

> 참 매력적인 숫자네. 220과 284는 친화수야!

라며 박사는 기뻐합니다.

그 덕분에 숫자에 관심을 가지게 된 루트는 (28을 제외한)28의 약수의 합이 28이 되는 것을 발견합니다. 그 사실을 전해 들은 박사는

> 호오, 완전수로구나!

라며 완전수가 무엇인지 루트에게 즐겁게 가르치는 장면이 이어집니다.

1, 2, 3, …으로 꼬리에 꼬리를 무는 정수 속에는 다양한 개성을 가진 수가 숨어 있습니다.

홀수, 짝수, 소수, 합성수, 제곱수, 세제곱수, 삼각수, 사각수, 친화수, 완전수, 메르센 수, 피보나치 수 등과 같이 말입니다.

수학을 잘하려면 먼저 수와 친해져야 합니다. 각 숫자의 개성을 이해하고 수와 친해지면 더 이상 수식은 의미를 알 수 없는 기호의 나열이 아니게 됩니다.

개성을 이해하면 '박사가 사랑한 수식' 속의 쿄코와 루트처럼 수와 친해질 수 있을 것입니다. 그런 의미에서 이 칼럼에서는 친화수와 완전수, 메르센 수를 소개하려 합니다.

친화수

서로 다른 두 자연수 a와 b에 대하여

$$\begin{cases} a\text{의 } a\text{보다 작은 약수의 합}=b \\ b\text{의 } b\text{보다 작은 약수의 합}=a \end{cases}$$

이 성립할 때, a와 b는 서로 친화수라고 합니다.

▌ 친화수의 예 ▐ 220과 284

220에서 220을 제외한 약수: 1, 2, 4, 5, 10, 11, 20, 22, 44, 55, 110

$$1+2+4+5+10+11+20+22+44+55+110 = 284$$

284에서 284를 제외한 약수: 1, 2, 4, 71, 142

$$1+2+4+71+142 = 220$$

친화수는 아주 드물어서 지금까지 발견된 10,000보다 작은 친화수는 다음과 같이 5쌍뿐입니다.

$$(220, \ 284), \ (1184, \ 1210), \ (2620, \ 2924),$$
$$(5020, \ 5564), \ (6232, \ 6368)$$

지금까지 발견된 모든 친화수는 짝수 쌍이거나 홀수 쌍입니다. 짝수와 홀수가 조합된 친화수의 존재 여부는 알려지지 않았습니다. 또한, 친화수가 무한히 존재하는지 여부도 밝혀지지 않았습니다.

완전수

완전수

자연수 n에서

$$n\text{의 } n\text{보다 작은 약수의 합} = n$$

이 성립할 때, n을 완전수라고 합니다.

▌ 완전수의 예 ▐　6, 28

6에서 6을 제외한 약수: 1, 2, 3

$$1+2+3=6$$

28에서 28을 제외한 약수: 1, 2, 4, 7, 14

$$1+2+4+7+14=28$$

지금까지 발견된 완전수는 51개에 불과하며, 처음 발견된 6개의 완전수는 다음과 같습니다.

$$6, \quad 28, \quad 496, \quad 8128, \quad 33550336, \quad 8589869056$$

여담이지만 성경을 연구하는 사람들 중 최초의 완전수가 6인 것과 **하나님이 6일 동안 세상을 창조**한 것, 그 다음의 완전수가 28인 것과 **달의 공전 주기가 28일**인 것을 연관 지어

> **우주는 완전수가 지배한다.**

고 주장하는 사람도 있다고 합니다.

정수가 지닌 **개성**은 상당히 오래 전부터 연구의 대상이었습니다. 친화수의 존재는 이미 피타고라스의 시대에 알려져 있었고, 완전수도 기원전 3세기에 유클리드가 (그 당시에는 복잡했던) 다음과 같은 정리로 증명했습니다.

자연수 n에 대하여

$$M_n = 2^n - 1$$

의 꼴로 나타낼 수 있는 M_n에 대해 M_n이 소수이면

$$N = 2^{n-1} M_n$$

으로 나타나는 N은 완전수가 됩니다.

오늘날에는 $2^n - 1$의 꼴로 나타낼 수 있는 M_n을 **메르센 수**라고 하며 소수인 경우 이를 메르센 소수라고 합니다.

실제로 $n = 2, 3, 5, 7$일 때 M_n은 소수가 되며, 각각에 대응하는 N은 6, 28, 496, 8128이므로 완전수 목록의 처음 네 개와 일치합니다. 여유가 된다면 꼭 확인해 보세요.

02 수열

수열: 사각수와 짝수를 예로 들어 설명하기

이전 칼럼에서 잠깐 언급한 '사각수'는 바둑돌을 가로 n행과 세로 n열의 정사각형 형태로 나열할 때 사용되는 바둑돌의 개수와 일치하는 정수를 말합니다.[5] 사각수를 크기가 작은 순서대로 나열하면

▼ 그림 4-9 사각수를 크기가 작은 순서대로 나열하면 …

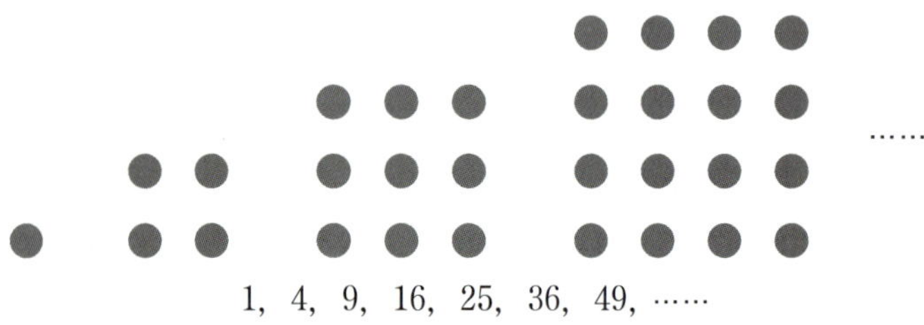

$$1, \quad 4, \quad 9, \quad 16, \quad 25, \quad 36, \quad 49, \cdots\cdots$$

와 같은 숫자의 나열을 구할 수 있습니다.

양의 짝수를 크기가 작은 순서대로 나열하면

$$2, \quad 4, \quad 6, \quad 8, \quad 10, \quad 12, \quad 14, \quad 16, \cdots\cdots$$

과 같은 숫자의 나열을 구할 수 있습니다.

이렇게 수를 일렬로 늘어놓은 것을 **수열**이라고 하며 수열을 구성하는 각각의 수는 수열의 **항**이라고 합니다. 수열의 항은 크기가 작은 순서대로 1항(또는 **첫째항**), 2항, 3항, … 이라고 하며, n번째 항은 n항이라고 합니다. 수열을 문자로 일반화해서 나타낼 때는

---

5 제곱수 또는 완전제곱수라고도 합니다.

$$a_1, \quad a_2, \quad a_3, \cdots, \quad a_n, \cdots\cdots$$

등으로 나타내며, 이를 $\{a_n\}$으로 나타내기도 합니다.

특히 항을 n에 대한 식으로 나타낸 것은 **일반항**이라고 합니다.

예를 들어 앞에서 설명한 사각수와 짝수의 일반항을 나타내면

$$\text{사각수의 일반항} : a_n = n^2$$
$$\text{짝수의 일반항} : a_n = 2n$$

이 됩니다.

일반항을 구하면 10항 a_{10}도 100항 a_{100}도 n에 구체적인 숫자를 넣어서 구할 수 있게 되므로 '수열을 다루는 목적 = 일반항 구하기'인 경우가 많습니다.

등차수열과 등비수열: 각각의 일반항 유도하기

여기에 다섯 개의 수 $a_1{\sim}a_5$가 같은 간격 d를 두고 한 줄로 나열돼 있습니다.

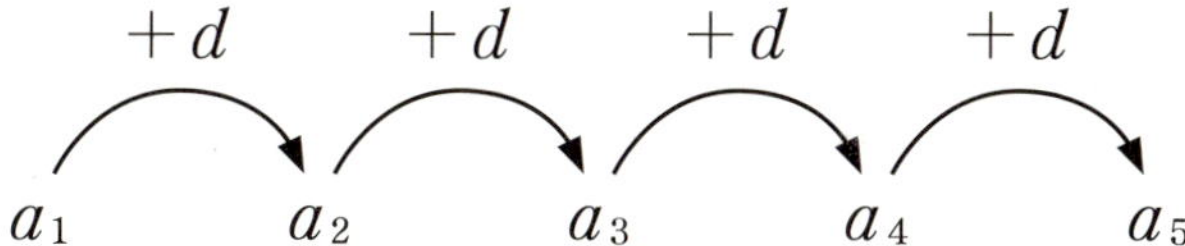

이렇게 이웃한 항의 차가 같은 수열을 **등차수열**이라고 하며, d는 **공차**라고 합니다. a_5는 a_1에 d를 4개 더한 값이므로

$$a_5 = a_1 + 4d$$

가 되는 것은 명백합니다. 마찬가지로 a_{10}은 a_1에 d를 9개 더해 구할 수 있는 값이므로

$$a_{10} = a_1 + 9d$$

입니다. 등차수열을 일반화하면 다음과 같은 모습이 됩니다.

> **등차수열의 일반항**
>
> $$a_n = a_1 + (n-1)d$$
>
> (a_1: 첫째항, d: 공차)

이번에는 $a_1 \sim a_5$가 다음과 같이 나열된 경우를 생각해 봅니다.

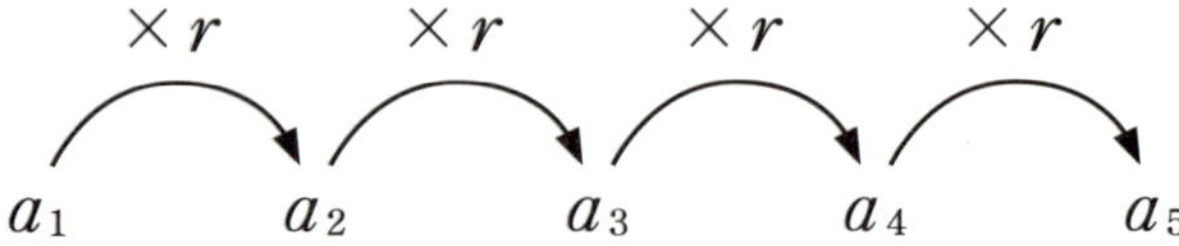

이렇게 이전 항의 값에 같은 값을 곱해 나열한 수열을 **등비수열**이라고 하며, r은 **공비**라고 합니다. a_5는 a_1에 r을 4번 곱한 값이므로

$$a_5 = a_1 r^4$$

입니다. 마찬가지로 a_{10}은 a_1에 r을 9번 곱한 값이므로

$$a_{10} = a_1 r^9$$

이 됩니다. 따라서 등비수열의 일반항은 다음과 같습니다.

> **등비수열의 일반항**
>
> $$a_n = a_1 r^{n-1}$$
>
> (a_1: 첫째항, r: 공비)

그러면 문제를 풀어 봅시다.

문제 4

세 실수 α, β, $\alpha\beta$(단, $\alpha < 0 < \beta$)가 있습니다. 이들은 어떤 순서로 나열하면 등차수열이 되고, 또 다른 순서로 나열하면 등비수열이 된다고 합니다. 이때 α 와 β의 값을 구하세요.

해설

이 문제는 다음에 소개하는 등차중항과 등비중항을 이해하면 쉽게 풀 수 있습니다.

a, b, c가 이 순서대로 등차수열을 이루면 이웃한 모든 수의 차가 같으므로

$$b - a = c - b \quad \Rightarrow \quad 2b = a + c$$

가 성립합니다.

세 수가 등차수열을 이룰 때, 가운데 항을 **등차중항**이라고 합니다.

또한, x, y, z(단, $x \neq 0$, $y \neq 0$)가 이 순서로 등비수열을 이룰 때, 공비를 r이라고 하면

$$y = xr \quad \Rightarrow \quad r = \frac{y}{x}$$

$$z = yr \quad \Rightarrow \quad r = \frac{z}{y}$$

이므로 r을 소거하면

$$\frac{y}{x} = \frac{z}{y} \quad \Rightarrow \quad y^2 = xz$$

가 됩니다.

세 수가 등비수열을 이룰 때, 가운데 항을 **등비중항**이라고 합니다.

해답

$\alpha < 0 < \beta$이므로 $\alpha < 0$, $\beta > 0$, $\alpha\beta < 0$입니다.

세 실수 α, β, $\alpha\beta$ 중 β만 부호가 다른데, 일반적으로 세 수가 등비수열을 이루면 첫째항과 3항의 부호는 같습니다. 공비가 양수일 때는 당연하며, 공비가 음수일 때도 첫째항이 양수이면 2항은 음수, 3항은 양수가 되고 첫째항이 음수이면 2항은 양수, 3항은 음수가 되기 때문입니다. 따라서 이 문제에서는 **β가 등비중항**이라는 것을 알 수 있습니다.

즉,

$$\beta^2 = \alpha \cdot \alpha\beta$$
$$\Rightarrow \quad \beta^2 = \alpha^2\beta$$

> x, y, z가 이 순서대로 등비수열을 이룰 때,
> $$y^2 = xz$$

이고, $\beta \neq 0$이므로 양변을 β로 나눕니다.

$$\beta = \alpha^2 \quad \cdots ①$$

α, β, $\alpha\beta$ 중 무엇이 등차중항일지 모르므로 모든 경우를 생각해 봅니다.

(i) α가 등차중항일 때,

$$2\alpha = \beta + \alpha\beta$$

> a, b, c가 이 순서대로 등차수열을 이룰 때,
> $$2b = a + c$$

①을 대입해서 정리합니다.

$$2\alpha = \alpha^2 + \alpha \cdot \alpha^2$$
$$\Rightarrow \quad \alpha^3 + \alpha^2 - 2\alpha = 0$$
$$\Rightarrow \quad \alpha(\alpha^2 + \alpha - 2) = 0$$
$$\Rightarrow \quad \alpha(\alpha + 2)(\alpha - 1) = 0$$
$$\Rightarrow \quad \alpha = 0 \quad 또는 \quad \alpha + 2 = 0 \quad 또는 \quad \alpha - 1 = 0$$

> $x^2 + (a+b)x + ab = (x+a)(x+b)$

이므로

$$\alpha = -2$$

가 됩니다. 이때 ①에 의해 다음과 같습니다.

$$\beta = (-2)^2 = 4$$

(ii) β가 등차중항일 때,

$$2\beta = \alpha + \alpha\beta$$

①을 대입해서 식을 정리합니다.

$$2\alpha^2 = \alpha + \alpha \cdot \alpha^2$$
$$\Rightarrow \quad \alpha^3 - 2\alpha^2 + \alpha = 0$$
$$\Rightarrow \quad \alpha(\alpha^2 - 2\alpha + 1) = 0$$
$$\Rightarrow \quad \alpha(\alpha - 1)^2 = 0$$
$$\Rightarrow \quad \alpha = 0 \quad \text{또는} \quad \alpha - 1 = 0$$

$$x^2 - 2ax + a^2 = (x-a)^2$$

하지만 $\alpha < 0$이므로 만족하는 값이 없습니다.

(iii) $\alpha\beta$가 등차중항일 때,

$$2\alpha\beta = \alpha + \beta$$

①을 대입해서 식을 정리합니다.

$$2\alpha \cdot \alpha^2 = \alpha + \alpha^2$$
$$\Rightarrow \quad 2\alpha^3 - \alpha^2 - \alpha = 0$$
$$\Rightarrow \quad \alpha(2\alpha^2 - \alpha - 1) = 0$$
$$\Rightarrow \quad \alpha(2\alpha + 1)(\alpha - 1) = 0$$
$$\Rightarrow \quad \alpha = 0 \quad \text{또는} \quad 2\alpha + 1 = 0 \quad \text{또는} \quad \alpha - 1 = 0$$

$$abx^2 + (aq + bp)x + pq = (ax + p)(bx + q)$$

$\alpha < 0$이므로

$$\alpha = -\frac{1}{2}$$

이 됩니다. 이때 ①에 의해

$$\beta = \left(-\frac{1}{2}\right)^2 = \frac{1}{4}$$

이 됩니다.

따라서 다음과 같이 답을 구할 수 있습니다.

$$(\alpha,\ \beta) = (-2,\ 4) \quad \text{또는} \quad (\alpha,\ \beta) = \left(-\frac{1}{2},\ \frac{1}{4}\right)$$

등차수열의 합: 그림으로 공식 유도하기

이번에는 등차수열 $\{a_n\}$의 합 S_5를 생각해 봅시다.

$$S_5 = a_1 + a_2 + a_3 + a_4 + a_5$$

> Note≡　S는 Sum(합)의 머리글자입니다.

이번에는 S_5를 도형의 넓이로 계산해 봅시다. 각각의 항을 가로의 길이가 1인 직사각형으로 생각해 보면 S_5는 다음 계단 형태 도형의 넓이와 같습니다.

▼ 그림 4-10 등차수열의 합=가로의 길이가 1인 직사각형의 넓이의 합

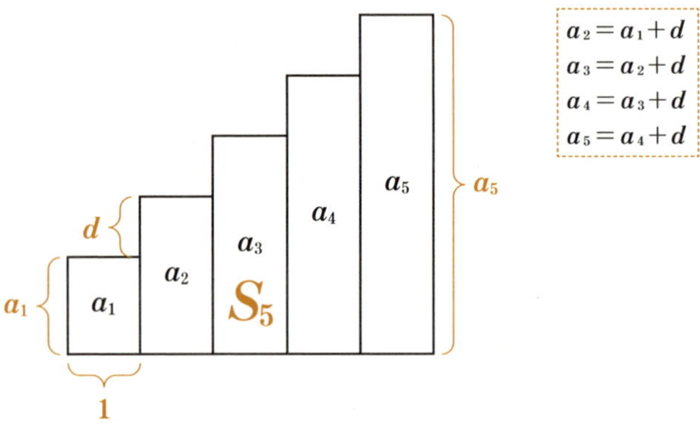

위 도형을 하나 더 준비하고 위아래를 뒤집어서 다른 도형의 위에 올리면 가로가 5이고 높이가 $a_1 + a_5$인 직사각형이 만들어집니다. 이 직사각형의 넓이는 $2S_5$이므로

$$2S_5 = 5 \times (a_1 + a_5)$$

$$\Rightarrow \quad S_5 = \frac{5(a_1 + a_5)}{2}$$

▼ 그림 4-11 직사각형을 하나 더 만들어서 나머지 도형의 위에 올려 보면…

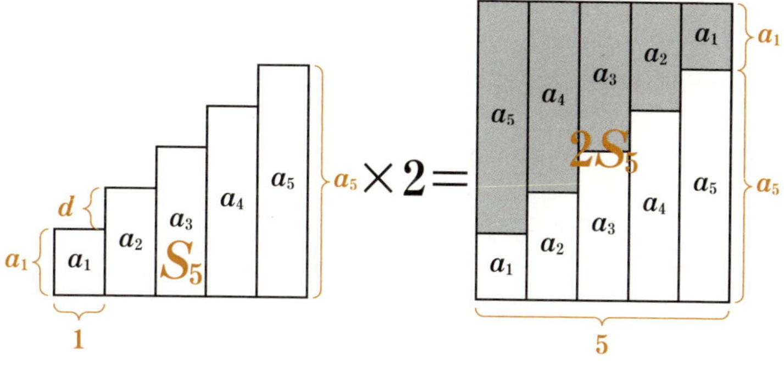

가 되네요. 같은 방법으로 생각해 보면 $\{a_n\}$는 등차수열이고

$$S_n = a_1 + a_2 + \cdots + a_{n-1} + a_n$$

일 때,

$$2S_n = n(a_1 + a_n)$$

입니다. 양변을 2로 나누면 다음과 같은 공식이 됩니다.

등차수열의 합

$$S_n = \frac{n(a_1 + a_n)}{2} \left[\frac{\text{항의 개수} \times (\text{첫째항} + \text{끝항})}{2} \right]$$

 홀수로 구성된 등차수열 $\{a_n\}$

$$1, \ 3, \ 5, \ 7, \ \cdots, \ 2n-1$$

에 대하여 첫째항부터 50항까지의 합을 구해 봅시다.

일반항은

$$a_n = 2n-1$$

이므로 50항은

$$a_{50} = 2 \cdot 50 - 1 = 100 - 1 = 99$$

입니다. 그러므로 구하는 수열의 합은

$$S_{50} = 1 + 3 + 5 + 7 + \cdots + 99$$

입니다. 이를 등차수열의 합 공식에 대입하면 다음과 같습니다.

$$S_{50} = \frac{50 \cdot (1+99)}{2} = 50 \cdot 50 = 2500$$

항의 개수: 50
첫째항: 1
끝항: 99

등비수열의 합: 필산으로 공식 유도하기

이번에는 공비가 1이 아닌 등비수열의 합을 구해 봅시다.

$$S_n = a_1 + a_1 r + a_1 r^2 + \cdots + a_1 r^{n-2} + a_1 r^{n-1} \ (r \neq 1)$$

만만치 않은 계산이지만 다음과 같은 필산을 머릿속에 떠올리고 $S_n - rS_n$을 만들면 답을 구할 수 있습니다.

$$S_n = a_1 + a_1 r + a_1 r^2 + \cdots + a_1 r^{n-2} + a_1 r^{n-1}$$

$$-)\, rS_n = \quad\quad a_1 r + a_1 r^2 + \cdots + a_1 r^{n-2} + a_1 r^{n-1} + a_1 r^n$$

$$S_n - rS_n = a_1 \quad\quad\quad\quad\quad\quad\quad\quad\quad\quad\quad\quad\quad - a_1 r^n$$

따라서 다음과 같습니다.

$$(1-r)S_n = a_1 - a_1 r^n$$
$$= a_1(1-r^n)$$

$r \neq 1$이므로 양변을 $(1-r)$로 나누면 다음과 같은 공식이 됩니다.

등비수열의 합

$$S_n = \frac{a_1(1-r^n)}{1-r} \ (r \neq 1) \left[\frac{\text{첫째항}(1 - \text{공비}^{\text{항의 개수}})}{1 - \text{공비}} \right]$$

또한, $r = 1$일 때의 S_n은 다음과 같이 a_1을 n번 더한 것이 되므로

$$S_n = a_1 + a_1 \cdot 1 + a_1 \cdot 1^2 + \cdots + a_1 \cdot 1^{n-2} + a_1 \cdot 1^{n-1}$$
$$= a_1 + a_1 + a_1 + \cdots + a_1 + a_1 \qquad [a_1 \text{이 } n \text{개}]$$
$$= na_1$$

자유자재로 쓰고 싶은 Σ(시그마) 기호

지금까지 수식을

$$S_n = a_1 + a_2 + \cdots + a_{n-1} + a_n$$

등으로 적어 왔는데, 매번 이렇게 수식의 우변을 적기도 귀찮기도 하고, 중간에 '…'가 들어 있어서 표현이 조금 애매합니다. 이럴 때는 편리한 기호 Σ(시그마) 를 사용해 봅시다. Σ(시그마)를 만나면 지레 겁부터 먹는 사람이 많은데, 사실 이 기호는 편리하고 강력한 도구입니다. 반드시 자유자재로 쓸 수 있도록 연습해 두세요.

우선 정의부터 확인합시다.

$$\sum_{k=1}^{n} a_k \text{는} \quad a_1, \quad a_2, \quad a_3, \quad \cdots, \quad a_n \text{의 합}$$

을 나타냅니다. 즉,

$$\sum_{k=1}^{n} a_k = a_1 + a_2 + a_3 + \cdots + a_n$$

입니다.

Note≡ Σ는 영어로 합을 뜻하는 Sum의 머리글자 S에 해당하는 그리스 알파벳의 대문자입니다. 이때 대신 다른 문자를 사용해도 됩니다. 즉, $a_1 + a_2 + a_3 + \cdots + a_n$을 나타낼 때는

$$\sum_{l=1}^{n} a_l = a_1 + a_2 + a_3 + \cdots + a_n \quad \text{또는} \quad \sum_{j=1}^{n} a_j = a_1 + a_2 + a_3 + \cdots + a_n$$

으로 적을 수도 있습니다.

첫째항 a_1부터 시작하는 합이 아니더라도, 가령 $a_3 + a_4 + a_5 + \cdots + a_n$처럼 수열의 중간부터 시작하는 합이더라도

$$\sum_{k=3}^{n} a_k = a_3 + a_4 + a_5 + \cdots + a_n$$

으로 나타낼 수 있습니다.

결국

$$\sum_{k=1}^{n} a_k$$

는 a_k의 k에 1부터 n까지의 수를 순서대로 대입한 값을 더하라는 뜻입니다. 예를 들어

$$\sum_{k=1}^{5} a_k = a_1 + a_2 + a_3 + a_4 + a_5$$

에 대하여 a_k가

$$a_k = k^2$$

이면

$$\sum_{k=1}^{5} a_k = \sum_{k=1}^{5} k^2$$
$$= 1^2 + 2^2 + 3^2 + 4^2 + 5^2$$
$$= 1 + 4 + 9 + 16 + 25$$
$$= 55$$

입니다.

202쪽의 예에서

$$a_n = 2n - 1$$

일 때,

$$S_{50} = a_1 + a_2 + a_3 + \cdots + a_{50} = 2500$$

을 구했습니다. 이 내용을 Σ 기호로 나타내면

$$S_{50} = \sum_{k=1}^{50} a_k$$
$$= \sum_{k=1}^{50} (2k - 1)$$

$$a_1 + a_2 + a_3 + \cdots + a_{50} = \sum_{k=1}^{50} a_k$$

$a_n = 2n - 1$ 이므로
$$a_k = 2k - 1$$

이 됩니다.

Σ의 계산 공식과 그 증명

Σ 기호를 사용해서 계산할 때, 다음 공식을 외워 두면 도움이 됩니다.

Σ의 계산 공식

(i) $\displaystyle\sum_{k=1}^{n} c = nc$ (c는 k와 관계없는 상수)

(ii) $\displaystyle\sum_{k=1}^{n} k = \frac{n(n+1)}{2}$

(iii) $\displaystyle\sum_{k=1}^{n} k^2 = \frac{n(n+1)(2n+1)}{6}$

증명

(i) c의 뒤에 1^k이 숨어 있다고 생각해 보세요.

$$\sum_{k=1}^{n} c = \sum_{k=1}^{n} c \cdot 1^k$$

$$= \underbrace{c \cdot 1^1 + c \cdot 1^2 + c \cdot 1^3 + \cdots + c \cdot 1^n}_{n개}$$

$$= c + c + c + \cdots + c = nc$$

(ii) $\displaystyle\sum_{k=1}^{n} k = 1 + 2 + 3 + \cdots + n$

인데, 이는 첫째항이 1, 공차가 1, 항 수가 n인 등차수열의 합입니다.

$$\sum_{k=1}^{n} k = 1 + 2 + 3 + \cdots + n = \frac{n(1+n)}{2}$$
$$= \frac{n(n+1)}{2}$$

등차수열의 합

$S_n = \dfrac{n(a_1 + a_n)}{2}$

(iii) 이 식의 증명은 조금 복잡합니다. 곱셈 공식으로 구할 수 있는

$$(l+1)^3 - l^3 = 3l^2 + 3l + 1$$

$$(a+b)^3 = a^3 + 3a^2b + 3ab^2 + b^3$$

의 l에 $l = 1, 2, 3, \cdots, n$을 대입하여 변끼리 더합니다.

$$
\begin{aligned}
2^3 - 1^3 &= 3 \cdot 1^2 + 3 \cdot 1 + 1 \quad (l=1) \\
3^3 - 2^3 &= 3 \cdot 2^2 + 3 \cdot 2 + 1 \quad (l=2) \\
4^3 - 3^3 &= 3 \cdot 3^2 + 3 \cdot 3 + 1 \quad (l=3) \\
&\ \ \vdots \\
+\ )\ (n+1)^3 - n^3 &= 3 \cdot n^2 + 3 \cdot n + 1 \quad (l=n) \\
\hline
(n+1)^3 - 1^3 &= 3 \cdot (1^2 + 2^2 + 3^2 + \cdots + n^2) + 3 \cdot (1 + 2 + 3 + \cdots n) + 1 \times n
\end{aligned}
$$

☆

$$(n+1)^3 - 1 = 3\sum_{k=1}^{n} k^2 + 3\sum_{k=1}^{n} k + n$$

$$(n+1)^3 = n^3 + 3n^2 + 3n + 1$$

$$\sum_{k=1}^{n} k = \frac{n(n+1)}{2}$$

$$n^3 + 3n^2 + 3n + 1 - 1 = 3\sum_{k=1}^{n} k^2 + 3 \cdot \frac{n(n+1)}{2} + n$$

$$\therefore \ 3\sum_{k=1}^{n} k^2 = n^3 + 3n^2 + 3n - 3 \cdot \frac{n(n+1)}{2} - n$$

$$= \frac{2n^3 + 6n^2 + 6n - 3n^2 - 3n - 2n}{2}$$

$$= \frac{2n^3 + 3n^2 + n}{2}$$

$$= \frac{n(2n^2 + 3n + 1)}{2}$$

$$= \frac{n(n+1)(2n+1)}{2}$$

$$abx^2 + (aq + bp)x + pq = (ax + p)(bx + q)$$

양변을 3으로 나눠서 다음과 같이 정리합니다.

$$\sum_{k=1}^{n} k^2 = \frac{n(n+1)(2n+1)}{6}$$

증명 끝

이 증명은 ☆에서 **이웃한 항의 차**를 합하는 부분이 핵심입니다. '이웃한 항의 차의 합'은 앞으로도 계속 나오니 기억해 두세요.

마치 분배법칙처럼: 매우 편리한 Σ의 성질

예를 들어

$$(5a_1 + 4b_1) + (5a_2 + 4b_2) + (5a_3 + 4b_3) = 5(a_1 + a_2 + a_3) + 4(b_1 + b_2 + b_3)$$

과 같은 식이 성립하는 것은 명백합니다. 이 식을 Σ 기호로 나타내면

$$\sum_{k=1}^{3}(5a_k + 4b_k) = 5\sum_{k=1}^{3}a_k + 4\sum_{k=1}^{3}b_k$$

가 됩니다. **Σ가 편리한 이유는 이 성질 덕분**이라 해도 과언이 아닙니다. 일반화하면 다음과 같이 사용할 수 있습니다.

Σ의 성질

$$\sum_{k=1}^{n}(pa_k + qb_k) = p\sum_{k=1}^{n}a_k + q\sum_{k=1}^{n}b_k$$

(단, p와 q는 k와 관계없는 상수)

Σ의 공식과 성질을 사용해서

$$\sum_{k=1}^{50}(2k-1) = 2500$$

이 맞는지 검산해 봅시다.

$$\sum_{k=1}^{50}(2k-1)=2\sum_{1}^{50}k-\sum_{1}^{50}1$$

$$=2\cdot\frac{50\cdot(50+1)}{2}-1\cdot 50$$

$$=50\cdot 51-50$$

$$=50\cdot(51-1)$$

$$=50\cdot 50$$

$$=2500$$

$$\text{(i)}\ \sum_{k=1}^{n}c=nc \qquad \text{(ii)}\ \sum_{k=1}^{n}k=\frac{n(n+1)}{2}$$

Σ를 자유자재로 사용할 수 있게 되면 이런 문제도 풀 수 있습니다.

문제 5

좌표평면 위에서 x좌표와 y좌표가 모두 정수인 점을 격자점이라고 합니다. 예를 들어 $0 \le x \le 2$와 $0 \le y \le 1$의 격자점은 $(0,\,0)$, $(0,\,1)$, $(1,\,0)$, $(1,\,1)$, $(2,\,0)$, $(2,\,1)$입니다.

양의 정수 n에 대하여 $0 \le x \le n$과 $0 \le y \le nx$의 격자점의 개수 $a(n)$을 n을 사용해서 나타내세요.

해설

먼저 y축과 평행한 직선인 $x = k$ 위의 격자점의 개수를 k로 나타냅니다. 그 다음에 Σ를 사용하면 문제가 풀립니다.

해답

$0 \le x \le n$과 $0 \le y \le nx$의 영역은 다음 그림에서 회색으로 칠한 부분(경계선도 포함)입니다.

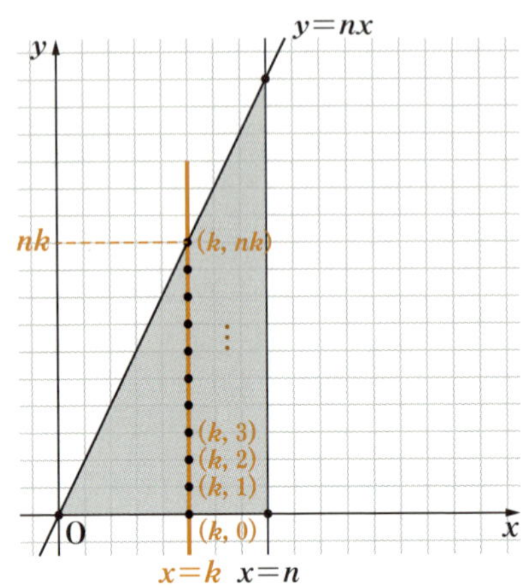

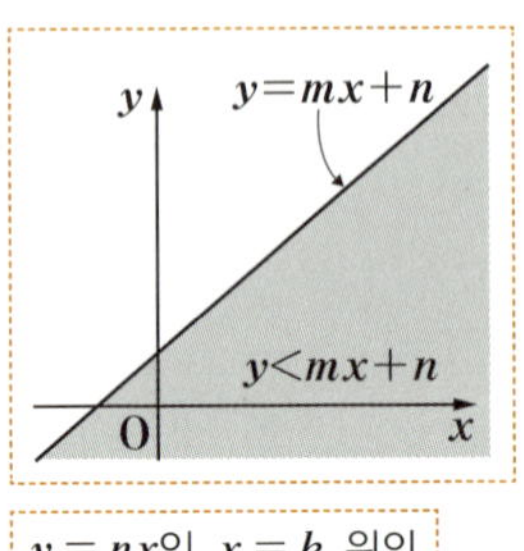

$y = nx$인 $x = k$ 위의 점의 좌표는 $(k,\ nk)$

$0 \le k \le n$을 만족하는 k에 대하여 $x = k$ 위에 있는 격자점(x축 위의 점 포함)은

$$(k,\ 0),\ \ (k,\ 1),\ \ (k,\ 2),\ \ (k,\ 3),\ \ \cdots,\ \ (k,\ nk)$$

이므로 모두 $nk + 1$개입니다.

$k = 0$일 때는 $n \cdot 0 + 1$개, $k = 1$일 때는 $n \cdot 1 + 1$개, $k = 2$일 때는 $n \cdot 2 + 1$개, $\cdots$이고 k에는 0부터 n까지의 정수가 들어갑니다. 따라서 구하고자 하는 격자점의 개수 $a(n)$은

$$
\begin{aligned}
a(n) &= (n \cdot 0 + 1) + (n \cdot 1 + 1) + (n \cdot 2 + 1) + (n \cdot 3 + 1) + \cdots (n \cdot n + 1) \\
&= (n \cdot 0 + 1) + \sum_{k=1}^{n}(nk + 1) \\
&= 1 + n\sum_{k=1}^{n}k + \sum_{k=1}^{n}1 \\
&= 1 + n\frac{n(n+1)}{2} + n \\
&= \frac{n^2(n+1)}{2} + (n+1) \\
&= \left(\frac{n^2}{2} + 1\right)(n+1) \\
&= \frac{(n^2 + 2)(n + 1)}{2}
\end{aligned}
$$

공식을 쉽게 사용할 수 있도록 $(n \cdot 0 + 1)$만 따로 뺀다.

n은 k와 관계없는 상수이므로
$$\sum_{k=1}^{n}(nk + 1) = n\sum_{k=1}^{n}k + \sum_{k=1}^{n}1$$
이 되는 것에 주의

$$\sum_{k=1}^{n}k = \frac{n(n+1)}{2},\ \ \sum_{k=1}^{n}1 = n$$

계차수열도 Σ를 사용하면 깔끔해진다

$$1, \quad 2, \quad 5, \quad 14, \quad 41, \quad 122, \quad 365, \quad \cdots\cdots$$

로 이어지는 수열에서 다음에 나올 숫자는 무엇일까요? 이 수열은 등차수열도 아니고 등비수열도 아니네요. 이대로는 결론이 나지 않으니 숫자와 숫자 사이의 값의 차이가 얼마만큼인지 살펴봅시다.

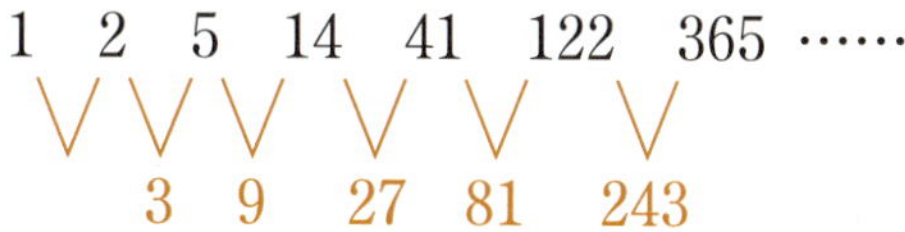

그러자 '1, 3, 9, 27, 81, 243, ……'와 같은 첫째항이 1이고 공비가 3인 등비수열이 나왔습니다. 그렇다면 다음에 나올 숫자는… 그렇군요. 원래 수열의 365와 다음에 나올 숫자의 차는

$$243 \times 3 = 729$$

일 것이니 365 다음에는

$$365 + 729 = 1094$$

가 나올 겁니다. 이렇게 규칙성을 찾기 어려운 수열에서도 이웃한 항의 차로부터 쉽게 규칙성을 찾을 수 있는 경우가 있습니다.

일반적으로 수열 $\{a_n\}$에서 이웃한 항의 차를 나열해서 만들어지는 수열을 $\{a_n\}$의 **계차수열**이라고 합니다. 즉,

$$a_1 \quad a_2 \quad a_3 \quad a_4 \quad a_5 \quad \cdots \quad a_n \quad a_{n+1}$$
$$b_1 \quad b_2 \quad b_3 \quad b_4 \quad \cdots \quad b_n$$

일 때, $\{b_n\}$은 $\{a_n\}$의 계차수열입니다. 위 그림에서도 명백하지만

$$a_5 = a_1 + b_1 + b_2 + b_3 + b_4$$
$$= a_1 + \sum_{k=1}^{4} b_k$$

와 같이 Σ 기호로 깔끔하게 나타낼 수 있습니다.

마찬가지로

$$a_{10} = a_1 + \sum_{k=1}^{9} b_k, \quad a_{100} = a_1 + \sum_{k=1}^{99} b_k$$

가 되는 것도 바로 알 수 있을 것입니다. 즉, 계차수열은 다음과 같이 일반화할 수 있습니다.

계차수열

수열 $\{a_n\}$에 대하여

$$b_n = a_{n+1} - a_n$$

일 때, 수열 $\{b_n\}$을 $\{a_n\}$의 계차수열이라고 합니다. 계차수열 $\{b_n\}$를 사용하여 $\{a_n\}$의 일반항을 나타내면 다음과 같은 모습이 됩니다.

$$a_n = a_1 + \sum_{k=1}^{n-1} b_k$$

(단, $n \geq 2$)

Note≡ '등차수열'과 '등비수열'은 수열의 성질을 나타내는 이름이지만 '계차수열'은 그렇지 않습니다. 수열이 만들어진 방법을 나타내고 있을 뿐입니다. 왜냐하면 원래 수열에서 '이웃한 항의 차'를 가져와 나열한 수열은 모두 계차수열이기 때문입니다. 계차수열은 상수가 되기도 하고 등차수열이 되기도 하며 등비수열이 되기도 합니다. 심지어는 그 어떤 규칙성도 찾을 수 없는 수열이 되기도 합니다.

또한, 마지막에 '단 $n \geq 2$'라는 조건이 붙은 이유는 Σ의 범위가 $k = 1$부터 $k = n - 1$까지로 되어 있기 때문입니다. 실제로 $n = 1$이면 Σ 부분이

$$\sum_{k=1}^{0} b_k$$

가 되므로 앞뒤가 맞지 않게 됩니다.

방금 전에 나온 수열 $\{a_n\}$의 일반항을 구합니다.

$$1, \ 2, \ 5, \ 14, \ 41, \ 122, \ 365, \ \cdots\cdots$$

이웃한 항의 차를 구해 보면

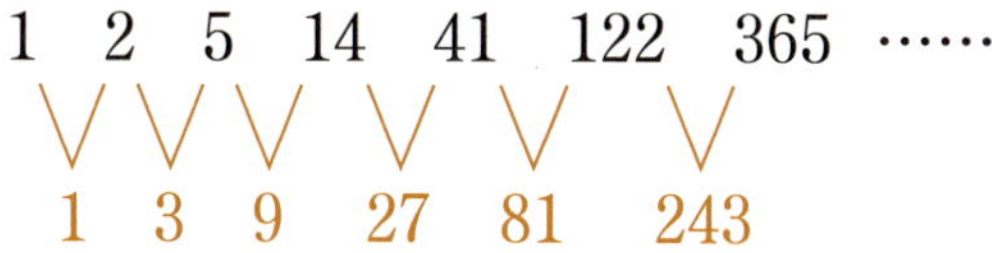

가 되므로 $\{a_n\}$의 계차수열 $\{b_n\}$는 첫째항이 1이고 공비가 3인 등비수열입니다.

즉,

$$b_n = 1 \cdot 3^{n-1} = 3^{n-1}$$

> 첫째항이 a_1이고 공비가
> r인 등비수열의 일반항
> $a_n = a_1 r^{n-1}$

따라서

$$a_n = a_1 + \sum_{k=1}^{n-1} b_k$$

> $b_n = 3^{n-1}$이므로 $b_k = 3^{k-1}$

$$= 1 + \sum_{k=1}^{n-1} 3^{k-1}$$

> $k = 1$일 때 $3^0 = 1$

$$= 1 + (1 + 3 + 3^2 + \cdots + 3^{n-2})$$

> 등비수열의 합
> $$\dfrac{\text{첫째항}(1 - \text{공비}^{\text{항의 개수}})}{1 - \text{공비}}$$
> $k = 1$부터 $k = n-1$까지의 합
> 이므로 항의 개수는 $n - 1$

$$= 1 + \frac{1 \cdot 1 - 3^{n-1}}{1 - 3}$$

$$= 1 + \frac{1 - 3^{n-1}}{-2}$$

$$= \frac{3^{n-1} + 1}{2}$$

03 수학적 귀납법

이전 절에서

$$\sum_{k=1}^{n} k^2 = \frac{n(n+1)(2n+1)}{6}$$

이라는 공식을 유도하는 증명은 꽤 번거로웠습니다.

또한,

$$n! > 2^n \quad (n \geq 4)$$

> $n!$ (n의 계승: 171쪽)
> $n! = n \cdot (n-1) \cdot (n-2) \cdots 3 \cdot 2 \cdot 1$

위 부등식이 참이라는 것을 증명하라는 문제를 보면 당황하는 독자도 많을 것입니다.

하지만 이 절에서 배우는 **수학적 귀납법**을 사용하면 모두를 비교적 쉽게 나타낼 수 있습니다.

수학적 귀납법은 자연수(양의 정수)와 관련된 명제를 증명하기 위한 강력한 논법입니다. 그 순서는 다음과 같습니다.

수학적 귀납법의 순서

(i) $n=1$일 때 성립하는 것을 증명한다.

(ii) $n=k$일 때 성립하는 것을 가정하고, $n=k+1$일 때 성립하는 것을 증명한다.

이 증명의 핵심은 $n = k$일 때 성립하는 것을 증명 없이 가정하고, 그 가정을 $n = k + 1$일 때의 증명에 사용한다는 점입니다.

왜 이런 방법을 증명으로 인정할까요?

증명이 되지 않은 것을 가정하고 넘어가도 된다는 뜻일까요?

이를 허용하는 이유는 **도미노 쓰러뜨리기**에 비유하면 이해가 빠를 것 같습니다.

도미노 쓰러뜨리기로 '무한'을 생각해 보자

▼ 그림 4-13 유한한 도미노 쓰러뜨리기로 무한을 생각해 보자

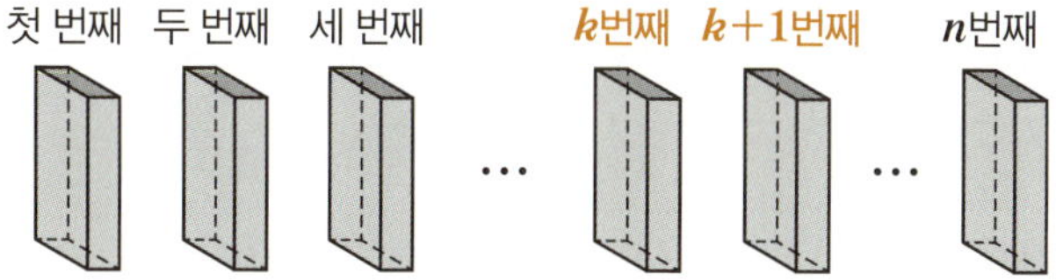

도미노 쓰러뜨리기를 성공하기 위해 꼭 확인해야 하는 조건(모든 도미노 쓰러뜨리기)을 같이 생각해 봅시다. 가령 여기에 도미노를 1,000개 세워 두었다고 합시다. 이 도미노 쓰러뜨리기가 성공하려면

첫 번째 도미노가 넘어간다.
두 번째 도미노는 첫 번째 도미노가 쓰러지면 함께 쓰러지는 곳에 서 있다.
세 번째 도미노는 두 번째 도미노가 쓰러지면 함께 쓰러지는 곳에 서 있다.
네 번째 도미노는 세 번째 도미노가 쓰러지면 함께 쓰러지는 곳에 서 있다.

$\vdots$

1,000번째 도미노는 999번째 도미노가 넘어가면 함께 넘어가는 곳에 서 있다.

위 조건을 모두 만족하면 되겠네요. 정리하면 이렇게 됩니다.

도미노 쓰러뜨리기의 성공 조건

(i) 첫 번째 도미노가 넘어간다.

(ii) 두 번째 이후의 모든 도미노는 바로 앞의 도미노가 쓰러지면 같이 쓰러지는 위치에 있다.

이때 '수학적 귀납법의 단계 (i)과 (ii)는 정확히 도미노 쓰러뜨리기의 성공 조건 (i)과 (ii)에 해당합니다'라고 마무리를 지으면

"아니 잠깐만! 실제 도미노 쓰러뜨리기에선 **모든 도미노**가 넘어지는 걸 확인하기 때문에 이 방법이 통하는 게 이해가 되지만, 수학적 귀납법에서는 $n = k$일 때의 가정을 사용해서 $n = k + 1$일 때만을 증명하고 있지 않나? 역시 납득이 안 되는걸?"

이라고 지적하는 사람이 반드시 있을 것입니다. 그 마음은 이해됩니다.

현실 속 도미노 쓰러뜨리기에서는 도미노의 개수가 아무리 많다 해도 제한이 있으니 모든 도미노가 조건을 만족하는지 확인할 수 있습니다(그래야만 합니다). 하지만 자연수에 관한 명제는 숫자가 무한대이기 때문에 모든 수를 구체적으로 확인하는 것은 불가능합니다. 그래서 수학적 귀납법에서는 **문자 k를 사용해서 일반화**합니다.

문자 k를 사용해서 나타내면 k에 1, 100, 999 등의 자연수를 마음대로 대입할 수 있기 때문에 **모든 자연수에 대해 증명한 셈이 되는 것**입니다.

어쨌든 '도미노 쓰러뜨리기의 성공 조건 (ii)'가 따지는 것은 '뒤에 서 있는 도미노가 넘어갔느냐'이고, 뒤에 서 있는 도미노가 실제로 넘어갔는지는 따지지 않는다(바로 앞의 도미노가 넘어간 것은 이미 확인했기 때문)는 점에 주목하기 바랍니다. 수학적 귀납법으로 $n = k + 1$일 때를 증명할 때, $n = k$일 때의 성립(증명 없는 가정의 성립)을 가정하는 것도 같은 원리입니다.

문제를 풀어 봅시다.

예

$$1^2 + 2^2 + 3^2 + \cdots + n^2 = \frac{n(n+1)(2n+1)}{6} \quad \cdots \text{①}$$

을 증명합니다.

(i) $n = 1$일 때,

$$\text{좌변} = 1^2 = 1$$

$$\text{우변} = \frac{1 \cdot (1+1) \cdot (2 \cdot 1 + 1)}{6} = \frac{1 \cdot 2 \cdot 3}{6} = 1$$

따라서 좌변 = 우변입니다.

(ii) $n = k$일 때, ①이 참이라고 가정하면 다음과 같습니다.

$$1^2 + 2^2 + 3^2 + \cdots + k^2 = \frac{k(k+1)(2k+1)}{6} \quad \cdots \text{②}$$

이를 이용하면 $n = k + 1$일 때, 다음과 같습니다.

$$\text{좌변} = 1^2 + 2^2 + 3^2 + \cdots + k^2 + (k+1)^2$$

$$= \frac{k(k+1)(2k+1)}{6} + (k+1)^2 \qquad \text{②에 의해}$$

$$= \frac{(k+1)}{6}\{k(2k+1) + 6(k+1)\}$$

$$= \frac{(k+1)}{6}(2k^2 + k + 6k + 6)$$

$$= \frac{(k+1)}{6}(2k^2 + 7k + 6)$$

$$\begin{aligned} abx^2 + (aq+bp)x + pq \\ = (ax+p)(bx+q) \end{aligned}$$

$$= \frac{(k+1)}{6}(k+2)(2k+3)$$

$$= \frac{(k+1)\{(k+1)+1\}\{2(k+1)+1\}}{6} \qquad \frac{n(n+1)(2n+1)}{6} \text{의 } n\text{에 } k+1\text{을 대입}$$

마지막 식은 ①의 우변의 n에 $k + 1$을 대입한 경우와 똑같아졌습니다.

따라서 ①은 $n = k + 1$일 때도 참이라고 할 수 있습니다. ①은 (i)과 (ii)에 따라 모든 자연수 n에 대해 참으로 증명되었습니다.

$$\sum_{k=1}^{n} k^2 = \frac{n(n+1)(2n+1)}{6}$$

예

n이 4 이상의 자연수일 때,

$$n! > 2^n \quad \cdots ③$$

이 성립하는 것을 증명합니다.

(i) $n = 4$일 때,

$$좌변 = 4! = 4 \cdot 3 \cdot 2 \cdot 1 = 24$$
$$우변 = 2^4 = 16$$

따라서 좌변 > 우변입니다.

(ii) $k \geq 4$에 대하여 $n = k$일 때, ③을 참으로 가정하면

$$k! > 2^k \quad \cdots ④$$

$n = k + 1$일 때,

$$\begin{aligned}
좌변 - 우변 &= (k+1)! - 2^{k+1} \\
&= (k+1) \cdot k! - 2^{k+1} \\
&> (k+1) \cdot 2^k - 2 \cdot 2^k \\
&= (k+1-2) \cdot 2^k \\
&= (k-1)2^k
\end{aligned}$$

$k \geq 4$에서 $(k-1)2^k$은 양수이므로 좌변 $>$ 우변입니다. 따라서 ③은 $n = k+1$일 때도 참입니다.

(i)과 (ii)에 따라 4 이상의 모든 자연수 n에 대하여 ③은 참입니다.

Note≡

$$(k+1)! = (k+1) \cdot k \cdot (k-1) \cdots 3 \cdot 2 \cdot 1$$
$$k! = k \cdot (k-1) \cdots 3 \cdot 2 \cdot 1$$

이므로 일반화하면 다음과 같습니다.

$$(k+1)! = (k+1) \cdot k!$$

예를 들어

$$4! = 4 \cdot 3!$$

이 됩니다.

그러면 수학적 귀납법을 사용하는 실전 문제에 도전해 봅시다. 지금까지 공부한 내용을 다양하게 사용해 볼 수 있는 좋은 문제지만 절대 쉽지 않습니다. 여유가 있을 때 차분히 풀어 보세요.

문제 6

양의 정수 n에 대하여 x^{n+1}을 $x^2 - x - 1$로 나눈 나머지는 $a_n x + b_n$으로 둡니다.

(1) 수열 $\{a_n\}$과 $\{b_n\}$이

$$\begin{cases} a_{n+1} = a_n + b_n \\ b_{n+1} = a_n \end{cases}$$

을 만족하는지 증명하세요.

(2) $n = 1, 2, 3, \cdots$에 대하여 a_n과 b_n이 모두 양의 정수이며 서로소임을 증명하세요.

(1) 2장에서 고차방정식을 배울 때, $f(x) \div g(x) = q(x) \cdots r(x)$는

$$f(x) = g(x)q(x) + r(x) \qquad (r(x)\text{는 } g(x)\text{보다 차수가 낮은 다항식})$$

으로 나타내도록 배웠습니다(117쪽).

이를 적용하면 x^{n+1}을 $x^2 - x - 1$로 나눈 나머지는 $a_n x + b_n$이므로 몫을 $q_n(x)$로 놓으면

$$x^{n+1} = (x^2 - x - 1)q_n(x) + a_n x + b_n \quad \cdots ①$$

으로 나타낼 수 있습니다.

한편, $a_{n+1}x + b_{n+1}$은 x^{n+2}을 $x^2 - x - 1$로 나눈 나머지이므로 ①을

$$x^{n+2} = (x^2 - x - 1)Q + Ax + B \quad \cdots ☆$$

의 꼴로 변형할 수 있다면

$$\begin{cases} a_{n+1} = A \\ b_{n+1} = B \end{cases}$$

로 생각할 수 있습니다.

(2) a_n과 b_n이 양의 정수라는 것은 대개 수학적 귀납법으로 증명하고, 서로소 (= **최대공약수가 1**)라는 것은 일반적인 것과는 반대 방향의 수학적 귀납법 으로 증명합니다.

(1) x^{n+1}을 $x^2 - x - 1$로 나눈 몫을 $q_n(x)$라 하면

$$x^{n+1} = (x^2 - x - 1)q_n(x) + a_n x + b_n \quad \cdots ①$$

이 됩니다. ①의 양변을 x배 하면

$$x^{n+2} = x(x^2 - x - 1)q_n(x) + a_n x^2 + b_n x \quad \cdots ②$$

입니다. 여기에서

$$(a_n x^2 + b_n x) \div (x^2 - x - 1)$$

을 계산하면 다음과 같습니다.

$$(a_n x^2 + b_n x) \div (x^2 - x - 1) = a_n \cdots (a_n + b_n)x_n + a_n$$

$$a_n x^2 + b_n x = a_n(x^2 - x - 1) + (a_n + b_n)x + a_n$$

②를 ☆ 꼴로 변형하기 위한 계산

이 식을 ②에 대입하면

$$x^{n+2} = (x^2 - x - 1)Q + Ax + B$$ 꼴로 만든다.

$$x^{n+2} = x(x^2 - x - 1)q_n(x) + a_n(x^2 - x - 1) + (a_n + b_n)x + a_n$$

$$= (x^2 - x - 1)\{xq_n(x) + a_n\} + (a_n + b_n)x + a_n$$

이 됩니다. 출제 의도에 따르면 $a_{n+1}x + b_{n+1}$은 x^{n+2}을 $x^2 - x - 1$로 나눈 나머지이므로

$$a_{n+1}x + b_{n+1} = (a_n + b_n)x + a_n$$

따라서 다음과 같습니다.

$$\begin{cases} a_{n+1} = a_n + b_n \\ b_{n+1} = a_n \end{cases}$$

(2) 《전반》

먼저 a_n과 b_n이 양수임을 나타냅니다.

(i) $n = 1$일 때,

①에서 $n = 1$이라 하면

$$x^2 = (x^2 - x - 1)q_1(x) + a_1 x + b_1 \quad \cdots ②$$

이 되고, 또한

$$x^2 = (x^2 - x - 1) + x + 1 \quad \cdots ③$$

> $5 = (5 - 2 - 1) + 2 + 1$과 비슷한 변형

이므로 ②와 ③을 비교하면

$$\boldsymbol{a_1 = 1, \quad b_1 = 1}$$

> $q_1(x) = 1$임도 알 수 있다.

임을 알 수 있습니다. 따라서 a_1과 b_1은 양의 정수입니다.

(ii) $n = k$일 때, a_k와 b_k가 양의 정수라고 하면

(1)에 따라

$$\begin{cases} a_{k+1} = a_k + b_k \\ b_{k+1} = a_k \end{cases}$$

이므로 명백히 a_{k+1}과 b_{k+1}은 양의 정수입니다. 따라서 $n = k + 1$일 때도 성립합니다.

(i)과 (ii)에 따라 모든 자연수 n에 대하여 a_n과 b_n은 양의 정수입니다.

《후반》

a_n과 b_n의 최대공약수를 g라 하면

$$\begin{cases} a_n = \alpha g & \cdots ④ \\ b_n = \beta g & \cdots ⑤ \end{cases} \quad \text{(단, } \alpha \text{와 } \beta \text{는 서로소인 정수)}$$

입니다. 또한, (1)의 결론에서

$$\begin{cases} a_n = a_{n-1} + b_{n-1} \\ b_n = a_{n-1} \end{cases}$$

$$\begin{cases} a_{n+1} = a_n + b_n \\ b_{n+1} = a_n \end{cases}$$

의 n에 $n-1$을 대입

이므로 ④와 ⑤를 대입하면

$$\begin{cases} \alpha g = a_{n-1} + b_{n-1} & \cdots ⑥ \\ \beta g = a_{n-1} & \cdots ⑦ \end{cases}$$

이 되고, ⑦을 ⑥에 대입하면

$$\alpha g = \beta g + b_{n-1}$$
$$\Rightarrow \ b_{n-1} = (\alpha - \beta)g \ \cdots ⑧$$

이 됩니다. ⑦과 ⑧에 의해 a_{n-1}과 b_{n-1}은 g로 나누어떨어집니다.

같은 계산을 반복하면

$$a_{n-2}과 \ b_{n-2}는 \ g로 \ 나누어떨어진다.$$
$$a_{n-3}과 \ b_{n-3}은 \ g로 \ 나누어떨어진다.$$
$$\vdots$$

$$\begin{cases} a_{n-1} = \alpha' g \\ b_{n-1} = \beta' g \end{cases}$$

라 하면 같은 방법으로 a_{n-2}과 b_{n-2}이 g로 나누어떨어진다는 것을 보일 수 있다.

도 계속해서 나타낼 수 있으므로 결국에는

$$a_1과 \ b_1은 \ g로 \ 나누어떨어진다.$$

는 것도 나타낼 수 있습니다.

《전반》에서 $a_1 = 1$, $b_1 = 1$이었으므로 g는 1입니다.

최대공약수가 1이므로 a_n과 b_n은 서로소입니다.

증명 끝

(2)의 후반은

$$(a_n,\ b_n) \to (a_{n-1},\ b_{n-1}) \to (a_{n-2},\ b_{n-2}) \to (a_{n-3},\ b_{n-3}) \to \cdots \to (a_1,\ b_1)$$

처럼 가장 끝에서 출발하여 앞을 향해 순차적으로 이동합니다. 이런 방법도 수학적 귀납법의 일종으로 간주하며, 끝없이 내려가는 듯한 이미지 때문에 **무한강하법**이라는 이름으로 부릅니다. 여담이지만 무한강하법은 페르마가 고안한 증명법으로, 페르마 본인이 특히 즐겨 사용했다고 합니다.

그런데 왜 마치 넘어진 도미노를 순차적으로 확인하는 듯한 증명법을 '수학적 귀납법'이라고 부르는 것일까요? 그 이유를 다음 칼럼에서 생각해 봅시다.

➤ 수학적 귀납법'이라는 이름에 대하여

귀납과 연역 –과학과 수학을 예로 들어–

귀납과 연역은 '이미 알려진 사실'을 바탕으로 해서 '아직 알지 못하는 사실'이 참이라는 것을 논리적으로 유도하는 추론 방법을 말하지만, 그 사고방식은 정반대입니다.

귀납

구체적인 몇 가지 예를 바탕으로 전체를 관통하는 일반론을 유도하는 것

연역

전체를 관통하는 일반론을 구체적인 예에 적용해 나가는 것

▼ 그림 4-14 귀납과 연역의 사고방식은 정반대!

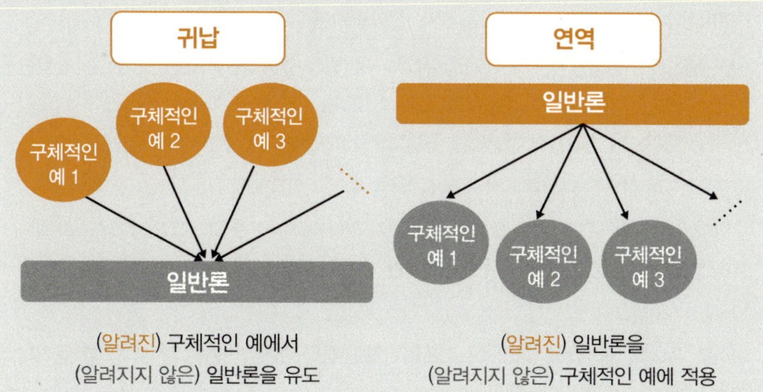

⟨귀납의 예⟩

· 사과는 땅에 떨어진다. 공은 땅에 떨어진다. 달과 지구는 서로 끌어당긴다.

　⇒ 질량이 있는 사물은 서로 끌어당긴다.

· '록키 2'도 '죠스 2'도 '고스트버스터즈 2'도 재미가 없었다.

　⇒ 영화의 속편은 재미가 없다.

· 군만두는 맛있다. 볶음밥은 맛있다. 짜장면은 맛있다.

　⇒ 중국 요리는 맛있다.

〈연역의 예〉

· 원의 둘레는 '지름×원주율'이다.

  ⇒ 지름이 4cm인 원의 둘레는 4π이다.

· 물고기는 아가미로 호흡한다.

  ⇒ 금붕어는 아가미로 호흡한다.

· 나는 매번 시험을 망친다.

  ⇒ 오늘 시험도 망칠 것이다.

자연과학(자연계의 원리나 현상을 연구하는 학문)처럼 구체적인 몇 가지 예를 관찰로 알아내어 이를 설명할 수 있는 일반론을 고안하는 시도는 귀납적 사고법이고, 수학처럼 일반적으로 성립하는 공식이나 법칙으로 구체적인 문제를 풀려는 시도는 연역적 사고법입니다.

이 이름이 불러일으키는 위화감을 굳이 설명하자면

이전 절에서도 설명했지만 도미노와 수학적 귀납법의 결정적인 차이는 도미노는 유한한 반면, 자연수는 무한하다는 점입니다. 그래서 도미노 쓰러뜨리기에서는 도미노가 넘어지면 다음 도미노가 넘어갈지 아닐지를 구체적으로 따져 보지만, 수학적 귀납법은 앞의 숫자와 뒤의 숫자 사이의 관계를 k와 $k+1$이라는 문자를 사용해서 일반화하고 증명합니다.

수학적 귀납법이 구체적으로 모든 숫자를 하나하나 따져 본 후 그 결과를 바탕으로 일반론을 유도하는 방법이 아니기 때문에 필자는 '수학적 귀납법'이라는 이름에 위화감을 느낍니다.

아마도 수학적 귀납법이 도미노 쓰러뜨리기처럼 하나하나 찾아가는 분위기(?)를 풍기니 이런 이름을 붙인 것이 아닐까요?

아무리 그래도 수학적 귀납법은 귀납적이지 않다며 혼자 눈꼬리를 치켜뜬다 한들 소용없는 일이므로 필자는 '수학적 귀납법'을 이전 절에서 소개한 증명 방법을 가리키는 **고유명사 같은 별명**으로 이해하고 있습니다.

5장

해석학

함수와 미적분

▶ 함수와 자판기

함수(関数)는 중국에서 들여온 단어입니다. 처음에는 関数가 아닌 函數라는 한자어를 사용했습니다. 이 단어는 function을 발음이 비슷한 중국어 한슈(hánshù)로 음역(한자 음을 가지고 외국어의 음을 나타내는 일)한 것입니다.

하지만 필자는 函數가 function의 본질을 나타내는 좀 더 나은 표현이라고 생각합니다. 왜냐하면 어떤 함(函), 즉 상자에 x라는 입력값을 넣었을 때 그에 대응하여 y라는 출력값을 얻는 것을

$$y\text{는 } x\text{의 함수} = y\text{는 } x\text{를 입력한 상자에서 나온 숫자}$$

로 보는 것이 가장 정확하기 때문입니다.

▼ 그림 5-1 상자의 정체는…

y가 x의 함수가 되려면 다음과 같은 두 가지 조건이 필요합니다.

---

y가 x의 함수가 되기 위한 조건

(i) y의 값이 x에 의해 한 가지로 결정된다.

(ii) x의 값을 (정의역에서) 자유롭게 고를 수 있다.

이 두 가지 조건의 뜻은 어떤 자판기(상자)의 **신뢰도를 측정하는 기준**에 비유하면 이해가 빠를 것 같습니다. 입력값(x)은 자판기의 버튼으로, 출력값(y)은 음료수로 가정해 봅시다.

▼ 그림 5-2 제멋대로 자판기

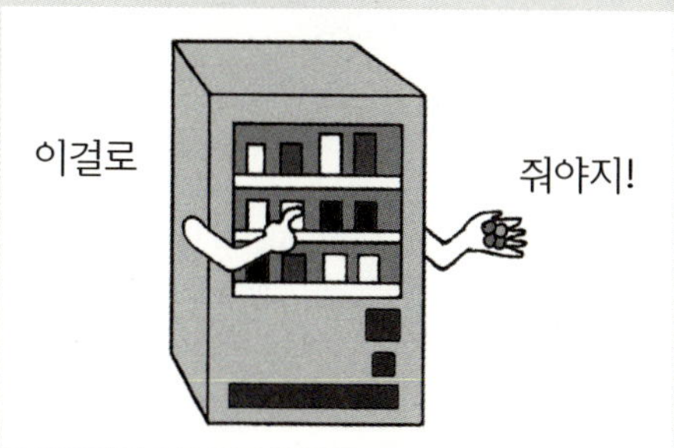

조건 (i)을 만족한다는 것은 **버튼 하나를 눌렀을 때 나오는 음료수의 가짓수가 하나로 정해져 있다**는 뜻입니다. 믿을만한 자판기의 최소 조건인 것은 두말할 필요도 없습니다. 만약 같은 버튼을 눌렀는데 누를 때마다 음료수가 제멋대로 나오면 그런 자판기는 아무도 사용하지 않겠지요?

나열된 버튼 중 가짜 버튼이 숨어 있는 자판기도 상상하기 어렵습니다. 더울 때 간신히 찾아낸 자판기에 돈을 넣고 버튼을 눌렀지만, 만약 음료수가 나오지 않으면? '사기다!'라는 말이 절로 나오지 않을까요? 조건 (ii)는 **자판기에 나열된 버튼은 모두 자유롭게 누를 수 있다**는 뜻입니다.

이 장에서는 고등학교에서 배우는 함수인 지수함수와 삼각함수를 배웁니다. 만약 조건 (ii)를 이해하고 있다면 지수함수를 배우기 전에 **지수의 확장**(287쪽)이 필요한 이유를, 삼각함수를 배우기 전에 **일반각**(248쪽, 253~255쪽)이 필요한 이유를 이해할 수 있을 것입니다.

y가 x의 함수이기 위한 조건 (i)은 이해하는 사람이 많은 것 같지만 조건 (ii)는 의외로 이해하는 사람이 적은 듯 합니다. 이 부분을 조금 더 주의 깊게 보기 바랍니다.

01 이차함수

3장에서 'x와 y의 방정식을 만족하는 점 (x, y)의 집합이 그리는 도형을 방정식이 나타내는 도형으로 간주한다'고 설명했습니다(133쪽).

예를 들어

$$y = \frac{1}{2}(x - 2) + 3$$

> 점 (p, q)를 통과하고 기울기가 m인 직선의 방정식
> $$y = m(x - p) + q$$

은 점 $(2, 3)$을 통과하고 기울기가 $\frac{1}{2}$인 직선을 나타내는 방정식입니다(134쪽).

중학교 수학에서 배우는 세 가지 함수

그런데 위 식에서 y의 값은 x의 값에 따라 한 가지로 정해지고, x의 값을 자유롭게 정할 수 있으니 위의 식으로 나타내는 y는 x의 함수로 간주할 수 있습니다(이전 칼럼 참조).

실제로 위 식을

$$y = \frac{1}{2}(x - 2) + 3 \quad \Rightarrow \quad y = \frac{1}{2}x + 2$$

로 변형하면 우리에게 익숙한

$$y = ax + b \ \ (a, \ b는 \ 상수이고 \ a \neq 0)$$

모양이 됩니다.

이렇게 변수 y를 변수 x의 일차식으로 나타날 때, **y는 x의 일차함수**라 하고 일차함수의 그래프는 직선이 된다는 것을 중학교 수학에서 배웠습니다.

중학교 수학에서 배우는 함수는 모두 세 가지인데, 바로 일차함수와 간단한 유리함수(반비례), 이차함수($y = ax^2$)입니다.

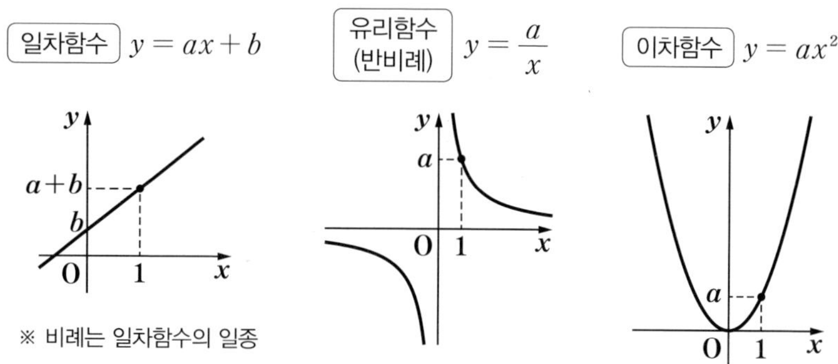

세 함수의 그래프가 각각 이런 모양이 되는 이유를 어떻게 배웠는지 기억하고 있나요?

대부분 함수의 식을 만족하는 (x, y) 몇 개를 좌표축 위에 그리고, 이를 매끄럽게 연결하여 '이런 모양이 됩니다'라는 식으로 배우지 않았나요?

그 상황을 잠깐 재현해 보겠습니다.

선생님: 오늘은 $y = x^2$의 그래프가 어떤 모양이 되는지 배워 보겠습니다(라며 모눈종이를 나누어 준다). 먼저 $y = x^2$의 x에 −3부터 3까지의 정수를 대입해서 y의 값을 계산해 보세요.
(학생들이 계산을 다했을 즈음)

선생님: 계산이 끝났나요? 계산 결과를 표로 정리하면 이렇게 되지요(라며 다음 표를 칠판에 적는다).

$y = x^2$일 때,

x	-3	-2	-1	0	1	2	3
y	9	4	1	0	1	4	9

선생님: 아까 나눠 준 모눈종이에 좌표축을 그리고, 표에 있는 (x, y) 7쌍을 좌
표축 위에 찍어 봅시다.

▼ 그림 5-4 $y = x^2$의 x에 −3부터 3까지의 값을 대입한 결과를 좌표축 위에 나타내기

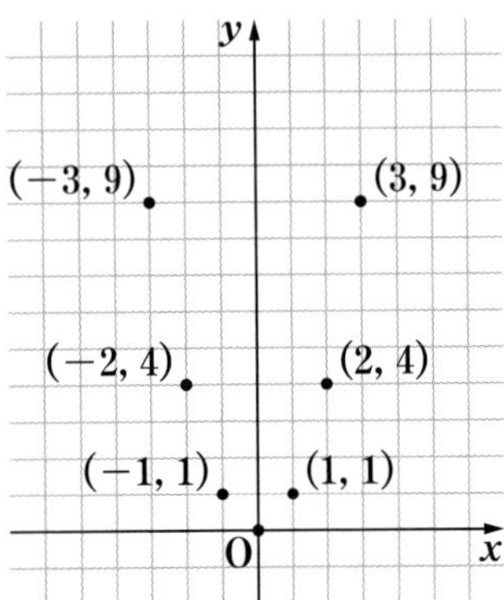

(학생들이 위와 같은 그림을 다 그렸을 즈음)

선생님: 지금 그린 7개의 점을 매끄럽게 연결해 보세요.

▼ 그림 5-5 각 점을 매끄럽게 연결하기

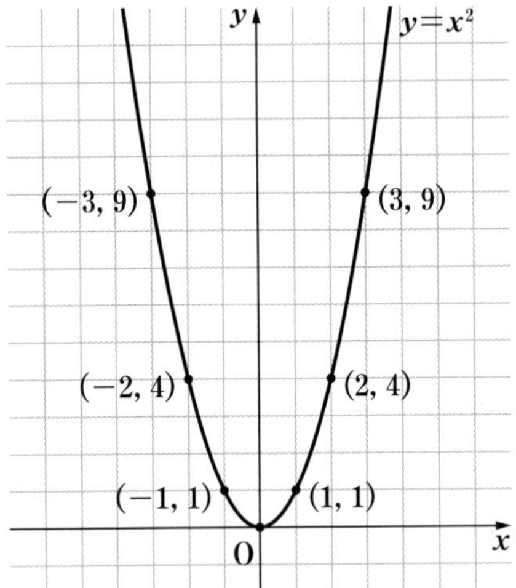

선생님: 원점을 통과하고 y축에 대하여 대칭인 곡선을 그렸을 것입니다. 이것이 $y = x^2$의 그래프입니다! 참고로 $y = ax^2$의 그래프는 $y = x^2$의 그래프를 y 방향으로 a배 한 것이니, 이것도 원점을 통과하고 y축에 대하여 대칭인 곡선이 됩니다. 이 곡선을 **포물선**이라고 합니다(라며 다음 그래프를 칠판에 그린다).

▼ 그림 5-6 $y = x^2$의 그래프와 $y = ax^2$의 그래프

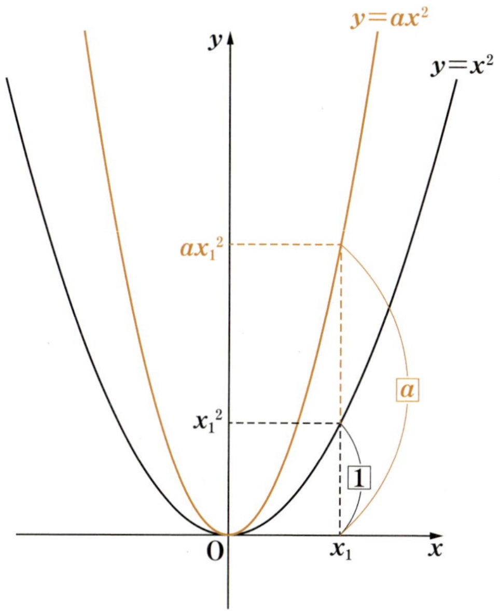

학생: 선생님, 만약 a가 음수면 어떻게 되나요?

선생님: a가 음수일 때는 y의 값이 항상 음수가 됩니다. 그래서 이 그래프를 거꾸로 뒤집은 모양이 됩니다(라며 다음 그래프를 칠판에 그린다).

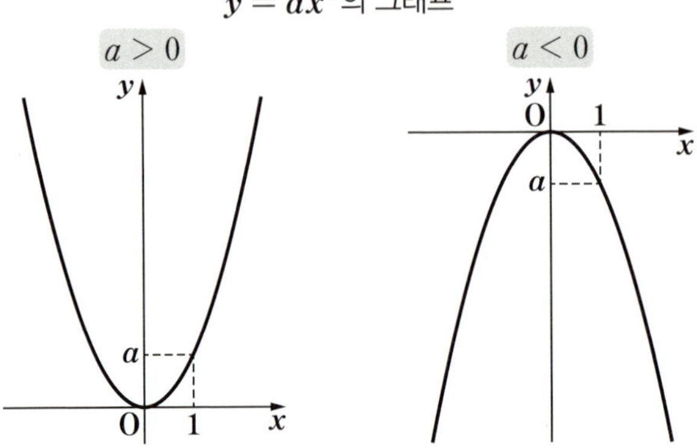

> Note ☰ 왼쪽은 '아래로 볼록한 포물선', 오른쪽은 '위로 볼록한 포물선'이라고 합니다.

수학 수업의 풍경은 대체로 이런 느낌이었던 것으로 기억합니다.

참고로 이를 배우던 때,

> 왜 계산한 점 7개를 매끄럽게 연결해도 괜찮은 걸까?
>
> $y = x^2$의 그래프가 7개의 점을 통과하는 울퉁불퉁한 모양이
>
> 될 수도 있지 않을까?

라는 의문을 가졌다면 당신은 수학적 감각이 매우 뛰어난 사람입니다.

사실 당시 수준에서는 이 질문에 명쾌한 답을 내리기 어렵습니다($y = ax^2$의 그래프가 부드러운 곡선이 되는 이유는 이를 미분해서 구한 도함수가 연속함수가 된다는 것을 이해해야 밝힐 수 있습니다). 이 장에서는 $y = ax^2$의 그래프가 원점을 꼭짓점으로 하는 곡선(포물선)이 되는 이유를 '아마도 그럴 것이다'라는 정도로 정리합시다.

함수와 방정식: 그래프의 모양은 같아도 인식하는 방법이 다르다

'y는 x의 함수이다'는 말을 영어로 옮기면 y is a function of x가 되는데, 수학에서는 이를 줄여

$$y = f(x)$$

로 나타냅니다. 이때 입력값인 변수 x는 **독립변수**, 출력값인 y는 **종속변수**라고 합니다. 그리고 독립변수 값의 범위를 정의역, 종속변수 값의 범위를 **치역**이라고 합니다

또한, 함수 $y = f(x)$에서 x에 a를 대입하여 y의 값을 $f(a)$라고 씁니다.

예

$$f(x) = 2x + 1 \text{일 때,}$$
$$f(0) = 2 \cdot 0 + 1 = 1$$
$$f(5) = 2 \cdot 5 + 1 = 11$$
$$f(k + 1) = 2(k + 1) + 1 = 2k + 3$$

> $y = f(x)$의 그래프란 독립변수 x의 변화에 따른 종속변수 y의 변화를 시각화한 것입니다.

이 절 시작 부분의

$$y = \frac{1}{2}(x - 2) + 3$$

을 방정식으로 간주하면 다음 직선은 이 방정식의 해의 집합으로 볼 수 있는데, 이를 일차함수로 간주하면 이 직선은 x에 여러 값을 할당할 때 **y가 어떻게 변화하는지 나타낸 것**으로 볼 수 있습니다.

x와 y로 이루어진 수식 하나를 방정식으로 간주하든지 함수로 간주하든지 그

려지는 그래프의 모양은 같습니다. 하지만 전자가 모든 해를 나열한 **정적**인 이미지를 가진다고 하면, 후자는 '변화'를 담은 **동적**인 이미지를 가집니다.

▼ 그림 5-8 함수의 그래프는 동적인 이미지

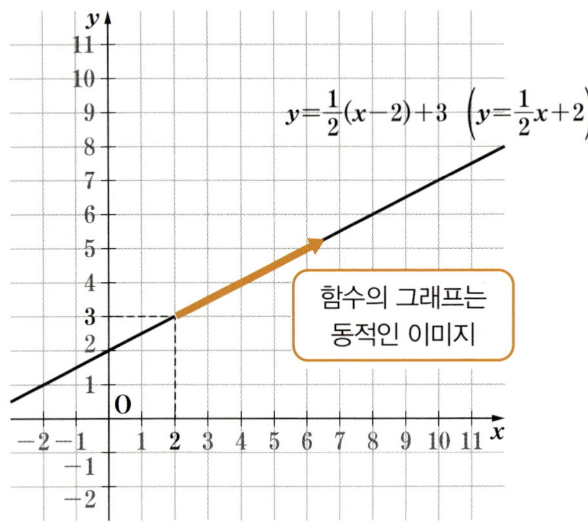

$y = f(x)$의 x에 a라는 값을 대입했을 때 구할 수 있는 **점 $(a, f(a))$는 반드시 $y = f(x)$가 그리는 그래프 위에 있습니다.** 당연하지만 이를 확실히 이해해야 다음에 설명하는 '그래프의 평행이동'을 이해할 수 있으니 집중해서 보기 바랍니다.

▼ 그림 5-9 점 $(a, f(a))$는 $y = f(x)$가 그리는 그래프 위에 있다!

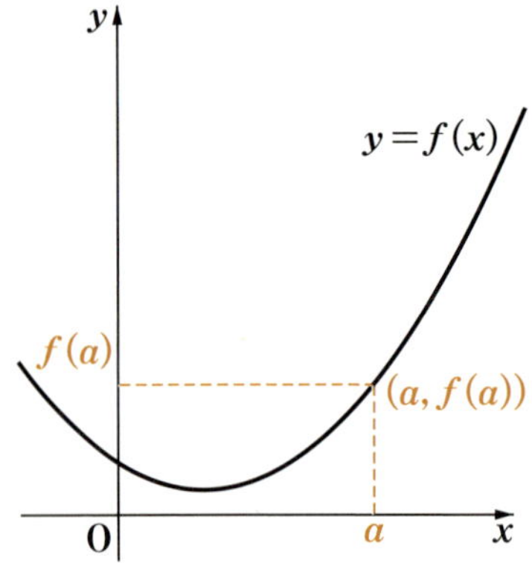

간단한 이차함수 $y = ax^2$의 평행이동을 생각해 보자

이번에는 원점을 꼭짓점으로 하는 $y = ax^2$의 그래프를

$$\begin{cases} x \text{ 방향으로 } +p \\ y \text{ 방향으로 } +q \end{cases}$$

만큼 **평행이동**해 봅시다.

▼ 그림 5-10 $y = ax^2$의 그래프의 평행이동

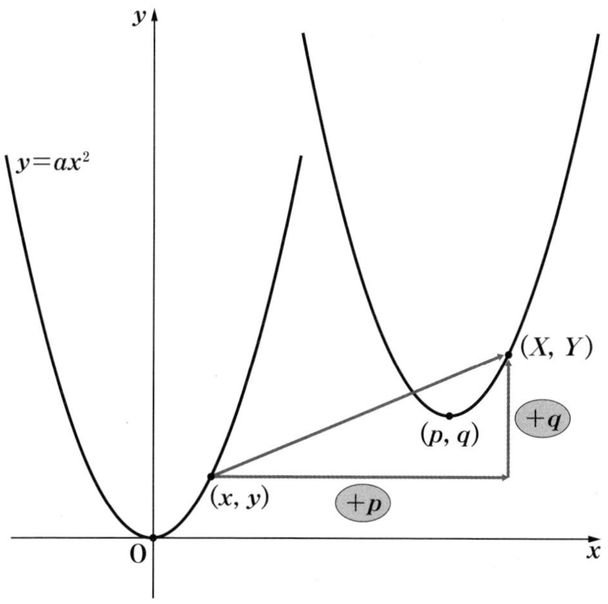

$y = ax^2$ 위의 점 (x, y)를 (X, Y)로 옮긴다고 가정하면 그림에서 볼 수 있듯이

$$\begin{cases} X = x + p \\ Y = y + q \end{cases}$$

입니다. 여기에서 이 (X, Y)는 $y = ax^2$에 대입할 수 없습니다.

왜냐하면 $(X,\ Y)$는 $y = ax^2$ 위에 있는 점이 아니기 때문입니다.

하지만 $(x,\ y)$를 다시 풀어서

$$\begin{cases} x = X - p \\ y = Y - q \end{cases}$$

라 하면 $(x,\ y)$는 $y = ax^2$ 위에 있는 점이니 $y = ax^2$에 대입할 수 있습니다(대입했을 때 등식이 성립합니다).

$$Y - q = a(X - p)^2$$
$$\Rightarrow\ Y = a(X - p)^2 + q \quad \cdots ①$$

①이 $(X,\ Y)$의 관계식이 되었네요.

$(X,\ Y)$는 평행이동을 한 포물선 위에 있는 점이므로 ①은 평행이동을 한 포물선 위의 점이 만족하는 식입니다. 다시 말해 **평행이동을 한 그래프의 식**입니다.

원래 $(x,\ y)$의 꼭짓점은 원점 $(0,\ 0)$이었으므로 평행이동을 한 포물선의 꼭짓점은 $(p,\ q)$가 됩니다.

이차함수 $y = a(x - p)^2 + q$의 그래프

(i) 그래프의 모양은 $y = ax^2$과 같습니다.

(ii) 꼭짓점은 $(p,\ q)$입니다.

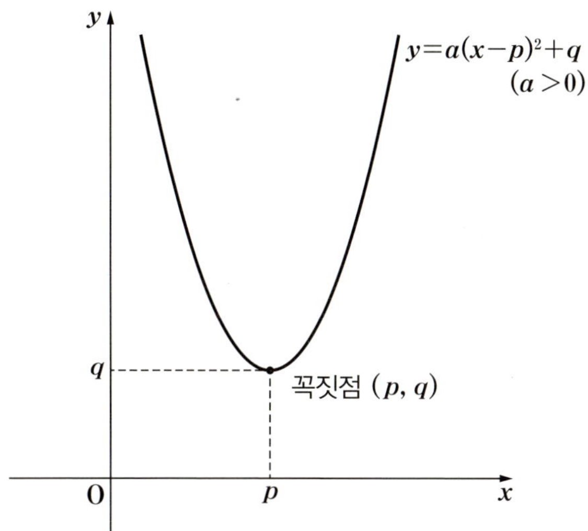

> **Note** 처음에 평행이동을 한 점을 (X, Y)로 나타낸 이유는 평행이동을 하기 전후를 구별하기 위한 것일 뿐 다른 뜻은 없습니다. 마지막 단계에서 (X, Y)를 (x, y)로 바꾼 이유는 이제 혼동할 우려가 없어졌기 때문에 더 익숙한 (x, y)로 바꿔 표시한 것으로 생각해 주세요.

위 이론은 이차함수가 아니라도 동일하게 성립하기 때문에 일반적으로

$$y = f(x)$$

의 그래프를

$$\begin{cases} x \text{ 방향으로 } +p \\ y \text{ 방향으로 } +q \end{cases}$$

만큼 평행이동한 그래프의 식은 평행이동하기 전의 원래 식 x와 y에 각각

$$\begin{cases} x \to x - p \\ y \to y - q \end{cases}$$

를 대입해서

$$y - q = f(x - p)$$
$$\Rightarrow\ y = f(x - p) + q$$

가 됩니다. 이는 그래프의 평행이동을 생각할 때 꼭 필요한 내용이니 머릿속에 새겨 두세요.

일반 이차함수 $y = ax^2 + bx + c$의 그래프를 생각해 보자

$$y = a(x - p)^2 + q$$

의 그래프가 $y = ax^2$을 x 방향으로 $+p$, y 방향으로 $+q$ 만큼 평행이동한 것은 이해했으니 이번에는 일반 이차함수

$$y = ax^2 + bx + c\ (a,\ b,\ c\text{는 상수이고 } (a \neq 0))$$

의 그래프를 구해 봅시다. 2장의 이차방정식에 대한 설명에서 나왔던 완전제곱식 변형 비법(86쪽)을 사용합니다.

$$
\begin{aligned}
y &= ax^2 + bx + c \\
&= a\left(x^2 + \frac{b}{a}x\right) + c \\
&= a\left\{\left(x + \frac{b}{2a}\right)^2 - \left(\frac{b}{2a}\right)^2\right\} + c \\
&= a\left\{\left(x + \frac{b}{2a}\right)^2 - \frac{b^2}{4a^2}\right\} + c \\
&= a\left(x + \frac{b}{2a}\right)^2 - \frac{b^2}{4a} + c \\
&= a\left(x + \frac{b}{2a}\right)^2 - \frac{b^2 - 4ac}{4a} \\
&= a\left\{x - \left(-\frac{b}{2a}\right)\right\}^2 - \frac{b^2 - 4ac}{4a}
\end{aligned}
$$

완전제곱식 변형 비법
$$x^2 + 2px = (x + p)^2 - p^2$$
절반　제곱

$$-\frac{b^2}{4a} + c = -\frac{b^2}{4a} + \frac{4ac}{4a}$$
$$= -\left(\frac{b^2}{4a} - \frac{4ac}{4a}\right)$$

이에 따라 $y = ax^2 + bx + c$의 꼭짓점은

$$\left(-\frac{b}{2a},\ -\frac{b^2 - 4ac}{4a}\right)$$

임을 알 수 있습니다.

❤ 그림 5-12 일반 이차함수 $y = ax^2 + bx + c$의 그래프

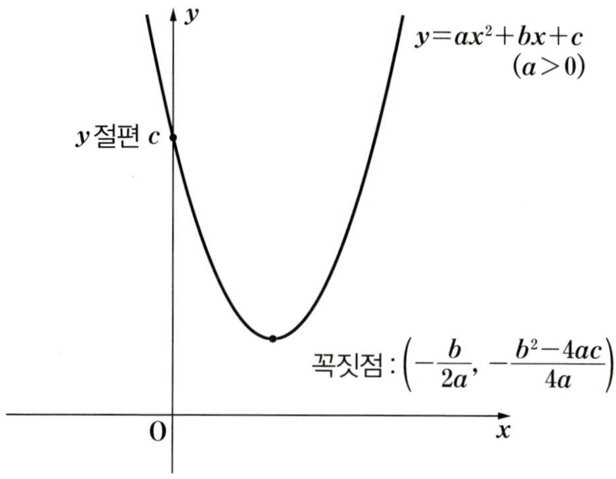

> Note≡ y절편이란 그래프와 y축이 만나는 점을 말합니다. y축이 $x = 0$이므로 y절편은 $y = f(x)$의 x에 0을 대입해서 구합니다. 즉, $f(x) = ax^2 + bx + c$에서
>
> $$y절편: f(0) = a \cdot 0^2 + b \cdot 0 + c = c$$
>
> 입니다.

지금까지 이해한 내용을 바탕으로 문제를 풀어 봅시다.

문제 1

함수 $y = -x^2 + 6x - 5\,(1 \leq x \leq 4)$가 그리는 그래프에서 $x = 1$, $x = 4$일 때의 끝점을 각각 A, B라 하고 점 C를 이 그래프 위를 움직이는 점이라 합시다.

(1) 이 함수의 그래프를 그리세요.

(2) 끝점 A, B와 동점 C가 그리는 △ABC의 넓이가 3일 때, 점 C의 좌표를 구하세요.

해설

(1) 완전제곱식 변형 비법으로 꼭짓점을 구합니다. x^2의 계수가 $-$(마이너스)라 위로 볼록한 포물선이 되니 주의하세요.

(2) 점 C는 그래프 위의 점이므로 C의 x좌표를 t라 할 때,

$$C(t, f(t)) = C(t, -t^2 + 6t - 5)$$

가 되는 것을 알고 있는지가 이 문제의 핵심입니다.

△ABC의 넓이는 점 C를 통과하며 y축에 평행한 직선으로 삼각형을 2개로 나누면 구하기 수월해집니다.

해답

$$\begin{aligned}
y &= -x^2 + 6x - 5 \\
&= -(x^2 - 6x) - 5 \\
&= -\{(x-3)^2 - 9\} - 5 \\
&= -(x-3)^2 + 9 - 5 \\
&= -(x-3)^2 + 4
\end{aligned}$$

> 완전제곱식 변형 비법
> $$x^2 + 2px = (x+p)^2 - p^2$$
> 절반　　　제곱

즉, 꼭짓점이 (3, 4)인 위로 볼록한 포물선입니다.

> $y = a(x-p)^2 + q$
> 의 꼭짓점은 (p, q)

$$f(x) = -x^2 + 6x - 5$$

라 하면 A의 x좌표가 1이므로 A의 y좌표는

$$f(1) = -1^2 + 6 \cdot 1 - 5 = -1 + 6 - 5 = 0$$

입니다. 마찬가지로 B의 x좌표가 4이므로 B의 y좌표는

$$f(4) = -4^2 + 6 \cdot 4 - 5 = -16 + 24 - 5 = 3$$

입니다. 정의역(x의 값의 범위)이 $1 \leq x \leq 4$라는 것을 염두하고 그래프를 그리면 다음과 같은 모습이 됩니다.

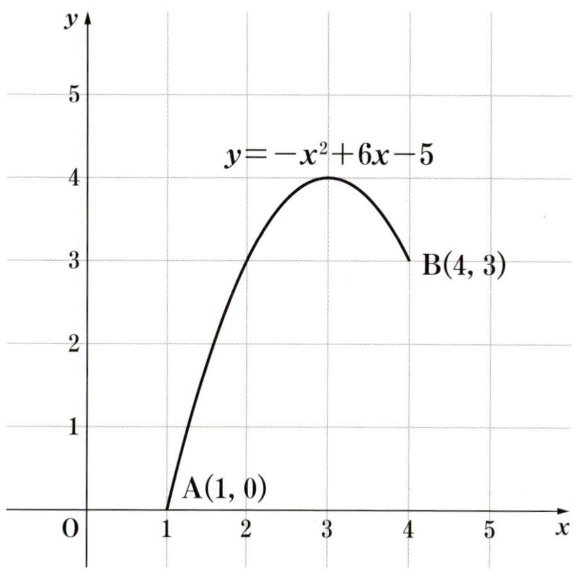

(2) 점 C의 x좌표를 t라 하면 C의 y좌표는

$$f(t) = -t^2 + 6t - 5$$

입니다. 또한, C를 통과하며 y축에 평행한 직선과 직선 AB의 교점을 D라 합시다.

직선 AB는 (1, 0)과 (4, 3)을 통과하므로 직선 AB의 방정식은

$$y = \frac{3-0}{4-1}(x-1) + 0$$
$$\Rightarrow \quad y = x - 1$$

$(p, q), (s, t)$를 통과하는 직선의 방정식
$$y = \frac{t-q}{s-p}(x-p) + q$$

D는 직선 AB 위에 있고 D의 x좌표는 C와 같으므로 t입니다. 따라서 D의 y좌표는 $t - 1$입니다.

▼ 그림 5-14 끝점 A, B와 동점 C가 그리는 △ABC

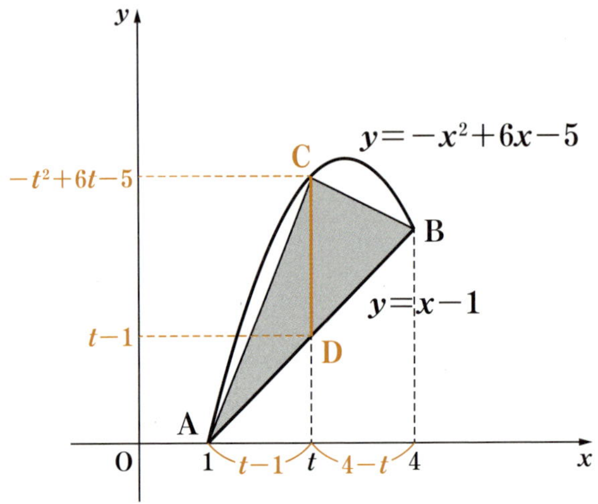

△ABC를 △ADC와 △BCD로 나누고 각각의 밑변을 $\overline{CD}$로 하면

$$\triangle ABC = \triangle ADC + \triangle BCD$$

$$= \overline{CD} \times (t-1) \times \frac{1}{2} + \overline{CD} \times (4-t) \times \frac{1}{2}$$

$$= \frac{1}{2} \times \overline{CD} \times \{(t-1)+(4-t)\}$$

$$= \frac{1}{2} \times \overline{CD} \times (t-1+4-t)$$

$$= \frac{1}{2} \times \overline{CD} \times 3$$

$$= \frac{3}{2} \overline{CD}$$

여기서

$$\overline{CD} = (-t^2 + 6t - 5) - (t - 1)$$
$$= -t^2 + 6t - 5 - t + 1$$
$$= -t^2 + 5t - 4$$

이므로 다음과 같습니다.

$$\triangle ABC = \frac{3}{2}\overline{CD}$$
$$= \frac{3}{2}(-t^2 + 5t - 4)$$

지문에서 $\triangle ABC = 3$이므로

$$\frac{3}{2}(-t^2 + 5t - 4) = 3$$
$$\Rightarrow \ -t^2 + 5t - 4 = 2$$
$$\Rightarrow \ t^2 - 5t + 6 = 0$$
$$\Rightarrow \ (t - 2)(t - 3) = 0$$
$$\Rightarrow \ t = 2 \quad \text{또는} \quad t = 3$$

$$\boxed{\begin{aligned}x^2 + (p+q)x + pq \\ = (x+p)(x+q)\end{aligned}}$$

이며, 두 값 모두 $1 \leq t \leq 4$를 만족합니다.

$t = 2$일 때, C의 y좌표는

$$f(2) = -2^2 + 6 \cdot 2 - 5$$
$$= -4 + 12 - 5$$
$$= 3$$

$$\boxed{\text{구한 C가 A와 B 사이의 점인지 확인한다.}}$$

입니다. $t = 3$일 때, C의 y좌표는

$$f(3) = -3^2 + 6 \cdot 3 - 5$$
$$= -9 + 18 - 5$$
$$= 4$$

입니다. 따라서 구하고자 하는 C의 좌표는 다음과 같습니다.

$$(2, \ 3) \ \text{또는} \ (3, \ 4)$$

02 삼각함수

1장에서 직각삼각형의 삼각비를 다음과 같이 정의했습니다(62쪽).

▼ 그림 5-15 직각삼각형의 삼각비

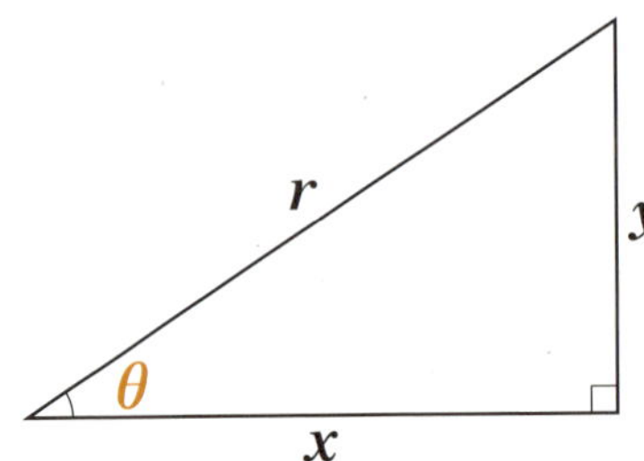

$$\cos\theta = \frac{x}{r}$$

$$\sin\theta = \frac{y}{r}$$

$$\tan\theta = \frac{y}{x}$$

예를 들어 $\theta = 30°$인 직각삼각형의 각 변의 비는 다음과 같으므로(그 이유는 나중에 설명합니다)

▼ 그림 5-16 $\theta = 30°$인 직각삼각형의 각 변의 비

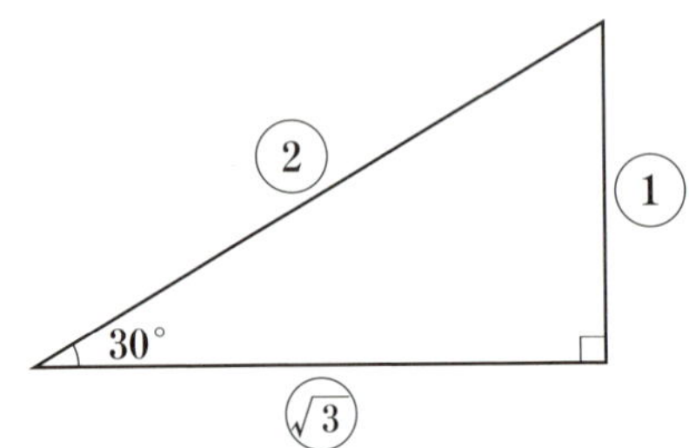

$$\cos 30° = \frac{\sqrt{3}}{2}, \quad \sin 30° = \frac{1}{2}, \quad \tan 30° = \frac{1}{\sqrt{3}}$$

각각의 삼각비가 결정됩니다.

이처럼 (당연하다면 당연하지만) 삼각비는 각도 θ에 따라 한 가지로 결정되는 수입니다. 또한, $0° < \theta < 90°$의 범위 안에 있는 값이라면 θ에는 어떤 값도 들어갈 수 있습니다.

그렇다면? 맞습니다! 228쪽에서 설명했던 **y가 x의 함수이기 위한 조건**에서 y에 삼각비를 대입하고 x에 θ를 대입하면 삼각비는 다음 두 조건을 만족합니다. 다시 말해 **삼각비는 θ의 함수**입니다.

> **y가 x의 함수이기 위한 조건**
>
> (i) y의 값이 x에 의해 한 가지로 결정된다.
>
> (ii) x의 값을 (정의역에서) 자유롭게 고를 수 있다.

삼각비의 편의성을 크게 높여 주는 세 가지 새로운 개념

하지만 삼각비의 **격**을 함수로 높이기 위해서는 넘어야 할 산이 있습니다. 먼저 삼각비(직각삼각형의 각 변의 길이의 비율)는 단위가 없는 숫자(**무차원수** 또는 **무명수**라고 합니다)인데, 각도에는 °라는 단위가 있다는 것이 걸립니다.

▼ 그림 5-17 각도에는 단위가 있지만 삼각비에는 단위가 없다

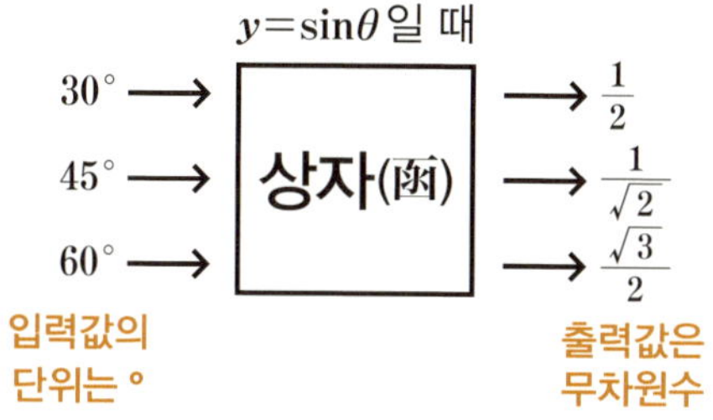

입력값(독립변수)과 출력값(종속변수)의 단위가 다르다는 점이 함수로서 치명적인 문제는 아니지만, 이 점은 계산 과정에서 귀찮은 일이 많을 것입니다. 그

런 이유로 사람들은 각도를 무차원수로 나타내기 위한 새로운 표기법을 생각해냅니다. 이는 다음에 배울 **호도법(라디안)**입니다.

Note≡ 호도법이 도입된 명백하고 직접적인 이유는

$$\lim_{\theta \to 0} \frac{\sin\theta}{\theta} = 1$$

인 극한이라는 개념을 성립시키기 위한 것입니다. 이 극한에 대한 설명은 554~557쪽에 있습니다.

삼각비를 직각삼각형에서 정의하는 한 θ의 값이 $0° < \theta < 90°$라는 범위로 제한됩니다. 이 범위를 벗어나는 θ에 대해서도 삼각비를 구하려면 **새로운 정의**가 필요합니다.

또한, 음수인 각이나 60°를 넘어서는 값도 허용한다면 삼각비의 응용 범위는 더욱 넓어질 것입니다. 이렇게 각도의 범위를 실수 전체로 확장한 것을 **일반각**이라고 합니다.

삼각비에 호도법, 새로운 정의, 일반각이라는 세 가지 요소를 도입하면 그 편리성과 범용성이 비약적으로 높아집니다. 이렇게 삼각비가 진화한 모습이 바로 이 절에서 배우는 **삼각함수**입니다.

호도법(라디안): 길이의 비율로 각도를 나타낸다

각도를 나타낼 때는 한 바퀴를 360°로 표기하는 이른바 **육십분법(도수법)**을 사용합니다. 360이라는 숫자를 사용하는 이유는 1년의 일수인 365에 가깝고 약수가 많기 때문이라고 알려져 있습니다.

1바퀴 = 360°를 기준으로 각도를 측정하는 방법은 일상생활에서 유용한 경우가 많지만 부채꼴의 호의 길이 l을 구할 때는 오히려 방해가 됩니다.

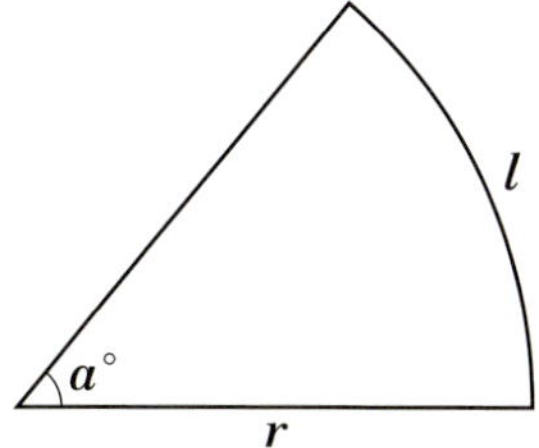

육십분법의 각도를 사용해서 (초등학교 때부터 배웠던 익숙한 방법으로) l을 구해 봅시다. 반지름이 r인 원의 둘레는 $2\pi r$(π는 원주율)이니

$$l = 2r\pi \times \frac{a°}{360°} = r \times \frac{a°}{180°}\pi$$

네요.

부채꼴의 호의 길이를 구하려고 했을 뿐인데 복잡한 식이 나왔습니다. 부채꼴의 호의 길이를 좀 더 간단하게 **반지름 × 각도**로 나타낼 수 있는 새로운 각도 표기법을 생각해 봅시다.

즉,

$$l = r \times \boldsymbol{\theta}$$

가 되게 만드는 것입니다. 위 식과 비교해 보니

$$\theta = \frac{a°}{180°}\pi \quad \cdots ①$$

면 괜찮겠네요. 여기서 $l = r \times \theta$를 변형하면

$$\theta = \frac{l}{r} \quad \cdots ②$$

이 됩니다.

이렇게 **반지름에 대한 호의 길이의 비율로 각도를 나타내는 방법**을 호도법이라 하며, 단위는 라디안입니다. 1라디안은 ②에서 $\theta = 1$일 때의 각도, 다시 말해

$l = r$일 때의 각도입니다. ①에서 $\theta = 1$일 때,

$$1 = \frac{a^\circ}{180^\circ}\pi \;\Rightarrow\; a^\circ = \frac{180^\circ}{\pi} \fallingdotseq 57.3^\circ$$

이므로 1라디안의 크기는 약 57.3°입니다.

반드시 기억해야 할 것이 **호도법에서는 각도를 ②처럼 길이의 비율로 나타낸다는 점**입니다. 이렇게 하면 삼각비의 값처럼 호도법으로 나타낸 숫자도 무차원수가 됩니다.

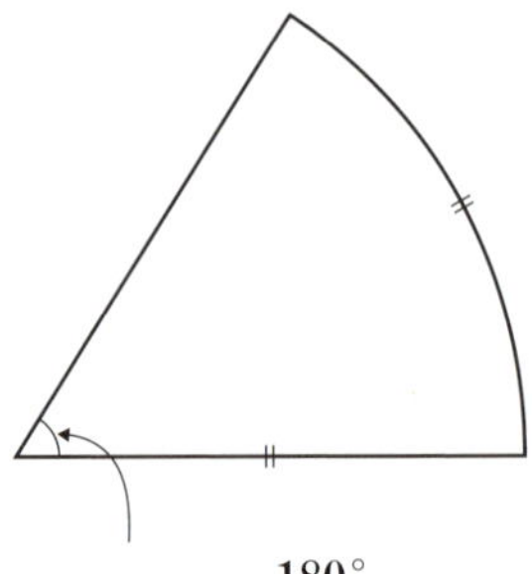

> **Note≡** 엄연히 1라디안이라는 단위가 있는데, 라디안이 무차원수라는 것을 이상하게 생각하는 사람이 있을지도 모릅니다. 하지만 앞에서 설명했듯이 라디안은 각도를 $\frac{길이}{길이}$로 나타내는 것이므로 삼각비와 마찬가지로 무차원수입니다. 1라디안은 호도법으로 각도를 나타낼 때 사용하는 기준의 크기 정도로 이해하면 좋습니다. 실제로 수학에서 호도법으로 각도를 나타낼 때, 뒤에 '라디안'을 붙이는 경우는 거의 없습니다.

육십분법으로 나타낸 각도를 라디안으로 변환하려면 ①을 사용합니다.

라디안(호도법)

육십분법 a°를 호도법으로 변환하면 다음과 같습니다.

$$\theta = \frac{a^\circ}{180^\circ}\pi \text{ (라디안)}$$

이 변환 공식의 값을 그림으로 나타내면 다음과 같습니다(실제로 계산할 때는 이 그림을 사용하세요).

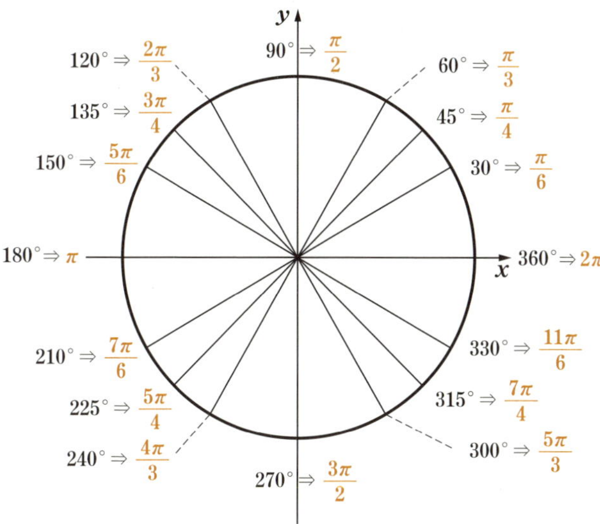

이 책에서도 앞으로 각도를 호도법으로 나타내겠습니다.

삼각함수의 정의와 상호 관계

삼각함수를 $0 < \theta < \dfrac{\pi}{2}\,(0° < \theta < 90°)$ 이외의 각도에 대해서도 생각할 수 있도록 다음과 같이 정의합니다.

삼각함수의 정의

반지름이 1이며 원점이 중심인 원(단위원이라고 합니다)의 둘레 위에 있고, x축의 양의 방향과 반시계 방향으로 각도 θ를 이루는(만드는) 점의 좌표를

$$(\cos \theta, \ \sin \theta)$$

라 합니다. 또한, $\tan \theta$는 $\tan \theta = \dfrac{\sin \theta}{\cos \theta}$로 정합니다.

▼ 그림 5-21 삼각비의 정의와 삼각함수의 정의는 제1사분면에서 일치한다

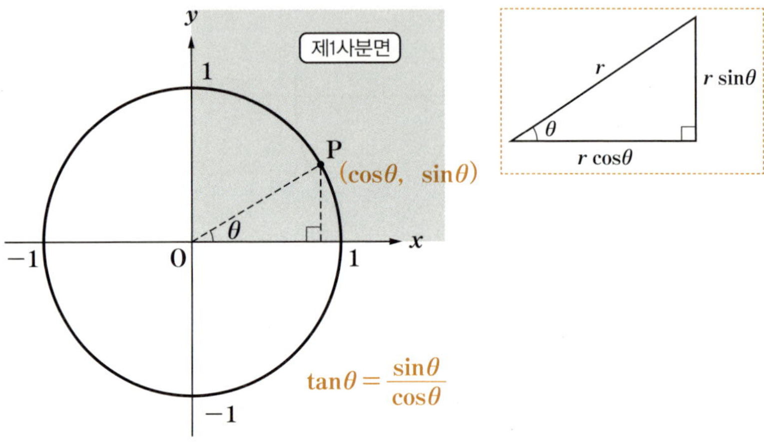

그림 5-21에서 θ의 값과 관계없이 항상 $\overline{\text{OP}} = 1$이므로 두 점 사이의 거리의 공식(132쪽)을 사용하면

$$\overline{\text{OP}} = 1 \ \Rightarrow\ \sqrt{(\cos\theta)^2 + (\sin\theta)^2} = 1$$
$$\Rightarrow\ (\cos\theta)^2 + (\sin\theta)^2 = 1^2$$
$$\Rightarrow\ \cos^2\theta + \sin^2\theta = 1$$

O와 $A(x_a,\ y_a)$ 사이의 거리는
$$\overline{\text{OA}} = \sqrt{x_a{}^2 + y_a{}^2}$$

또한, 정의에 따라

$$\tan\theta = \frac{\sin\theta}{\cos\theta}$$

이므로 63쪽에서 소개한 삼각비의 상호 관계가 삼각함수에서도 성립합니다. 물론 위 두 식에서 구할 수 있는

$$1 + \tan^2\theta = \frac{1}{\cos^2\theta}$$

도 똑같이 성립합니다(증명은 63쪽 참조).

$$\text{(i)} \quad \tan \theta = \frac{\sin \theta}{\cos \theta}$$

$$\text{(ii)} \quad \cos^2 \theta + \sin^2 \theta = 1$$

$$\text{(iii)} \quad 1 + \tan^2 \theta = \frac{1}{\cos^2 \theta}$$

일반각의 도입: 적용 범위를 실수 전체로 확장하다

삼각함수의 정의역(θ의 범위)을 $0 \leq \theta < 2\pi \, (0 \leq \theta < 360°)$ 너머로 확장할 수 있도록 음의 각과 2π를 넘어서는 각도를 다음과 같이 생각해 보겠습니다.

xy평면 위에 원점 O를 끝점으로 하는 반직선 OP를 O를 중심으로 회전시킵니다. $\overline{\text{OP}}$는 처음에 x축 위에 겹쳐 둡니다. 이때 회전하는 반직선 OP를 동경, 반직선이 처음 있던 위치를 나타내는 x축을 시초선이라고 합니다.

▼ 그림 5–22 양의 각과 음의 각

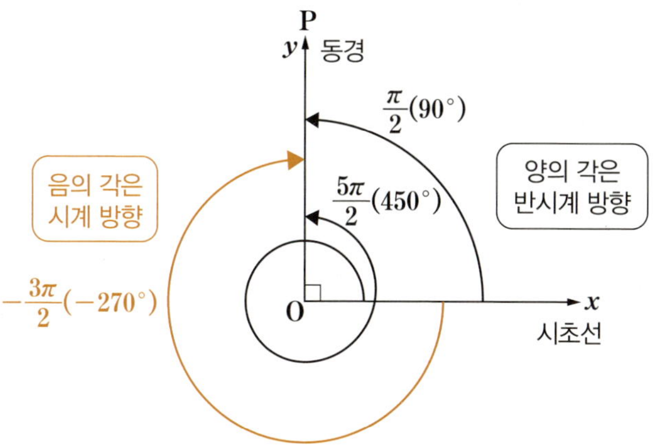

$\overline{\text{OP}}$가 회전하는 방향은 두 가지이며, 다음과 같이 정합니다.

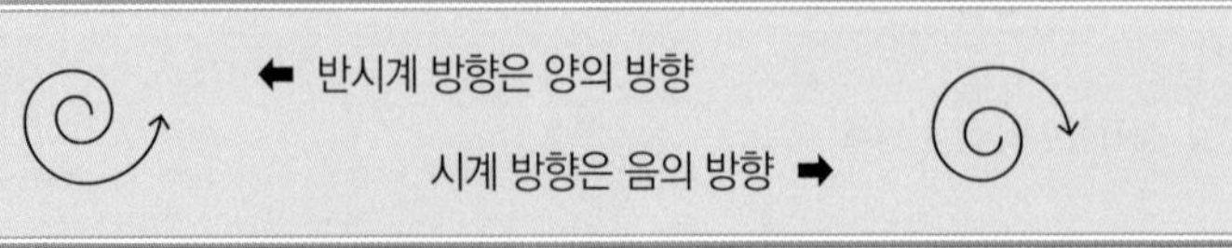

예를 들어 그림 5-22에서 $\overline{\text{OP}}$의 회전 방향을 양의 방향으로 해석하면 $\dfrac{\pi}{2}(90°)$ 회전이지만, 음의 방향으로 해석하면 $-\dfrac{3\pi}{2}(-270°)$ 회전이 됩니다.

또한, $\overline{\text{OP}}$를 $2\pi(360°)$만큼 회전한 다음 $\dfrac{\pi}{2}(90°)$만큼 더 회전해도 그림 5-22와 같아집니다. 이때 $\overline{\text{OP}}$의 회전각은

$$\frac{\pi}{2} + 2\pi = \frac{5\pi}{2} \ \ (90° + 360° = 450°)$$

입니다.

이렇게 따져 보니 각도 하나를 나타내는 방법은 얼마든지(셀 수 없을 만큼) 있을 수 있네요.

▼ 그림 5-23 동경과 시초선이 이루는 각 θ

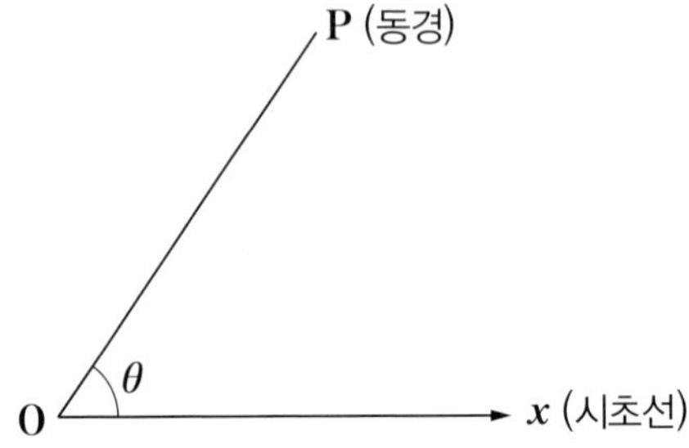

동경 OP는 일반적으로 2π 회전하거나 -2π 회전하면 원래 위치와 같아지므로 동경과 시초선이 이루는 각($\overline{\text{OP}}$와 x축이 만드는 각) 중 하나를 θ로 삼았을 때,

$$\theta + 2n\pi \ \ (n = 0, \ \pm 1, \ \pm 2, \ \cdots)$$

로 나타낼 수 있는 각은 모두가 일치합니다.

음의 각과 2π 이상의 각을 위와 같은 성질을 이용해 모든 실수로 확장한 것을 **일반각**이라고 합니다.

자, 이제 삼각비의 격을 삼각함수로 높일 차례입니다. 다음은 그 전체 모습을 확인하기 위해 **삼각함수의 그래프**가 어떤 모양일지 생각해 봅시다.

θ에 대표적인 값을 대입해서 $\cos\theta$, $\sin\theta$, $\tan\theta$의 구체적인 값을 계산할 수 있도록 중학교에서 배웠던 '특수한 직각삼각형 세 변의 길이의 비'를 복습해 둡시다.

특수한 직각삼각형과 특수한 각

특수한 직각삼각형이란 삼각자 모양의 직각삼각형 2개를 말합니다.

▼ 그림 5-24 특수한 직각삼각형 세 변의 길이의 비 (1)

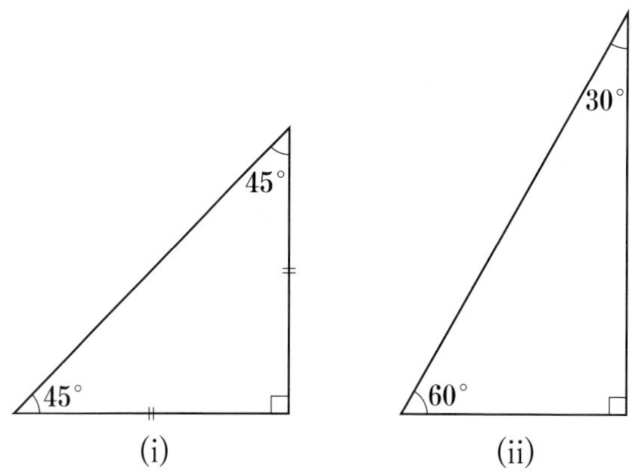

직각삼각형 (i)은 이등변삼각형입니다. 그러므로 빗변의 길이가 1이면 나머지 변의 길이는 피타고라스 정리를 사용해서 그림 5-25처럼 계산할 수 있습니다.

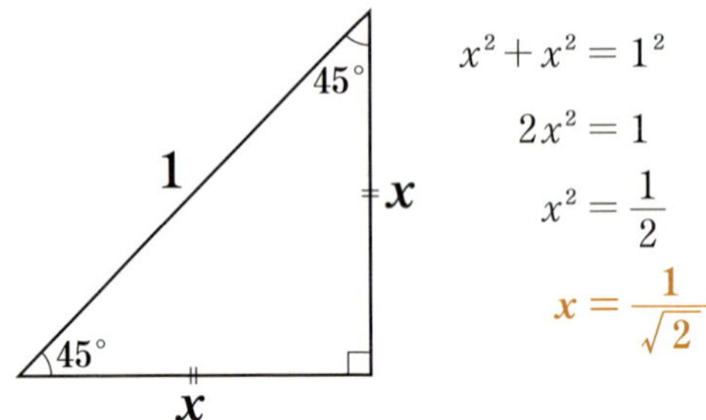

$$x^2 + x^2 = 1^2$$
$$2x^2 = 1$$
$$x^2 = \frac{1}{2}$$
$$x = \frac{1}{\sqrt{2}}$$

또한, 각도가 30°, 60°인 직각삼각형 (ii)의 넓이는 정삼각형의 절반입니다. 이 역시 빗변의 길이를 1로 하고 피타고라스 정리를 사용하면

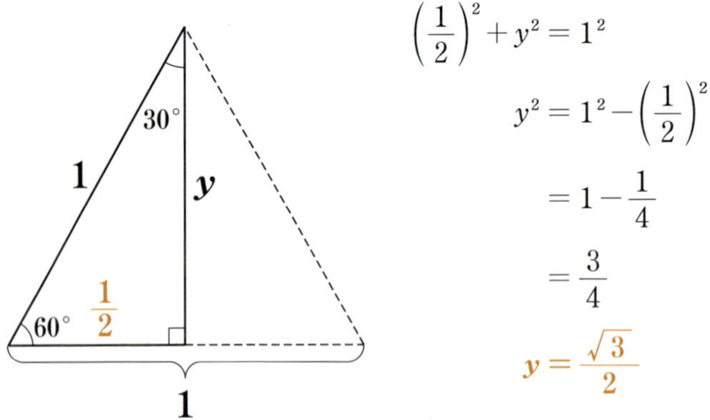

$$\left(\frac{1}{2}\right)^2 + y^2 = 1^2$$
$$y^2 = 1^2 - \left(\frac{1}{2}\right)^2$$
$$= 1 - \frac{1}{4}$$
$$= \frac{3}{4}$$
$$y = \frac{\sqrt{3}}{2}$$

임을 알 수 있습니다. 따라서 빗변의 길이가 1인 특수한 직각삼각형 각 변의 길이의 비는 다음과 같습니다.

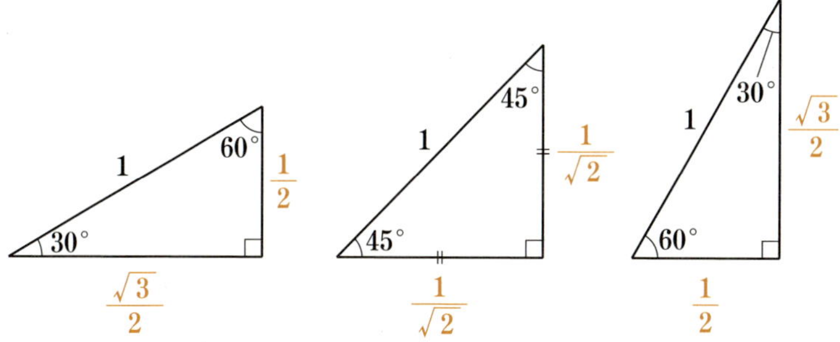

삼각함수의 특수각

다음 그림은

$$30° = \frac{\pi}{6}, \quad 45° = \frac{\pi}{4}, \quad 60° = \frac{\pi}{3}$$

임을 염두하고 특수한 직각삼각형 각 변의 길이의 비로 반지름이 1인 원(단위원) 위에 있는 점의 좌표를 구한 것입니다.

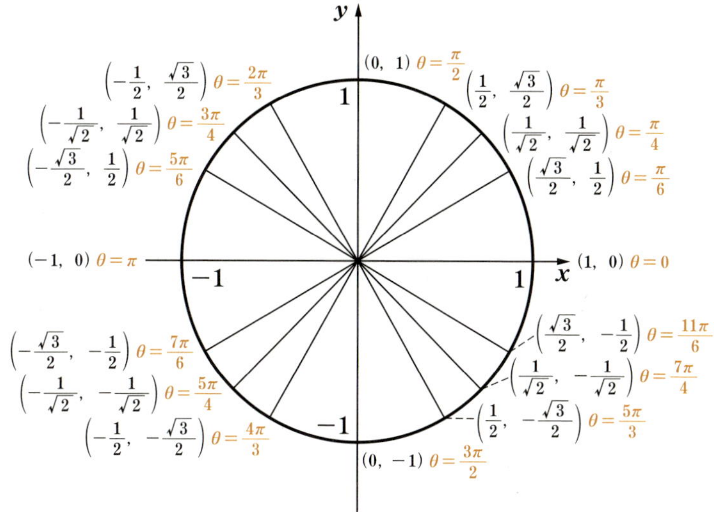

이 점들의 좌표가 $(\cos \theta,\ \sin \theta)$입니다(251쪽).

$\theta = 0$인 점부터 시계 반대 방향으로 $\cos \theta$(x좌표)만 가져와 나열하면 다음과 같은 모습이 됩니다.

$$1 \to \frac{\sqrt{3}}{2} \to \frac{1}{\sqrt{2}} \to \frac{1}{2} \to 0 \to -\frac{1}{2} \to -\frac{1}{\sqrt{2}} \to -\frac{\sqrt{3}}{2} \to -1$$

$$\to -\frac{\sqrt{3}}{2} \to -\frac{1}{\sqrt{2}} \to -\frac{1}{2} \to 0 \to \frac{1}{2} \to \frac{1}{\sqrt{2}} \to \frac{\sqrt{3}}{2}$$

세로축에 y를 취하고 가로축에 θ를 취한 좌표축 위에 이 점들을 찍고, 이를 매끄럽게 이은 것이 $y = \cos \theta$의 그래프입니다.

$y = \cos \theta$의 그래프

▼ 그림 5-29 $y = \cos \theta$의 그래프

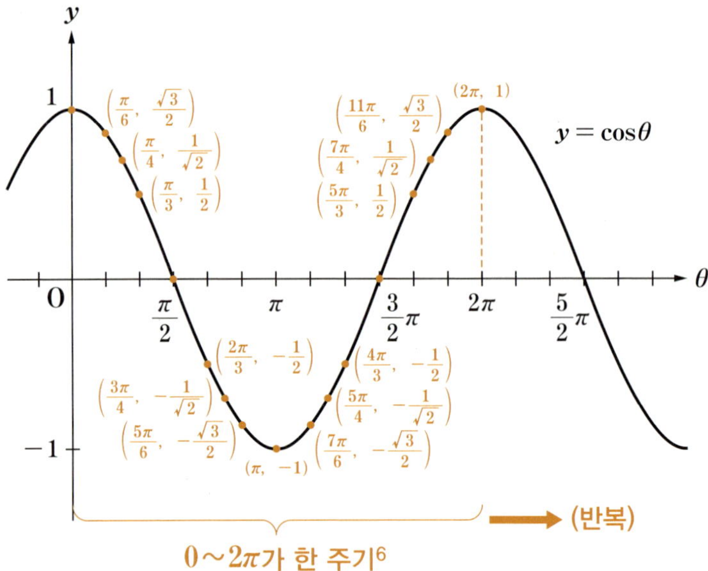

---

[6] 같은 현상이나 특징이 한 번 나타나고 다음 번에 되풀이되기까지의 기간

한편, $\theta = 0$인 점부터 시계 반대 방향으로 $\sin\theta$(y좌표)만 가져와 나열하면 다음과 같은 모습이 됩니다.

$$0 \to \frac{1}{2} \to \frac{1}{\sqrt{2}} \to \frac{\sqrt{3}}{2} \to 1 \to \frac{\sqrt{3}}{2} \to \frac{1}{\sqrt{2}} \to \frac{1}{2} \to 0$$

$$\to -\frac{1}{2} \to -\frac{1}{\sqrt{2}} \to -\frac{\sqrt{3}}{2} \to -1 \to -\frac{\sqrt{3}}{2} \to -\frac{1}{\sqrt{2}} \to -\frac{1}{2}$$

마찬가지로 이 점들을 좌표축 위에 찍고, 이를 매끄럽게 이은 것이 $y = \sin\theta$의 그래프입니다.

$y = \sin\theta$의 그래프

▼ 그림 5-30 $y = \sin\theta$의 그래프

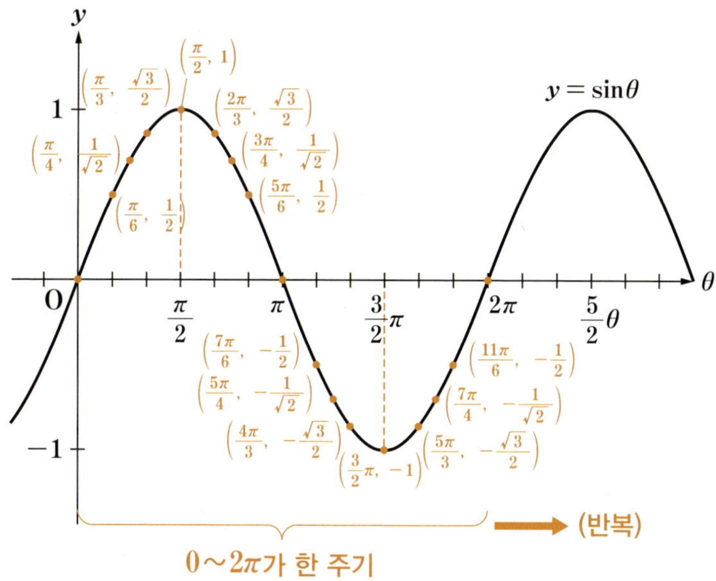

Note☰ 그림 5-30의 $y = \sin\theta$의 그래프와 그림 5-29의 $y = \cos\theta$의 그래프는 이해를 돕기 위해 세로 길이를 늘렸습니다.

$y = \cos\theta$와 $y = \sin\theta$의 특징

(ⅰ) 치역이 $-1 \leq y \leq 1$입니다.

(ⅱ) 2π를 주기로 같은 값이 반복됩니다.

(ⅲ) $y = \cos\theta$의 그래프를 θ축 양의 방향으로 $\dfrac{\pi}{2}$만큼 평행이동하면 $y = \sin\theta$의 그래프와 겹쳐집니다.

이제 남은 건 $\tan\theta$뿐입니다. $y = \tan\theta$의 그래프를 그리려면

$$\tan\theta = \frac{\sin\theta}{\cos\theta}$$

를 사용해서 각각의 값을 계산해야 합니다. 여기에 계산한 결과만 정리해 둡니다.

θ	0	$\dfrac{\pi}{6}$	$\dfrac{\pi}{4}$	$\dfrac{\pi}{3}$	$\dfrac{\pi}{2}$	$\dfrac{2\pi}{3}$	$\dfrac{3\pi}{4}$	$\dfrac{5\pi}{6}$
$\tan\theta$	0	$\dfrac{1}{\sqrt{3}}$	1	$\sqrt{3}$		$-\sqrt{3}$	-1	$-\dfrac{1}{\sqrt{3}}$

π	$\dfrac{7\pi}{6}$	$\dfrac{5\pi}{4}$	$\dfrac{4\pi}{3}$	$\dfrac{3\pi}{2}$	$\dfrac{5\pi}{3}$	$\dfrac{7\pi}{4}$	$\dfrac{11\pi}{6}$
0	$\dfrac{1}{\sqrt{3}}$	1	$\sqrt{3}$		$-\sqrt{3}$	-1	$-\dfrac{1}{\sqrt{3}}$

Note≡ 위 표에서 $\theta = \dfrac{\pi}{2}$일 때와 $\theta = \dfrac{3\pi}{2}$일 때 $\tan\theta$의 값이 '없다'는 점에 주의하세요. 그 이유는 $\tan\theta = \dfrac{\sin\theta}{\cos\theta}$의 분모인 $\cos\theta$가 0이 되기 때문입니다.

$y = \tan \theta$의 그래프

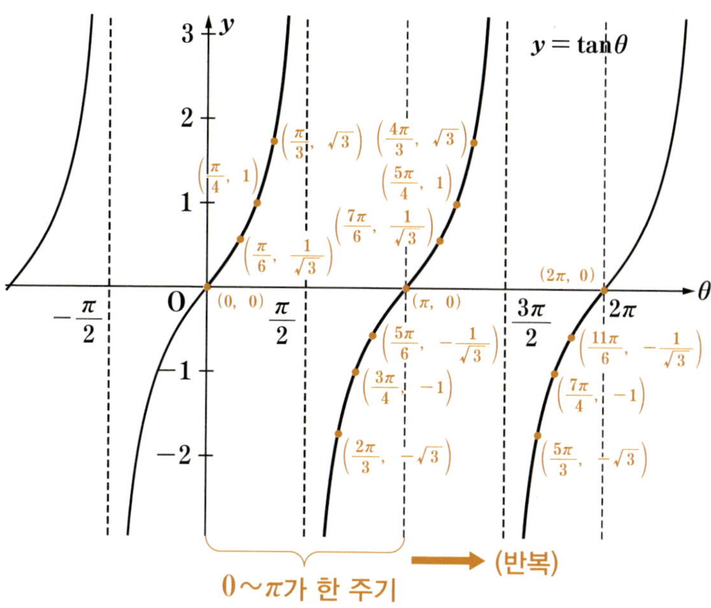

$y = \tan \theta$의 특징

(i) 치역이 $-\infty \le y \le \infty$(제한이 없음)입니다.

(ii) π를 주기로 같은 값이 반복됩니다.

이제 삼각함수와 관련된 중요한 공식을 몇 개 소개합니다. 삼각함수는 고등학교 수학 중에서도 특히 공식이 많은 단원입니다. 되도록이면 결과를 통째로 암기하기보다는 공식 하나하나를 원리 원칙에 따라 이해하고 스스로 유도하기 바랍니다.

원리를 바탕으로 유도하는 음각 공식과 여각 공식

삼각함수의 정의에 따라 그림을 그리면 다음 공식을 유도할 수 있습니다.

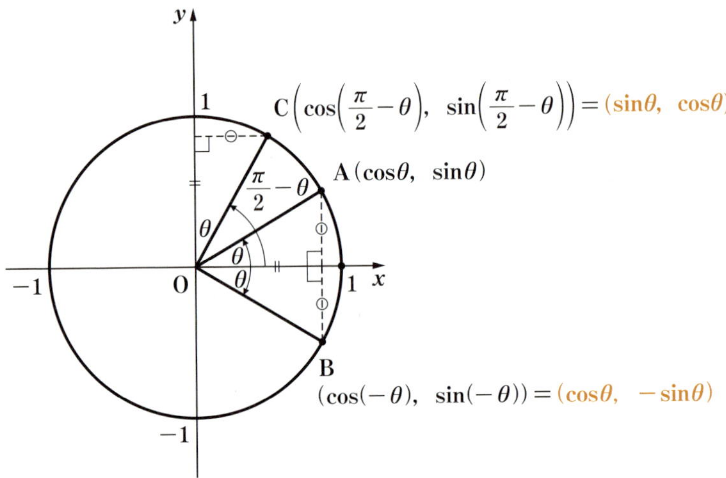

이번에는 단위원(반지름이 1인 원) 위에 x축 양의 방향으로 각도 θ를 취한 점 $A(\cos\theta, \sin\theta)$를 찍고, A와 반대 방향(음의 방향)으로 각도 θ를 취한 점 $B(\cos(-\theta), \sin(-\theta))$를 찍습니다. 그러면 A와 B는 x축에 대하여 대칭이 되며, x좌표가 같고 y좌표는 부호는 반대가 됩니다. 즉,

$$(\cos(-\theta),\ \sin(-\theta)) = (\cos\theta,\ -\sin\theta)\ [\text{음각 공식}]$$

입니다.

이번에는 y축의 양의 방향에서 음의 방향으로 각도 θ를 취한 점 C를 찍습니다. 그러면 그림 5-32에서도 알 수 있듯이 C의 x좌표 = A의 y좌표, C의 y좌표 = A의 x좌표이므로

$$\left(\cos\left(\frac{\pi}{2}-\theta\right),\ \sin\left(\frac{\pi}{2}-\theta\right)\right) = (\sin\theta,\ \cos\theta)\ \text{[여각 공식]}$$

입니다.

Note≡ 예각에 대하여 두 각의 합이 직각일 때, 각각을 여각이라고 합니다.

음각 공식, 여각 공식

$$\left.\begin{aligned}\cos(-\theta) &= \cos\theta\\ \sin(-\theta) &= -\sin\theta\end{aligned}\right\} \text{음각 공식}$$

$$\left.\begin{aligned}\cos\left(\frac{\pi}{2}-\theta\right) &= \sin\theta\\[4pt] \sin\left(\frac{\pi}{2}-\theta\right) &= \cos\theta\end{aligned}\right\} \text{여각 공식}$$

이것이 요점! 가장 중요한 '덧셈정리'

덧셈정리의 증명은 고등학교 수학에 나오는 모든 공식의 증명 중에서도 1, 2위를 다툴 만큼 어렵습니다.

하지만 부디 포기하지 말고 침착하게 도전해 보세요. 준비는 이미 끝났습니다. 덧셈정리를 스스로 증명해 본다면 삼각함수는 물론 수학 전체에 대한 자신감을 가질 수 있습니다.

일단 결과는 이렇습니다.

삼각함수의 덧셈정리

(i) $\cos(\alpha+\beta) = \cos\alpha\cos\beta - \sin\alpha\sin\beta$

(ii) $\cos(\alpha-\beta) = \cos\alpha\cos\beta + \sin\alpha\sin\beta$

(iii) $\sin(\alpha+\beta) = \sin\alpha\cos\beta + \cos\alpha\sin\beta$

(iv) $\sin(\alpha-\beta) = \sin\alpha\cos\beta - \cos\alpha\sin\beta$

(v) $\tan(\alpha+\beta) = \dfrac{\tan\alpha + \tan\beta}{1 - \tan\alpha\tan\beta}$

(vi) $\tan(\alpha-\beta) = \dfrac{\tan\alpha - \tan\beta}{1 + \tan\alpha\tan\beta}$

먼저 (i) 공식인

$$\cos(\alpha+\beta) = \cos\alpha\cos\beta - \sin\alpha\sin\beta$$

를 나타내고, 그 다음에는 음각 공식과 여각 공식, 상호 관계 등을 사용해서 꼬리에 꼬리를 무는 식으로 유도해 나갑니다.

증명

x축의 양의 방향을 시초선으로 잡고 각 α, 각 $\alpha+\beta$, 각 $-\beta$의 동경과 단위원이 만나는 점을 각각 P, Q, R라 하고 (1, 0)을 A라 합시다.

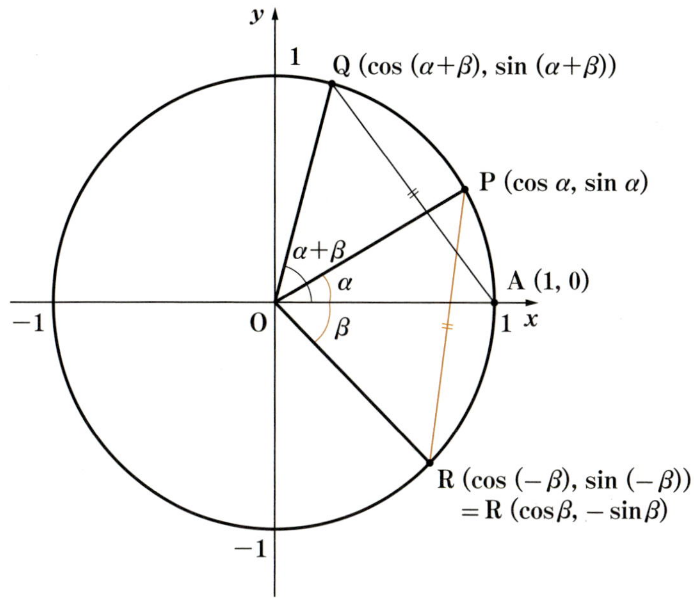

삼각함수의 정의에 따라 각 점의 좌표를 다음과 같이 정리할 수 있습니다.

$\quad$ A $(1, \ 0)$

$\quad$ P $(\cos\alpha, \ \sin\alpha)$

$\quad$ Q $(\cos(\alpha+\beta), \ \sin(\alpha+\beta))$

$\quad$ R $(\cos(-\beta), \ \sin(-\beta))$ = R $(\cos\beta, \ -\sin\beta)$

> 음각 공식
> $\cos(-\theta) = \cos\theta$
> $\sin(-\theta) = -\sin\theta$

R의 좌표에는 **음각 공식**을 사용했습니다.

그림 5-33에서 $\overline{\text{RP}}$를 원점을 축으로 β만큼 회전하면 $\overline{\text{AQ}}$와 겹치는 것이 명백하므로

$$\overline{\text{AQ}} = \overline{\text{RP}}$$

이고, 두 점 사이의 거리의 공식(132쪽)을 이용하면 다음이 성립합니다.

$$\sqrt{\{\cos(\alpha+\beta)-1\}^2+\{\sin(\alpha+\beta)-0\}^2}$$
$$=\sqrt{(\cos\beta-\cos\alpha)^2+(-\sin\beta-\sin\alpha)^2}$$

> $A(x_a,\ y_a)$와 $B(x_b,\ y_b)$일 때,
> $\overline{AB}=\sqrt{(x_b-x_a)^2+(y_b-y_a)^2}$

양변을 제곱하고 전개합니다.

> $(a+b)^2=a^2+2ab+b^2$
> $(a-b)^2=a^2-2ab+b^2$

> $(-\sin\beta-\sin\alpha)^2=\{-(\sin\beta+\sin\alpha)\}^2$
> $\qquad\qquad\qquad=(\sin\beta+\sin\alpha)^2$

$$\cos^2(\alpha+\beta)-2\cos(\alpha+\beta)+1^2+\sin^2(\alpha+\beta)$$
$$=\cos^2\beta-2\cos\beta\cos\alpha+\cos^2\alpha+\sin^2\beta+2\sin\beta\sin\alpha+\sin^2\alpha$$

삼각함수의 상호 관계에 따라 $\cos^2\theta+\sin^2\theta=1$임에 주의하면 위 식은 다음과 같이 정리할 수 있습니다.

$$2-2\cos(\alpha+\beta)=2-2\cos\beta\cos\alpha+2\sin\beta\sin\alpha$$
$$\Rightarrow\ -2\cos(\alpha+\beta)=-2\cos\beta\cos\alpha+2\sin\beta\sin\alpha$$
$$\Rightarrow\ \cos(\alpha+\beta)=\cos\alpha\cos\beta-\sin\alpha\sin\beta\quad\cdots(\text{i})$$

이제 (i)을 유도했습니다.

(i)의 β에 $-\beta$를 대입하면 다음과 같습니다.

$$\cos\{\alpha+(-\beta)\}=\cos\alpha\cos(-\beta)-\sin\alpha\sin(-\beta)$$
$$\Rightarrow\ \cos(\alpha-\beta)=\cos\alpha\cos\beta-\sin\alpha(-\sin\beta)$$
$$\Rightarrow\ \cos(\alpha-\beta)=\cos\alpha\cos\beta+\sin\alpha\sin\beta\quad\cdots(\text{ii})$$

> 음각 공식
> $\cos(-\theta)=\cos\theta$
> $\sin(-\theta)=-\sin\theta$

다시 여각 공식 등을 사용하면 다음과 같습니다.

$$\sin(\alpha+\beta)$$

$$= \cos\left\{\frac{\pi}{2} - (\alpha+\beta)\right\}$$

$$= \cos\left\{\left(\frac{\pi}{2} - \alpha\right) - \beta\right\}$$

$$= \cos\left(\frac{\pi}{2} - \alpha\right)\cos\beta + \sin\left(\frac{\pi}{2} - \alpha\right)\sin\beta$$

$$= \sin\alpha\cos\beta + \cos\alpha\sin\beta$$

따라서 다음과 같이 정리됩니다.

$$\sin(\alpha+\beta) = \sin\alpha\cos\beta + \cos\alpha\sin\beta \quad \cdots(\text{iii})$$

(iii)의 β에 $-\beta$를 대입하면

$$\sin\{\alpha + (-\beta)\} = \sin\alpha\cos(-\beta) + \cos\alpha\sin(-\beta)$$
$$\Rightarrow \quad \sin(\alpha-\beta) = \sin\alpha\cos\beta + \cos\alpha(-\sin\beta)$$
$$\Rightarrow \quad \sin(\alpha-\beta) = \sin\alpha\cos\beta - \cos\alpha\sin\beta \quad \cdots(\text{iv})$$

가 됩니다. 그 다음 (i)과 (iii)와 삼각함수의 상호 관계로 $\tan(\alpha+\beta)$를 변형해서 (v)를 나타냅니다.

$$\tan(\alpha+\beta)$$

$$= \frac{\sin(\alpha+\beta)}{\cos(\alpha+\beta)}$$

$$= \frac{\sin\alpha\cos\beta + \cos\alpha\sin\beta}{\cos\alpha\cos\beta - \sin\alpha\sin\beta}$$

$$= \frac{\dfrac{\sin\alpha\cos\beta}{\cos\alpha\cos\beta} + \dfrac{\cos\alpha\sin\beta}{\cos\alpha\cos\beta}}{\dfrac{\cos\alpha\cos\beta}{\cos\alpha\cos\beta} - \dfrac{\sin\alpha\sin\beta}{\cos\alpha\cos\beta}}$$

$$= \frac{\dfrac{\sin\alpha}{\cos\alpha} + \dfrac{\sin\beta}{\cos\beta}}{1 - \dfrac{\sin\alpha}{\cos\alpha} \cdot \dfrac{\sin\beta}{\cos\beta}}$$

여각 공식
$$\sin\theta = \cos\left(\frac{\pi}{2} - \theta\right)$$

$$\cos(\alpha-\beta) = \cos\alpha\cos\beta + \sin\alpha\sin\beta$$

여각 공식
$$\cos\left(\frac{\pi}{2} - \theta\right) = \sin\theta$$
$$\sin\left(\frac{\pi}{2} - \theta\right) = \cos\theta$$

음각 공식
$$\cos(-\theta) = \cos\theta$$
$$\sin(-\theta) = -\sin\theta$$

$$\tan\theta = \frac{\sin\theta}{\cos\theta}$$

$$\cos(\alpha+\beta) = \cos\alpha\cos\beta - \sin\alpha\sin\beta$$
$$\sin(\alpha+\beta) = \sin\alpha\cos\beta + \cos\alpha\sin\beta$$

분모와 분자를 $\cos\alpha\cos\beta$로 나눈다.

따라서 다음과 같이 정리됩니다.

$$\tan(\alpha+\beta) = \frac{\tan\alpha + \tan\beta}{1 - \tan\alpha\tan\beta} \quad \cdots(\text{v})$$

$$\boxed{\tan\theta = \frac{\sin\theta}{\cos\theta}}$$

같은 방법으로 (ii), (iv)를 이용하면

$$\tan(\alpha-\beta)$$

$$= \frac{\sin(\alpha-\beta)}{\cos(\alpha-\beta)}$$

$$= \frac{\sin\alpha\cos\beta - \cos\alpha\sin\beta}{\cos\alpha\cos\beta + \sin\alpha\sin\beta}$$

$$= \frac{\dfrac{\sin\alpha\cos\beta}{\cos\alpha\cos\beta} - \dfrac{\cos\alpha\sin\beta}{\cos\alpha\cos\beta}}{\dfrac{\cos\alpha\cos\beta}{\cos\alpha\cos\beta} + \dfrac{\sin\alpha\sin\beta}{\cos\alpha\cos\beta}}$$

$$= \frac{\dfrac{\sin\alpha}{\cos\alpha} - \dfrac{\sin\beta}{\cos\beta}}{1 + \dfrac{\sin\alpha}{\cos\alpha} \cdot \dfrac{\sin\beta}{\cos\beta}}$$

에서

$$\tan(\alpha-\beta) = \frac{\tan\alpha - \tan\beta}{1 + \tan\alpha\tan\beta} \quad \cdots(\text{vi})$$

를 유도할 수 있습니다.

증명 끝

이상으로 덧셈정리 6개를 모두 유도했습니다. 수고하셨습니다!

덧셈정리를 바탕으로 유도하는 배각 공식과 반각 공식

덧셈정리 (i), (iii), (v)의 β에 α를 대입하면 배각 공식을 유도할 수 있습니다.

$$\cos(\alpha + \alpha) = \cos\alpha\cos\alpha - \sin\alpha\sin\alpha \qquad \boxed{\cos(\alpha + \beta) = \cos\alpha\cos\beta - \sin\alpha\sin\beta}$$

$$\Rightarrow \quad \cos 2\alpha = \cos^2\alpha - \sin^2\alpha$$

$$\sin(\alpha + \alpha) = \sin\alpha\cos\alpha + \cos\alpha\sin\alpha \qquad \boxed{\sin(\alpha + \beta) = \sin\alpha\cos\beta + \cos\alpha\sin\beta}$$

$$\Rightarrow \quad \sin 2\alpha = 2\sin\alpha\cos\alpha$$

$$\tan(\alpha + \alpha) = \frac{\tan\alpha + \tan\alpha}{1 - \tan\alpha\tan\alpha} \qquad \boxed{\tan(\alpha + \beta) = \frac{\tan\alpha + \tan\beta}{1 - \tan\alpha\tan\beta}}$$

$$\Rightarrow \quad \tan 2\alpha = \frac{2\tan\alpha}{1 - \tan^2\alpha}$$

배각 공식

$$\cos 2\,\alpha = \cos^2\alpha - \sin^2\alpha$$

$$\sin 2\,\alpha = 2\sin\alpha\cos\alpha$$

$$\tan 2\,\alpha = \frac{2\tan\alpha}{1 - \tan^2\alpha}$$

삼각함수의 상호 관계를 사용해 $\cos 2\,\alpha = \cos^2\alpha - \sin^2\alpha$를 변형하면 **반각 공식**을 구할 수 있습니다.

$$\begin{aligned}
\cos 2\alpha &= \cos^2\alpha - \sin^2\alpha \\
&= \cos^2\alpha - (1 - \cos^2\alpha) \\
&= 2\cos^2\alpha - 1
\end{aligned}$$

$$\boxed{\begin{aligned} \cos^2\theta + \sin^2\theta &= 1 \\ \Rightarrow \quad \sin^2\theta &= 1 - \cos^2\theta \end{aligned}}$$

$$\Rightarrow \quad 2\cos^2\alpha = 1 + \cos 2\alpha$$

$$\Rightarrow \quad \cos^2\alpha = \frac{1 + \cos 2\alpha}{2}$$

여기에 α 대신 $\dfrac{\theta}{2}$를 대입하면 다음과 같습니다.

$$\Rightarrow \quad \cos^2\frac{\theta}{2} = \frac{1 + \cos 2 \cdot \frac{\theta}{2}}{2}$$

$$\Rightarrow \quad \cos^2\frac{\theta}{2} = \frac{1 + \cos\theta}{2} \quad \cdots ①$$

마찬가지로 다음과 같습니다.

$$\cos 2\alpha = \cos^2\alpha - \sin^2\alpha$$

$$= (1 - \sin^2\alpha) - \sin^2\alpha$$

$$= 1 - 2\sin^2\alpha$$

$$\Rightarrow \quad 2\sin^2\alpha = 1 - \cos 2\alpha$$

$$\Rightarrow \quad \sin^2\alpha = \frac{1 - \cos 2\alpha}{2}$$

α 대신 $\dfrac{\theta}{2}$를 대입하면 다음과 같습니다.

$$\Rightarrow \quad \sin^2\frac{\theta}{2} = \frac{1 - \cos 2 \cdot \frac{\theta}{2}}{2}$$

$$\Rightarrow \quad \sin^2\frac{\theta}{2} = \frac{1 - \cos\theta}{2} \quad \cdots ②$$

①과 ②에 따라 다음과 같이 식이 정리됩니다.

$$\tan^2\frac{\theta}{2} = \left(\tan\frac{\theta}{2}\right)^2 \qquad \boxed{\tan\theta = \frac{\sin\theta}{\cos\theta}}$$

$$= \left(\frac{\sin\dfrac{\theta}{2}}{\cos\dfrac{\theta}{2}}\right)^2$$

$$= \frac{\sin^2\dfrac{\theta}{2}}{\cos^2\dfrac{\theta}{2}}$$

①, ②에 의해
$$\cos^2\frac{\theta}{2} = \frac{1+\cos\theta}{2}$$
$$\sin^2\frac{\theta}{2} = \frac{1-\cos\theta}{2}$$

$$= \frac{\dfrac{1-\cos\theta}{2}}{\dfrac{1+\cos\theta}{2}}$$

$$\frac{\dfrac{1-\cos\theta}{2}}{\dfrac{1+\cos\theta}{2}} = \frac{1-\cos\theta}{2} \div \frac{1+\cos\theta}{2}$$

$$= \frac{1-\cos\theta}{1+\cos\theta}$$

$$= \frac{1-\cos\theta}{2} \times \frac{2}{1+\cos\theta}$$

$$\Rightarrow \quad \tan^2\frac{\theta}{2} = \frac{1-\cos\theta}{1+\cos\theta}$$

반각 공식

$$\cos^2\frac{\theta}{2} = \frac{1+\cos\theta}{2}$$

$$\sin^2\frac{\theta}{2} = \frac{1-\cos\theta}{2}$$

$$\tan^2\frac{\theta}{2} = \frac{1-\cos\theta}{1+\cos\theta}$$

Note 반각 공식을 유도하는 과정에서 구할 수 있는

$$\cos^2\alpha = \frac{1+\cos 2\alpha}{2}, \quad \sin^2\alpha = \frac{1-\cos 2\alpha}{2}$$

는 삼각함수의 **차수를 낮춰야 할 때 아주 유용**합니다.

삼각함수의 합성

이 절의 목표는 a, b, θ가 주어졌을 때,

$$a\sin\theta + b\cos\theta = A\sin(\theta + \alpha) \quad (A > 0)$$

를 만족하는 A와 α를 찾는 것입니다. 이렇게 두 종류의 삼각함수를 하나로 통합하는 변형을 삼각함수의 합성이라고 합니다.

덧셈정리를 사용해서 우변을 전개합니다.

$$\text{우변} = A\sin(\theta + \alpha) \qquad \boxed{\sin(\alpha + \beta) = \sin\alpha\cos\beta + \cos\alpha\sin\beta}$$

$$= A(\sin\theta\cos\alpha + \cos\theta\sin\alpha)$$

$$= A\cos\alpha\sin\theta + A\sin\alpha\cos\theta$$

좌변은

$$\text{좌변} = a\sin\theta + b\cos\theta$$

이므로 좌변과 우변을 같게 만들려면

$$A\cos\alpha = a, \quad A\sin\alpha = b \quad \cdots (가)$$

이어야 하는 것을 알 수 있습니다. 이를

$$\cos\alpha = \frac{a}{A}, \quad \sin\alpha = \frac{b}{A}$$

로 변형해서 $\cos^2\alpha + \sin^2\alpha = 1$에 대입하면

$$\cos^2\alpha + \sin^2\alpha = 1 \;\Rightarrow\; \left(\frac{a}{A}\right)^2 + \left(\frac{b}{A}\right)^2 = 1$$

$$\Rightarrow\; \frac{a^2}{A^2} + \frac{b^2}{A^2} = 1$$

$$\Rightarrow\; A^2 = a^2 + b^2 \qquad \boxed{A > 0}$$

$$\Rightarrow\; A = \sqrt{a^2 + b^2}$$

또한, (가)에 따라 $A\cos\alpha = a$, $A\sin\alpha = b$이므로 α는 반지름이 $A\,(=\sqrt{a^2+b^2})$ 인 원 위의 점 $(a,\,b)$를 통과하는 동경과 x축이 이루는 각입니다.

▼ 그림 5-34 α는 반지름이 $A=\sqrt{a^2+b^2}$인 원 위의 점 $(a,\,b)$를 통과하는 동경과 x축이 이루는 각

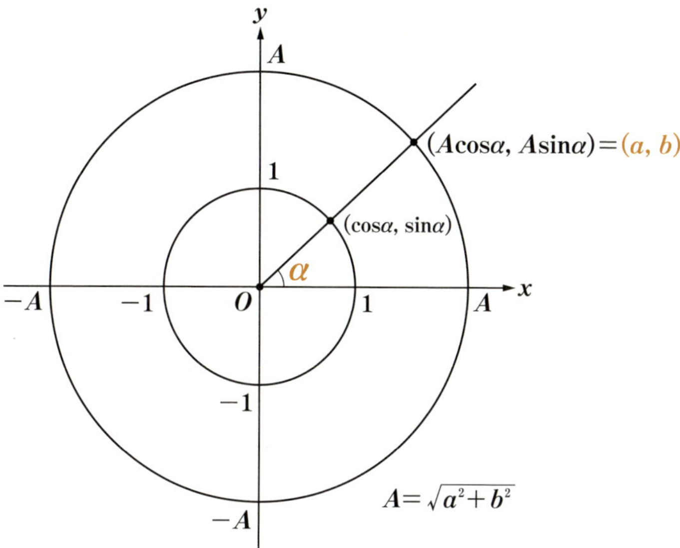

삼각함수의 합성

$$a\sin\theta + b\cos\theta = \sqrt{a^2+b^2}\,\sin(\theta + \alpha)$$

α는 반지름이 $\sqrt{a^2+b^2}$ 인 원 위의 점 $(a,\,b)$을 통과하는 동경과 x축이 이루는 각이며, 다음 식을 만족합니다.

$$\cos\alpha = \frac{a}{\sqrt{a^2+b^2}},\quad \sin\alpha = \frac{b}{\sqrt{a^2+b^2}}$$

$$\sin\theta + \sqrt{3}\,\cos\theta = \sqrt{1^2 + (\sqrt{3})^2}\,\sin(\theta + \alpha)$$
$$= \sqrt{4}\,\sin(\theta + \alpha)$$
$$= 2\sin(\theta + \alpha)$$

▼ 그림 5-35 삼각함수의 합성

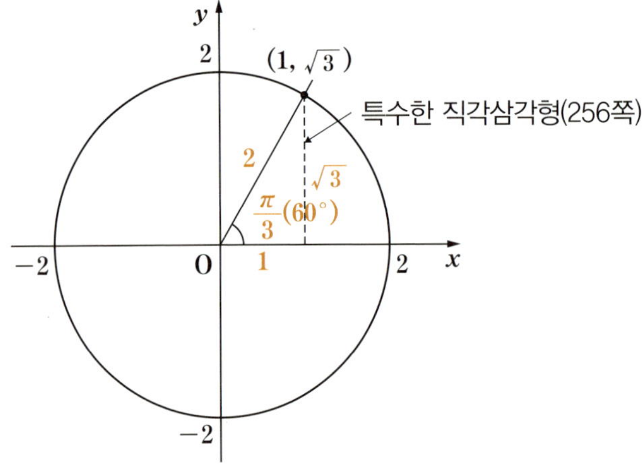

그림 5-35에 따라 α는 다음과 같습니다.

$$\alpha = \frac{\pi}{3}$$

따라서

$$\sin\theta + \sqrt{3}\,\cos\theta$$
$$= 2\sin\left(\theta + \frac{\pi}{3}\right)$$

가 됩니다.

지금까지 공식을 증명하기만 했으니 마지막으로 짧은(하지만 절대 쉽지 않은) 문제를 살펴보겠습니다.

tan 1°는 유리수인가요?

해설

어이가 없을 정도로 짧은 지문입니다. 하지만 (그런 만큼) 많은 수험생들이 단서를 찾아내지 못한 문제였을 것입니다.

이 문제가 까다로운 이유는 먼저 tan 1°가 유리수(= 분수로 나타낼 수 있는 수)인지 무리수(= 분수로 나타낼 수 없는 수)인지를 **감으로** 맞혀야 한다는 점입니다.

하지만 어느 쪽이 맞는지 판별할 수 있는 확실한 근거가 없으므로 시험 삼아 tan 1°를 무리수로 가정하고(어디까지나 가정입니다) 이를 증명하는 방법을 생각해 봅니다.

어차피 둘 중 하나를 선택해야 하는 상황이니 '만약 잘 안 풀리면 유리수라는 걸 나타내는 방법을 다시 생각하면 되겠지'라는 마음가짐으로 시작하면 됩니다.

어느 숫자가 무리수임을 나타내려면 보통 **귀류법**(32쪽)을 사용합니다. 무리수는 '분수로 나타낼 수 없는 숫자'이며, 귀류법은 불가능을 증명하는 데 효과가 있기 때문입니다.

> 귀류법을 사용하는 일반적인 케이스
>
> (i) 불가능하다는 것을 증명
>
> (ii) 존재하지 않을 것을 증명
>
> (iii) 무한할 것을 증명

귀류법을 사용해서 tan 1°가 무리수임을 나타내려면 **tan 1°를 유리수로 가정하고 모순을 유도**해야 하는데, tan 1°와 tan θ의 특수각과의 관련성을 찾아내면 문제가 빨리 풀릴 것 같습니다. 다시 말해 $y = \tan\theta$의 그래프를 그릴 때 사용했던 표에 있는 θ 중 1°를 나타낼 수 있는 것이 있는지 따져 봐야 합니다.

θ	0	$\dfrac{\pi}{6}$	$\dfrac{\pi}{4}$	$\dfrac{\pi}{3}$	$\dfrac{\pi}{2}$	$\dfrac{2\pi}{3}$	$\dfrac{3\pi}{4}$	$\dfrac{5\pi}{6}$
$\tan\theta$	0	$\dfrac{1}{\sqrt{3}}$	1	$\sqrt{3}$		$-\sqrt{3}$	-1	$-\dfrac{1}{\sqrt{3}}$

π	$\dfrac{7\pi}{6}$	$\dfrac{5\pi}{4}$	$\dfrac{4\pi}{3}$	$\dfrac{3\pi}{2}$	$\dfrac{5\pi}{3}$	$\dfrac{7\pi}{4}$	$\dfrac{11\pi}{6}$
0	$\dfrac{1}{\sqrt{3}}$	1	$\sqrt{3}$		$-\sqrt{3}$	-1	$-\dfrac{1}{\sqrt{3}}$

결국 이 문제는 **배각 공식**(269쪽)을 반복해서 사용한 다음, **덧셈정리**(264쪽)를 사용하면 풀 수 있습니다.

$$\tan 1° = p \quad (p\text{는 유리수})$$

$$\tan 2\alpha = \frac{2\tan\alpha}{1-\tan^2\alpha}$$

로 합니다. 배각 공식을 사용하면

$$\tan 2° = \tan 2\cdot 1° = \frac{2\tan 1°}{1-\tan^2 1°} = \frac{2p}{1-p^2}$$

이므로 $\tan 2°$는 유리수(분수로 나타낼 수 있는 수)입니다. 이를 다시

$$\tan 2° = \frac{2p}{1-p^2} = q \quad (q\text{는 유리수})$$

라 하면

$$\tan 4° = \tan 2\cdot 2° = \frac{2\tan 2°}{1-\tan^2 2°} = \frac{2q}{1-q^2}$$

이므로 $\tan 4°$도 유리수입니다. 그리고

$$\tan 4^\circ = \frac{2q}{1 - q^2} = r \quad (r\text{은 유리수})$$

라 하면

$$\tan 8^\circ = \tan 2 \cdot 4^\circ = \frac{2\tan 4^\circ}{1 - \tan^2 4^\circ} = \frac{2r}{1 - r^2}$$

로 계산할 수 있으므로 $\tan 8^\circ$ 역시 유리수입니다.

그 다음 계산 과정은 생략하지만 다음 값들 역시

$$\tan 16^\circ, \quad \tan 32^\circ, \quad \tan 64^\circ, \quad \tan 128^\circ, \cdots\cdots$$

모두 유리수가 됩니다. 여기에서

$$\tan 64^\circ = s \ (s\text{는 유리수})$$

> $60^\circ = 64^\circ - 4^\circ$를 사용해서 특수각과의 관련성을 찾아본다.

라 하면

$$\tan 60^\circ = \tan(64^\circ - 4^\circ) = \frac{\tan 64^\circ - \tan 4^\circ}{1 + \tan 64^\circ \tan 4^\circ} = \frac{s - r}{1 + sr}$$

> $\tan(\alpha - \beta) = \dfrac{\tan\alpha - \tan\beta}{1 + \tan\alpha\tan\beta}$

입니다. 따라서 $\tan 60^\circ$는 유리수입니다.

그러나 이는

$$\tan \frac{\pi}{3} = \tan 60^\circ = \sqrt{3} \quad \boxed{\text{특수각}}$$

이므로 모순입니다($\sqrt{3}$은 무리수). $\boxed{\text{모순을 유도했다.}}$

따라서 $\tan 1^\circ$는 무리수입니다.

❯ 삼각함수 같은 게 무슨 쓸모가 있겠어?

푸리에 전개의 은혜

고등학교에서 삼각함수를 배울 때,

> 공식이 많이 나오긴 하던데 이해가 안 되더라.
> 결국 이게 무슨 쓸모가 있는지 잘 모르겠다.

고 생각했던 적 있지 않나요?

이전 절에서 증명을 다룬 이후로 공식들의 정체가 무엇인지(어디에서 유도한 것인지) 어느 정도는 이해할 수 있지 않았을까 생각합니다(그렇게 기대하고 있습니다).

이 칼럼에서는 삼각함수가 '무슨 쓸모가 있는가'를 이야기하고자 합니다. 고백하건대 필자 역시 학창 시절에는(교과 과정을 통해서는) 삼각함수의 유용성을 이해할 수 없었습니다. 직각삼각형을 사용해서 정의된 삼각비를 배울 때는 세 변의 길이를 알면 넓이를 구할 수 있다(77쪽)는 등의 내용에 감명 받았고, '삼각비는 정말 대단하다!', '도형 문제를 풀기 위한 강력한 무기다!'라고 생각했습니다. 하지만 삼각비가 삼각함수로 격이 올라간 이후로는 정작 (건방지게도) **문제를 내기 위한 문제**만 나오는구나 정도로 생각했습니다.

이후 물리에서 단진동을 배우기 시작했을 무렵, 본인의 어리석음을 깨닫게 되었습니다.

▼ 그림 5-36 용수철의 늘어난 길이

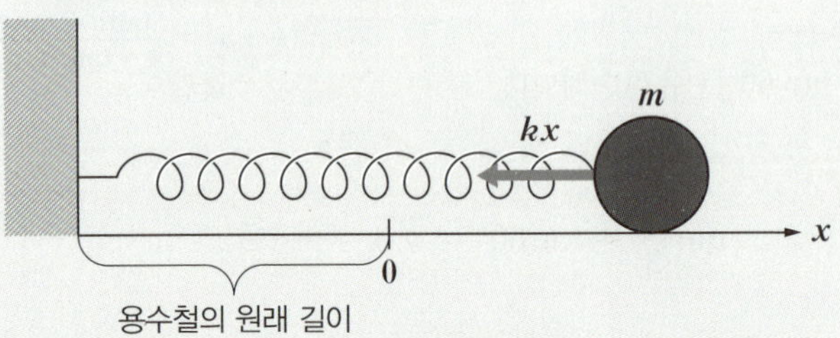

위 그림과 같이 질량이 m인 물체가 용수철 상수가 k인 용수철에 연결되어 있고, 용수철의 늘어난 길이가 x일 때, 이 물체의 운동방정식은

$$ma = -kx$$

로 나타냅니다(a는 가속도).

사실 이 방정식은 시간 t에 대한 미분방정식이고 일반적으로 이를 만족하는 x가

$$x = A \sin\left(\sqrt{\frac{k}{m}}\, t + \varphi\right) \quad (A\text{와 } \varphi\text{는 초기조건에 따라 결정되는 상수})$$

라는 삼각함수로 주어집니다.

Note≡ | 이 부분은 가볍게 훑어봐도 됩니다. 자세한 내용은 〈다시 미분 적분〉(길벗 출판사, 2019)의 303~307쪽을 참조해 주세요.

단진동이란 삼각함수 하나로 나타낼 수 있는 진동이라는 뜻입니다.

또한, 음파나 전자파, 교류회로 등을 표현하려면 삼각함수가 꼭 필요하다는 사실도 함께 알게 됐습니다. 삼각함수는 쓸모가 있고 없고를 떠나 물리적 현상을 표현하기 위해서는 반드시 사용해야 하는 도구인 것입니다.

이 정도만으로 삼각함수의 존재 의의는 충분하지만, 사실 삼각함수는 물리 현상을 설명하기 위한 용도 외에도 우리들의 생활과 바로 연결되는 높은 실용성을 겸비하고 있습니다.

나폴레옹이 사랑한 재능, 조제프 푸리에

삼각함수의 실용성을 비약적으로 높인 인물을 소개하겠습니다. 19세기 초에 프랑스에서 활약한 조제프 푸리에(1768–1830)라는 수학자입니다.

푸리에는 21살 때 프랑스 대혁명을 경험합니다. 프랑스 대혁명의 영웅인 나폴레옹은 합리적인 정신을 가진 사람이었으며 수학적 재능도 풍부했습니다. 항상 과학자들과 논의하는 것을 즐기던 나폴레옹은 이집트 원정을 나갈 때도 그 당시 에콜 폴리테크니크(종합기술학교)의 수학 교사였던 푸리에를 대동했습니다. 여담이지만 나폴레옹은 행정에 일가견이 있던 푸리에를 프랑스 이세르 주의 장관에 임명했습니다.

그는 장관으로 공무를 수행하는 중에도 수학 연구를 멈추지 않았고, 열전도를 분석하는 수학적 모델을 고찰하는 과정에

> 모든 함수는 삼각함수의 합으로 나타낼 수 있다.

라는 결론에 다다릅니다. 258~259쪽에서 소개한 그래프의 형태를 봐도 알 수 있듯이 **삼각함수의 본질은 파동**입니다. '중첩의 원리'라는 것을 알고 있나요? 이는 2개 이상의 파동이 만났을 때, 변위는 각 파동의 변위를 더한 것이 된다는 내용을 담고 있습니다. 그가 이 아이디어의 단서를 '중첩의 원리'에서 얻었는지 확실하지 않지만, 어쨌든 푸리에는 어떠한 함수도 삼각함수를 더하여 나타낼 수 있다는 다소 엉뚱한 아이디어를 생각해냅니다.

$y = A \sin k\theta$의 그래프

푸리에가 생각해낸 아이디어를 설명하기 전에 $y = A \sin k\theta$의 그래프를 먼저 확인해 두겠습니다.

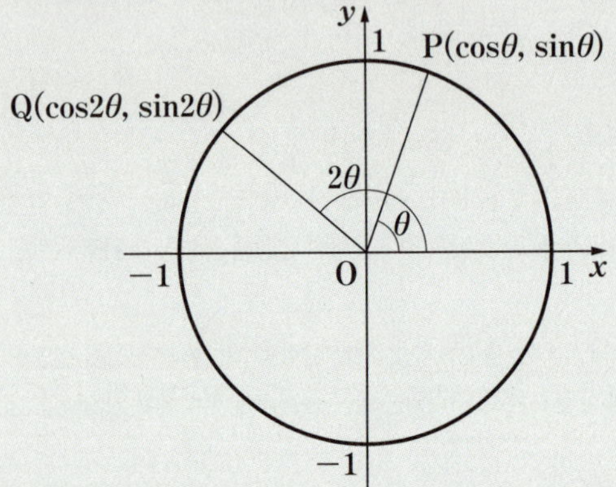

여기 단위원(반지름이 1인 원) 위에 x축 양의 방향에서 각도가 θ인 점 P와 각도가 2θ인 점 Q가 있습니다.

Q의 각도는 P의 2배이므로 만약 P가 반 바퀴를 돌면 Q는 한 바퀴를 돌겠군요. P가 한 바퀴를 돌면 Q는 두 바퀴를 돕니다. P가 돌 때 Q는 P의 2배의 속도로 돌기 때문에, Q가 1바퀴 도는 데 걸리는 시간(= 주기)은 P의 절반입니다.

258~259쪽에서 봤듯이 $y = \cos\theta$와 $y = \sin\theta$의 주기는 2π입니다. 따라서 $y = \cos 2\theta$와 $y = \sin 2\theta$의 주기는 2π의 절반인 π가 됩니다.

회전 속도가 k배가 되면 주기는 $\dfrac{1}{k}$배가 되므로 이를 일반화하면 다음과 같이 정리할 수 있습니다($y = \tan\theta$의 원래 주기는 π입니다).

> $y = \cos k\theta$, $y = \sin k\theta$의 주기는 $\dfrac{2\pi}{k}$입니다.
>
> $y = \tan k\theta$의 주기는 $\dfrac{\pi}{k}$입니다.

$y = \sin\theta$일 때 $-1 \leq y \leq 1$(260쪽)이므로 $y = A\sin\theta$일 때는 $-A \leq y \leq A$입니다.

예를 들어 $y = 2\sin 2\theta$의 그래프는 다음과 같은 모습이 됩니다.

▼ 그림 5-38 $y = 2\sin 2\theta$의 그래프

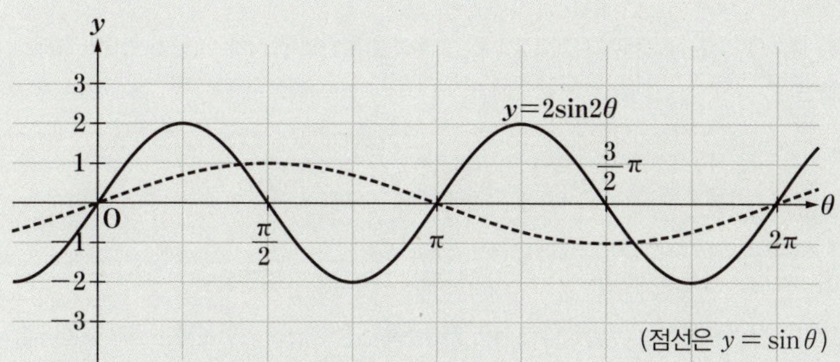

> Note≡ 그림 5-38의 그래프와 그림 5-39의 그래프는 이해를 돕기 위해 실제 길이보다 가로 길이를 약간 늘렸습니다.

푸리에 전개란?

자, 푸리에의 아이디어로 돌아가 봅시다. 정말 모든 함수를 삼각함수의 합으로 나타낼 수 있을까요? 시험 삼아 $y = 2\sin 2\theta$와 $y = \sin \theta$를 더한 함수 $y = \sin \theta + 2\sin 2\theta$의 그래프를 그려 봅시다.

▼ 그림 5-39 $y = 2\sin \theta + 2\sin 2\theta$의 그래프

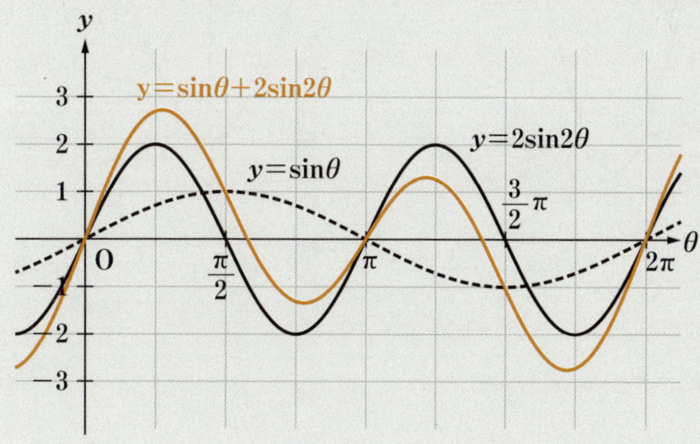

대충 예상했던 그림이 나왔군요. 이렇게 계속 더해 나가면 어떻게 될까요? 그렇다면

$$f(x) = x^2$$

일 때, $f(x)$를 삼각함수의 합으로 나타낸 결과를 확인해 봅시다. 그림 5-39의 그래프들은

$$y = \frac{r^2}{3} + \sum_{k=1}^{n} (-1)^k \frac{4}{k^2} \cos kx$$

를 $-\pi \leq x \leq \pi$ 범위에서 $n = 1, 3, 5$일 때의 그래프를 그린 것입니다.

빨간 점선이 포물선 $y = x^2$입니다. n이 커질수록 점점 점선에 가까워지는 것이 보입니다.

실제로 이 그래프는 $n \to \infty$(=극한)일 때 완전히 일치합니다.

❤ 그림 5-40 $n = 1, 3, 5$일 때의 그래프

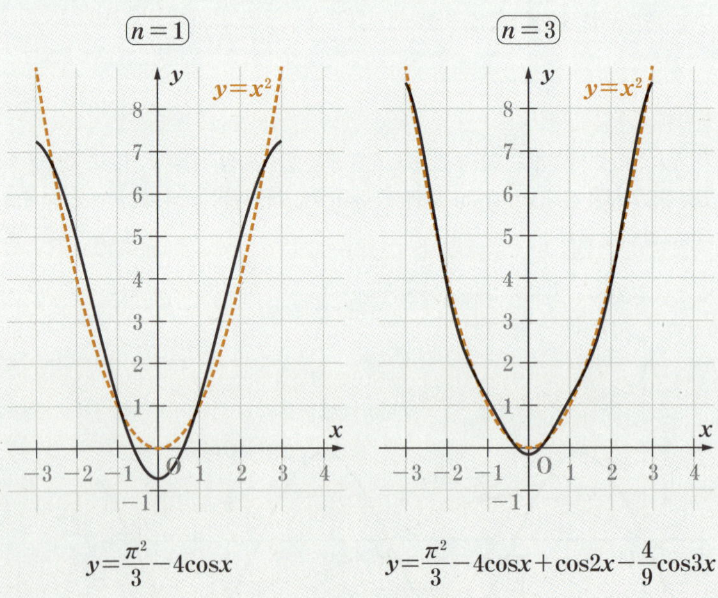

$$y = \frac{\pi^2}{3} - 4\cos x$$

$$y = \frac{\pi^2}{3} - 4\cos x + \cos 2x - \frac{4}{9}\cos 3x$$

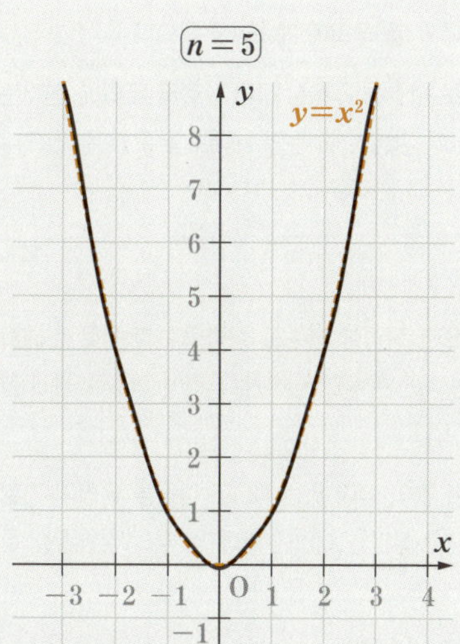

$$y = \frac{\pi^2}{3} - 4\cos x + \cos 2x - \frac{4}{9}\cos 3x + \frac{1}{4}\cos 4x - \frac{4}{25}\cos 5x$$

즉, $-\pi \leq x \leq \pi$일 때,

$$x^2 = \frac{r^2}{3} + \sum_{k=1}^{\infty} (-1)^k \frac{4}{k^2} \cos kx$$

입니다. 더 자세히 설명하려면 책을 한 권 따로 써야 하니 이 정도로 마무리하지만, 이를 일반화하면 $-\pi \leq x \leq \pi$ 범위에서 구분적으로 매끄러운 연속함수(유한개의 점을 제외하고 그래프가 매끄럽게 연결된 함수) $f(x)$에 대하여

푸리에 전개

$$f(x) = \frac{a_0}{2} + \sum_{k=1}^{\infty} (a_k \cos kx + b_k \sin kx)$$

$$\left(단, \, a_k = \frac{1}{\pi} \int_{-\pi}^{\pi} f(x)\cos kx\, dx, \right.$$

$$\left. b_k = \frac{1}{\pi} \int_{-\pi}^{\pi} f(x)\sin kx\, dx \right)$$

가 성립합니다. 이를 **푸리에 전개**라 하고, a_k와 b_k를 **푸리에 계수**라고 합니다.

등골이 오싹해지는 식입니다. 여기서는 훑어보기만 해도 충분합니다. 결국 푸리에 전개는 대학 과정에서 배우니까요. 지금 공부를 조금 더 열심히 해 두면 제대로 유도할 수 있으니 기대하세요!

푸리에 변환의 응용 예

푸리에 전개는 푸리에 계수만 계산할 수 있으면 복잡한 함수도 삼각함수(파동)로 분해할 수 있음을 보여 줍니다. 푸리에 계수를 구하는 계산은 **푸리에 변환**, 푸리에 계수로 원래 함수를 복원하는 계산은 **역 푸리에 변환**이라고 합니다.

가령 지진파를 관측했지만 데이터에 노이즈가 많이 섞여 있을 때, 그 파동을 푸리에 변환을 사용하여 몇 개의 파동으로 나누고, 불필요한 성분을 제거한 후에 역 푸리에 변환을 하면 중요한 데이터만 추출할 수 있습니다.

또한, 푸리에 변환은 **데이터 압축**에도 활용하고 있습니다.

인간은 소리든 이미지든 주파수가 낮은 데이터에 민감하고 주파수가 높은 데이터에 둔감합니다. 그래서 음악이나 이미지를 압축할 때는 원본 데이터를 푸리에 변환으로 주파수별로 분해하고 주파수가 높은 데이터를 덜어내는 방식으로 데이터의 양을 줄입니다.

만약 푸리에 변환이 없었다면, 그 이전에 삼각함수가 없었다면 우리는 지진파를 분석할 수 없었을 것이며 이메일이나 SNS로 부담 없이 음악이나 사진을 보낼 수 없었을 것입니다.

고등학교 수학만으로는 삼각함수의 은혜로움을 실감하기 어렵지만, 사실 삼각함수는 깊은 내용을 담고 있으면서도 실용적인 함수였던 것입니다.

03 지수함수

이 절에서는

$$y = a^x$$

꼴로 나타내는 함수(**지수함수**라고 합니다)를 설명합니다. 그런데 위 식으로 나타내는 y는 x의 함수가 될 수 있을까요?

중학교에서 같은 수를 반복해서 곱할 때는

$$2 \times 2 = 2^2$$
$$2 \times 2 \times 2 = 2^3$$

으로 나타내도록 배웠습니다.

같은 수를 반복해서 곱하는 것을 **거듭제곱**이라 하고, 숫자의 오른쪽 모서리에 적힌 작은 숫자는 **거듭제곱의 지수**라고 하지요.

이 시점에서 'y가 x의 함수이기 위한 조건'을 되새겨 봅시다.

---

y가 x의 함수이기 위한 조건

(i) y의 값이 x에 의해 한 가지로 결정된다.

(ii) x의 값을 (정의역 안에서) 자유롭게 고를 수 있다.

예를 들어 $y = 2^x$이면

$$x = 1 \quad \rightarrow \quad y = 2$$
$$x = 2 \quad \rightarrow \quad y = 4$$
$$x = 3 \quad \rightarrow \quad y = 8$$

이 됩니다. $y = a^x$으로 나타나는 y의 값은 x의 값에 따라 한 가지로 결정되니 조건 (i)은 만족합니다. 그렇다면 조건 (ii)는 만족할까요?

중학교 때 배운대로라면 거듭제곱의 지수(오른쪽 모서리에 적힌 숫자)는 반복해서 곱한 횟수이므로 $y = a^x$의 x에 들어갈 수 있는 건 자연수(양의 정수)뿐입니다. 이대로는 조건 (ii)를 만족할 수 없습니다. **$y = a^x$을 조건 (ii)를 만족하는 함수로 인정하려면 거듭제곱의 지수 x에 들어갈 수 있는 수의 범위를 확장해야 합니다.**

단, 고등학교 수학에서는 $y = f(x)$의 x에 들어갈 수 있는 수의 범위를 실수로 제한하고 있습니다.

Note≡ 대학에서 복소함수를 배우면 독립변수 x의 범위가 복소수로 확대됩니다.

잠시 실수의 분류 체계를 짚고 넘어가겠습니다.

▼ 그림 5-41 실수의 분류 체계

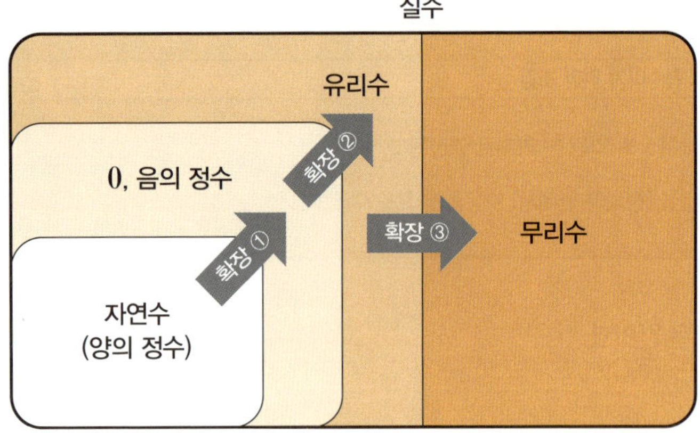

유리수(rational number)란 정수의 비율(ratio), 즉 분수로 나타낼 수 있는 수입니다. 정수 n도 $n = \dfrac{n}{1}$으로 표기하면 분수로 나타낼 수 있으니 유리수의 일종입니다.

반대로 **분수로 나타낼 수 없는 수는 무리수**(irrational number)라고 합니다. $\sqrt{2}$처럼 $\sqrt{}$를 사용해야 나타낼 수 있는 수가 무리수입니다. 또한, π(원주율)나 $\log_{10} 2$ 등의 로그(다음 절에서 설명)도 분수로 나타낼 수 없기 때문에 무리수로 분류합니다.

지수 범위의 확장 ①: 0과 음의 정수의 지수

그러면 이제부터

$$2^0, \quad 2^{-1}, \quad 2^{\frac{1}{3}}, \quad 2^{\sqrt{2}}$$

등도 생각할 수 있도록 지수(a^x에서 x)의 범위를

$$\text{자연수} \to 0, \text{ 음의 정수} \to \text{유리수} \to \text{무리수}$$

로 확장해 나갑니다(그림 5-41 참조).

지수가 자연수일 때,

$$2^2 \times 2^3 = (2 \times 2) \times (2 \times 2 \times 2)$$
$$= 2^5 = 2^{2+3}$$

$$(2^2)^3 = 2^2 \times 2^2 \times 2^2 = (2 \times 2) \times (2 \times 2) \times (2 \times 2)$$
$$= 2^6 = 2^{2 \times 3}$$

$$(2 \times 3)^2 = (2 \times 3) \times (2 \times 3)$$
$$= 2 \times 2 \times 3 \times 3 = 2^2 \times 3^2$$

등은 명백하게 성립합니다.

이들을 일반화한 공식을 **지수법칙**이라고 합니다.

지수법칙

(i) $a^m \times a^n = a^{m+n}$

(ii) $(a^m)^n = a^{mn}$

(iii) $(ab)^n = a^n b^n$

지수의 범위를 확장하더라도 지수법칙이 성립하도록 거듭제곱을 새롭게 정의해 봅시다.

지수법칙 (i)에서 $n = 0$일 때를 생각해 봅니다.

$$a^m \times a^0 = a^{m+0} = a^m \quad \Rightarrow \quad a^0 = \frac{a^m}{a^m} = 1$$

이군요. 그러므로 $a^0 = 1$로 정합니다.

마찬가지로 지수법칙 (i)의 m에 $-n$을 대입하면

$$a^{-n} \times a^n = a^{-n+n} = a^0 = 1 \quad \Rightarrow \quad a^{-n} = \frac{1}{a^n}$$

이 됩니다. 그리니 이제부터 지수가 0 또는 음의 정수일 때는 다음과 같이 생각하기로 합니다.

Note≡ 　지수의 범위를 자연수 너머로 확장하면 지수의 정의가 더 이상 '거듭제곱을 한 횟수'가 아니게 됩니다. 삼각비의 격을 삼각함수로 올릴 때, 90°보다 큰 각도 다룰 수 있도록 (직각삼각형을 벗어날 수 있도록) 단위원으로 다시 정의했던 것처럼, 자연수 너머의 지수도 다룰 수 있도록 지수의 뜻을 새롭게 정의한 것으로 이해해 주세요.

예를 들어

$$2^0 = 1, \qquad 2^{-1} = \frac{1}{2^1} = \frac{1}{2}, \qquad 2^{-2} = \frac{1}{2^2} = \frac{1}{4}, \qquad 2^{-3} = \frac{1}{2^3} = \frac{1}{8}$$

인데, 지수의 범위를 이렇게 정해 두면 $2^3 \rightarrow 2^2 \rightarrow 2^1 \rightarrow 2^0 \rightarrow 2^{-1} \rightarrow 2^{-2} \rightarrow 2^{-3}$ 처럼 각각의 지수에 -1을 할 때마다 수의 크기가 절반이 된다는 성질이 유지 됩니다.

$$\overset{\times \frac{1}{2}}{} \quad \overset{\times \frac{1}{2}}{} \quad \overset{\times \frac{1}{2}}{} \quad \overset{\times \frac{1}{2}}{} \quad \overset{\times \frac{1}{2}}{} \quad \overset{\times \frac{1}{2}}{}$$

$$2^3 \rightarrow 2^2 \rightarrow 2^1 \rightarrow 2^0 \rightarrow 2^{-1} \rightarrow 2^{-2} \rightarrow 2^{-3}$$

$$\downarrow$$

$$8 \rightarrow 4 \rightarrow 2 \rightarrow 1 \rightarrow \frac{1}{2} \rightarrow \frac{1}{4} \rightarrow \frac{1}{8}$$

위와 같이 0 또는 음의 정수일 때의 지수를 앞과 같이 정해 두면 지수법칙 (ii)

와 (iii)가 성립하는 것도 확인할 수 있습니다.

$$(a^m)^{-n} = \frac{1}{(a^m)^n} = \frac{1}{a^{mn}} = a^{-(mn)} = a^{m \times (-n)}$$

지수법칙
$$(a^p)^q = a^{pq}$$

$$a^{-n} = \frac{1}{a^n} \qquad \frac{1}{a^n} = a^{-n}$$

$$(ab)^{-n} = \frac{1}{(ab)^n} = \frac{1}{a^n b^n} = \frac{1}{a^n} \times \frac{1}{b^n} = a^{-n} \times b^{-n}$$

지수법칙
$$(ab)^p = a^p b^p$$

$$a^{-n} = \frac{1}{a^n} \qquad \frac{1}{a^n} = a^{-n}$$

거듭제곱근의 정의와 성질

지수가 유리수(분수)일 때를 생각하기 전에 **거듭제곱근**이라는 것을 정의해 둡시다.

일반적으로 n을 양의 정수라 할 때, n제곱하면 a가 되는 수, 즉

$$x^n = a$$

를 만족하는 x를 a의 n제곱근이라 하며, 거듭제곱근이라는 통칭으로 부르기도 합니다.

> Note☰　2제곱근은 지금까지와 마찬가지로 '제곱근'으로 줄여서 부르는 것이 일반적입니다.

a의 n제곱근은 $x^n = a$의 해이므로

$$y = x^n \text{과} \qquad y = a$$

의 그래프가 만나는 점(교점)의 x좌표입니다. 이때 그림 5-42와 그림 5-43처

럼 $y = x^n$의 그래프는 n이 짝수일 때와 n이 홀수일 때가 서로 다르다는 점에 주의하세요.

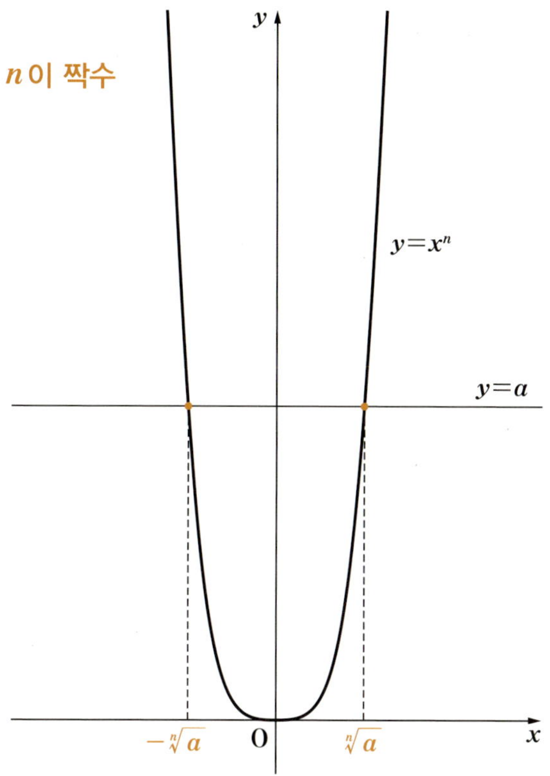

n이 짝수이면 교점(a의 n제곱근)이 2개이고, 홀수이면 교점(a의 n제곱근)이 1개입니다.

n이 짝수이면 **a의 n제곱근 중 양의 n제곱근을** $\sqrt[n]{a}$ 로 표기합니다(음의 n제곱근은 $-\sqrt[n]{a}$). n이 홀수이면 a의 n제곱근이 1개이므로 $\sqrt[n]{a}$로 표기합니다. 또한, **n이 짝수일 때 a가 음수이면 교점이 없다(거듭제곱근이 없다)**는 점에 주의하세요. 그러면 거듭제곱근을 정리하겠습니다.

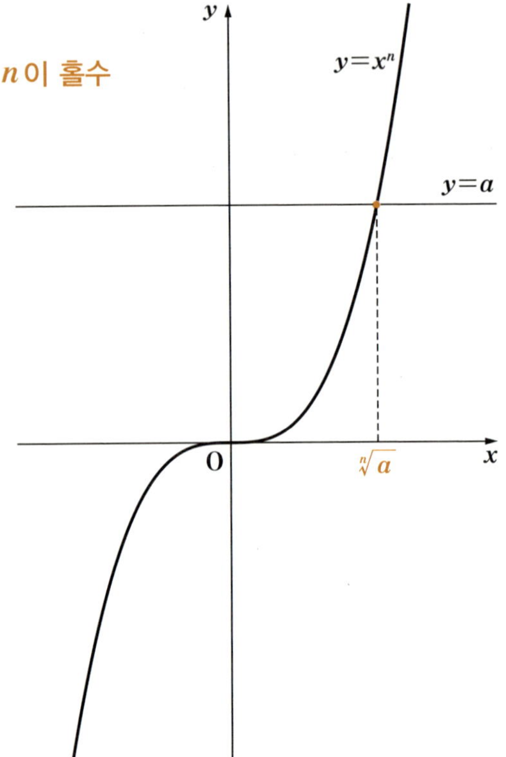

그림 5-43 $y = x^n$의 n이 홀수일 때

거듭제곱근의 정의

양의 정수 n에 대하여

(i) n이 짝수일 때,

$$x^n = a \iff x = \pm\sqrt[n]{a} \ (a > 0)$$

(ii) n이 홀수일 때,

$$x^n = a \iff x = \sqrt[n]{a}$$

그림 5-42를 보면 $a > 0$일 때 양의 정수 n에 대하여

$$\sqrt[n]{a} > 0$$

임이 명백합니다.

또한, $x = \sqrt[n]{a}$ 는 방정식 $x^n = a$의 해이므로 이를 대입하면

$$\left(\sqrt[n]{a}\right)^n = a$$

를 구할 수 있습니다. 이들을 사용하면 거듭제곱근에 다음과 같은 성질이 있음을 알 수 있습니다.

거듭제곱근의 성질

(i) $\sqrt[n]{a} \times \sqrt[n]{b} = \sqrt[n]{ab}$

(ii) $\left(\sqrt[n]{a}\right)^m = \sqrt[n]{a^m}$

$(a > 0, b > 0$이고, m과 n은 양의 정수$)$

증명

$\left(\sqrt[n]{a}\right)^n = a, \ \sqrt[n]{a} > 0$임을 지수법칙으로 증명합니다.

(i)

$$(ab)^p = a^p b^p \qquad (\sqrt[n]{a})^n = a$$

좌변의 n제곱 $= (\sqrt[n]{a} \times \sqrt[n]{b})^n = (\sqrt[n]{a})^n \times (\sqrt[n]{b})^n = a \times b = ab$

우변의 n제곱 $= (\sqrt[n]{ab})^n = ab \qquad (\sqrt[n]{a})^n = a$

따라서

$$(\sqrt[n]{a} \times \sqrt[n]{b})^n = (\sqrt[n]{ab})^n$$

$\sqrt[n]{a} > 0,\ \sqrt[n]{b} > 0$ 이고 $\sqrt[n]{a} \times \sqrt[n]{b} > 0,\ \sqrt[n]{ab} > 0$(295쪽 노트를 참조)이므로 다음이 성립합니다.

$$\sqrt[n]{a} \times \sqrt[n]{b} = \sqrt[n]{ab}$$

(ii)

$$(a^p)^q = a^{pq} \qquad (\sqrt[n]{a})^n = a$$

좌변의 n제곱 $= \{(\sqrt[n]{a})^m\}^n = (\sqrt[n]{a})^{mn} = (\sqrt[n]{a})^{nm} = \{(\sqrt[n]{a})^n\}^m = a^m$

우변의 n제곱 $= (\sqrt[n]{a^m})^n = a^m \qquad (\sqrt[n]{a})^n = a$

따라서

$$\{(\sqrt[n]{a})^m\}^n = (\sqrt[n]{a^m})^n$$

입니다. $(\sqrt[n]{a})^m > 0,\ \sqrt[n]{a^m} > 0$(295쪽 노트를 참조)이므로 다음이 성립합니다.

$$(\sqrt[n]{a})^m = \sqrt[n]{a^m}$$

증명 끝

솔직히 여러분도 이 지점을 답답하게 느낄 수 있습니다. 하지만 지금 우리들은 차근차근 지수를 확장하고 있습니다. 논리를 쌓아 새로운 세계를 접하는 성취감을 맛보기를 바라는 마음입니다.

지수 범위의 확장 ②: 유리수의 지수

앞에서 설명한 바에 따르면 $a > 0$일 때,

$$\left(\sqrt[n]{a}\,\right)^n = a \quad \cdots ①$$

이었지요? 이를

$$\sqrt[n]{a} = a^k \quad \cdots ②$$

이라 합시다. ①에 ②를 대입해서 **지수법칙 (ii)가 성립하면**

$$(a^k)^n = a \quad \Leftrightarrow \quad a^{kn} = a^1 \qquad \boxed{\text{지수법칙 } (a^p)^q = a^{pq}}$$

이 됩니다. 지수(오른쪽 모서리에 있는 수)와 비교하면

$$kn = 1 \quad \Leftrightarrow \quad k = \frac{1}{n}$$

입니다. 이를 ②에 대입하면

$$\sqrt[n]{a} = a^{\frac{1}{n}} \quad \cdots ③$$

이 되지요? ③의 양변을 m제곱하면

$$\left(\sqrt[n]{a}\,\right)^m = \left(a^{\frac{1}{n}}\right)^m \quad \Leftrightarrow \quad \sqrt[n]{a^m} = a^{\frac{m}{n}} \qquad \boxed{\left(\sqrt[n]{a}\,\right)^m = \sqrt[n]{a^m}}$$

이므로 지수가 유리수이면 다음과 같이 **정의**합니다.

유리수의 지수

$$a^{\frac{1}{n}} = \sqrt[n]{a}$$

$$a^{\frac{m}{n}} = \sqrt[n]{a^m}$$

($a > 0$이며 m과 n은 양의 정수)

조금 전에는 지수법칙 (ii)가 성립한다고 마음대로 가정했지만, 이렇게 정의하면 지수가 유리수인 거듭제곱에도 지수법칙 (i)~(iii)가 성립하는 것을 확인할 수 있습니다. 하지만 분수를 문자식으로 나타내면 식이 복잡해지므로 여기에서는 $a > 0$, $b > 0$으로 두고 $p = \dfrac{1}{2}$, $q = \dfrac{2}{3}$로 확인합니다.

지수법칙 (i) $\quad a^p \times a^q = a^{p+q}$ $\qquad \boxed{a^{\frac{m}{n}} = \sqrt[n]{a^m}} \quad \boxed{\sqrt[n]{a} \times \sqrt[n]{b} = \sqrt[n]{ab}}$

$$a^p \times a^q = a^{\frac{1}{2}} \times a^{\frac{2}{3}} = a^{\frac{3}{6}} \times a^{\frac{4}{6}} = \sqrt[6]{a^3} \times \sqrt[6]{a^4} = \sqrt[6]{a^3 \times a^4} = \sqrt[6]{a^7}$$

$$a^{p+q} = a^{\frac{1}{2}+\frac{2}{3}} = a^{\frac{3+4}{6}} = a^{\frac{7}{6}} = \sqrt[6]{a^7}$$

$$\Rightarrow \quad a^p \times a^q = a^{p+q}$$

지수법칙 (ii) $\quad \left(a^p\right)^q = a^{pq}$ $\qquad \boxed{a^{\frac{m}{n}} = \sqrt[n]{a^m}}$

$$\left(a^p\right)^q = \left(a^{\frac{1}{2}}\right)^{\frac{2}{3}} = \left(\sqrt{a}\,\right)^{\frac{2}{3}} = \sqrt[3]{\left(\sqrt{a}\,\right)^2} = \sqrt[3]{a}$$

$$a^{pq} = a^{\frac{1}{2} \times \frac{2}{3}} = a^{\frac{1}{3}} = \sqrt[3]{a}$$

$$\Rightarrow \quad \left(a^p\right)^q = a^{pq}$$

지수법칙 (iii) $(ab)^q = a^q b^q$ $\boxed{a^{\frac{m}{n}} = \sqrt[n]{a^m}}$ $\boxed{\sqrt[n]{ab} = \sqrt[n]{a} \times \sqrt[n]{b}}$

$$(ab)^q = (ab)^{\frac{2}{3}} = \sqrt[3]{(ab)^2} = \sqrt[3]{a^2 b^2} = \sqrt[3]{a^2} \times \sqrt[3]{b^2}$$

$$a^q b^q = a^{\frac{2}{3}} b^{\frac{2}{3}} = \sqrt[3]{a^2} \times \sqrt[3]{b^2}$$

$$\Rightarrow \quad (ab)^q = a^q b^q$$

> **Note≡** 여력이 되는 분은
>
> $$p = \frac{m}{n}, \quad q = \frac{s}{t}$$
>
> 등에도 같은 계산을 해서 지수법칙 (i)~(iii)가 성립하는 것을 확인해 보세요.

이제 계산 문제를 하나 풀어 봅시다.

문제 3

다음 식을 계산하세요.

$$\left(2^{\frac{4}{3}} \times 2^{-1}\right)^6 \times \left\{ \left(\frac{16}{81}\right)^{-\frac{7}{6}} \right\}^{\frac{3}{7}}$$

해설

지수가 복잡한 계산 문제는 집중해서 차근차근 풀어야 합니다. 훈련을 통해 이러한 계산에 익숙해지는 과정이 꼭 필요하지만, 고등학교 수학 수업의 진도는 의외로 빠르기 때문에 지수를 계산하는 문제를 어려워하는 학생이 많습니다.

$$\left(2^{\frac{4}{3}} \times 2^{-1}\right)^6 \times \left\{\left(\frac{16}{81}\right)^{-\frac{7}{6}}\right\}^{\frac{3}{7}}$$

$$= \left(2^{\frac{4}{3}\times 6} \times 2^{-1\times 6}\right) \times \left\{\left(\frac{2^4}{3^4}\right)^{-\frac{7}{6}}\right\}^{\frac{3}{7}}$$

$(ab)^p = a^p b^p$

$$= \left(2^8 \times 2^{-6}\right) \times \left(\frac{2^4}{3^4}\right)^{-\frac{7}{6}\times\frac{3}{7}}$$

$(a^p)^q = a^{pq}$

$$= 2^{8+(-6)} \times \left(\frac{2^4}{3^4}\right)^{-\frac{1}{2}}$$

$a^p \times a^q = a^{p+q}$

$$= 2^2 \times \left\{\left(\frac{2}{3}\right)^4\right\}^{\frac{1}{2}}$$

$$= 2^2 \times \left(\frac{2}{3}\right)^{4\times\left(-\frac{1}{2}\right)}$$

$(a^p)^q = a^{pq}$

$$= 2^2 \times \left(\frac{2}{3}\right)^{-2}$$

$$= 2^2 \times \frac{1}{\left(\frac{2}{3}\right)^2}$$

$a^{-n} = \dfrac{1}{a^n}$

$$= 2^2 \times \left\{1 \div \left(\frac{2}{3}\right)^2\right\}$$

$\dfrac{1}{a} = 1 \div a$

$$= 2^2 \times \left(1 \div \frac{2^2}{3^2}\right) = 2^2 \times \left(1 \times \frac{3^2}{2^2}\right) = 2^2 \times \frac{3^2}{2^2} = 3^2 = 9$$

지수 범위의 확장 ③: 무리수의 지수

지수를 무리수까지 확장할 수 있다는 사실의 엄밀한 증명은 대학, 그것도 수학과에 진학해야 배울 수 있을 정도로 난이도가 높습니다. 그래서 이 책에서는 다

음과 같이 다루기로 정했습니다. 예를 들어

$$\sqrt{2} = 1.41421356237\cdots\cdots$$

의 우변은 소수점 아래가 끝없이 불규칙하게 이어지는 무리수지만, 이와 가까운 유리수를 사용해서 2의 거듭제곱의 지수를 서서히 $\sqrt{2}$에 가깝도록 만들어 봅시다.

$$2^1 = 2$$
$$2^{1.4} = 2.63901\cdots\cdots$$
$$2^{1.41} = 2.65737\cdots\cdots$$
$$2^{1.414} = 2.66474\cdots\cdots$$
$$2^{1.4142} = 2.66511\cdots\cdots$$
$$2^{1.41421} = 2.66513\cdots\cdots$$
$$2^{1.414213} = 2.66514\cdots\cdots$$

사실 이 계산을 반복하면 우변이 $2.665144143\cdots$라는 특정 값에 한없이 가까워집니다. 그래서 $2^{\sqrt{2}}$은 다음과 같이 정의하기로 했습니다.

$$2^{\sqrt{2}} = 2.665144143\cdots\cdots$$

지수가 무리수여도 지수법칙이 모두 성립한다는 사실은 알고 있습니다. 고등학교 수학의 범위에서 지수를 무리수로 확장하는 것을 엄밀하게 나타낼 수는 없지만 여기에 '과제'가 남아 있다는 사실을 늘 의식한다면 앞으로 공부하는 데 있어 자극제가 될 것입니다. 마음 속에 꼭 새겨 두세요.

어쨌든 이 책에서 다루는 범위에서 강조하고 싶은 것은 지수가 실수일 때도 다음 지수법칙이 성립하고, 이것으로 실수 전체에 대한 지수함수를 정의할 수 있게 된다는 사실입니다.

지수법칙

$a > 0, b > 0$이고 x, y가 실수일 때,

(i) $a^x \times a^y = a^{x+y}$

(ii) $(a^x)^y = a^{xy}$

(iii) $(ab)^x = a^x b^x$

지수함수의 정의와 맺은 약속

그러면 이제 다음과 같이 **지수함수**를 정의합니다.

지수함수

$$y = a^x$$

(단, $a > 0, a \neq 1$)

여기에서 $a > 0$이라고 한 이유는 고등학교 수학에서는 독립변수(x)와 종속변수(y)의 범위가 실수를 벗어날 수 없기 때문입니다.

예를 들어 $x = \dfrac{1}{2}$인데 a가 음의 정수이면

$$y = (-1)^{\frac{1}{2}} = \sqrt{-1}$$

이 되어 y가 허수(제곱하면 음수가 되는 수)가 됩니다. 또한, $a \neq 1$이라고 한 이유는 $a = 1$이면

$$y = 1^x = 1$$

이 되어 y의 값이 x의 값에 따라 결정되지 않기 때문입니다.

지수함수는 $a \neq 1$일 때 **x와 y가 일대일로 대응**하고, x(입력)를 정하면 y(출력)가 정해질 뿐만 아니라 y(출력)로 x(입력)를 결정할 수 있습니다. 이는 다음 절에서 배우는 로그함수를 정의할 수 있는 근거가 됩니다.

사실 'x와 y가 일대일로 대응한다'는 y가 x의 함수이기 위한 조건은 아닙니다. 하지만 지수함수에서는 모처럼 가지고 있는 귀중한 성질을 보존하기 위해 $a \neq 1$을 약속하도록 되어 있습니다.

참고로 a^x에서 a를 **밑**이라고 합니다.

지수함수의 그래프와 그 특징

$y = 2^x$이 그리는 그래프의 모습을 알아보기 위해 (지금까지 해 왔던 것처럼) x에 값을 몇 개 대입해서 표로 만듭니다.

$$a^0 = 1, \quad a^{-n} = \frac{1}{a^n}$$

x	-2	-1	0	1	2	3
y	$2^{-2} = \dfrac{1}{4}$	$2^{-1} = \dfrac{1}{2}$	$2^0 = 1$	$2^1 = 2$	$2^2 = 4$	$2^3 = 8$

이들을 그래프 위에 찍고 매끄럽게 연결하면 다음과 같은 모습이 됩니다.

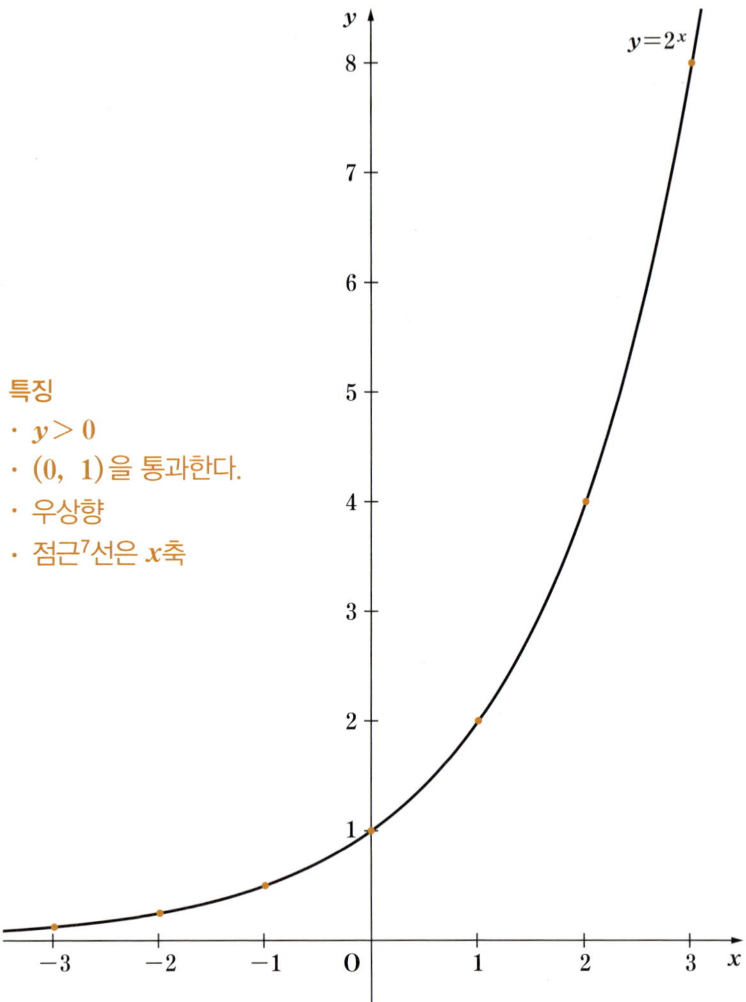

이번에는 $y = \left(\dfrac{1}{2}\right)^x$ 의 그래프를 생각해 봅시다. 역시 표를 만듭니다.

---

7 점점 漸, 가까울 近

$$y = \left(\frac{1}{2}\right)^x = \frac{1}{2^x} = 2^{-x}$$

임에 주의하면 다음과 같습니다.

x	-2	-1	0	1	2	3
y	$2^{-(-2)} = 4$	$2^{-(-1)} = 2$	$2^0 = 1$	$2^{-1} = \dfrac{1}{2}$	$2^{-2} = \dfrac{1}{4}$	$2^{-3} = \dfrac{1}{8}$

$y = 2^x$일 때의 표와 비교하면 y의 값의 순서가 정확히 반대네요. 그래프는 그림 5-45와 같습니다.

그림 5-45 $y = \left(\dfrac{1}{2}\right)^x$의 그래프

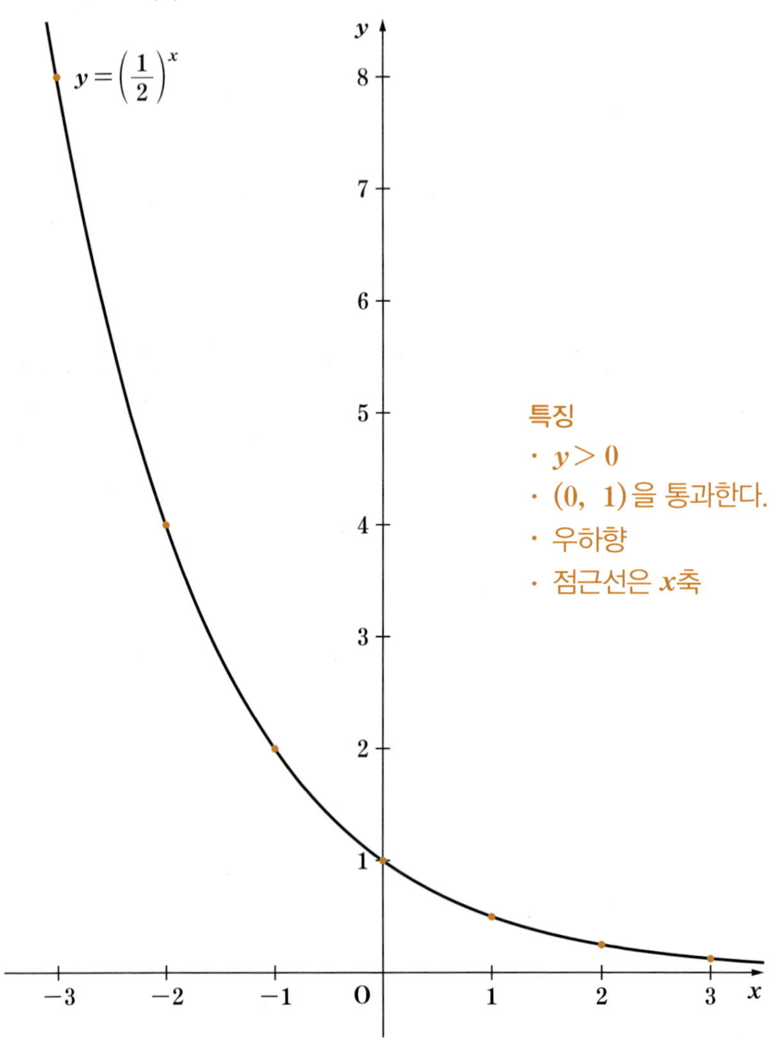
$y = \left(\dfrac{1}{2}\right)^x$
특징
· $y > 0$
· $(0,\ 1)$을 통과한다.
· 우하향
· 점근선은 x축

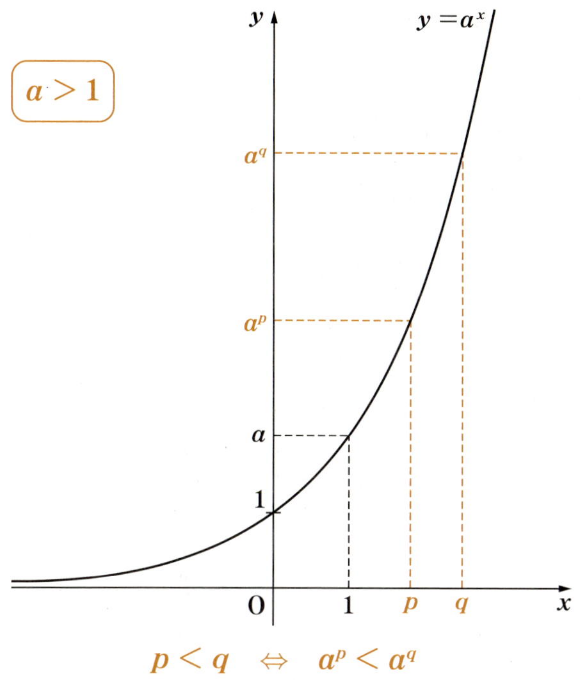

일반적으로 $y = a^x$의 그래프는 $a > 1$인지 $0 < a < 1$인지에 따라 크게 바뀝니다.

$0 < a < 1$일 때, 그래프의 방향이 우하향이 되니 x가 커질수록 y의 값, 다시 말해 a^x 값이 작아진다는 점에 주의하세요. 그렇기 때문에 다음과 같이 지수의 **대소 관계에 따라 함수 전체의 대소 관계가 바뀝니다.**

$$0 < a < 1\text{일 때,} \quad p < q \ \Leftrightarrow \ a^p > a^q$$

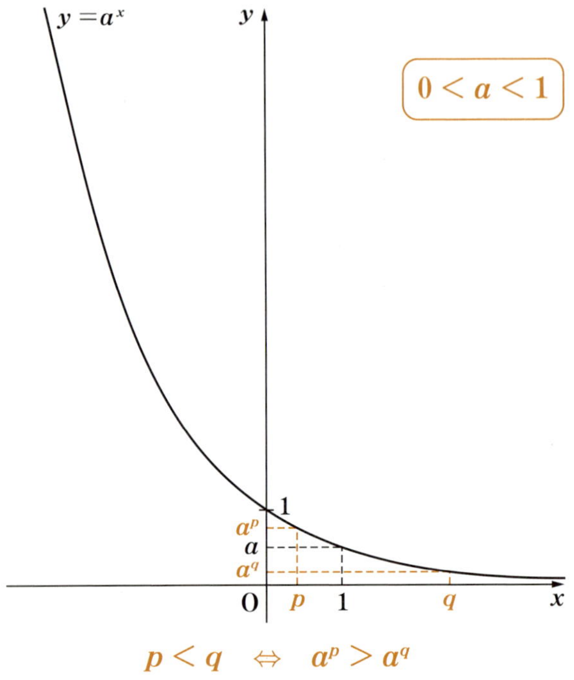

그러면 마지막 문제입니다.

문제 4

(1) 다음 세 수의 대소 관계를 답하세요.

$$a = 2^{\frac{1}{2}}, \quad b = 3^{\frac{1}{3}}, \quad c = 5^{\frac{1}{5}}$$

(2) $2^x = 3^y = 5^z$(단, x, y, z는 양의 실수)일 때, $2x$, $3y$, $5z$의 대소 관계를 답하세요.

해설

(1) a, b, c는 밑과 지수가 모두 다르기 때문에 이 상태로는 비교할 수 없습니다. 따라서 지수함수에 대하여 일반적으로 성립하는 다음 성질을 이용합니다(그림 5-46, 그림 5-47 참조).

α, β가 1이 아닌 양의 실수이고 n이 양의 실수일 때, 다음이 성립합니다.

$$\alpha < \beta \quad \Leftrightarrow \quad \alpha^n < \beta^n$$

▼ 그림 5-48 범위에 상관없이 성립하는 지수함수의 성질

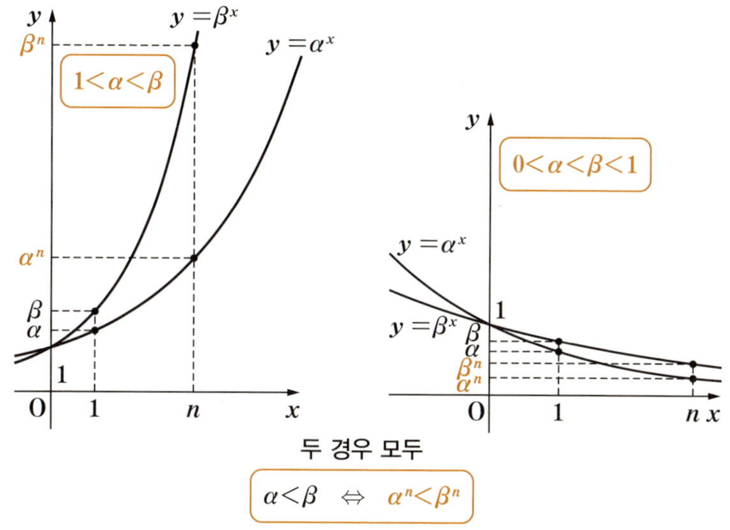

(2) 지문에서 x, y, z의 대소 관계가 아닌 $2x$, $3y$, $5z$의 대소 관계를 묻고 있는 점이 핵심입니다. 주어진 식에서 $2x$, $3y$, $5z$를 만드는 방법을 생각해야 하는데, (1)에 힌트가 있습니다.

(1) $a = 2^{\frac{1}{2}}$, $b = 3^{\frac{1}{3}}$, $c = 5^{\frac{1}{5}}$

이므로 다음과 같습니다.

$$a^6 = \left(2^{\frac{1}{2}}\right)^6 = 2^{\frac{1}{2} \times 6} = 2^3 = 8$$

$$b^6 = \left(3^{\frac{1}{3}}\right)^6 = 3^{\frac{1}{3} \times 6} = 3^2 = 9$$

$$\Rightarrow \ a^6 < b^6 \ \Leftrightarrow \ a < b \ \cdots ①$$

> $\dfrac{1}{2}$ 과 $\dfrac{1}{3}$ 의 분모 2와 3의 최소공배수를 고려해 6제곱한다.
>
> $(a^p)^q = a^{pq}$

또한, 다음 관계도 성립합니다.

$$a^{10} = \left(2^{\frac{1}{2}}\right)^{10} = 2^{\frac{1}{2} \times 10} = 2^5 = 32$$

$$c^{10} = \left(5^{\frac{1}{5}}\right)^{10} = 5^{\frac{1}{5} \times 10} = 5^2 = 25$$

$$\Rightarrow \ c^{10} < a^{10} \ \Leftrightarrow \ c < a \ \cdots ②$$

> $\dfrac{1}{2}$ 과 $\dfrac{1}{5}$ 의 분모 2와 5의 최소공배수를 고려해 10제곱한다.
>
> $(a^p)^q = a^{pq}$

①, ②에 따라 대소 관계는 다음과 같습니다.

$$c < a < b$$

(2) $2^x = 3^y = 5^z$

이므로 다음과 같이 정리할 수 있습니다.

$$2^{\frac{1}{2} \times 2x} = 3^{\frac{1}{3} \times 3y} = 5^{\frac{1}{5} \times 5z}$$

$$\Leftrightarrow \ \left(2^{\frac{1}{2}}\right)^{2x} = \left(3^{\frac{1}{3}}\right)^{3y} = \left(5^{\frac{1}{5}}\right)^{5z}$$

$$\Leftrightarrow \ a^{2x} = b^{3y} = c^{5z} \ \cdots ③$$

(1)에 따라

$$c < a < b$$

이므로 ③에 의해

$$3y < 2x < 5z$$

가 됩니다.

가장 작은 c를 5z제곱하면 다른 수와 같아지므로 5z를 최대로 간주한다. 가장 큰 b를 3y제곱 하면 다른 수와 같아지므로 3y를 최소로 간주한다.

04 로그함수

이전 절에서 지수함수에서는 x와 y가 일대일로 대응하기 때문에 y의 값으로도 x의 값을 정할 수 있다고 설명했습니다. 이는 그래프를 보면 좀 더 명확해집니다.

예를 들어 $y = 2^x$이면

$$y = 2 \quad \Rightarrow \quad x = 1$$
$$y = 4 \quad \Rightarrow \quad x = 2$$
$$y = 8 \quad \Rightarrow \quad x = 3$$

이지요.

▼ 그림 5-49 $y = 2^x$의 그래프에서 $y = 3$일 때 x의 값은?

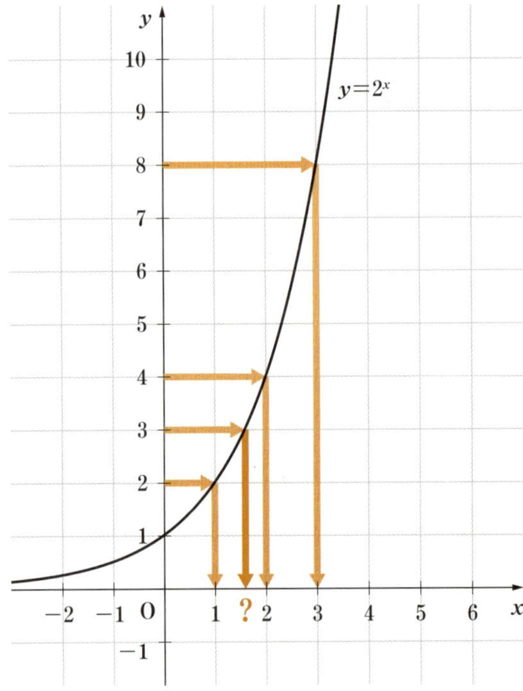

하지만 $y = 3$일 때는 어떤가요? 그림 5-49의 그래프로 x가 1과 2 사이의 숫자라는 것은 알게 되었지만, 사실 $y = 3$에 대응하는 x는 무리수입니다(이것은 나중에 증명합니다). 심지어 $\sqrt{}$와 π를 사용해도 나타낼 수 없습니다. 그래서 $y = 2^x$일 때 $y = 3$에 대응하는 x를 $x = \log_2 3$으로 표기하기로 했습니다(달리 방법이 없기 때문입니다). 다시 말해

$$3 = 2^x \quad \Leftrightarrow \quad x = \log_2 3$$

입니다.

참고로 'log'는 한자어로 대수(對數)라고 하는데, 이는 **대응하는 수**를 뜻하는 영어 logarithm에서 유래한 것입니다.

로그의 정의와 성질

일반적으로 로그는 다음과 같이 정의합니다.

로그의 정의

$a^x = p$를 만족하는 x의 값은

$$x = \log_a p$$

로 나타낸다. 여기의 a를 '밑', p를 '진수'라고 합니다.

(단, $a > 0$, $a \neq 1$이고 $p > 0$)

Note: $a > 0$, $a \neq 1$이고 $p > 0$이라는 조건은 이전 절에서 설명한 지수함수의 조건

$$y = a^x$$

일 때, $a > 0$이고 $a \neq 1$이며 $y > 0$과 대응하는 관계입니다.

로그는 다음과 같이 그림으로 그려 머릿속에 넣어 두면 계산할 때 편리합니다.

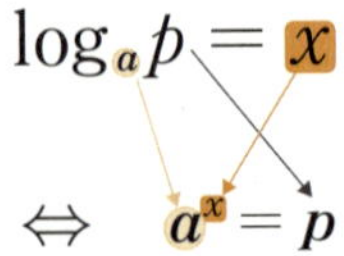

로그의 정의에 의해 명백한 로그의 성질을 정리해 둡니다.

이러한 성질은

$$a^x = p \quad \Leftrightarrow \quad x = \log_a p$$

임을 이용하면 바로 확인할 수 있습니다.

(i) 정의에 따라

$$a^1 = a \quad \Leftrightarrow \quad 1 = \log_a a$$

(ii) 정의에 따라

$$a^0 = 1 \quad \Leftrightarrow \quad 0 = \log_a 1$$

$\log_2 3$이 무리수임을 증명

$y = 2^x$일 때 $y = 3$에 대응하는 수 x, 즉 $\log_2 3$이 무리수라는 것은 귀류법(32쪽)으로 다음과 같이 증명합니다.

$\log_2 3$을 유리수로 가정합니다. 이때

$$\log_2 3 = \frac{n}{m} \quad (m,\ n\text{은 양의 정수})$$

이고, 로그의 정의에 따라

$$2^{\frac{n}{m}} = 3$$

이므로 양변을 m제곱하면 다음과 같습니다.

$$\left(2^{\frac{n}{m}}\right)^m = 3^m \ \Rightarrow\ 2^{\frac{n}{m} \times m} = 3^m \ \Rightarrow\ 2^n = 3^m$$

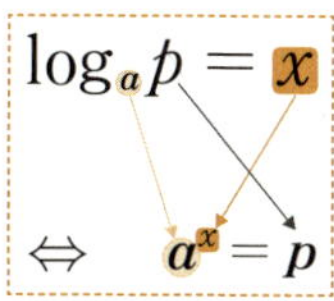

마지막 식에서 좌변은 2의 거듭제곱, 우변은 3의 거듭제곱이 되어 있습니다. 하지만 m과 n은 양의 정수이며 2와 3은 **서로소**(최대공약수가 1)이므로 이는 모순입니다($m = n = 0$이 아니면 이 등식은 성립하지 않음).

따라서 $\log_2 3$은 무리수입니다.

로그법칙과 그 증명

로그에는 지수법칙에서 유도되는 다음과 같은 법칙이 있습니다.

> **로그법칙**
>
> (i) $\ \log_a MN = \log_a M + \log_a N$
>
> (ii) $\ \log_a \dfrac{M}{N} = \log_a M - \log_a N$
>
> (iii) $\ \log_a M^r = r \log_a M$
>
> (단, a는 1이 아닌 양의 실수이며, M과 N은 양의 실수)

$$\log_a M = m, \quad \log_a N = n \quad \cdots ①$$

이라 하면 정의에 따라 다음과 같이 정리됩니다.

$$a^m = M, \quad a^n = N \quad \cdots ②$$

로그법칙 (i)에 대하여

$$\log_a MN = s \quad \cdots ③$$

라 하면 정의에 의해 다음과 같이 정리됩니다.

$$a^s = MN$$
$$= a^m \times a^n = a^{m+n}$$
$$\therefore \quad s = m + n$$

Note≡ $\therefore$는 '그러므로' 또는 '따라서'라는 뜻을 가진 기호이며, 수학에서는 논리에 마침표를 찍는 결론을 나타내는 용도로 자주 사용합니다.

①과 ③에 의해

$$\log_a MN = \log_a M + \log_a N$$

이고, 로그법칙 (ii)에 대하여

$$\log_a \frac{M}{N} = t \quad \cdots ④$$

라 하면 정의에 따라 다음과 같이 정리됩니다.

$$a^t = \frac{M}{N}$$

$$= \frac{a^m}{a^n} \quad \text{②에 의해}$$

$$= a^m \times \frac{1}{a^n} \quad \frac{1}{a^n} = a^{-n}$$

$$= a^m \times a^{-n}$$

$$= a^{m+(-n)} = a^{m-n}$$

$$\therefore \quad t = m - n$$

①과 ④에 의해

$$\log_a \frac{M}{N} = \log_a M - \log_a N$$

이므로 로그법칙 (iii)에 대하여

$$\log_a M^r = u \quad \cdots ⑤$$

로그의 정의
$$\log_a p = x \quad \Leftrightarrow \quad a^x = p$$

라 하면 정의에 따라 다음과 같이 정리됩니다.

$$a^u = M^r$$

$$= (a^m)^r \quad ②$$

$$= a^{mr} \quad (a^p)^q = a^{pq}$$

$$\therefore \quad u = mr = rm$$

①과 ⑤에 의해

$$\log_a M^r = r\log_a M$$

이 됩니다.

증명 끝

밑 변환 공식

로그를 계산할 때는 반드시 **밑을 똑같이 맞춰야 합니다.** 그런 면에서 '밑 변환 공식'은 꼭 필요한 공식입니다.

밑 변환 공식

$$\log_a b = \frac{\log_c b}{\log_c a}$$

(단, a, b, c는 양의 실수이며 $a \neq 1$, $c \neq 1$)

증명

$$\log_a b = k \quad \cdots ①, \quad \log_c a = l \quad \cdots ②, \quad \log_c b = m \quad \cdots ③$$

이라 하면 정의에 따라

$$a^k = b \quad \cdots ④, \quad c^l = a \quad \cdots ⑤, \quad c^m = b \quad \cdots ⑥$$

> 로그의 정의
> $$\log_a p = x \iff a^x = p$$

가 됩니다. ④에 ⑤와 ⑥을 대입하면

$$(c^l)^k = c^m \iff c^{lk} = c^m$$

$$\therefore \quad lk = m \iff k = \frac{m}{l}$$

③에 따라 다음이 성립합니다.

$$\log_a b = \frac{\log_c b}{\log_c a}$$

증명 끝

이제 계산 문제를 하나 풀어 봅시다.

(1) 다음 식을 간단히 하세요.

$$\log_2 5 - 3\log_4 15 + \log_{16} 225$$

(2) 다음 식을 간단히 하세요.

$$(\log_4 9 - \log_{16} 3)(\log_9 16 - \log_3 8)$$

해설

둘 다 밑이 다르니 먼저 밑을 맞춰 줍시다. **이때 2나 3처럼 자릿수가 작은 소수를 밑으로 사용하면 계산이 편해집니다.** 그 다음은 로그의 성질을 사용해서 하나하나 차근차근 변형하세요.

해답

(1) $\log_2 5 - 3\log_4 15 + \log_{16} 225$

$$= \log_2 5 - 3 \cdot \frac{\log_2 15}{\log_2 4} + \frac{\log_2 225}{\log_2 16} \qquad \left[\log_a b = \frac{\log_c b}{\log_c a}\right]$$

$$= \log_2 5 - 3 \cdot \frac{\log_2 3 \times 5}{\log_2 2^2} + \frac{\log_2 3^2 \times 5^2}{\log_2 2^4} \qquad \left[225 = 3^2 \times 5^2\right]$$

$$= \log_2 5 - 3 \cdot \frac{\log_2 3 + \log_2 5}{2\log_2 2} + \frac{\log_2 3^2 + \log_2 5^2}{4\log_2 2} \qquad \begin{array}{l}\log_a MN \\ = \log_a M + \log_a N \\ \log_a M^r \\ = r\log_a M\end{array}$$

$$= \log_2 5 - 3 \cdot \frac{\log_2 3 + \log_2 5}{2 \cdot 1} + \frac{2\log_2 3 + 2\log_2 5}{4 \cdot 1} \qquad \left[\log_a a = 1\right]$$

$$= \log_2 5 - \frac{3\log_2 3 + 3\log_2 5}{2} + \frac{2\log_2 3 + 2\log_2 5}{4}$$

$$= \frac{4\log_2 5 - 6\log_2 3 - 6\log_2 5 + 2\log_2 3 + 2\log_2 5}{4}$$

$$= \frac{-4\log_2 3}{4} = -\log_2 3$$

(2) $(\log_4 9 - \log_{16} 3)(\log_9 16 - \log_3 8)$

$$= \left(\frac{\log_2 9}{\log_2 4} - \frac{\log_2 3}{\log_2 16} \right) \left(\frac{\log_2 16}{\log_2 9} - \frac{\log_2 8}{\log_2 3} \right)$$

$$\left. \log_a b = \frac{\log_c b}{\log_c a} \right.$$

$$= \left(\frac{\log_2 3^2}{\log_2 2^2} - \frac{\log_2 3}{\log_2 2^4} \right) \left(\frac{\log_2 2^4}{\log_2 3^2} - \frac{\log_2 2^3}{\log_2 3} \right)$$

$$= \left(\frac{2\log_2 3}{2\log_2 2} - \frac{\log_2 3}{4\log_2 2} \right) \left(\frac{4\log_2 2}{2\log_2 3} - \frac{3\log_2 2}{\log_2 3} \right)$$

$$\log_a M^r = r\log_a M$$

$$\log_a a = 1$$

$$= \left(\frac{2\log_2 3}{2 \cdot 1} - \frac{\log_2 3}{4 \cdot 1} \right) \left(\frac{4 \cdot 1}{2\log_2 3} - \frac{3 \cdot 1}{\log_2 3} \right)$$

$$= \left(\log_2 3 - \frac{\log_2 3}{4} \right) \left(\frac{2}{\log_2 3} - \frac{3}{\log_2 3} \right)$$

$$X - \frac{X}{4} = \frac{3}{4}X$$
$$\frac{2}{Y} - \frac{3}{Y} = \frac{-1}{Y}$$

$$= \frac{3}{4}\log_2 3 \cdot \frac{-1}{\log_2 3}$$

$$= -\frac{3}{4}$$

지수의 계산과 마찬가지로 로그의 계산에 익숙해지려면 시간이 필요합니다. 의식적으로 연습을 많이 해 보세요.

로그함수와 그 그래프의 특징

그림 5−49의 그래프를 봐도 명백하지만, $y = a^x$일 때 y가 **입력**이고 x가 **출력**이면 $y > 0$의 범위에서 자유롭게 고를 수 있는 **y에 대한 x가 한 가지로 정해집니다.**

로그의 정의는

$$y = a^x \quad \Leftrightarrow \quad x = \log_a y \ \ (a > 0, \ \ a \neq 1)$$

이었습니다. 즉, **y가 x의 지수함수이면 이에 대응하는 수인 x도 y의 함수**입니다. 일반적으로 $x = \log_a y$로 나타내는 x는 a를 밑으로 하는 y의 로그함수라고 합니다.

그런데 $y = a^x$과 $x = \log_a y$는 동치이기 때문에 나타내는 내용이 수식적으로 같습니다. 즉, 표현하는 방법이 다를 뿐 두 식이 나타내는 그래프는 같습니다.

▼ **그림 5-50** $y = a^x$과 $x = \log_a y$는 동치

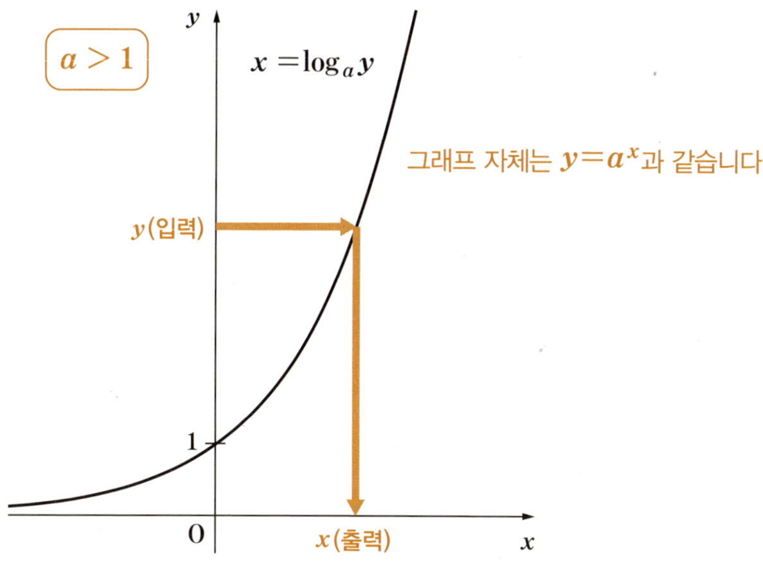

 동치인 수식의 그래프는 같습니다. 간단한 예를 들자면

$$y = x + 1 \quad \Leftrightarrow \quad x - y + 1 = 0$$

이므로 $y = x + 1$과 $x - y + 1 = 0$은 수식적으로 동치이며, 두 식은 같은 그래프를 나타냅니다.

▼ 그림 5-51 동치인 수식의 그래프는 같다

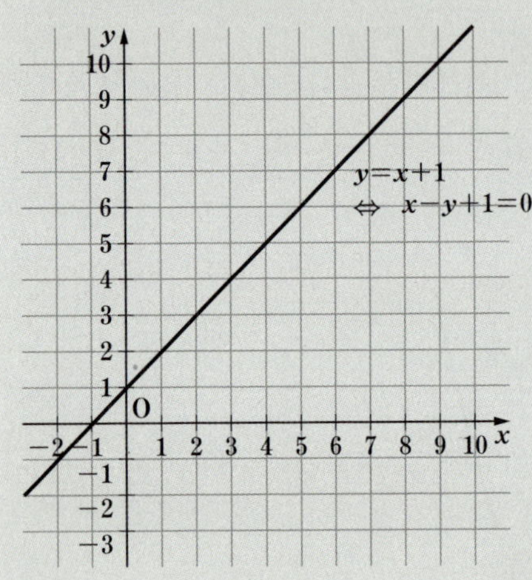

$x = \log_a y$에서는 y가 입력(독립변수)이고 x가 출력(종속변수)입니다. 하지만 입력은 x고 출력은 y여야 좀 더 안정감이 있겠죠? 그러니

$$x = \log_a y \quad \Rightarrow \quad y = \log_a x$$

와 같이 **x와 y의 위치를 바꿔 봅시다.** 그러면 그래프가 다음과 같은 모습이 됩니다.

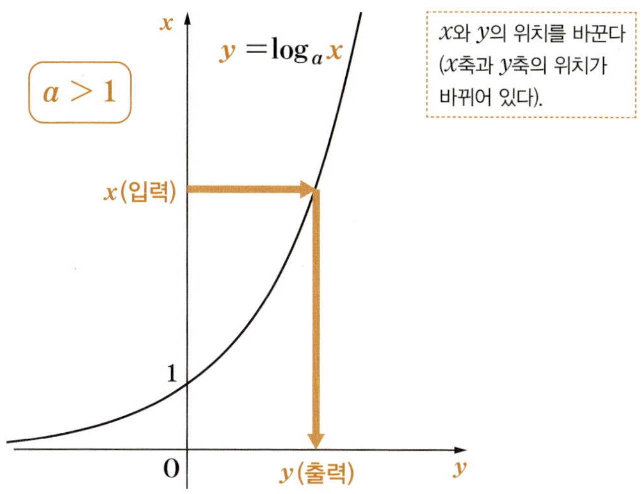

그림 5-53이 x축과 y축을 익숙한 방향으로 뒤집은 그래프입니다.

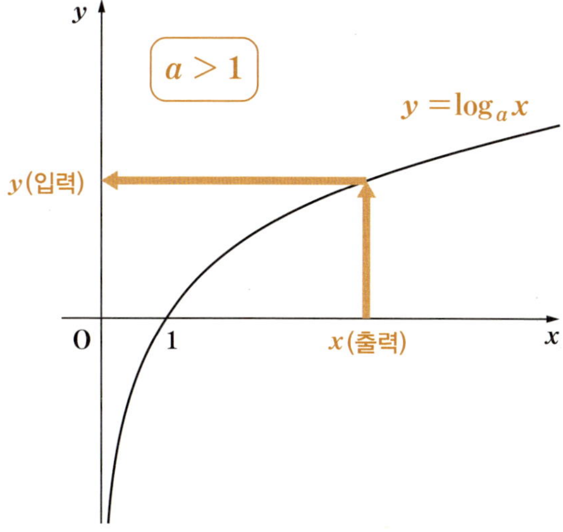

똑같은 처리를 $0 < a < 1$일 경우에도 적용해 로그함수의 그래프로 그리고, 한 쪽에 모아 봅시다.

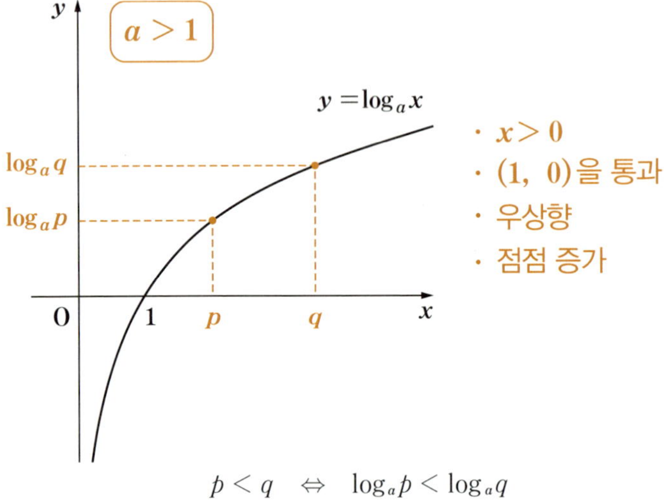

$$p < q \quad \Leftrightarrow \quad \log_a p < \log_a q$$

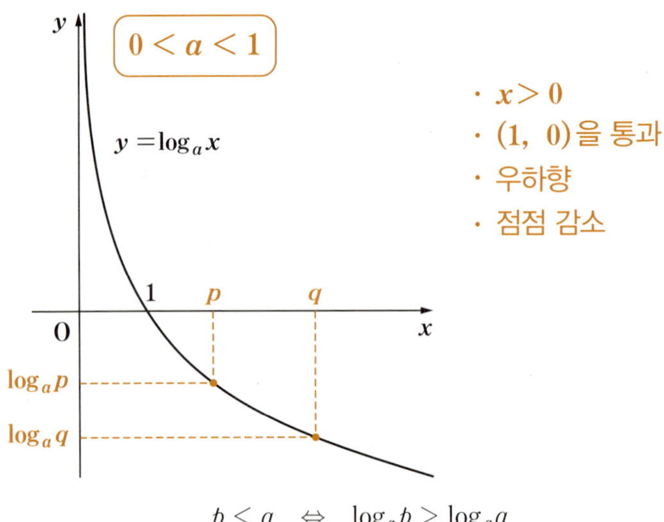

$$p < q \quad \Leftrightarrow \quad \log_a p > \log_a q$$

로그함수 역시 지수함수와 마찬가지로(305쪽) $0 < a < 1$일 때 진수(x)의 대소 관계와 로그 전체(y)의 대소 관계가 **역전한다**는 점에 주목하세요. 즉,

$$0 < a < 1\text{일 때,} \qquad p < q \ \Leftrightarrow \ \log_a p > \log_a q$$

입니다.

지수함수의 역함수에 대하여

> (i) x에 대하여 푼다.
>
> (ii) x와 y의 위치를 바꾼다.

라는 두 가지 과정을 따라하면 로그함수를 구할 수 있습니다. 이렇게 구하는 함수를 **역함수**라고 합니다. 역함수가 존재하지 않는 함수(x와 y가 일대일로 대응하지 않는 함수)도 꽤 많지만, 역함수가 존재하면 출력값(결과)으로 입력값(원인)을 찾아낼 수 있습니다.

일반적으로 함수와 그 역함수의 그래프는 $y = x$**를 사이에 두고 대칭**이 됩니다 (그림 5–55 참조).

▼ 그림 5–55 일반적으로 함수와 그 역함수의 그래프는 $y = x$를 사이에 두고 대칭이 된다

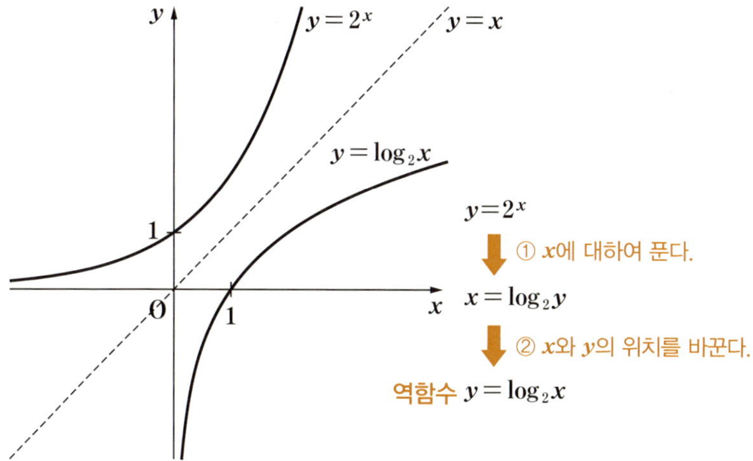

마지막으로 로그함수 문제에 도전해 봅시다.

나라 A의 인구는 현재 1억 명입니다. 하지만 인구가 앞으로 5년간 연 2%씩 감소하고, 그 이후로는 연 1%씩 감소하리라 예상합니다. 나라 A의 인구가 처음으로 6000만 명 미만이 될 것으로 예상되는 시점은 몇 년 후인가요? 자연수로 답하세요. 필요하다면 오른쪽 표를 사용해도 됩니다.

$\log_{10} 2$	0.3010
$\log_{10} 3$	0.4771
$\log_{10} 5$	0.6990
$\log_{10} 7$	0.8451
$\log_{10} 11$	1.0414

해설

시험 삼아 처음 몇 년간의 인구 추이를 계산해 봅시다.

1년 후	100,000,000	$\times$	**0.98**	$=$	98,000,000
2년 후	98,000,000	$\times$	**0.98**	$=$	96,040,000
3년 후	96,040,000	$\times$	**0.98**	$=$	94,119,200
4년 후	94,119,200	$\times$	**0.98**	$=$	92,236,816
5년 후	92,236,816	$\times$	**0.98**	$\fallingdotseq$	90,392,080
6년 후	90,392,080	$\times$	**0.99**	$\fallingdotseq$	89,488,159
7년 후	89,488,159	$\times$	**0.99**	$\fallingdotseq$	88,593,277

2% 감소: $\times 0.98$

6년 후에는 1% 감소

$$\vdots$$

7년 후의 인구는

$$100,000,000 \times \mathbf{0.98}^5 \times \mathbf{0.99}^2 \fallingdotseq 88,593,277$$

이라는 계산이 나옵니다. 이렇게 생각해 보니 $n \geq 6$일 때, n년 후의 인구는

$$100{,}000{,}000 \times 0.98^5 \times 0.99^{n-5}$$

이 되는군요. n년 후의 인구가 6000만 명 미만이 된다고 하면

$$100{,}000{,}000 \times 0.98^5 \times 0.99^{n-5} < 60{,}000{,}000$$

이 됩니다. 정리하면(양변을 10,000,000으로 나누면)

$$10 \times 0.98^5 \times 0.99^{n-5} < 6$$

이라는 부등식을 풀면 되지만, 이대로는 계산이 아주 힘듭니다. 그래서 로그함수를 사용하는 것입니다. 지문에 밑이 10인 로그(**상용로그**라고 합니다)표가 있으므로 밑이 10인 로그를 생각해 봅시다. 마지막 계산이 까다롭지만 로그의 계산을 연습하는 기회라 생각하고 열심히 풀어 보세요!

해답

n년 후의 인구가 6000만 명 미만이 된다고 하면 다음과 같이 식을 정리할 수 있습니다.

$$100{,}000{,}000 \times 0.98^5 \times 0.99^{n-5} < 60{,}000{,}000 \qquad \div\ 10{,}000{,}000$$

$$\Rightarrow \quad 10 \times 0.98^5 \times 0.99^{n-5} < 6$$

밑 a가 1보다 클 때, $p < q \iff \log_a p < \log_a q$

$$\Rightarrow \quad \log_{10}(10 \times 0.98^5 \times 0.99^{n-5}) < \log_{10} 6$$

$$\log_a MN = \log_a M + \log_a N$$

$$\Rightarrow \quad \log_{10} 10 + \log_{10} 0.98^5 + \log_{10} 0.99^{n-5} < \log_{10} 6$$

$$\Rightarrow \quad 1 + 5\log_{10} 0.98 + (n-5)\log_{10} 0.99 < \log_{10} 6$$

$$\log_a M^r = r\log_a M$$

$$\Rightarrow \quad 1 + 5\log_{10}\frac{98}{100} + (n-5)\log_{10}\frac{99}{100} < \log_{10} 6 \quad \cdots\text{①}$$

여기서

$$\log_{10}\frac{98}{100} = \log_{10}98 - \log_{10}100$$

$$= \log_{10}(2 \times 7^2) - \log_{10}10^2$$

$$= \log_{10}2 + \log_{10}7^2 - 2\log_{10}10$$

$$= \log_{10}2 + 2\log_{10}7 - 2$$

$$98 = 2 \times 7^2$$

$$\log_a MN = \log_a M + \log_a N$$

$$\log_a M^r = r\log_a M$$

$$\log_a a = 1$$

$$\log_{10}\frac{99}{100} = \log_{10}99 - \log_{10}100$$

$$= \log_{10}(3^2 \times 11) - \log_{10}10^2$$

$$= \log_{10}3^2 + \log_{10}11 - 2\log_{10}10$$

$$= 2\log_{10}3 + \log_{10}11 - 2$$

$$99 = 3^2 \times 11$$

$$\log_a MN = \log_a M + \log_a N$$

$$\log_a M^r = r\log_a M$$

$$\log_a a = 1$$

$$\log_{10}6 = \log_{10}(2 \times 3) = \log_{10}2 + \log_{10}3$$

이므로 각각을 ①에 대입하면 다음과 같습니다.

$$1 + 5(\log_{10}2 + 2\log_{10}7 - 2) + (n-5)(2\log_{10}3 + \log_{10}11 - 2)$$
$$< \log_{10}2 + \log_{10}3$$

$$\Rightarrow \quad 1 + 5\log_{10}2 + 10\log_{10}7 - 10 + (n-5)(2\log_{10}3 + \log_{10}11 - 2)$$
$$< \log_{10}2 + \log_{10}3$$

$$\Rightarrow \quad (n-5)(2\log_{10}3 + \log_{10}11 - 2)$$
$$< -4\log_{10}2 + \log_{10}3 - 10\log_{10}7 + 9$$

지문 속의 표에 있는 각각의 값을 대입합니다.

$$\Rightarrow \quad (n-5)(2 \cdot 0.4771 + 1.0414 - 2)$$
$$< -4 \cdot 0.3010 + 0.4771 - 10 \cdot 0.8451 + 9$$

$$\Rightarrow \quad (n-5)(-0.0044) < -0.1779$$
$$\Rightarrow \quad (n-5) \cdot 0.0044 > 0.1779$$
$$\Rightarrow \quad n-5 > \frac{0.1779}{0.0044}$$
$$\Rightarrow \quad n-5 > 40.43 \cdots\cdots$$
$$\Rightarrow \quad n > 45.43 \cdots\cdots$$

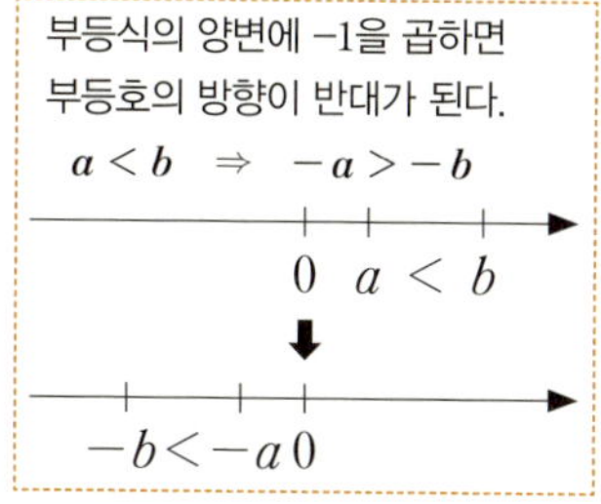

n은 자연수이므로

$$n \geq 46$$

입니다. 따라서 나라 A의 인구가 처음으로 6000만 명 미만이 되는 시기는 **46년 후**입니다.

➤ 로그가 감각을 지배한다!? −베버-페히너의 법칙−

로그함수의 쓰임새는 삼각함수와 견주어 보면 찾기 어려울 수도 있습니다. 하지만 우리들은 이미(알게 모르게) 로그에 바탕을 둔 기준을 많이 사용하고 있습니다. 그 이유는 로그가 우리의 '감각'과 밀접한 관계가 있기 때문입니다. 이 칼럼에서는 감각과 로그의 관계를 나타내는 **베버-페히너의 법칙**을 소개하고자 합니다.

사람은 '약간의 변화'를 어디까지 식별할 수 있을까?

19세기에 활약한 독일의 심리학자 에른스트 **하인리히 베버**(1795–1878)는 1834년에 **베버의 법칙**을 발표합니다. 이것은 사람이 자극을 식별하는 것과 관련된 법칙이며, 사람은 외부의 자극을 상대적으로만 식별할 수 있다는 내용을 담고 있습니다.

'어떤 감각자극의 강도를 I라고 할 때, 사람은 이 자극의 강도를 ΔI(Δ(델타)는 336쪽 참조)만큼 변화시켜야 비로소 그 자극의 강도의 차이를 알아차린다'를 베버의 법칙에서는

$$\frac{\Delta I}{I} = C \quad (\text{일정함}) \quad \cdots ①$$

와 같이 나타냅니다(이 C를 **베버 소수**라고 합니다).

예를 들어 무게가 100g인 것부터 109g인 것까지 추가 10개 있다고 할 때, 이 모두를 '무게가 같다'고 느끼고, 무게가 110g인 것부터는 '무거워졌다'고 느낀다고 합시다. 이 경우에는 $I = 100$g이고 $\Delta I = 110 - 100 = 10$g이므로 무게에 대한 감각의 베버 소수는 ①에 따라

$$C = \frac{\Delta I}{I} = \frac{10}{100} = 0.1$$

입니다. 이를 변형하면

$$\Delta I = 0.1 \cdot I$$

이고, 베버 소수 0.1은 I의 값과 관계없이 일정한 값입니다. 따라서 I가 200g이라면 자극 강도의 차이를 식별할 수 있는 최솟값(역치라고 합니다)인 ΔI는

$$\Delta I = 0.1 \cdot 200 = 20\,[\text{g}]$$

이 됩니다. 즉, 무게가 200g인 추를 들어올린 다음에는 무게가 210g인 추로는 차이를 느낄 수 없고, 무게가 220g인 추를 들어올릴 때 비로소 '무거워졌다'고 느낀다는 것입니다. 이 베버의 법칙은 무게나 소리의 높낮이, 선분의 길이를 식별하는 등에 대해 중간 정도의 자극강도 범위 안에서 근사적으로 성립한다고 알려져 있습니다.

베버의 법칙이 발전된 페이너의 법칙

베버의 제자였던 **구스타프 페이너**(1801–1887)는 베버의 법칙을 더욱 발전시킵니다. 베버가 입안한 식 ①은 물리적 자극의 강도 I만을 다루는 식이지만, 페이너는 물리적 자극에 대한 '감각'도 양으로 다룰 수 있을 것으로 생각했던 것입니다. 페이너는 '감각의 증가량'을 ΔS로 두고, ΔS는 베버의 법칙에 나오는 $\dfrac{\Delta I}{I}$에 비례한다고 가정했습니다. 식으로 표현하면 이렇습니다.

$$\Delta S = k\frac{\Delta I}{I} \quad (k\text{는 상수}) \quad \cdots ②$$

②의 양변을 적분하면(330쪽 노트 참조),

$$S = k\log_e \frac{I}{I_0} \qquad \cdots ③$$

라는 식을 구할 수 있습니다. 여기서 e는 자연로그의 밑, S는 인지할 수 있는 감각, I_0 은 $S = 0$일 때의 자극량(자극의 역치)입니다. 자연로그의 밑 e는 101쪽에서 설명했던 오일러의 공식에서도 나왔던 내용이지요. 이것은 수학적으로 매우 중요한 상수이니 나중에 다시 한번 설명하겠습니다(554쪽 칼럼 참조).

③을 **베버-페이너의 법칙** 또는 **페히너의 법칙**으로 줄여서 부릅니다.

③에서 I가 $100 \to 200$이 되는 경우와 $500 \to 1000$이 되는 경우의 ΔS(감각의 증가량)를 생각해 봅시다.

(i) I가 $100 \to 200$일 때,

$$\boxed{\log_a MN = \log_a M + \log_a N}$$

$$\Delta S = k\log_e \frac{200}{I_0} - k\log_e \frac{100}{I_0} = k\log_e 2 \times \frac{100}{I_0} - k\log_e \frac{100}{I_0}$$

$$= k\log_e 2 + k\log_e \frac{100}{I_0} - k\log_e \frac{100}{I_0} = k\log_e 2$$

(ii) I가 $500 \to 1000$일 때,

$$\Delta S = k\log_e \frac{1000}{I_0} - k\log_e \frac{500}{I_0} = k\log_e 2 \times \frac{500}{I_0} - k\log_e \frac{500}{I_0}$$

$$= k\log_e 2 + k\log_e \frac{500}{I_0} - k\log_e \frac{500}{I_0} = k\log_e 2$$

가 되어 **자극의 증가량이 크게 차이 나더라도**((i)의 증가량은 100g, (ii)의 증가량은 500g)

감각의 증가량은 같다(둘 다 $k\log_e 2$)는 것을 알 수 있습니다. 페히너의 법칙은 모든 오감에 대한 중간 정도의 자극에 근삿값을 주는 것으로 알려져 있습니다. 참고로 페이너는 '감각'을 정량적으로 측정하고자 하는 학문인 '심리물리학(정신물리학)'을 창시한 사람이기도 합니다.

Note≡ | 고등학교 미적분 과목에서 배우는 '적분'입니다.

$$\Delta S = k\frac{\Delta I}{I} \ (k \text{는 상수})$$

에 의해 다음이 성립합니다.

$$\frac{\Delta S}{\Delta I} = k\frac{1}{I}$$

여기서

$$\Delta S \to dS, \ \Delta I \to dI$$

라는 극한을 생각해 보면

$$\frac{dS}{dI} = k\frac{1}{I}$$

이고, 양변을 I로 적분하면

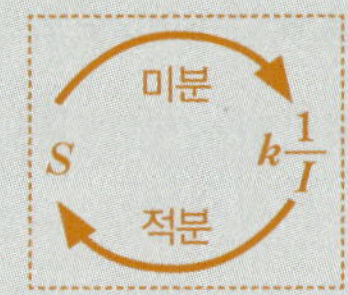

$$S = k\int \frac{1}{I}dI$$
$$\Rightarrow \ S = k\log_e I + C \ \cdots ④$$

입니다. 이때 C는 적분상수입니다. $S = 0$일 때 $I = I_0$이라 하면

$$0 = k\log_e I_0 + C$$
$$\Rightarrow \ C = -k\log_e I_0$$

이고, ④에 의해

$$S = k\log_e I - k\log_e I_0$$
$$\Rightarrow \ S = k\log_e \frac{I}{I_0}$$

가 됩니다.

로그를 기준으로 사용하는 사례

로그를 기준으로 사용하는 사례는 매우 많습니다. 그 중 두 개를 소개하겠습니다.

(i) 데시벨

물리량에서 기준이 되는 양의 비율을 로그로 나타내는 지표를 **레벨 표현**이라고 합니다. 특히 밑이 10인 로그(상용로그: 325쪽)를 사용한 레벨 표현을 **벨(단위는 B)**이라 하며 물리량 A에 대한 **레벨 표현 L_A**는 기준량을 A_0일 때 다음과 같이 나타냅니다.

$$L_A[\mathrm{B}] = \log_{10} \frac{A}{A_0}$$

다만, 이 정의로는 만약 A가 기준량의 2배 또는 10배일 때는

$$A = 2A_0 \quad \rightarrow \quad L_A[\mathrm{B}] = \log_{10} \frac{2A_0}{A_0} = \log_{10} 2 = 0.3010 \cdots$$

$$A = 10A_0 \quad \rightarrow \quad L_A[\mathrm{B}] = \log_{10} \frac{10A_0}{A_0} = \log_{10} 10 = 1$$

처럼 수치가 작아져 사용하기 어렵습니다. 그래서 벨을 10배로 키운 **데시벨(단위는 dB)**을 사용하는 경우가 많습니다. 레벨을 데시벨로 나타내면

$$L_A[\mathrm{dB}] = 10 \log_{10} \frac{A}{A_0}$$

가 됩니다.

음향 분야에서는 음압의 제곱이 소리의 강도에 비례하기 때문에 소음계[8] 등에서 볼 수 있는 음압 레벨 $L_p(\mathrm{dB})$은 다음과 같이 정의합니다.

$$L_p[\mathrm{dB}] = 10 \log_{10} \left(\frac{P}{P_0} \right)^2 = 20 \log_{10} \frac{P}{P_0} \qquad \boxed{\log_a M^r = r \log_a M}$$

첨자로 사용한 p는 음압이라는 뜻을 가진 단어 sound pressure의 pressure에서 따온 머리글자입니다. 참고로 음압레벨의 기준치 P_0으로는 사람이 알아들을 수 있는 최소 음압인

$$P_0 = 20 \times 10^{-6} \, [\mathrm{Pa}]$$

을 사용하도록 정해져 있습니다(Pa(파스칼)은 압력을 나타내는 단위).

---

[8] 소리의 크기를 측정하는 기기

음압 P가 P_0이면

$$L_p\,[\mathrm{dB}] = 20\log_{10}\frac{P_0}{P_0} = 20\log_{10}1 = 0 \qquad \boxed{\log_a a = 1}$$

이므로 사람의 가청한계[9]는 0[dB]입니다.

흔히 말하는 음압레벨의 기준을 잠깐 살펴보겠습니다.

> 20dB: 전방 1m에 있는 시계의 초침 소리
> 60dB: 일반적인 대화
> 90dB: 근처에서 개가 짖는 소리
> 100dB: 자동차 경적
> 120dB: 제트기 소음(바로 옆)

음압레벨에 따르면 제트기의 소음이 보통 대화의 2배지만, 실제 음압은 1000배가 됩니다 (노트 참조).

Note≡ 일반적인 대화(60dB)의 음압을 P_1, 제트기 소음(120dB)의 음압을 P_2라 고 하면

$$L_p = 20\log_{10}\frac{P}{P_0}$$

입니다. 따라서

$$60 = 20\log_{10}\frac{P_1}{P_0}, \quad 120 = 20\log_{10}\frac{P_1}{P_0} \;\Rightarrow\; 3 = \log_{10}\frac{P_1}{P_0}, \quad 6 = \log_{10}\frac{P_2}{P_0}$$

$$\Rightarrow\; \frac{P_1}{P_0} = 10^3, \quad \frac{P_2}{P_0} = 10^6 \;\Rightarrow\; P_1 = 10^3 P_0, \quad P_2 = 10^6 P_0$$

$$\Rightarrow\; \frac{P_2}{P_1} = \frac{10^6 P_0}{10^3 P_0} = 10^3 = 1000$$

---

9 사람의 귀로 들을 수 있는 소리의 한계

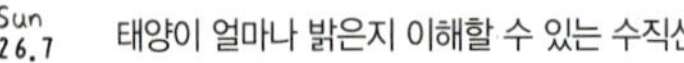

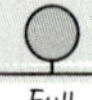

(ii) 별의 등급

별의 밝기를 등급으로 나타내는 방법을 최초로 고안한 사람은 **기원전 2세기** 그리스의 천문학자 **히파르코스**입니다. 히파르코스는 밤하늘에서 가장 밝은 별을 1등성, 육안으로 겨우 볼 수 있는 어두운 별을 6등성으로 분류하는 등, 별을 그 밝기에 따라 6단계로 분류했습니다.

히파르코스가 정한 별의 등급은 오랫동안 실질적인 수치로 사용되었지만 관측 기술이 발달하면서 이것을 수치적으로 확실히 정의할 필요가 있었습니다. 19세기에 들어 영국의 천문학자 **노먼 포그슨**(1829–1891)은 '1등성은 6등성보다 100배 밝다'는 당시의 관측 결과를 바탕으로 다음과 같은 기준을 만듭니다.

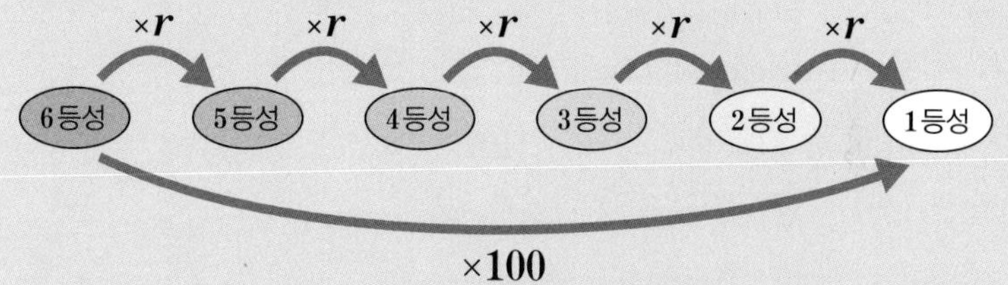

1등성의 밝기(휘도)를 b_1로, 6등성의 밝기(휘도)를 b_6으로 하면 위 그림에 따라

$$b_1 = b_6 \cdot r^5$$

이 됩니다. 1등성의 밝기는 6등성의 100배이므로 다음이 성립합니다.

$$b_1 = 100 \cdot b_6$$

$$\Rightarrow \quad b_6 \cdot r^5 = 100 \cdot b_6$$
$$\Rightarrow \quad r^5 = 100$$
$$\Rightarrow \quad r = 100^{\frac{1}{5}} = (10^2)^{\frac{1}{5}} = 10^{\frac{2}{5}}$$

즉, 등급이 한 단계 내려가면 밝기는 $10^{\frac{2}{5}}$배가 되는 식입니다.

m등급 별의 밝기를 b_m, n등급 별의 밝기를 b_n $(m < n)$이라고 하면 등급의 차는 $n - m$이므로(등급이 작을수록 밝음)

$$b_m = b_n \cdot r^{n-m} = b_n \cdot \left(10^{\frac{2}{5}}\right)^{n-m} = b_n \cdot 10^{\frac{2(n-m)}{5}}$$

$$\Rightarrow \log_{10} b_m = \log_{10}\left\{b_n \cdot 10^{\frac{2(n-m)}{5}}\right\}$$

$$= \log_{10} b_n + \log_{10} 10^{\frac{2(n-m)}{5}}$$

$$= \log_{10} b_n + \frac{2(n-m)}{5} \log_{10} 10$$

$$\Rightarrow \log_{10} b_m = \log_{10} b_n + \frac{2(n-m)}{5}$$

$$\Rightarrow \frac{2(m-n)}{5} = \log_{10} b_n - \log_{10} b_m$$

$$\Rightarrow m - n = -\frac{5}{2}(\log_{10} b_m - \log_{10} b_n)$$

$$\Rightarrow m - n = -2.5 \log_{10} \frac{b_m}{b_n}$$

$$\log_a MN = \log_a M + \log_a N$$

$$\log_a M^r = r \log_a M$$

$$\log_a a = 1$$

현재는 이 정의를 사용해 별의 등급을 정하고 있습니다. 참고로 포그슨은 북극성을 기준값으로 잡았고 그것의 등급을 2.0으로 정했습니다. 하지만 훗날 북극성이 변광성임이 알려진 후 보통 작은곰자리의 λ(람다)별의 등급을 6.5로 잡은 기준을 사용합니다(이것을 UBV 측광계라고 합니다). 이에 따른 대표적인 별의 등급은 다음과 같습니다.

−26.7등급:	태양	−1.46등급:	시리우스(큰개자리)
−12.7등급:	보름달	0.03등급:	베가(거문고자리)
−4.7등급:	금성(최대시)	1.09등급:	안타레스(전갈자리)

이 외에도 지진의 규모를 나타내는 매그니튜드, 수소이온의 농도를 나타내는 pH 등이 로그를 기준으로 한 단위의 유명한 예입니다.

05 미적분 개론

이 책은 고등학교 수학의 전체 내용을 살펴보자는 취지로 집필한 것입니다. '고등학교 수학은 무엇이었던 것일까?'라는 질문에 답할 수 있도록 주제별 개념, 해설, 탄생 배경 등을 지면이 허락하는 대로 담았습니다.

미적분의 계산 방법과 공식을 도출하는 방법은 이미 〈다시 미분 적분〉(길벗, 2019)에 자세히 적은 바 있습니다. 그래서 이 책에서는 중복되지 않게 자세한 내용을 빼고 미분과 적분이 무엇인지 알리는 '개론'에 집중하려 합니다. 미분과 적분의 실제 계산에 관심이 있는 분들은 반드시 〈다시 미분 적분〉(길벗, 2019)을 참조해 주세요.

미분이란?

미분이란 문자 그대로 '미세하게 분해'하는 것이며, **함수를 미분한다는 것은 함수를 한없이 잘게 나누어 분석한다는 뜻입니다.**

함수를 이해하는 것은 x의 변화에 따라 y가 어떻게 변화하는지 이해하는 것입니다. 바꾸어 말하면 **그래프의 모양을 파악하는 것입니다.** 그렇다면 그래프의 모양을 파악하기 위해 **평균변화율**이라는 양을 자세히 알아봅시다.

$y = f(x)$일 때(y가 x의 함수일 때)의 평균변화율(변화의 비율)은 다음과 같이 정의합니다.

$$평균변화율 = \frac{y의\ 변화량}{x의\ 변화량} = \frac{\Delta y}{\Delta x}$$

x가 $a \to b$로 변화할 때 y는 $f(a) \to f(b)$로 변화하므로 평균변화율은

$$\frac{\Delta y}{\Delta x} = \frac{f(b)-f(a)}{b-a}$$

입니다.

평균변화율은 그래프 위의 두 점 $A(a, f(a))$와 $B(b, f(b))$를 연결하는 **직선의 기울기**를 나타냅니다.

▼ 그림 5-56 평균변화율은 직선의 기울기를 나타낸다

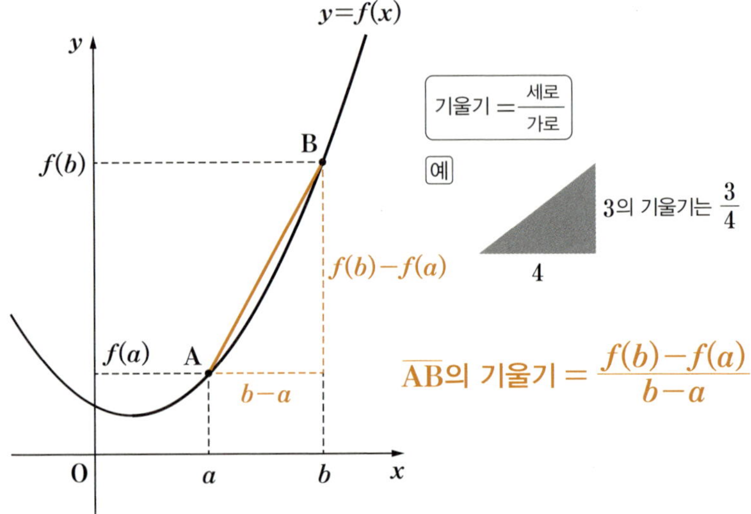

그런데 왜 그래프의 모양을 파악하기 위해 평균변화율을 구해야 할까요?

평균변화율을 구한다는 것은 결국 그래프의 특정 구간에서 함수의 변화를 직선으로 근사시켜 그 기울기를 구하는 것입니다.

여러 구간에서 기울기를 측정해 직선으로 그리고, 그 선들을 연결하면 그래프의 모양을 유추할 수 있습니다. 하지만 이 방법은 Δx(x의 변화량)의 크기에 따라 문제가 생길 수 있습니다. 만약 Δx가 너무 크면 함수 본래의 성질(그래프의 모양)을 알아볼 수 없기 때문입니다.

예를 들어 $y = x^2$을 유추한다고 합시다.

▼ 그림 5-57 x의 변화량에 따른 그래프의 모양 유추하기

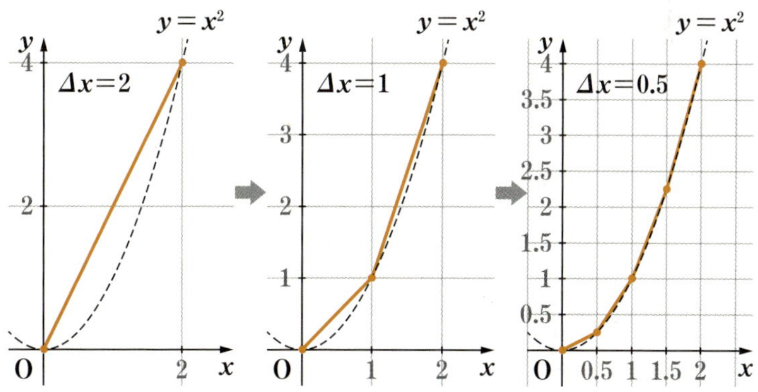

위 그림에서도 알 수 있지만 Δx의 크기가 작으면 작을수록 선분을 연결해 그린 '각진 그래프'와 원래 그래프(포물선)의 모습이 비슷해집니다.

'Δx의 크기가 작으면 작을수록' 비슷해진다면 당연히 **Δx를 한없이 작게 만들고 싶어질 것**입니다. 자, 이번에는 평균변화율 Δx를 한없이 0에 가까워지도록 만들어 봅시다.

평균변화율의 극한, 미분계수

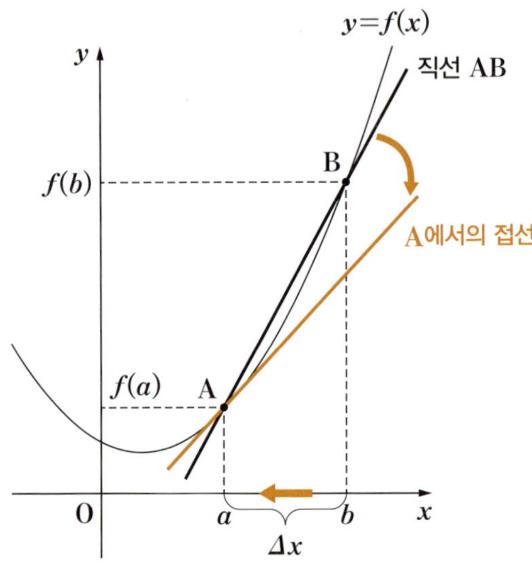

평균변화율 $\Delta x = b - a$를 한없이 0에 가까워지도록 만든다는 것은 b를 a에 한없이 접근시킨다는 뜻입니다. 그러면 위 그림의 점 B가 점 A에 한없이 가까워지기 때문에 **직선 AB는 A에서의 접선에 한없이 가까워집니다.** 그런데 분명 평균변화율

$$\frac{\Delta y}{\Delta x} = \frac{f(b) - f(a)}{b - a}$$

는 직선 AB의 기울기였습니다. 즉, Δx를 한없이 0에 가깝게 만들면 **평균변화율은 A에서의 접선의 기울기에 한없이 가까워진다는 뜻**입니다.

사실 아까부터 '한없이'라는 어중간한 말이 계속 나오는 이유가 있습니다. 평균변화율의 $\Delta x = b - a$는 완전히 0으로 만들 수 없기 때문입니다. 실제로 $\Delta x = b - a$를 0으로($b = a$로) 만들어 버리면 평균변화율은

$$\frac{\Delta y}{\Delta x} = \frac{f(a) - f(a)}{a - a} = \frac{0}{0}$$

이 되므로 '어떤 경우에도 0으로는 나눌 수 없다'라는 수학의 금기를 깨게 됩니다.

Note≡ '0으로 나누면 안 되는 이유'를 자세히 알고 싶다면 〈다시 미분 적분〉(길벗, 2019)의 54쪽을 참조하세요.

일반적으로 **변수 x가 어떤 상수 k에 한없이 가까워질 때, x의 함수 $F(x)$가 상수 l에 한없이 접근**하면 이 l을 $x \to k$일 때 $F(x)$의 **극한값**(또는 **극한**)이라 하며

$$\lim_{x \to k} F(x) = l$$

로 나타냅니다.

이제 $y = f(x)$의 $x = a$(점 A)에서의 접선의 기울기를 $f'(a)$로 표기하기로 합니다. 그래서 'Δx가 0에 한없이 가까워지면 평균변화율은 A에서의 접선의 기울기($f'(a)$)에 한없이 가까워진다'라는 표현을 **$\Delta x \to 0$일 때의 평균변화율의 극한값은 $f'(a)$**로 바꿀 수 있게 됐습니다. 이를

$$\lim_{\Delta x \to 0} \frac{\Delta y}{\Delta x} = \lim_{b \to a} \frac{f(b) - f(a)}{b - a} = f'(a)$$

로 나타내며, **$f'(a)$를 $x = a$일 때의 $y = f(x)$의 미분계수**라고 합니다.

또한,

$$b - a = h \ \ (b = a + h)$$

로 두면 b가 a에 한없이 가까워진다는 것과 h가 0에 한없이 가까워진다는 것은 같은 뜻이 됩니다. 이때 $f(b) = f(a + h)$이므로 $f'(a)$는 다음과 같이 표기할 수도 있습니다.

$$f'(a) = \lim_{h \to 0} \frac{f(a+h) - f(a)}{h}$$

정리합니다.

미분계수

함수 $f(x)$와 상수 a에 대하여

$$f'(a) = \lim_{b \to a} \frac{f(b) - f(a)}{b - a}$$

$$= \lim_{h \to 0} \frac{f(a + h) - f(a)}{h}$$

로 정의되는 $f'(a)$를 $x = a$일 때의 $f(x)$의 미분계수라고 합니다. 미분계수 $f'(a)$는 $x = a$일 때의 $y = f(x)$의 접선의 기울기와 같습니다.

Note≡ 정의식이 2개 있는데, 2개 모두 많이 사용합니다.

도함수와 증감표: 미분의 본질이란?

함수를 분석하기 위해 그래프 위의 여러 위치에서 $f'(a)$를 계산해 봅시다.

예를 들어 $y = f(x)$가 그리는 그래프의 여러 위치에서 미분계수 $f'(a)$를 구했다고 합시다.

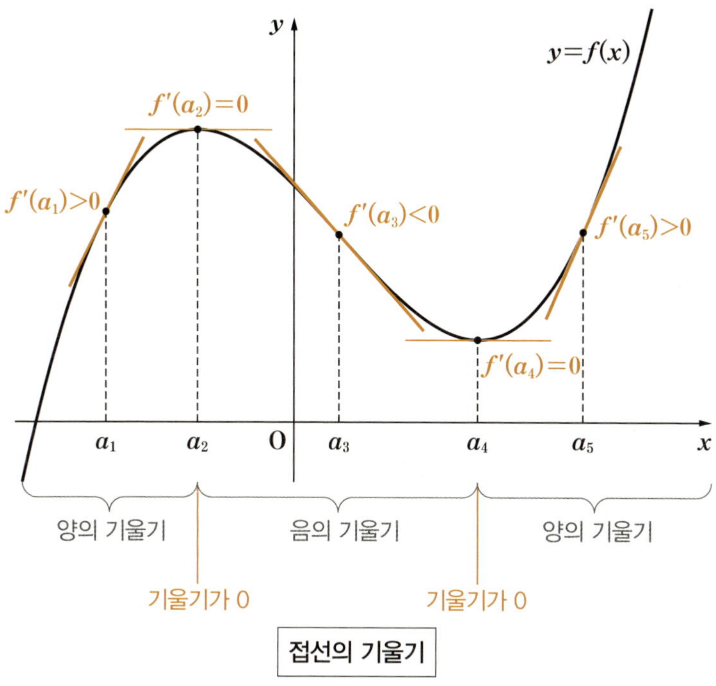

이렇게 두고 보니

접점의 x좌표가 a_2보다 작으면 접선의 기울기는 양

접점의 x좌표가 a_2이면 접선의 기울기는 0

접점의 x좌표가 a_2와 a_4 사이면 접선의 기울기는 음

접점의 x좌표가 a_4이면 접선의 기울기는 0

접점의 x좌표가 a_4보다 크면 접선의 기울기는 양

임을 알 수 있습니다. 다음 표는 이를 정리한 것입니다.

x	$\cdots$	a_2	$\cdots$	a_4	$\cdots$
$f'(x)$	$+$	0	$-$	0	$+$
$f(x)$	↗		↘		↗

표 안의 ↗은 접선의 기울기가 양이라는 뜻이고, ↘은 접선의 기울기가 음이라는 뜻입니다. 이런 표를 **증감표**라고 하는데, 증감표의 어떤 구간에서 접선의 기울기가 양이라는 것은 그 구간에서 $f(x)$가 증가한다는 뜻이고, 접선의 기울기가 음이라는 것은 그 구간에서 $f(x)$가 감소한다는 뜻입니다.

위 표의 중간 칸에 $f'(a)$ 대신 $f'(x)$가 적혀 있네요. $f'(a)$와 $f'(x)$는 과연 무슨 차이가 있는 걸까요?

그래프와 접하는 선의 기울기는 접점의 x좌표로 정해집니다. 즉, '**접선의 기울기 = 미분계수**'도 x**의 함수**라는 뜻입니다. 애당초 미분계수를 $f'(a)$로 나타내는 이유도 미분계수가 a의 함수이기 때문이지 다른 이유는 없습니다. 단지 a에는 상수라는 이미지가 강하기 때문에 a를 변수 이미지가 있는 x로 바꾸고 '미분계수를 x의 함수로 삼은 것'을 $f'(x)$로 나타내는 것입니다. 이는 $f(x)$의 **도함수**로 부르기로 약속되어 있습니다.

도함수

함수 $f'(x)$에 대하여

$$f'(x) = \lim_{h \to 0} \frac{f(x+h) - f(x)}{h}$$

로 정해지는 함수 $f'(x)$를 $f(x)$의 도함수라고 합니다.

$f(x)$의 도함수 $f'(x)$를 구하는 것을 $f(x)$를 미분한다고 합니다.

$f(x)$를 미분해서 $f'(x)$를 구하면 도함수의 부호를 보고 $y = f(x)$의 그래프의 전체 모습을 어느 정도 알아낼 수 있습니다. 그래프의 전체 모양을 어느 정도 알아내면 최댓값과 최솟값을 구할 수 있습니다.

결국 **도함수(접선의 기울기 변화를 함수로 파악한 것)를 구하고, 부호(+, 0, −)로 그래프의 전체 모습을 밝히는 것이 미분의 본질이자 목적입니다.**

적분: 미분의 손윗 형님

이번에는 적분입니다. 적분은 **구적법(넓이를 구하는 방법)**으로 탄생한 이래 지금까지 계속 발전해 왔으며 그 역사가 미분보다 훨씬 오래됐습니다. 예를 들어 유산을 상속받은 형제들이 모양이 복잡한 땅을 나누어 가질 때, 그 넓이를 정확하게 구하는 방법이 필요했을 것이라고 어렵지 않게 상상할 수 있습니다.

적분은 '나눈 것을 쌓는다'는 뜻인데, 간단히 설명하자면 **모양이 복잡한 도형의 넓이를 다음 그림과 같이 작은 직사각형의 넓이의 합으로 계산하는 방법**을 말합니다.

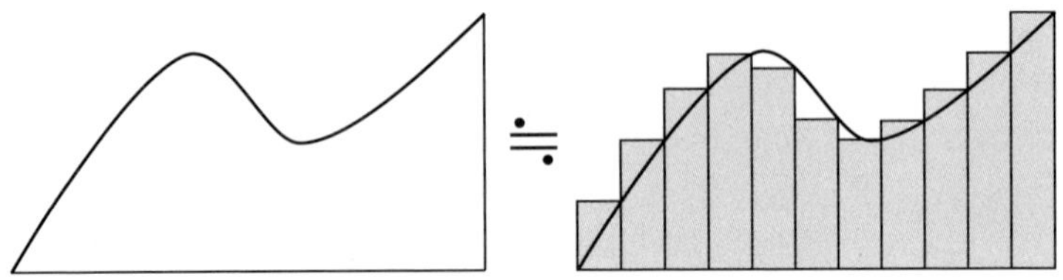

위 도형을 좌표평면 위에 올렸을 때, 곡선을 그리는 그래프의 식이 $y = f(x)$ $(a \le x \le b)$로 주어졌다고 합시다.

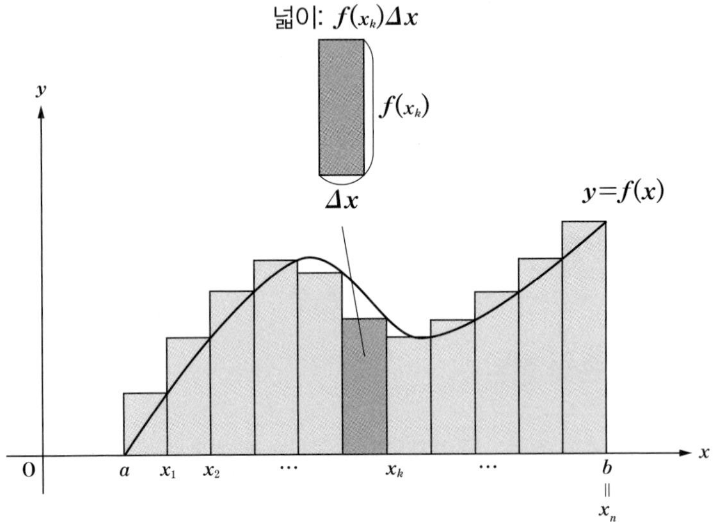

그 다음 $x = a$부터 $x = b$ 사이를 직사각형 n개로 채웁니다. 모든 사각형의 가로 길이는 Δx(델타 x)입니다.

우선은 왼쪽에서부터 k번째에 있는 직사각형(색이 짙은 사각형)의 넓이를 구해 봅시다. 이 사각형의 오른쪽 아래는 x_k이고 곡선은 $y = f(x)$이므로 직사각형의 높이는 $f(x_k)$가 되는군요. 따라서 k번째 직사각형의 넓이는

$$f(x_k)\cdot\Delta x$$

입니다. 구하고자 하는 땅의 넓이는 직사각형 n개의 넓이를 더한 것과 거의 같으므로 다음과 같이 나타낼 수 있습니다.

$$\text{넓이} \fallingdotseq f(x_1)\Delta x + f(x_2)\Delta x + \cdots + f(x_k)\Delta x + \cdots + f(x_n)\Delta x$$

여기에 4장에서 배웠던 Σ 기호(203쪽)를 사용하면 우변을 깔끔하게 정리할 수 있습니다.

$$\text{넓이} \fallingdotseq \sum_{k=1}^{n} f(x_k)\Delta x \qquad \left[\; \sum_{k=1}^{n} a_k = a_1 + a_2 + a_3 + \cdots + a_n \;\right]$$

하지만 아직 오차가 큽니다. 오차를 줄이기 위해 n을 키워 봅시다.

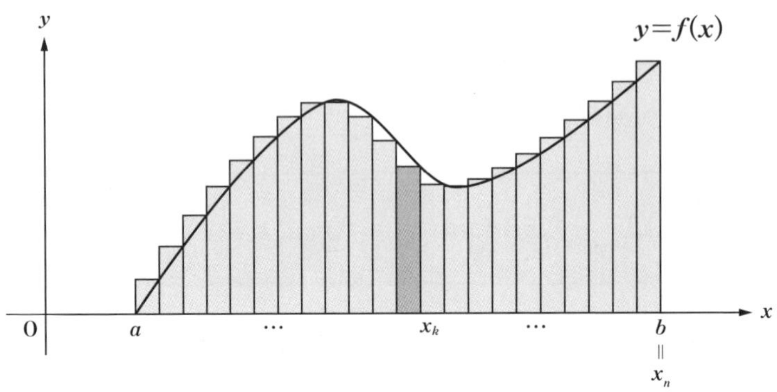

만약 이 정도로 얇은 직사각형으로 안을 가득 채우면(n을 키우면) 틀림없이 이전보다는 오차가 줄어들 것입니다.

n을 한없이 키우면 직사각형의 넓이를 더한 값이 원래 넓이에 한없이 가까워집니다. 이를 극한(339쪽)을 사용해 표기하면

$$넓이 = \lim_{n \to \infty} \sum_{k=1}^{n} f(x_k) \Delta x \quad \cdots ☆$$

가 되는 것입니다.

☆은 적분의 본질이 '넓이를 구하는 계산 방법'이라는 것을 나타냅니다. 그런데 넓이를 나타낼 때마다 매번 lim와 Σ를 사용해야 하니 너무 귀찮습니다. 그래서 이보다 조금 더 편리한 기호를 만들어 사용하기 시작했습니다. 이 기호가 바로 그 유명한(?) $\int$(**인테그랄**)입니다.

$\int$을 사용하면 ☆을 다음과 같이 바꿔 쓸 수 있습니다.

$$넓이 = \lim_{n \to \infty} \sum_{k=1}^{n} f(x_k) \Delta x = \int_{a}^{b} f(x)dx$$

$\int$은 $\sum$를 위아래로 잡아 늘인 기호로 기억해 주세요. dx는 n을 한없이 크게 키웠을 때 Δx가 한없이 가까워지는 값(Δx의 극한값)을 나타냅니다.

$$\sum \rightarrow \int, \quad \lim_{n \to \infty} \Delta x = dx$$

$\int$ 아래에 적힌 a는 (도형을 n개의 직사각형으로 나누었을 때) 첫 번째 사각형의 왼쪽 아래의 값, 즉 **넓이를 구하고자 하는 도형의 왼쪽 끄트머리 값**을 나타내고, $\int$ 위에 적힌 b는 n번째 사각형의 오른쪽 아래의 값, **즉 넓이를 구하고자 하는 도형의 오른쪽 끄트머리 값**을 나타냅니다.

적분과 넓이

$y = f(x)$와 $x = a$, $x = b(a < b)$, x축으로 둘러싸인 도형의 넓이 S는 $\int$과 dx를 사용해 다음과 같이 나타냅니다.

$$S = \int_a^b f(x)dx$$

▼ 그림 5-63 적분과 넓이

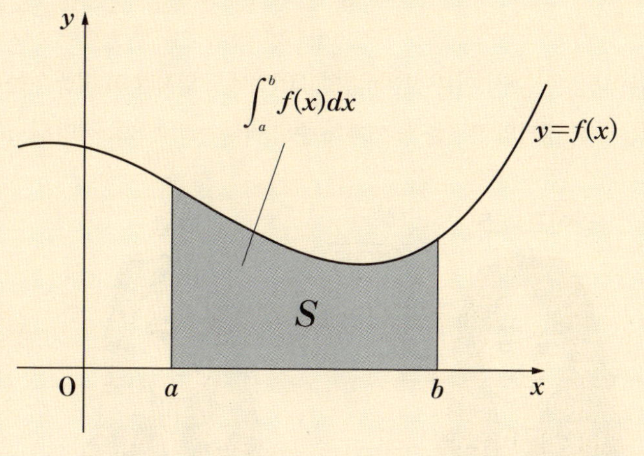

왜 뉴턴과 라이프니츠가 '미적분의 아버지'일까?

사람들은 미적분의 아버지로 흔히 뉴턴(1643-1727)과 라이프니츠(1646-1716)의 이름을 입에 올리곤 하지만, 사실 미분의 개념을 처음 발표한 인물은 두 사람이 태어나기 오래 전 12세기에 활약한 인도의 수학자 바스카라 2세(1114-1185)입니다. 또한, 아르키메데스(기원전 287-212)는 이미 기원전 3세기에 적분의 개념을 사용해서 포물선으로 둘러싸인 도형의 넓이를 구하는 데 성공했습니다.

그런데도 왜 뉴턴과 라이프니츠를 '미적분의 아버지'로 부를까요? 그 이유는 그들이 **미분과 적분은 서로 역연산 관계에 있다**는 소위 미적분의 기본 정리를 (각자) 발견했기 때문입니다.

미분과 적분이 각각 발견된 이후 미분과 적분은 접선이나 넓이를 구하기 위한 계산 방법에 불과했습니다. 하지만 미적분의 기본 정리로 서로가 동전의 양면과 같은 관계에 있는 것이 밝혀진 후, **미적분은 세계의 진리를 표현하기 위한 인류의 보물**이 됐습니다.

미분과 적분은 서로의 관계가 밝혀진 후에 새로운 생명을 부여 받았다고 해도 과언이 아닙니다. 그런 의미에서 역시 뉴턴과 라이프니츠가 미적분의 아버지인 것입니다.

이후 이어지는 내용은 〈다시 미분 적분〉(길벗, 2019)에도 있지만 이 책을 읽는 여러분이 미적분 기본 정리의 본질을 꼭 이해해 주길 바라는 마음으로 적어 둡니다.

역연산이란?

역연산 관계란 덧셈과 뺄셈(또는 곱셈과 나눗셈) 같은 관계입니다.

a에 b를 더한 결과가 c라면 c에서 b를 뺀 결과는 원래 값인 a로 되돌아가겠지요?

$$a + b = c \iff a = c - b$$

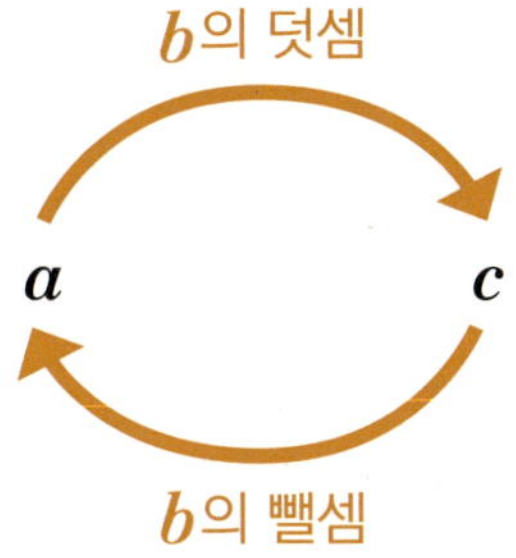

'역연산'이란 어떤 연산(계산)으로 구한 결과를 원래 상태로 되돌리는 연산을 말합니다.

함수 $f(x)$에 미분이라는 연산을 하면 도함수 $f'(x)$를 구할 수 있습니다. 미적분의 기본 정리에서 말하는 **미분과 적분은 서로 반대되는 연산이다**란 $f'(x)$를 **적분하면 $f(x)$로 되돌아간다**는 뜻입니다.

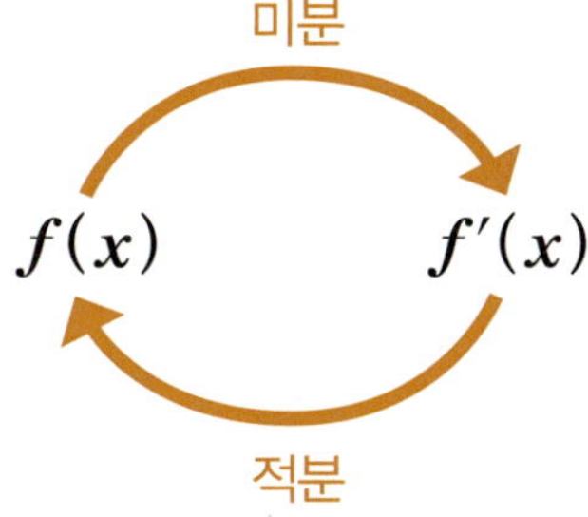

미적분의 기본 정리

예를 들어 함수 $F(x)$의 도함수를 $f(x)$라 하면

$$F'(x) = f(x) \quad \cdots ①$$

입니다. 이때

▼ 그림 5-64 $S = F(b) - F(a)$

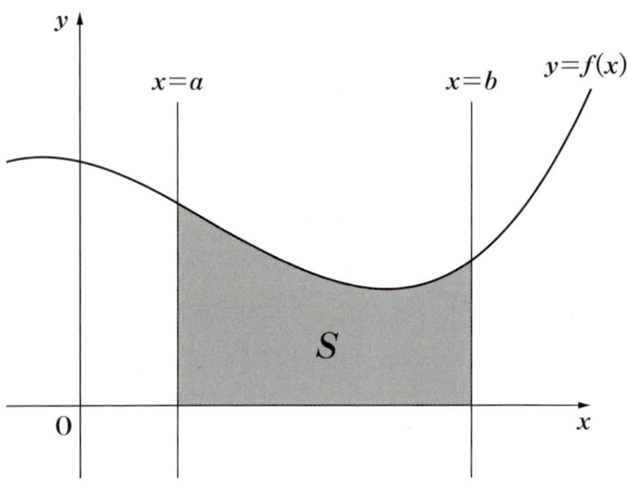

의 넓이 S가

$$S = F(b) - F(a)$$

가 된다는 것을 나타내 봅시다.

$F'(x)$는 $F(x)$의 도함수입니다. 따라서 정의(342쪽)에 따르면

$$\lim_{h \to 0} \frac{F(x+h) - F(x)}{h} = F'(x) \qquad \boxed{\lim_{h \to 0} \frac{f(x+h) - f(x)}{h} = f'(x)}$$

입니다. ①에 의해

$$\lim_{h \to 0} \frac{F(x+h)-F(x)}{h} = f(x)$$

로 식을 정리할 수 있습니다. 이 식의 좌변은 h가 한없이 0에 가까워질 때의 극한인데, h가 0에 충분히 가까운 숫자라면

$$\frac{F(x+h)-F(x)}{h} \fallingdotseq f(x)$$

$$\Leftrightarrow \ F(x+h)-F(x) \fallingdotseq f(x)h \ \cdots ②$$

로 생각할 수 있습니다.

②의 x에

$$a, \ a+h, \ a+2h, \ \cdots$$

를 순차적으로 **대입하고, 나열하여 더한 결과는 명백합니다!**

$$
\begin{array}{lll}
F(a+h)-F(a) & \fallingdotseq f(a)h & x=a일\ 때 \\
F(a+2h)-F(a+h) & \fallingdotseq f(a+h)h & x=a+h일\ 때 \\
F(a+3h)-F(a+2h) & \fallingdotseq f(a+2h)h & x=a+2h일\ 때 \\
\quad \vdots & \quad \vdots & \quad \vdots \\
+)\ F(a+nh)-F\{a+(n-1)h\} & \fallingdotseq f\{a+(n-1)h\}h & x=a+(n-1)h일\ 때 \\
\hline
F(a+nh)-F(a) & \fallingdotseq f(a)h+f(a+h)h+f(a+2h)h+ & \\
& \quad \cdots +f\{a+(n-1)h\}h \ \cdots ③ &
\end{array}
$$

좌변에는 **첫 번째 항과 마지막 항만 남습니다.**

③이 바로 문제의 핵심입니다!

이제 넓이 S를 그림 5-65처럼 몇 개의 사각형으로 나누는 상황을 생각해 봅니다.

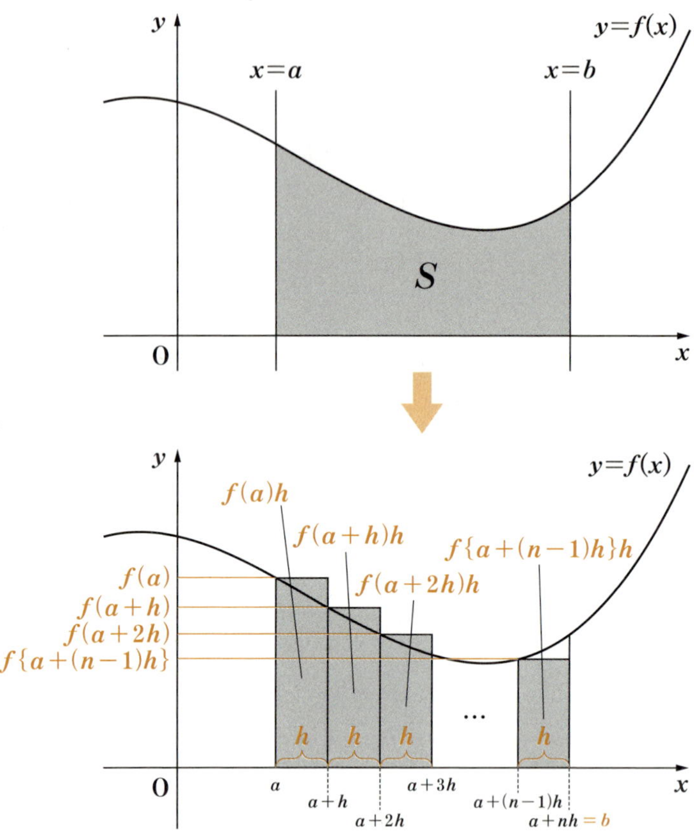

이렇게 하니 직사각형 한 개의 넓이는

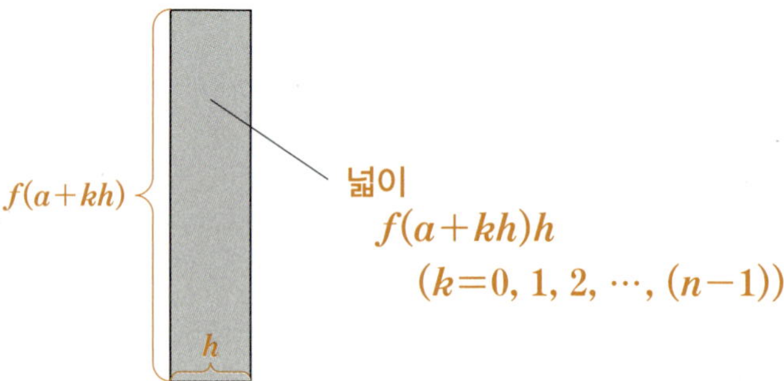

이므로

$$f(a+kh)h \ \ (k=0, \ 1, \ 2, \ \cdots, \ (n-1))$$

가 되는 것을 알 수 있군요.

여기에서 '아!'라는 번뜩임을 느꼈다면 여러분은 감이 좋은 사람입니다. 그렇습니다!

그림 5-65에 그려진 직사각형의 넓이를 더한 값이 ③의 우변

$$f(a)h+f(a+h)h+f(a+2h)h+\cdots+f\{a+(n-1)h\}h$$

와 같습니다!

직사각형의 넓이를 더한 값은 가장 먼저 주어진 넓이 S와 거의 같기 때문에 다음과 같습니다.

$$S \fallingdotseq f(a)h+f(a+h)h+f(a+2h)h+$$
$$\cdots+f\{a+(n-1)h\}h \ \cdots ④$$

③, ④에 따라 다음과 같이 식이 정리됩니다.

$$F(a+nh)-F(a) \fallingdotseq S \ \ \cdots ⑤$$

드디어 마지막입니다!

⑤에서

$$a+nh=b \ \ \cdots ⑥$$

로 두면 ⑤는

$$F(b)-F(a) \fallingdotseq S \ \ \cdots ⑦$$

가 됩니다.

$$h = \frac{b-a}{n}$$

가 되지요. 즉, h는 $x = a$부터 $x = b$까지의 길이를 n등분한 길이입니다. 이 식은 n을 키우면 키울수록 h가 0에 가까워짐을 보여 주고 있습니다.

$$n \to \infty \ \Leftrightarrow \ h \to 0$$

⑦의 ≒는 ②와 ④에서 유래한 것인데, 모두 h가 0에 한없이 가깝게 하거나 n을 한없이 키우는 극한이라면 =이 됩니다.

따라서 $h \to 0$(즉, $n \to \infty$)일 때,

$$S = F(b) - F(a) \quad \cdots ⑧$$

입니다!

여기까지가 미적분의 기본 정리를 설명한 것인데, 이후 문제에서는 '함수 $F(x)$의 도함수를 $f(x)$로 한다'고 단정하고 있으니

로군요. 이제 $f(x)$를 $F(x)$로 되돌리는 연산에 **역미분**이라는 이름을 붙여 둡니다.

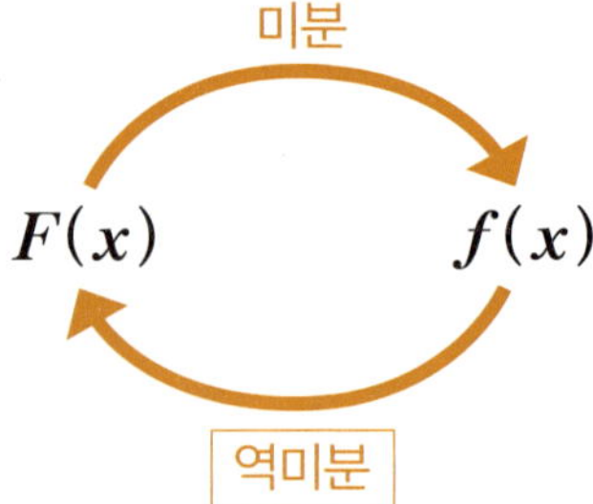

한편, ⑧은 $f(x)$를 역미분해서 구한 $F(x)$를 사용해

$$F(b) - F(a)$$

를 계산한 것이 **곡선 $y = f(x)$로 둘러싸인 도형을 한없이 얇은 직사각형으로 나눈 것을 더한 것**과 같아진다는 뜻입니다. 이는 아르키메데스 이래 인류가 연구해 온 **구적법(= 적분)**과 다르지 않습니다.

'역미분으로 구한 함수를 사용하면 넓이를 구할 수 있다'는 것은 **역미분이 바로 적분**이라는 뜻입니다. 즉,

$$역미분 = 적분$$

인 것입니다!

또한, S는 $y = f(x)$와 $x = a$, $x = b(a < b)$, x축으로 둘러싸인 도형의 넓이이므로

$$S = \int_a^b f(x)dx$$

로 나타낼 수 있었지요.

이것과 ⑧에 의해

$$S = \int_a^b f(x)dx = F(b) - F(a)$$

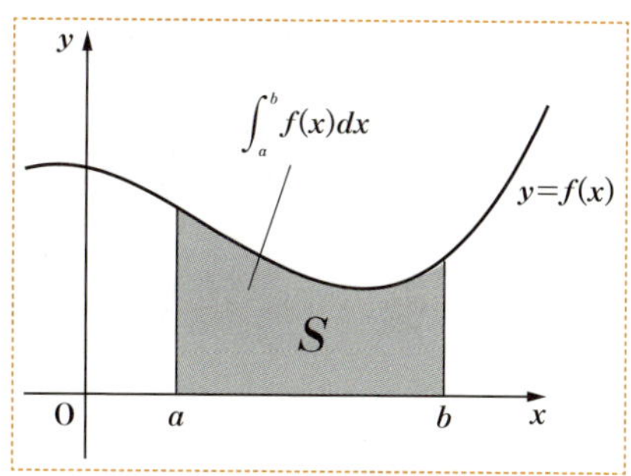

입니다.

이는 $f(x)$를 적분(역미분)해서 구한 $F(x)$의 x에 넓이를 구하고자 하는 도형의 오른쪽 끄트머리 값(위끝) b를 대입한 결과에 왼쪽 끄트머리 값(아래끝) a를 대입한 결과를 빼면 넓이 S를 구할 수 있다는 뜻이 됩니다.

이러한 계산을 정적분이라고 합니다.

공식 정리

고등학교 수학에 나오는 기본적인 함수와 도함수를 정리했습니다(도출한 내용
의 더 자세한 설명은 〈다시 미분 적분〉(길벗, 2019)을 참조해 주세요).

$$f(x) = x^{\alpha} \quad \xleftarrow{\text{적분}} \; \xrightarrow{\text{미분}} \quad f'(x) = \alpha x^{\alpha-1} \quad (\alpha \text{는 실수})$$

$$f(x) = \sin x \quad \xleftarrow{\text{적분}} \; \xrightarrow{\text{미분}} \quad f'(x) = \cos x$$

$$f(x) = \cos x \quad \xleftarrow{\text{적분}} \; \xrightarrow{\text{미분}} \quad f'(x) = -\sin x$$

$$f(x) = \tan x \quad \xleftarrow{\text{적분}} \; \xrightarrow{\text{미분}} \quad f'(x) = \frac{1}{\cos^2 x}$$

$$f(x) = e^x \quad \xleftarrow{\text{적분}} \; \xrightarrow{\text{미분}} \quad f'(x) = e^x$$

e에 대한 설명은
다음 칼럼을 참조

$$f(x) = a^x \quad \xleftarrow{\text{적분}} \; \xrightarrow{\text{미분}} \quad f'(x) = a^x \log_e a$$

$$f(x) = \log_e x \quad \xleftarrow{\text{적분}} \; \xrightarrow{\text{미분}} \quad f'(x) = \frac{1}{x}$$

$$f(x) = \log_a x \quad \xleftarrow{\text{적분}} \; \xrightarrow{\text{미분}} \quad f'(x) = \frac{1}{x \log_e a}$$

일반적인 미분 문제는 정의에 따라 계산만 하면 되므로 대부분 풀 수 있습니다.
하지만 대부분의 적분 문제는 미분하면 원래 함수가 도함수가 되는 함수를 찾
아야 하므로 쉽지 않습니다.

이 세상에 있는 99%의 함수는 적분할 수 없다는 말이 결코 과언이 아닙니다.

단, 미분과 적분은 서로 역연산이 되는 관계이기 때문에 위 $f'(x)$는 모두 적분
할 수 있고, 그 결과는 $f(x)$가 됩니다(적분상수 C는 생략합니다).

❯ 네이피어 상수(자연로그의 밑) e

이전 절에서 미분과 적분의 개론을 설명했지만 구체적인 계산은 전혀 언급하지 않았습니다. 이번 칼럼에서는 로그함수 $f(x) = \log_a x$의 도함수를 구하고자 합니다.

1이 아닌 양의 실수 a에 대하여

$$f(x) = \log_a x$$

> $a > 0,\ a \neq 1$인 밑의 조건(300쪽)

라고 합시다. 미분의 정의에 따라

$$f'(x) = \lim_{h \to 0} \frac{f(x+h) - f(x)}{h}$$

$$= \lim_{h \to 0} \frac{\log_a(x+h) - \log_a x}{h}$$

$$= \lim_{h \to 0} \frac{1}{h} \{\log_a(x+h) - \log_a x\}$$

> $\log_a M - \log_a N = \log_a \dfrac{M}{N}$

$$= \lim_{h \to 0} \frac{1}{h} \log_a \frac{x+h}{x}$$

$$= \lim_{h \to 0} \frac{1}{h} \log_a \left(1 + \frac{h}{x}\right)$$

$$= \lim_{h \to 0} \frac{1}{x} \cdot \frac{x}{h} \log_a \left(1 + \frac{h}{x}\right)$$

> $r \log_a M = \log_a M^r$

$$= \lim_{h \to 0} \frac{1}{x} \log_a \left(1 + \frac{h}{x}\right)^{\frac{x}{h}} \quad \cdots ①$$

입니다. $\dfrac{h}{x} = k$라고 하면

$$\frac{x}{h} = \frac{1}{k}, \quad h \to 0일 \ 때 \ k \to 0$$

이므로 ①은 다음과 같이 바꿔 쓸 수 있습니다.

$$f'(x) = \lim_{k \to 0} \frac{1}{x} \log_a (1+k)^{\frac{1}{k}} \quad \cdots ②$$

자, 여기에 나오는 식

$$(1+k)^{\frac{1}{k}}$$

이 칼럼에서 설명하려는 것입니다.

$k \to 0$일 때,

$$(1+k) \to 1, \quad \frac{1}{k} \to \infty$$

이므로 k에 아주 작은 수를 대입하면 $(1+k)^{\frac{1}{k}}$은 '1에 아주 가까운 수를 몇 번이고 곱해서 더한 수'가 됩니다. 이건 (왠지 모르게) 일정한 값에 가까워질 것 같습니다.

시험 삼아 k에 구체적인 값을 몇 개 대입해 봅시다.

$$k = 0.1 \quad \Rightarrow \quad (1+k)^{\frac{1}{k}} = 2.59374 \cdots$$

$$k = 0.01 \quad \Rightarrow \quad (1+k)^{\frac{1}{k}} = 2.70481 \cdots$$

$$k = 0.001 \quad \Rightarrow \quad (1+k)^{\frac{1}{k}} = 2.71692 \cdots$$

$$k = 0.0001 \quad \Rightarrow \quad (1+k)^{\frac{1}{k}} = 2.71814 \cdots$$

$$k = 0.00001 \quad \Rightarrow \quad (1+k)^{\frac{1}{k}} = 2.71826 \cdots$$

이렇게 보니 $(1+k)^{\frac{1}{k}}$은 단계적으로 $2.718\cdots\cdots$이라는 값에 가까워지고 있습니다. 실제로 $k \to 0$일 때 $(1+k)^{\frac{1}{k}}$의 극한값은

$$2.718281828459045 \cdots\cdots$$

이라는 상수임이 알려져 있습니다. 이는 분수로 나타낼 수 없는 무리수입니다. 이 수를 가장 처음 언급한 인물은 로그를 처음 발견한 영국의 **존 네이피어**(1550–1617)이며, 이 수는 그의 이름을 딴 **네이피어 상수** 또는 **자연로그의 밑**이라고 합니다. 단, 레온하르트 오일러 (1707–1783)가 이 수를 가리키는 용도로 e라는 상수 기호를 사용했기 때문에 지금은 보통 네이피어 상수를 e로 표기합니다. 즉,

$$\lim_{k \to 0}(1+k)^{\frac{1}{k}} = e = 2.718281828459045 \cdots\cdots \quad \cdots ③$$

입니다. 이를 ②에 대입하면 다음과 같습니다.

$$f'(x) = \lim_{k \to 0} \frac{1}{x} \log_a (1+k)^{\frac{1}{k}} = \frac{1}{x} \log_a e \quad \cdots ④$$

③으로 정의되는 네이피어 상수 e를 밑으로 하는 로그 $\log_e x$를 **자연로그**(natural logarithm)라고 합니다. 수학에서 자연로그는 아주 자주 나오기 때문에 밑 e를 생략하고 $\ln x$로 표기하는 경우가 많습니다. ④를 자연로그로 표기하면 $f(x) = \log_a x$의 도함수는

$$
\begin{aligned}
f'(x) &= \frac{1}{x} \log_a e \\
&= \frac{1}{x} \cdot \frac{\log_e e}{\log_e a} \qquad \left[\log_a b = \frac{\log_c b}{\log_c a} \right] \\
&= \frac{1}{x} \cdot \frac{1}{\log_e a} \qquad \left[\log_a a = 1 \right]
\end{aligned}
$$

입니다.

특히 $f(x) = \log_e x$일 때는 아주 단순해집니다.

$$f'(x) = \frac{1}{x} \cdot \frac{1}{\log_e e} = \frac{1}{x} \qquad \left[\log_a a = 1 \right]$$

지금까지 이전 절에서 소개한

$$f(x) = \log_e x \quad \xleftarrow{\text{적분}} \xrightarrow{\text{미분}} \quad f'(x) = \frac{1}{x}$$

$$f(x) = \log_a x \quad \xleftarrow{\text{적분}} \xrightarrow{\text{미분}} \quad f'(x) = \frac{1}{x \log_e a}$$

을 증명했습니다.

신비한 수 e

이 책에서도 이미 여러 번 네이피어 상수(자연로그) e가 얼굴을 내밀었지만, 특히 자연과학을 공부하면 사방에서 e가 튀어나옵니다. 이는 (앞에서도 언급했지만) e를 밑으로 하는 지수함수 e^x이

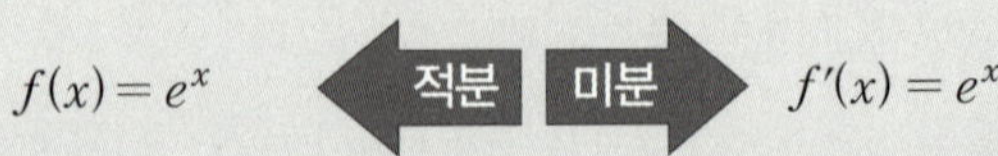

$$f(x) = e^x \qquad\qquad f'(x) = e^x$$

과 같은 성질을 지니고 있는 것과 큰 관계가 있습니다. **지수함수 e^x은 거듭해서 미분하고 적분을 해도 모양이 변하지 않습니다.** 또한, 자연현상의 대부분은 미분방정식으로 표현할 수 있습니다. 미분방정식을 세우거나 풀 때 미분하거나 적분을 하면 다른 함수는 그때마다 모양이 변하지만 지수함수 e^x은 원래 모양이 바뀌지 않습니다. 이는 자연현상을 설명하는 '해'나 미분방정식에 e가 많이 나오는 이유입니다.

또한, $y = e^x$의 그래프의 y절편($x = 0$)과 만나는 선의 기울기는 1이 됩니다(361쪽 메모 참조).

▼ 그림 5-67 $y = e^x$의 그래프의 y절편($x = 0$)과 만나는 선의 기울기는 1이 된다

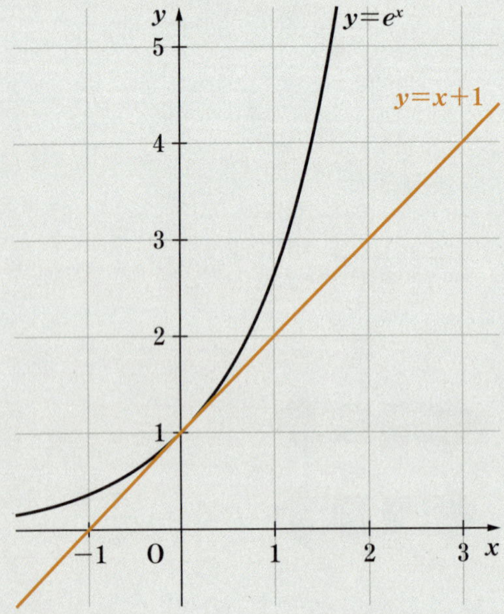

일 때, $f'(0) = 1$이므로

$x = a$일 때의 $y = f(x)$의 접선의 기울기는 $f'(a)$

$$f'(0) = 1 \;\Rightarrow\; \lim_{h \to 0} \frac{f(0+h) - f(0)}{h} = 1$$

$$f'(a) = \lim_{h \to 0} \frac{f(a+h) - f(a)}{h}$$

$$a^0 = 1$$

$$\Rightarrow\; \lim_{h \to 0} \frac{e^{0+h} - e^0}{h} = 1$$

$$\Rightarrow\; \lim_{h \to 0} \frac{e^h - 1}{h} = 1 \quad \cdots ⑤$$

이 됩니다. ⑤가 e의 정의라고 주장하는 학자들도 있습니다.

이에 따라

$$e = \sum_{n=0}^{\infty} \frac{1}{n!} = 1 + \frac{1}{1!} + \frac{1}{2!} + \frac{1}{3!} + \cdots + \frac{1}{n!} + \cdots\cdots$$

라는 아름다운 등식도 성립합니다. 이처럼 e는 아주 신비하면서 특별한 숫자입니다. 자연과학에서 네이피어 상수 e는 원주율 π에 버금가는 중요한 상수라고 해도 과언이 아닙니다.

> **Note≡** 네이피어 상수 e를 밑으로 하는 지수함수의 도함수는 ⑤를 사용해서 다음과 같이 계산할 수 있습니다.
>
> $$f(x) = e^x$$
>
> 일 때, 도함수 $f'(x)$는 다음과 같습니다.
>
> $$f'(x) = \lim_{h \to 0} \frac{f(x+h) - f(x)}{h}$$
>
> $$= \lim_{h \to 0} \frac{e^{x+h} - e^x}{h}$$
>
> $$= \lim_{h \to 0} e^x \frac{e^h - 1}{h} = e^x$$
>
> 또한, $t = e^h - 1$로 두면 $h \to 0$일 때 $t \to 0$입니다.
>
> $$a^0 = 1 \text{이고 } h \to 0 \text{일 때,}$$
> $$t = e^h - 1$$
> $$\to e^0 - 1 = 1 - 1 = 0$$

$e^h = 1 + t$에 의해 $h = \log_e(1 + t)$입니다. 따라서 ⑤는

$$\lim_{h \to 0} \frac{e^h - 1}{h} = \lim_{t \to 0} \frac{t}{\log_e(1+t)} = \lim_{t \to 0} \frac{1}{\dfrac{1}{t}\log_e(1+t)}$$

$$= \lim_{t \to 0} \frac{1}{\log_e(1+t)^{\frac{1}{t}}} = \frac{1}{\log_e e} = 1$$

$$\lim_{k \to 0} (1 + k)^{\frac{1}{k}} = e$$

과 같이 나타낼 수 있습니다.

6장

확률과 통계

우연을 다루기 위한 수학

01 경우의 수

경우의 수란 어떤 시행에 대해 일어날 수 있는 모든 경우의 가짓수를 말합니다. 개수가 작은 물건을 손으로 세는 일은 어린이도 할 수 있는 일이지만 많은 양을 **정확하게 효율적**으로 계산하려면 지혜와 아이디어가 필요합니다.

경우의 수를 정확하게 세려면 먼저 두 조건

> · 순서를 따지는가?
>
> · 중복을 허락하는가?

를 확인해야 합니다.

예를 들어 아이스크림 가게에서 '더블'을 주문할 때의 경우의 수를 생각해 봅시다. 아이스크림은 보통 맛의 순서를 따지지 않지만 중복되지 않도록 주문하겠지요. 하지만 녹차맛과 초코맛을 골랐다 하더라도 녹차맛 위에 초코맛이 올라가는 경우와 초코맛 위에 녹차맛이 올라가는 경우를 다르게 본다면 순서를 따져야 할 것이고, 위아래를 모두 녹차맛으로 고를 수 있다면 중복이 허락되는 것이므로 답이 완전히 바뀔 것입니다.

경우의 수를 세는 네 가지 방법

일반적으로 물건의 개수를 세는 방법에는 네 가지가 있고, 각각에는 다음과 같은 이름이 붙어 있습니다.

[방법 1] 순서를 따지고 중복을 허락하지 않는다: 순열

[방법 2] 순서를 따지지 않고 중복을 허락하지 않는다: **조합**

[방법 3] 순서를 따지고 중복을 허락한다: **중복순열**

[방법 4] 순서를 따지지 않고 중복을 허락한다: **중복조합**

다음 표는 세 문자 A, B, C 중에서 문자 2개를 고를 때의 경우의 수를 네 가지 방법으로 구해 요약한 것입니다.

▼ 표 6-1 경우의 수를 세는 네 가지 방법

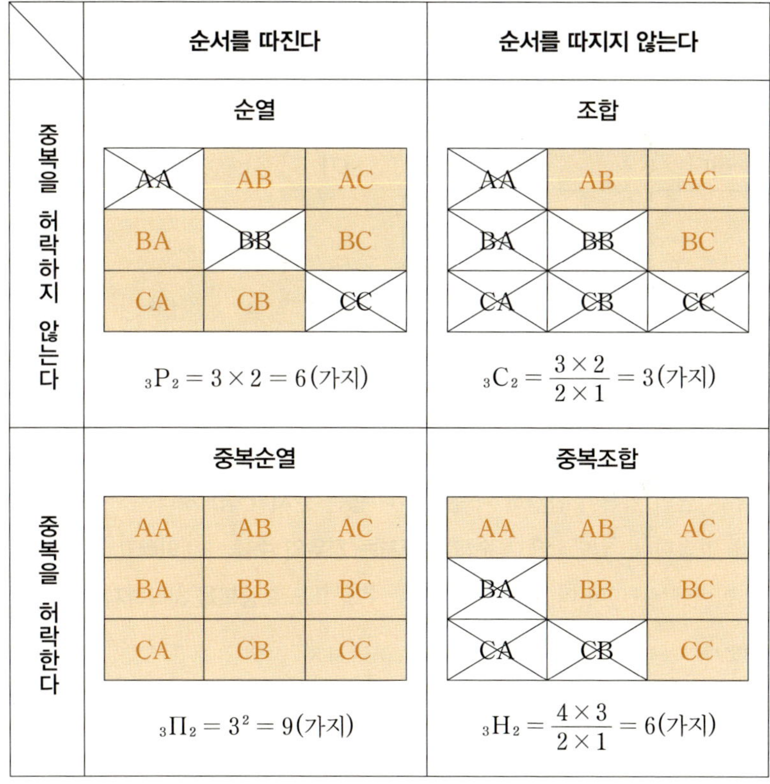

각각의 방법과 사용하는 기호를 차례대로 설명하겠습니다.

[방법 1] 순서를 따지고 중복을 허락하지 않는다: 순열

예를 들어 A, B, C, D, E라는 5명이 속한 모임에서 리더와 총무, 서기(겸임을 허락하지 않음)를 뽑는 경우를 생각해 봅시다.

일단 총 5명이므로 리더를 뽑는 경우의 수는 5가지네요. 그 다음은 총무를 뽑아야 하는데, 리더로 뽑힌 사람을 제외한 나머지 4명 중에서 뽑으니 경우의 수는 4가지입니다. 마지막으로 서기는 리더로 뽑힌 사람과 총무로 뽑힌 사람을 제외한 나머지 3명 중에서 뽑게 됩니다. 따라서 경우의 수는 3가지입니다. 결과적으로 모든 경우의 수는

▼ 그림 6-1 순열의 계산

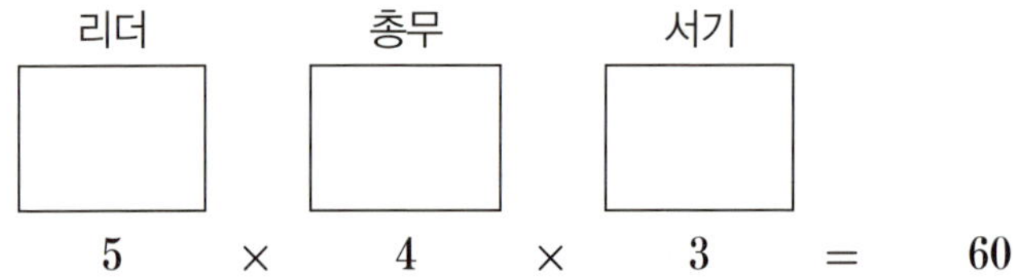

이므로 모두 **60가지**라는 것을 알 수 있습니다.

이때 A가 리더이고 B가 총무가 되는 경우와 B가 리더이고 A가 총무가 되는 경우는 팀의 성격이 완전히 다를 것이니 **뽑는 순서가 중요하다**는 것은 두말할 필요 없습니다. 일반적으로 **순서를 따지는 경우의 수**를 순열이라고 합니다. 또한, 이번에는 1명이 여러 직책을 겸임할 수 없으므로 **중복을 허락하지 않습니다.**

이렇게 서로 다른 5개에서 중복을 허락하지 않고 3개를 고르는 순열은 permutation의 머리글자를 따서 $_5P_3$으로 표기합니다. $_5P_3$은 위에서 본 것처럼

$$_5P_3 = 5 \times 4 \times 3 = 60 \text{ (가지)}$$

로 계산하는데, 이는

$$_5P_3 = 5 \times 4 \times 3 = \frac{5 \times 4 \times 3 \times 2 \times 1}{2 \times 1} = \frac{5!}{2!} = \frac{5!}{(5-3)!}$$

처럼 계승(171쪽)을 사용해 표기할 수도 있습니다.

이를 일반화하면 다음과 같은 모습이 됩니다.

순열(서로 다른 n개에서 r개를 고르는 순열)의 일반식

$$_nP_r = n \times (n-1) \times \cdots \times (n-r+1) = \frac{n!}{(n-r)!}$$

$\underbrace{\qquad\qquad\qquad\qquad}_{r개의 곱}$

Note≡ 계승을 사용하려고 다음과 같이 식을 일부러 변형했습니다.

$$n \times (n-1) \times \cdots \times (n-r+1)$$
$$= \frac{n \times (n-1) \times \cdots \times (n-r+1) \times (n-r) \times (n-r-1) \times \cdots \times 3 \times 2 \times 1}{(n-r) \times (n-r-1) \times \cdots \times 3 \times 2 \times 1}$$
$$= \frac{n!}{(n-r)!}$$

[방법 2] 순서를 따지지 않고 중복을 허락하지 않는다: 조합

이번에는 A부터 E까지의 5명 중 도시락을 사러 나가는 3명을 뽑는 경우를 생각해 봅시다. 이 경우에는 A → B → C를 뽑아도 C → B → A를 뽑아도 사러 나가는 사람들이 (A, B, C)라는 사실에는 변함이 없으니 **순서를 따질 필요가 없습니다.**

일반적으로 순서를 따질 필요가 없는 경우의 수를 **조합**이라고 합니다. 이 경우는 당연하게도 1명이 두 번 뽑힐 일이 없기 때문에 중복은 허락하지 않습니다.

그러면 5명 중 3명을 '순열'로 뽑을 때와 '조합'으로 뽑을 때를 비교해 봅시다.

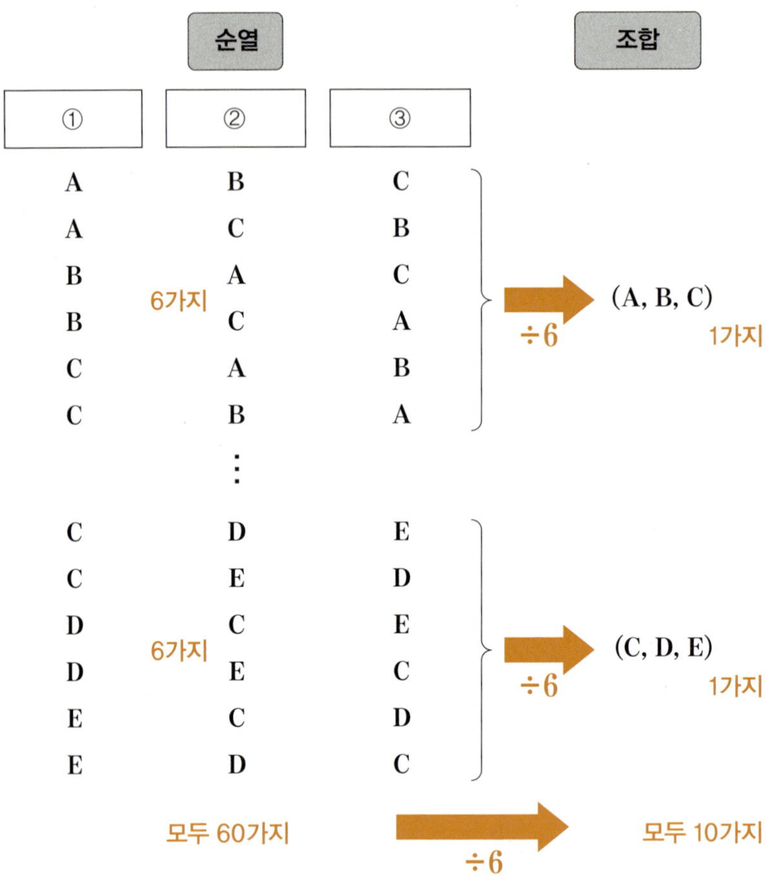

만약 A, B, C를 순열로 뽑으면 경우의 수가 6가지지만 조합으로 뽑으면 경우의 수가 1가지(A, B, C)가 됩니다. 다른 문자를 3개 골라도 경우의 수는 바뀌지 않으니 아무래도

$$\frac{순열}{6} = 조합$$

이 성립합니다. 방금 전에 5명 중에서 3명을 뽑는 순열이

$$_5\mathrm{P}_3 = 5 \times 4 \times 3 = 60 \,(\text{가지})$$

이었으니 5명 중에서 3명을 뽑는 **조합**은

$$\frac{_5\mathrm{P}_3}{6} = \frac{60}{6} = 10 \,(\text{가지})$$

이므로 **10가지**가 됩니다.

그림 6-2에 ÷6이 있는데, 이 6은 3개를 뽑아 세 상자 ①, ②, ③에 넣는 순열입니다. 이는

$$_3\mathrm{P}_3 = 3 \times 2 \times 1 = 3! = 6 \,(\text{가지})$$

로 계산할 수 있습니다.

일반적으로 서로 다른 n개에서 중복을 허락하지 않고 r개를 뽑는 것을 조합이라 하며, combination의 머리글자에서 유래한 $_n\mathrm{C}_r$로 표기합니다. 이 기호를 사용하면 5명 중에서 3명을 선발하는 조합은

$$_5\mathrm{C}_3 = \frac{_5\mathrm{P}_3}{3!} = \frac{5 \times 4 \times 3}{3 \times 2 \times 1} = 10 \,(\text{가지})$$

가 됩니다.

조합도 일반화해 봅시다. 순열의 일반식에 따라 다음과 같습니다.

$$
\begin{aligned}
_n\mathrm{C}_r &= \frac{_n\mathrm{P}_r}{r!} \\[4pt]
&= \frac{n \times (n-1) \times \cdots \times (n-r+1)}{r!} \\[4pt]
&= \frac{\dfrac{n!}{(n-r)!}}{r!} \\[4pt]
&= \frac{1}{r!} \cdot \frac{n!}{(n-r)!}
\end{aligned}
$$

$$
\begin{aligned}
_n\mathrm{P}_r &= n \times (n-1) \times \cdots (n-r+1) \\
&= \frac{n!}{(n-r)!}
\end{aligned}
$$

$$
{}_n\mathrm{C}_r = \frac{{}_n\mathrm{P}_r}{r!} = \frac{n \times (n-1) \times \cdots \times (n-r+1)}{r!}
$$

$$
= \frac{n!}{r!(n-r)!}
$$

그런데 **5명 중에서 도시락을 사러 나가는 3명을 뽑는 것은 도시락을 사러 나가지 않는 2명을 뽑는 것과 같은 뜻** 아닌가요? 실제로 5명 중에서 2명을 뽑는 경우의 수는

$$
{}_5\mathrm{C}_2 = \frac{{}_5\mathrm{P}_2}{2!} = \frac{5 \times 4}{2 \times 1} = 10 \ (\text{가지})
$$

이므로 ${}_5\mathrm{C}_3$과 마찬가지로 10가지가 됩니다. 즉,

$$
{}_5\mathrm{C}_3 = {}_5\mathrm{C}_2
$$

입니다. 그러므로

$$
{}_{10}\mathrm{C}_7 = {}_{10}\mathrm{C}_3
$$

$$
{}_{100}\mathrm{C}_{99} = {}_{100}\mathrm{C}_1
$$

로 간주할 수 있으며, 일반적으로 다음 관계가 성립합니다.

$$
{}_n\mathrm{C}_r = {}_n\mathrm{C}_{n-r}
$$

[방법 3] 순서를 따지고 중복을 허락한다: 중복순열

이번에는 A부터 E까지의 5명이 가위바위보를 하는 상황을 가정해 봅시다. 5명이 낼 수 있는 손은 모두 몇 가지일까요? A만 바위를 내고 다른 4명이 가위를 내는 경우와 B만 바위를 내고 다른 4명이 가위를 내는 경우는 승패가 다르

니 당연히 구분해야 합니다. 다시 말해 **순서를 따집니다.** 또한, (당연하지만) 모든 멤버들은 가위바위보라는 세 가지 손을 자유롭게 낼 수 있으니 **중복을 허락합니다.** 이러한 모든 경우의 수는 다음과 같습니다.

▼ 그림 6-3 중복순열의 계산

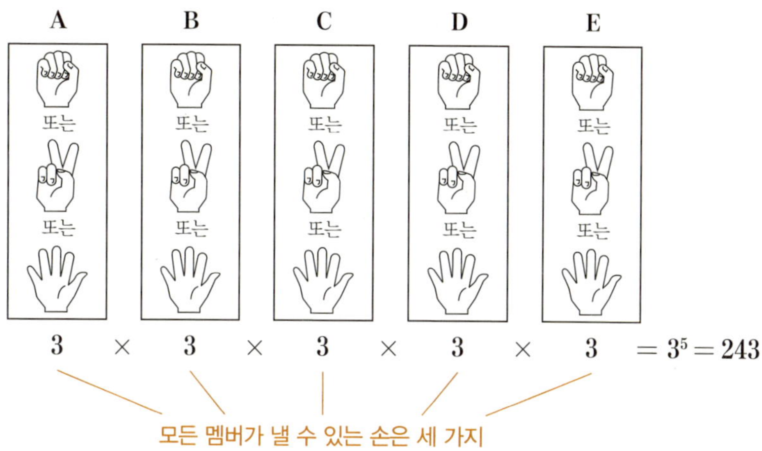

이는 서로 다른 3개(가위, 바위, 보) 중에서 중복을 허락하고 5개를 고르는 순열입니다.

이러한 순열을 **중복순열**(repeated permutation)이라 하고, $_3\Pi_5$로 표기합니다. 이 기호를 사용하면 위 계산을 다음과 같이 나타낼 수 있습니다.

$$_3\Pi_5 = 3^5$$

일반적으로 서로 다른 n개 중에서 중복을 허락하고 r개를 고르는 중복순열은 다음과 같이 정리할 수 있습니다.

중복순열(서로 다른 n개에서 중복을 허락하고 r개를 고르는 순열)의 일반식

$$_n\Pi_r = n^r$$

[방법 4] 순서를 따지지 않고 중복을 허락한다: 중복조합

마지막으로 A부터 E까지의 5명이 같은 가게에서 음식을 주문할 때, 주문하는 방법이 몇 가지인지를 생각해 봅시다. 메뉴는 짜장면, 볶음밥, 짬뽕이며 이 중 하나를 1명이 1개씩 골라야 합니다.

이때 경우의 수는 후보 3명을 A부터 E까지의 5명이 무기명으로 투표할 때의 경우의 수와 같습니다.

▼ 그림 6-4 중복조합의 계산

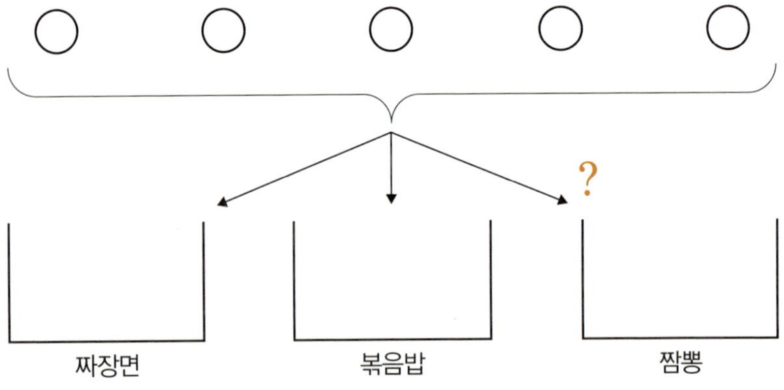

사실 이 상황에서 모든 경우의 수를 계산하는 것은 쉬운 일이 아니지만 다음과 같이 바꿔 생각하면 해결할 수 있습니다.

후보가 3명이므로 칸막이(|)를 2개 준비하고 공과 공 사이에 둡니다. 그러면 공 5개와 칸막이 2개를 나열하는 방법이 '득표하는 방법'과 일대일로 대응합니다.

▼ 그림 6-5 메뉴를 고르는 문제를 투표로 바꾸어 생각해 보면?

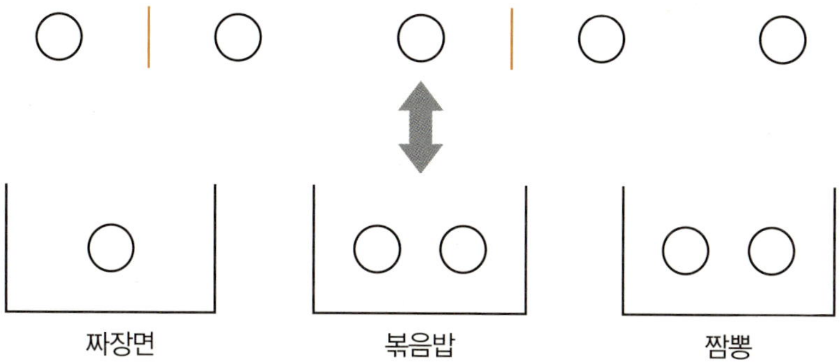

즉, 공 5개와 칸막이 2개를 나열하는 경우의 수를 알아내면 득표(주문)하는 경우의 수도 알게 되는 셈입니다. 공 5개와 칸막이 2개를 배열하는 경우의 수는 다음과 같이 생각해 볼 수 있습니다. 다음 그림과 같이 **빈 자리 7곳을 마련하고, 이 중에서 공이 들어갈 자리를 5곳 고릅시다.** 그러면 남아 있는 2자리에 칸막이 2개를 넣는 방법이 1가지가 됩니다.

▼ 그림 6-6 조합 문제로 바꾸어 생각해 보자.

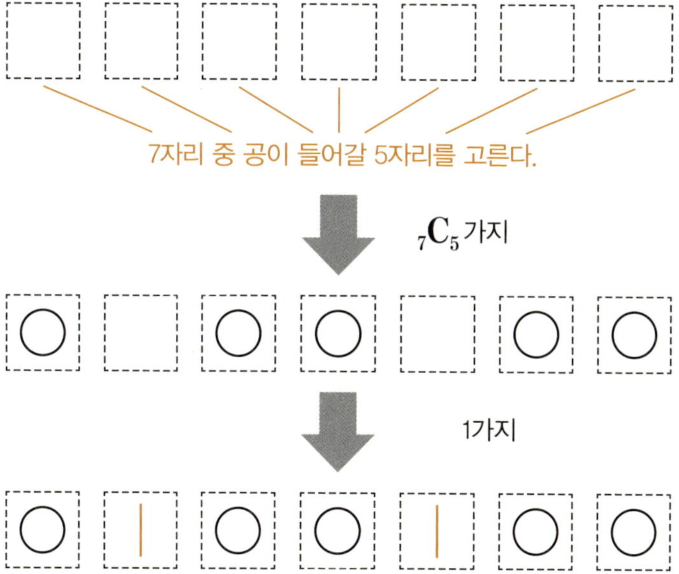

서로 다른 7개 중에서 5개를 고르는 것이니 이는 조합(방법 2)이군요.

$$_7C_5 = {_7}C_2 = \frac{_7P_2}{2!} = \frac{7 \times 6}{2 \times 1} = 21 \text{ (가지)}$$

$$_nC_r = {_n}C_{n-r}$$
$$_nC_r = \frac{_nP_r}{r!}$$

따라서 주문하는 방법은 21가지임을 알 수 있습니다.

예를 들어 A부터 E까지의 5명이

  A: 짜장면

  B: 볶음밥

  C: 볶음밥

  D: 짬뽕

  E: 짬뽕

을 주문해도

  A: 짬뽕

  B: 짬뽕

  C: 짜장면

  D: 볶음밥

  E: 볶음밥

을 주문해도 주문하는 메뉴가 짜장면 1개, 볶음밥 2개, 짬뽕 2개라는 사실은 바뀌지 않기 때문에 **순서를 따질 필요가 없습니다**('조합'의 친척입니다). 또한, 5명은 서로 다른 메뉴 3개(짜장면, 볶음밥, 짬뽕) 중에서 중복을 허락하며 총 5개를 고르고 있습니다. 이렇게 서로 다른 3개에서 **중복을 허락**하며 5개를 고르는 조합을 **중복조합**(repeated combination)이라 하고, $_3H_5$로 표기합니다.

이 예는 서로 다른 3개를 분류하기 위해 칸막이를 2개 마련하고, 이 칸막이 2개와 공 5개 나열할 자리를 모두 7곳 마련하여 거기에 공을 넣을 수 있는 자리를 5곳 고르는 것이었지요? 그 결과로

$$_3H_5 = {_7}C_5$$

가 됐습니다.

일반적으로

서로 다른 n개에서 중복을 허락하여 r개를 고르는 조합

$\parallel$

칸막이 $n-1$개와 공 r개를 나열하는 순열

$\parallel$

빈 자리 $n-1+r(=n+r-1)$개에 공을 넣을 자리 r곳을 고르는 경우의 수

이므로 중복조합은 다음과 같이 생각할 수 있습니다.

> **중복조합(서로 다른 n개에서 중복을 허락하여 r개를 고르는 조합)**
>
> $$_n\mathrm{H}_r = {}_{n+r-1}\mathrm{C}_r$$

Note≡ H라는 기호의 뜻이 조금 어려운데, 이는 제차곱(Homogeneous product)이라는 단어의 머리글자입니다. 제차곱은 동차곱이라 부르기도 합니다. 예를 들어

$$(A+B+C)^5 = A^5 + 5A^4B + 5A^4C + \cdots + 30AB^2C^2 + \cdots + C^5$$

라는 제차다항식(동차다항식 = 모든 항의 차수가 같은 식)이 있을 때, 우변에 나오는 항의 $(A^5,\ A^4B,\ A^4C,\ \cdots,\ AB^2C^2,\ \cdots,\ C^5$ 등) 가짓수는 서로 다른 3개$(A,\ B,\ C)$ 중에서 중복을 허락하여 5개를 고르는 중복조합의 경우의 수 $_3\mathrm{H}_5$와 일치합니다.

문제 1

다음 세 조건을 만족하는 정수의 순서쌍$(a_1,\ a_2,\ a_3,\ a_4,\ a_5)$의 개수를 구하세요.

(A) $a_1 \geq 1$ (B) $a_5 \leq 4$ (C) $a_i \leq a_{i+1}$ $(i = 1,\ 2,\ 3,\ 4)$

예를 들어

$$(a_1,\ a_2,\ a_3,\ a_4,\ a_5) = (1,\ 1,\ 2,\ 2,\ 4)$$

는 지문 속 세 조건을 만족합니다.

하지만 이렇게 $a_1 \sim a_5$의 값을 고를 때 $a_1 = 1$인 경우, $a_1 = 2$인 경우, … 등을 따로 계산한다면 굉장히 귀찮은 일이 될 것입니다.

그러니 이렇게 바꿔 생각해 봅시다.

▼ 그림 6-7 이 문제는 중복조합 문제!

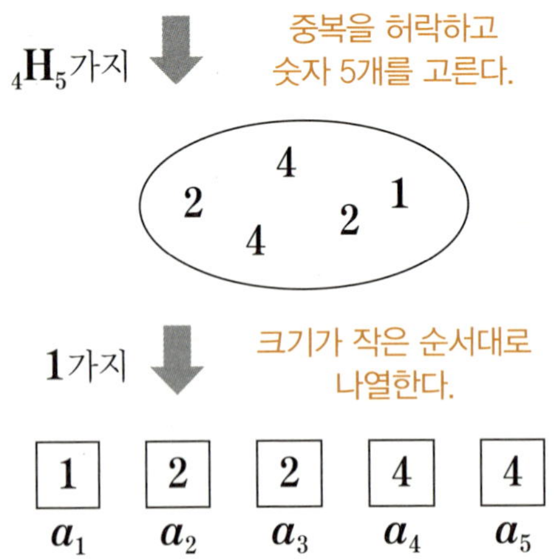

먼저 4개의 숫자 1, 2, 3, 4 중에서 중복을 허락하여 숫자 5개를 고릅니다. 그다음 이를 크기가 작은 순서대로 정렬하고, 순서대로 a_1, a_2, a_3, a_4, a_5라는 이름을 붙입니다. 그러면 조건을 만족하는 $(a_1, a_2, a_3, a_4, a_5)$가 1세트 만들어집니다.

중복을 허락하여 고르는 경우의 수라……. 맞습니다! **중복조합(방법 4)**입니다.

1부터 4까지의 숫자 4개 중에서 중복을 허락하고 숫자 5개를 고르면 조건을 만족하는 $(a_1, a_2, a_3, a_4, a_5)$가 1세트 만들어집니다. 다른 숫자 4개 중에서 중복을 허락하여 5개를 고르는 방법은 $_4H_5$가지이므로 다음과 같이 구할 수 있습니다.

$$_4H_5 = {}_{4+5-1}C_5$$

$$= {}_8C_5$$

$$= {}_8C_3$$

$$= \frac{_8P_3}{3!}$$

$$= \frac{8 \times 7 \times 6}{3 \times 2 \times 1}$$

$$= 56 \ (\text{개})$$

$$_nH_r = {}_{n+r-1}C_r$$

$$_nC_r = {}_nC_{n-r}$$

$$_nC_r = \frac{_nP_r}{r!}$$

02 확률

이 절에서는 확률을 배웁니다. 그 전에 먼저 집합의 기본적인 내용을 가볍게 정리해 둡시다.

집합과 집합의 표기법

'24의 양의 약수', '호랑이띠인 인물'처럼 범위가 명확한 것의 모임을 **집합**(set)이라 하고, 집합을 이루는 하나하나를 그 집합의 **원소**(element)라고 합니다.

> **Note** '큰 수', '아름다운 것들'처럼 범위가 명확하지 않은 것의 모임은 집합이 아닙니다.

예를 들어 3은 '24의 양의 약수'라는 집합의 원소입니다.

집합을 나타내는 방법은 크게 두 가지가 있습니다. 하나는 **원소를 모두 적어 나열하는 방법(원소나열법)**이고, 다른 하나는 **원소가 만족하는 조건을 나타내는 방법(조건제시법)**입니다.

'24의 양의 약수'의 집합을 A라고 하면 원소를 모두 적어 나열하는 방법으로

$$A = \{1,\ 2,\ 3,\ 4,\ 6,\ 8,\ 12,\ 24\}$$

로 나타낼 수 있고, 원소가 만족하는 조건을 나타내는 방법으로는

$$A = \{\,n \mid n \text{은 24의 양의 약수}\,\}$$

로 나타낼 수 있습니다. 두 방법 모두 중괄호 { }를 사용합니다.

만약

$$A = \{1, \ 2, \ 3, \ 4, \ 6, \ 8, \ 12, \ 24\}$$
$$B = \{6, \ 8, \ 24\}$$

라고 하면 다음과 같습니다.

▼ 그림 6-8 B는 A의 부분집합

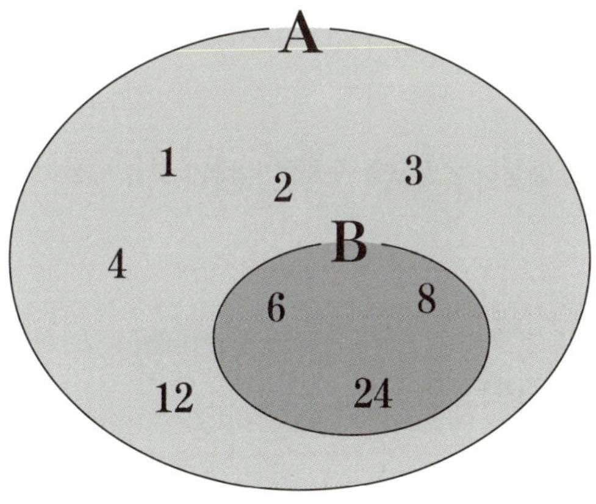

집합 B의 모든 원소가 집합 A에 들어 있습니다. 이렇게 집합 B가 완전히 집합 A에 완전히 포함될 때, B를 A의 **부분집합**이라 하고

$$B \subset A$$

라는 기호로 나타냅니다.

확률: 확실함을 나타내는 수학적 지표

주사위를 던질 때 짝수가 나올지 홀수가 나올지는 미리 알 수 없습니다. 하지만 (일반적인 주사위라면) 모든 눈이 비슷한 빈도로 나오리라 기대는 할 수 있으므로 짝수가 나오는 비율은

$$\frac{3}{6} = \frac{1}{2}$$

일 것이라 기대할 수 있습니다.

실제로 주사위를 여러 번 던져서 나온 숫자를 기록하다 보면

$$\frac{\text{짝수가 나온 횟수}}{\text{주사위를 던진 횟수}}$$

가 $\frac{1}{2}$에 가까워집니다.

이렇게 **어떤 일이 일어날 것으로 예상하는 정도를 수치로 나타낸 것**을 확률이라고 합니다.

> Note≡ 실제로 여러 번 반복할수록 그 결과로 얻은 비율이, 계산으로 구한 확률에 점점 가까워진다는 것을 **큰 수의 법칙**이라고 부릅니다.

세상에서 일어나는 대부분의 일에 '반드시'는 없습니다. 만약 광고나 판매원이 말하는 내용에

반드시 합격한다

반드시 돈을 벌 수 있다

반드시 살이 빠진다

등이 있다면 사기가 아닌지 의심해 봐야 할 것입니다.

하지만 100% 확실하지는 않아도 어느 정도는 확실하리라 예상되는 것들이 있습니다. 확률이란 그런 확실함을 나타내는 수학적 지표입니다.

앞으로 이야기를 풀어나가기 위해 꼭 필요한 단어를 몇 개 정의해 두겠습니다.

시행(trial)

여러 번 반복할 수 있으며 그 결과가 우연으로 일어나는 행위

예 주사위 던지기, 동전 던지기

표본공간(sample space)

어떤 시행으로 일어날 수 있는 모든 결과의 집합

예 주사위 던지기 시행의 표본공간은 { 1, 2, 3, 4, 5, 6 }
　　 동전 던지기 시행의 표본공간은 { 앞면, 뒷면 }

사건(event)

표본공간의 일부(표본공간의 부분집합)

예 '짝수가 나온다'는 주사위 던지기 시행의 사건 중 하나
　　 '앞면이 나온다'는 동전 던지기 시행의 사건 중 하나

위 단어로 확률을 다음과 같이 정의할 수 있습니다.

확률

어떤 시행의 표본공간 $U = \{e_1, e_2, \cdots, e_n\}$에 대하여 $e_1, e_2, \cdots, e_n$ 중 어떤 것도 동일하게 일어날 수 있다는 전제가 성립하고, 어떤 사건 E에 포함된 원소의 개수가 m일 때,

$$P(E) = \frac{m}{n}$$

을 사건 E의 확률이라고 합니다.

Note $P(E)$는 'Probability(확률) of E'의 줄임말입니다.

위 정의는 다음과 같이 풀어 쓸 수 있습니다.

$$P(E) = \frac{m}{n} = \frac{\text{사건 } E \text{에 포함된 원소의 개수}}{\text{표본공간 } U \text{에 포함된 원소의 개수}}$$

$$= \frac{\text{사건 } E \text{가 일어날 수 있는 경우의 수}}{\text{일어날 수 있는 모든 경우의 수}}$$

또한, 표본공간 U에 포함된 원소의 개수('모든' 경우의 수)를 n, 사건 E에 포함된 원소의 개수('부분'적인 경우의 수)를 m이라 하면 $0 \leq m \leq n$임은 명백하므로

$$0 \leq \frac{m}{n} \leq 1 \;\; \Rightarrow \;\; 0 \leq P(E) \leq 1$$

입니다.

확률을 구할 때는 '**표본공간에 포함된 모든 사건이 동일하게 일어날 수 있다**'는 **전제가 특히 중요**합니다.

가령 제비뽑기 10개 중에서 3개가 당첨인 제비를 뽑는 시행에서 표본공간 U를

$$U = \{ \text{당첨, 꽝} \}$$

이라 하고, 사건 E를

$$E = \{ \text{당첨} \}$$

이라 하면 표본공간 U에 포함된 원소의 개수가 2, 사건 E에 포함된 원소의 개수가 1입니다. 그러므로 뽑은 제비가 당첨될 확률 $P(E)$는

$$P(E) = \frac{\text{사건 } E \text{에 포함된 원소의 개수}}{\text{표본공간 } U \text{에 포함된 원소의 개수}} = \frac{1}{2}$$

이 됩니다. 이 결과는 확실히 이상합니다. 10개 중에서 당첨이 3개 들어 있는 제비뽑기는 당첨을 뽑을 확률과 꽝을 뽑을 확률이 다릅니다. 즉, 표본공간이 포

함하는 모든 사건이 동일하게 발생할 수 없으므로 확률을 이렇게 계산하면 엉뚱한 결과가 나오는 것입니다.

이와 관련된 문제를 풀어 보세요.

 **2**

주사위 2개를 동시에 던졌을 때 나오는 눈의 합이 9가 될 확률을 구하세요.

해설

예상되는 오답을 먼저 설명합니다.

오답

주사위를 던져 나올 수 있는 눈을 '조합'으로 봅니다.

▼ 표 6-2 주사위 2개를 던져 나올 수 있는 눈을 '조합'으로 보면…

(1, 1)	(1, 2)	(1, 3)	(1, 4)	(1, 5)	(1, 6)
	(2, 2)	(2, 3)	(2, 4)	(2, 5)	(2, 6)
		(3, 3)	(3, 4)	(3, 5)	(3, 6)
			(4, 4)	(4, 5)	(4, 6)
				(5, 5)	(5, 6)
					(6, 6)

위 표에서 주사위를 던져 나올 수 있는 조합은 모두 21가지이고, 이 중에서 합이 9가 되는 조합은 (3, 6), (4, 5) 중 하나이므로 2가지입니다. 따라서 구하고자 하는 확률은 $\dfrac{2}{21}$ 입니다.

이제 정답을 설명합니다.

해답

주사위를 던져 나올 수 있는 결과는 모두

$$6 \times 6 = 36\,(가지)$$

입니다. 이 중에서 합이 9가 되는 것은

$$(3,\ 6),\ (4,\ 5),\ (5,\ 4),\ (6,\ 3)$$

중 하나이므로 4가지입니다. 따라서 구하고자 하는 확률은 다음과 같습니다.

$$\frac{4}{36} = \frac{1}{9}$$

왜 '순열'로 보면 정답이고, '조합'으로 보면 오답이 되는 걸까요?

만약 이를 '조합'으로 보면 조합의 표본공간 속 원소의 개수(일어날 수 있는 모든 경우의 수) 21가지 중에서 (1, 1), (2, 2), (3, 3), (4, 4), (5, 5), (6, 6)처럼 **같은 눈이 나오는 6가지 경우가 일어날 정도와, 이 외 15가지 경우가 일어날 정도가 서로 다릅니다.** 주사위를 던져 나올 수 있는 눈을 '순열'로 보는 다음 표를 보세요.

▼ 표 6-3 주사위 2개를 던져 나올 수 있는 눈을 '순열'로 보면…

(1, 1)	(1, 2)	(1, 3)	(1, 4)	(1, 5)	(1, 6)
(2, 1)	(2, 2)	(2, 3)	(2, 4)	(2, 5)	(2, 6)
(3, 1)	(3, 2)	(3, 3)	(3, 4)	(3, 5)	(3, 6)
(4, 1)	(4, 2)	(4, 3)	(4, 4)	(4, 5)	(4, 6)
(5, 1)	(5, 2)	(5, 3)	(5, 4)	(5, 5)	(5, 6)
(6, 1)	(6, 2)	(6, 3)	(6, 4)	(6, 6)	(6, 6)

이 표에서 **조합으로 볼 때** (1, 1)이 되는 사건은 순열로 보는 36가지 중에서도 1가지뿐이지만, 조합으로 볼 때 (1 ,2)가 되는 사건은 순열로 볼 때 (1, 2)와 (2, 1) 2개가 됩니다. 이는 나오는 눈을 '조합'으로 보게 되면 같은 눈이 나올 확률과 이외의 눈이 나올 확률에 차이가 생긴다는 뜻입니다. 그러면 '**모든 사건이 동일하게 일어날 수 있다**'라는 대전제가 무너지므로 주사위 문제에서 조합은 표본공간이 될 수 없습니다.

반면, 나오는 눈을 '순열'로 보고 (1, 2)와 (2, 1)를 구별하면 (1, 1)도 (1, 2)도 (2, 1)도 36가지 중 하나가 되므로 표본공간 속 모든 결과가 동일하게 일어날 수 있습니다.

합사건과 곱사건: 컵과 캡

주사위 던지기 시행의 표본공간을 U, 홀수가 나오는 사건을 A, 소수가 나오는 사건을 B라고 하면

$$U = \{1, \ 2, \ 3, \ 4, \ 5, \ 6\}$$
$$A = \{1, \ 3, \ 5\}$$
$$B = \{2, \ 3, \ 5\}$$

소수 : 1과 자신만으로 나누어 떨어지는 2 이상의 자연수

가 됩니다.

▼ 그림 6-9 주사위 던지기 시행을 벤 다이어그램으로 나타내 보면…

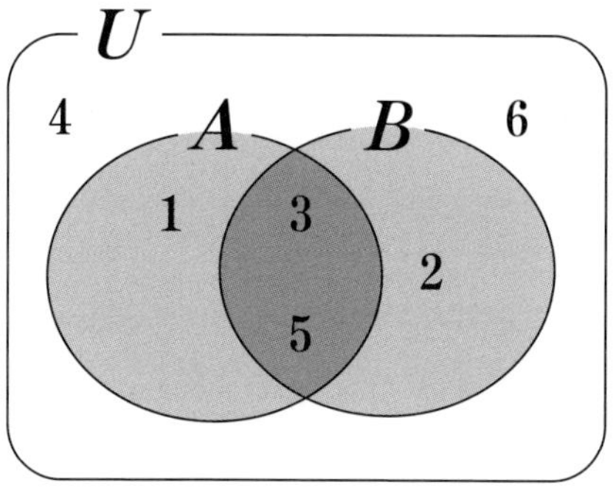

일반적으로 어떤 시행에 A와 B라는 두 사건이 있을 때, 'A와 B 중 적어도 하나는 일어난다'는 사건을 A와 B의 **합사건**이라 하며, $A \cup B$로 나타냅니다.

또한, 'A와 B 모두 일어난다'는 사건은 **곱사건**이라 하고, $A \cap B$로 나타냅니다. 위 경우

$$\text{합사건: } A \cup B = \{1,\ 2,\ 3,\ 5\}$$

$$\text{곱사건: } A \cap B = \{3,\ 5\}$$

가 됩니다.

▼ 그림 6-10 합사건과 곱사건

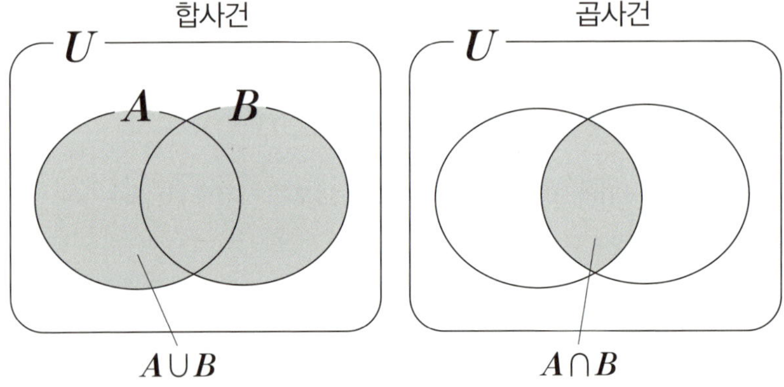

> **Note** ∪은 '또는'으로 읽거나 (손잡이를 붙이면 컵처럼 보이므로) 'cup(컵)'으로 읽습니다. ∩은 '이며'로 읽거나 (챙을 붙이면 모자처럼 보이므로) 'cap(캡)'으로 읽습니다.

합사건의 확률 $P(A \cup B)$와 곱사건의 확률 $P(A \cap B)$ 사이에는 다음과 같은 관계가 성립합니다.

합사건과 곱사건의 확률

$$P(A \cup B) = P(A) + P(B) - P(A \cap B)$$

이 관계를 앞의 예로 확인해 봅시다.

$$U = \{1,\ 2,\ 3,\ 4,\ 5,\ 6\}$$

$$A = \{1,\ 3,\ 5\} \quad \Rightarrow \quad P(A) = \frac{3}{6}$$

$$B = \{2,\ 3,\ 5\} \quad \Rightarrow \quad P(B) = \frac{3}{6}$$

$$A \cup B = \{1,\ 2,\ 3,\ 5\} \quad \Rightarrow \quad P(A \cup B) = \frac{4}{6}$$

$$A \cap B = \{3,\ 5\} \quad \Rightarrow \quad P(A \cap B) = \frac{2}{6}$$

$$\Rightarrow \quad P(A) + P(B) - P(A \cap B) = \frac{3}{6} + \frac{3}{6} - \frac{2}{6} = \frac{4}{6} = P(A \cup B)$$

확실히 $P(A \cup B)$와 $P(A) + P(B) - P(A \cap B)$는 같아집니다.

곱사건 $A \cap B$는 간단히 말해 그림에서 A와 B가 겹쳐진 부분이므로 **합사건 $A \cup B$를 계산할 때는 A와 B를 더한 결과에서 겹친 부분을 빼야 합니다.**

또한, 주사위 던지기 시행에서 홀수가 나오는 사건을 A, 2가 나오는 사건을 B라 하면 A와 B는 절대 동시에 일어나지 않습니다.

▼ 그림 6-11 사건 A와 사건 B는 서로 배반

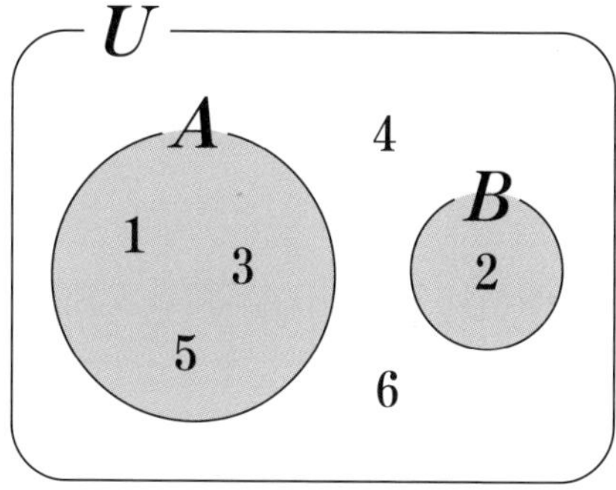

이때

$$U = \{1,\ 2,\ 3,\ 4,\ 5,\ 6\}$$

$$A = \{1,\ 3,\ 5\} \quad \Rightarrow \quad P(A) = \frac{3}{6}$$

$$B = \{2\} \quad \Rightarrow \quad P(B) = \frac{1}{6}$$

$$A \cup B = \{1,\ 2,\ 3,\ 5\} \quad \Rightarrow \quad P(A \cup B) = \frac{4}{6}$$

이므로 다음 식이 성립합니다.

$$P(A \cup B) = P(A) + P(B)$$

일반적으로 사건 A와 사건 B가 절대 동시에 일어나지 않을 때, A와 B의 관계를 **서로 배반**(mutually exclusive)이라 하고, 위 식을 **확률의 덧셈정리**라고 합니다.

확률의 덧셈정리

사건 A와 사건 B가 서로 배반일 때,

$$P(A \cup B) = P(A) + P(B)$$

여사건: 전체를 1로 두고 그 나머지를 따진다

사건 A에 대하여 A가 일어나지 않는 사건을 A의 **여사건**(complementary event)이라 하고, A^C로 나타냅니다.

사건 A와 이의 여사건은 서로 배반(동시에 일어나지 않음)이므로 위 덧셈정리를 사용할 수 있습니다. 즉,

$$P(A \cup A^C) = P(A) + P(A^C)$$

입니다.

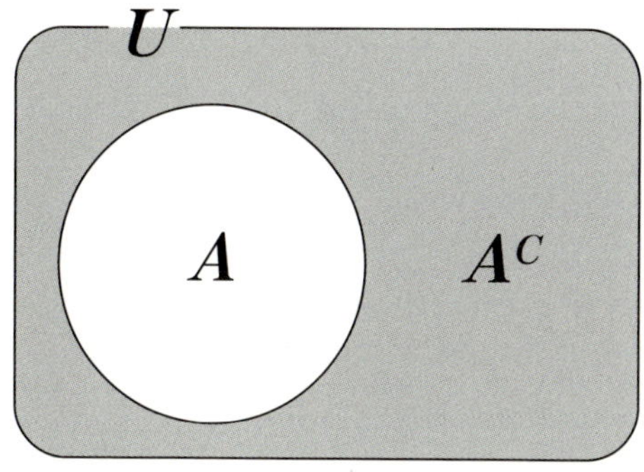

전사건(표본공간)을 U라 하면 위 그림에서도 알 수 있듯 $A \cup A^C = U$이므로

$$P(A) + P(A^C) = P(A \cup A^C) = P(U) = 1$$

입니다. 그러므로 여사건의 확률에는 다음 식이 성립합니다.

여사건의 확률

$$P(A^C) = 1 - P(A)$$

예를 들어 주사위를 4개 던지는 시행에서 '적어도 1개는 짝수가 나온다'는 사건 (E라고 합시다)의 확률을 구할 때, 제대로 계산하려고 하면

사건 A: 짝수가 1개인 경우

사건 B: 짝수가 2개인 경우

사건 C: 짝수가 3개인 경우

사건 D: 짝수가 4개인 경우

라는 모든 사건의 확률을 계산하고, 이들이 서로 배반이라는 것을 고려하여

$$P(E) = P(A \cup B \cup C \cup D) = P(A) + P(B) + P(C) + P(D)$$

를 계산해야 합니다. 이럴 때는 **'짝수의 눈이 하나도 나오지 않는 경우'라는 여사건을 따져야** 계산이 훨씬 수월해집니다.

주사위 4개를 던져서 짝수가 하나도 나오지 않았다는 것은 모든 주사위의 눈이 홀수였다는 것이므로 여사건 E^C의 확률은

$$P(E^C) = \left(\frac{3}{6}\right)^4 = \left(\frac{1}{2}\right)^4 = \frac{1}{16}$$

입니다. 그러므로 '적어도 하나는 짝수가 나올 확률'을

$$P(E) = 1 - P(E^C) = 1 - \frac{1}{16} = \frac{15}{16}$$

$$\boxed{\begin{aligned} &P(E^C) = 1 - P(E) \\ \Rightarrow\ &P(E) = 1 - P(E^C) \end{aligned}}$$

로 바로 구할 수 있습니다.

독립시행: 주사위와 동전을 예로 들어

주사위 던지기 시행과 동전 던지기 시행에 대하여 '주사위에서 어떤 눈이 나올 것인가'라는 시행은 '동전의 앞면과 뒷면 중 무엇이 나올 것인가'라는 시행과 전혀 관계가 없습니다. 이렇게 두 시행이 있을 때, 한 시행의 결과가 다른 시행의 결과에 영향을 미치지 않으면 이들을 독립시행(independent trial)이라고 합니다.

여기에 당첨이 2개 들어 있는 제비 5개가 있습니다. 이 제비를 1개씩 두 번 연속해서 뽑을 때, 두 번 모두 당첨될 확률을 구해 봅시다. 단, 한 번 뽑았던 제비는 원래 있던 자리에 돌려 놓아야 합니다.

첫 번째 제비뽑기 시행을 S, 두 번째 제비뽑기 시행을 T라고 하면 한 번 뽑았던 제비를 되돌려 놓기 때문에 이 두 시행의 결과는 서로 영향을 미치지 않습니다. '첫 번째 시행에 당첨이면 두 번째에 꽝이 나오기 쉽다'와 같은 것은 없다는 뜻입니다. 즉, 시행 S와 시행 T는 독립적입니다.

시행 S(첫 번째 제비뽑기)에서 당첨되는 사건을 A, 시행 T(두 번째 제비뽑기)

에서 당첨되는 사건을 B라고 하면

$$S\text{의 전사건} = \{ \bigcirc, \bigcirc, \times, \times, \times \}, \quad A = \{ \bigcirc, \bigcirc \}$$

$$T\text{의 전사건} = \{ \bigcirc, \bigcirc, \times, \times, \times \}, \quad B = \{ \bigcirc, \bigcirc \}$$

($\bigcirc$: 당첨 $\times$: 꽝)

이므로

$$P(A) = \frac{A\text{의 원소의 개수}}{S\text{의 전사건 원소의 개수}} = \frac{2}{5}$$

$$P(B) = \frac{B\text{의 원소의 개수}}{T\text{의 전사건 원소의 개수}} = \frac{2}{5}$$

로군요.

▼ 그림 6-13 독립시행의 확률

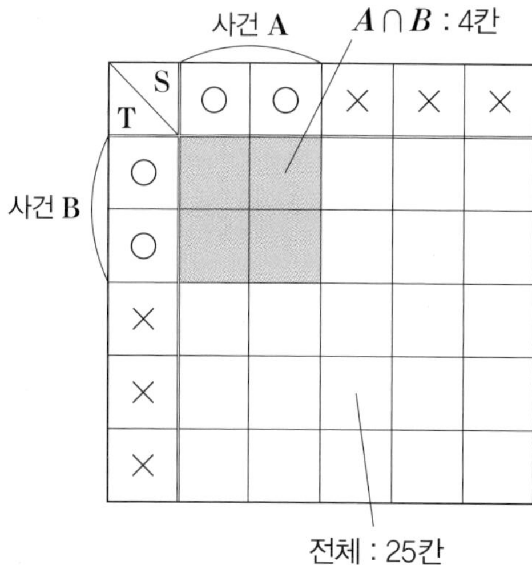

위 그림에서도 알 수 있듯이 시행 S와 시행 T에서 일어날 수 있는 모든 경우의 수는

$$S\text{의 전사건 원소의 개수} \times T\text{의 전사건 원소의 개수} = 25$$

입니다. 또한, $A \cap B$는 4칸입니다. 모든 칸이 동일하게 일어날 수 있다는 것은 명백하기 때문에

$$P(A \cap B) = \frac{A\text{ 원소의 개수} \times B\text{ 원소의 개수}}{S\text{의 전사건 원소의 개수} \times T\text{의 전사건 원소의 개수}} = \frac{4}{25}$$

입니다. 이를

$$P(A \cap B) = \frac{A\text{ 원소의 개수} \times B\text{ 원소의 개수}}{S\text{의 전사건 원소의 개수} \times T\text{의 전사건 원소의 개수}} = \frac{4}{25}$$

$$= \frac{A\text{ 원소의 개수}}{S\text{의 전사건 원소의 개수}} \times \frac{B\text{ 원소의 개수}}{T\text{의 전사건 원소의 개수}}$$

$$= P(A) \times P(B) = \frac{2}{5} \times \frac{2}{5} = \frac{4}{25}$$

로도 볼 수 있으므로

$$P(A \cap B) = P(A) \times P(B)$$

입니다.

일반적으로 다음 정리가 성립합니다.

> **독립시행의 확률**
>
> 시행 S와 T가 독립일 때, S에서 사건 A가 발생하고 T에서 사건 B가 일어날 확률 $P(A \cap B)$는 다음과 같습니다.
>
> $$P(A \cap B) = P(A) \times P(B)$$

반복시행: 가령 주사위를 n번 던지면

이번에는 주사위를 4번 연속으로 던지는 경우를 생각해 봅시다. 이때 1이 두 번 나올 확률은 얼마나 될까요?

주사위를 여러 번 연속으로 던질 때, 첫 번째 시행은 그 다음 시행에 영향을 미치지 않기 때문에 각 시행은 독립입니다. 이렇게 서로 독립이면서 반복적인 시행을 **반복시행**(repeated trials) 또는 **독립중복시행**이라고 합니다.

주사위를 4번 던졌을 때, 1이 두 번 나오는 경우를 그림으로 그려 봅시다. 다음 그림에서 ○를 1로, ×를 이외의 눈으로 생각해 주세요.

▼ 그림 6-14 반복시행의 확률

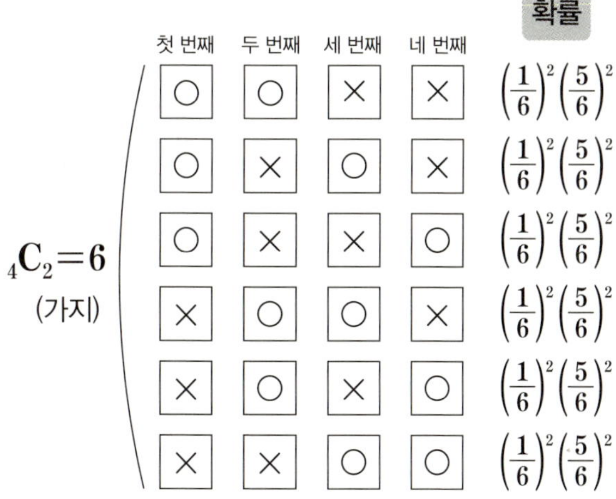

예를 들어 첫 번째 시행과 두 번째 시행이 ○이고, 세 번째 시행과 네 번째 시행이 ×인 경우의 확률을 구해 봅시다. ○($=1$)가 나올 확률은 $\frac{1}{6}$이고 ×($=1$ 외의 눈)가 나올 확률은 $\frac{5}{6}$입니다. 또한, 각각의 시행은 독립이므로

$$\frac{1}{6} \times \frac{1}{6} \times \frac{5}{6} \times \frac{5}{6} = \left(\frac{1}{6}\right)^2 \left(\frac{5}{6}\right)^2$$

이네요. 만약 첫 번째 시행과 세 번째 시행이 ○($=1$)이고 두 번째 시행과 네

번째 시행이 ×(=1 이외의 눈)면 어떻게 될까요?

$$\frac{1}{6}\times\frac{5}{6}\times\frac{1}{6}\times\frac{5}{6}=\left(\frac{1}{6}\right)^2\left(\frac{5}{6}\right)^2$$

이므로 동일하게 $\left(\dfrac{1}{6}\right)^2\left(\dfrac{5}{6}\right)^2$ 이 됩니다.

또한, 네 번의 시행 중 ○(=1)가 2번 나오는 경우의 수는 칸 4개에 ○(=1)가
들어가는 칸을 2개 고르는 경우의 수로 볼 수 있으니 모두

$$_4{\rm C}_2=\frac{_4{\rm P}_2}{2!}=\frac{4\times3}{2\times1}=6\ (가지)\qquad \boxed{_n{\rm C}_r=\frac{_n{\rm P}_r}{r!}}$$

가 됩니다.

6가지의 경우는 서로 배반(동시에 일어나지 않음)입니다. 따라서 구하고자 하는
확률은 $\left(\dfrac{1}{6}\right)^2\left(\dfrac{5}{6}\right)^2$ 을 6번 더한 것입니다. 즉,

$$_4{\rm C}_2\times\left(\frac{1}{6}\right)^2\left(\frac{5}{6}\right)^2=6\times\left(\frac{1}{6}\right)^2\left(\frac{5}{6}\right)^2$$

$$=\frac{25}{216}$$

$$\boxed{\begin{array}{l}A와\ B가\ 서로\ 배반이면\\ P(A\cup B)=P(A)+P(B)\end{array}}$$

입니다.

반복시행은 일반적으로 다음 공식이 성립합니다.

반복시행

어떤 시행에서 사건 A가 일어날 확률이

$$P(A)=p\ (0\le p\le1)$$

라고 합시다. 이 시행을 n번 반복하는 반복시행에서 사건 A가 정확히 k번 일어날
확률은 다음과 같습니다.

$$_n{\rm C}_k p^k(1-p)^{n-k}\ (0\le k\le n)$$

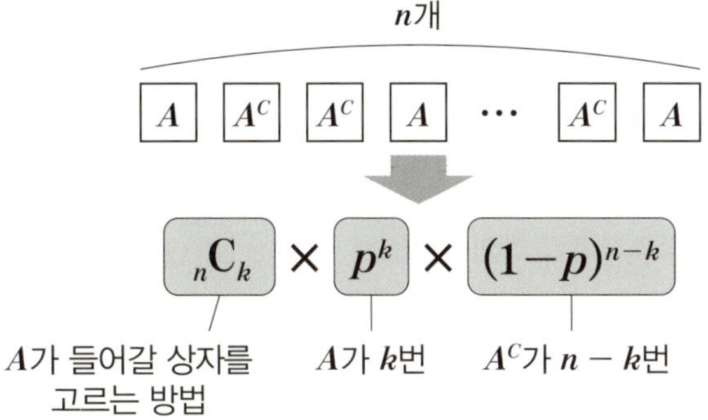

사건 A가 k번 일어나면 여사건 A^C는 $n-k$번 일어나고, 사건 A가 일어날 확률이 p이면 여사건 A^C가 일어날 확률은 $1-p$라는 점에 유의하세요.

조건부확률: 예를 들어 철수도 영희도

여기에 10개 중 당첨이 2개 들어 있는 제비뽑기가 있습니다. 철수와 영희는 뽑은 제비를 **되돌려놓지 않는 조건**으로 제비를 뽑습니다. 이때 철수와 영희가 순서대로 제비를 뽑습니다. 이 경우 영희가 당첨될 확률은 철수의 당첨 여부에 따라 달라집니다.

이제 철수가 당첨되는 사건을 A, 영희가 당첨되는 사건을 B라고 합시다. 그러면 철수가 당첨되었을 때 영희가 당첨될 확률을

$$P(B|A)^{[10]}$$

로 나타냅니다. 일반적으로 이를을 사건 A가 일어났을 때 사건 B가 일어날 조건부확률(conditional probability)이라고 합니다.

---

[10] $P_A(B)$로도 나타냅니다.

$P(A \cap B)$와 $P(B|A)$는 혼동하기 쉬우니 주의가 필요합니다. 다음 그림으로 차이를 확인해 둡시다.

▼ 그림 6-16 대문자는 사건, 소문자는 사건 속 원소의 개수

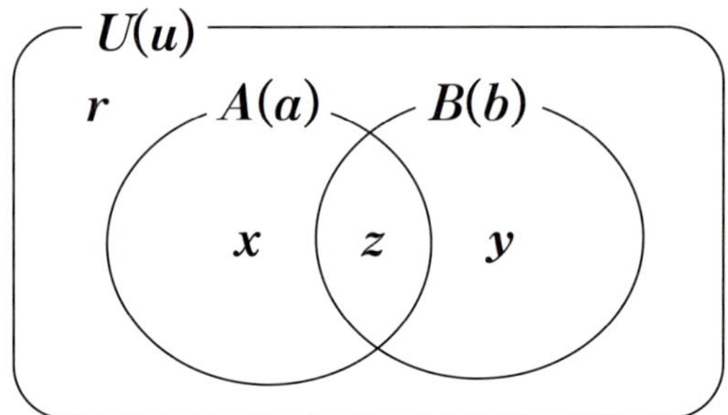

사건 A의 원소의 개수를 a,

사건 B의 원소의 개수를 b,

전사건 U의 원소의 개수를 u

라 합시다. 또한, 그림 6-16처럼 각 영역의 원소의 개수에 x, y, z, r이라는 이름을 붙입니다.

$P(A \cap B)$는 전사건 U에 대한 $A \cap B$의 확률이므로

$$P(A \cap B) = \frac{z}{u} = \frac{z}{x+y+z+r} \quad \cdots ①$$

이지만 $P(B|A)$은 A가 일어났다는 것을 전제로 B가 일어날 확률이므로 분모가 되는 원소의 개수는 $a(=x+z)$가 됩니다. 즉,

$$P(B|A) = \frac{z}{a} = \frac{z}{x+z} \quad \cdots ②$$

입니다.

①과 ②는 분자는 같지만 분모가 다르네요.

또한, $P(A)$는

$$P(A) = \frac{a}{u} = \frac{x+z}{x+y+z+r} \quad \cdots ③$$

이므로 ①~③에 의해

$$P(A \cap B) = \frac{z}{x+y+z+r} = \frac{x+z}{x+y+z+r} \times \frac{z}{x+z} = P(A) \times P(B|A)$$

임을 알 수 있습니다. 이를 **확률의 곱셈정리**라고 합니다.

> **확률의 곱셈정리**
>
> 두 사건 A와 B가 동시에 일어날 확률은 다음과 같습니다.
> $$P(A \cap B) = P(A) \times P(B|A)$$

원인의 확률: 베이즈 정리

$A \cap B$와 $B \cap A$는 같은 뜻이므로 곱셈정리를 사용하면 **형식적으로**

$$P(A \cap B) = P(B \cap A) = P(B) \times P(A|B) \ \cdots ④$$

로 표기할 수 있습니다.

여기서 그림 6-16에 따라

$$P(B) = \frac{b}{u} = \frac{z+y}{x+y+z+r}$$

$$= \frac{z}{x+y+z+r} + \frac{y}{x+y+z+r} = P(A \cap B) + P(A^c \cap B) \ \cdots ⑤$$

임에 주의하면 ④와 ⑤에 의해 다음과 같이 정리할 수 있습니다.

$$P(B) \times P(A|B) = P(A \cap B)$$

$$P(B) = P(A \cap B) + P(A^c \cap B)$$

$$\Rightarrow \quad P(A|B) = \frac{P(A \cap B)}{P(B)} = \frac{P(A \cap B)}{P(A \cap B) + P(A^c \cap B)}$$

> **Note≡** $A^c \cap B$는 'A를 제외한 B'라는 뜻이므로 다음 그림에서 색칠된 부분(y가 적힌 부분)입니다.
>
> ▼ 그림 6-17 $A^c \cap B$
>
> 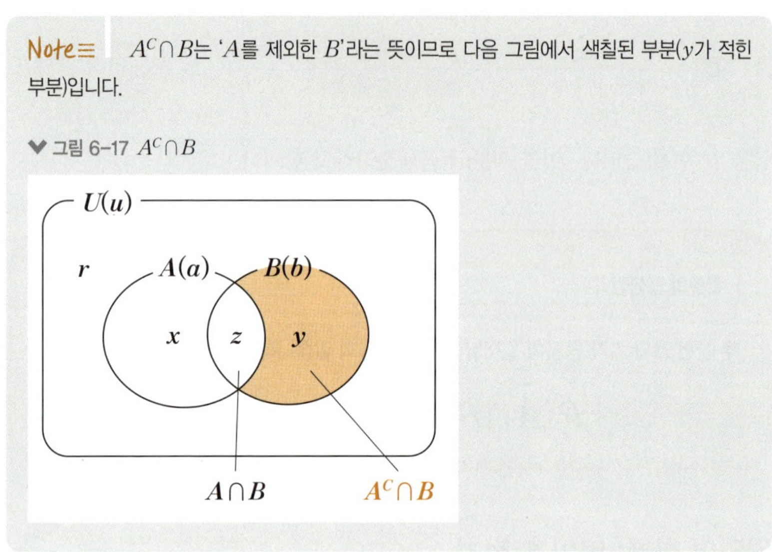
>

여기까지는 어디까지나 **형식적으로 변형한 식**이지만 만약 사건 A와 사건 B가 $A \rightarrow B$의 순서대로 일어난다면 좌변의 $P(A|B)$는 **B가 일어났을 때 A가 일어날 확률**을 구하는 것이 됩니다. 시간 순서가 바뀌었지요? 이 부분이 핵심입니다. 더욱이 A를 '원인', B를 '결과'로 본다면

B가 일어났을 때 A가 일어날 확률

↓

어떤 결과(B)가 일어났을 때 어떤 원인(A)이 일어날 확률

로 바꾸어 해석할 수 있습니다.

즉, $P(A \mid B)$를 사용하면 확정된 결과에 대해 어떤 일이 원인일 확률을 계산할
수 있는 것입니다! 이를 **베이즈 정리** 또는 **원인의 확률**이라고 합니다. 베이즈
정리라는 이름은 발견자인 토마스 베이즈(18세기 영국의 목사이자 수학자)의
이름에서 유래한 것입니다.

베이즈 정리(원인의 확률)

$$P(A \mid B) = \frac{P(A \cap B)}{P(B)} = \frac{P(A \cap B)}{P(A \cap B) + P(A^c \cap B)}$$

그러면 베이즈 정리를 사용하는 문제를 풀어 봅시다.

문제 3

어떤 질병 X에 걸린 사람이 4%인 집단 A가 있습니다. 질병 X를 진단하는 검
사로 질병 X에 걸린 사람이 양성으로 나올 확률은 80%입니다. 또한, 이 검사
에서 질병 X에 걸리지 않은 사람이 양성으로 나올 확률은 10%입니다.

집단 A에 속한 어떤 사람이 검사를 받았고, 양성으로 진단 받았습니다. 이 사
람이 질병 X에 걸렸을 확률은 얼마인지 구하세요.

해설

지문에 따르면 집단 A에 속한 '어떤 사람'은 100명 중 4명이 걸리는 병(희귀
병?)에 80%의 확률로 발병했을 것이라는 진단을 받은 셈입니다. 의사에게 이
런 말을 들으면 많은 사람이 왠지 모를 절망감을 느낄 것입니다. 하지만 원인의
확률을 따져 보면 이 사람이 정말 이 병에 걸렸을 확률이 의외로 낮다는 것을
알 수 있습니다.

집단 A에 속한 어떤 사람이 질병 X에 걸린 사건을 X로, 검사에서 양성이 나온 사건을 Y로 가정해 봅시다.

구하고자 하는 확률은 검사에서 양성으로 나온 것을 전제로 질병 X에 (정말로) 걸렸을 확률입니다. 이는 조건부확률이며

$$P(X \mid Y)$$

로 표기할 수 있습니다. 앞서 정리한 원인의 확률 공식에 따르면

$$P(X \mid Y) = \frac{P(X \cap Y)}{P(Y)} = \frac{P(X \cap Y)}{P(X \cap Y) + P(X^C \cap Y)} \quad \cdots ①$$

네요.

지문에서

$$P(X) = \frac{4}{100}$$

질병 X에 걸린 사람은 4%

$$P(Y \mid X) = \frac{80}{100}$$

질병 X에 걸린 사람이 양성으로 나올 확률은 80%

$$P(Y \mid X^C) = \frac{10}{100}$$

질병 X에 걸리지 않은 사람이 양성으로 나올 확률은 10%

임을 알 수 있습니다. 또한, X의 여사건 X^C의 확률은

$$P(X^C) = 1 - P(X) = 1 - \frac{4}{100} = \frac{96}{100} \qquad \boxed{P(A^C) = 1 - P(A)}$$

입니다. 그리고

$$P(X \cap Y) = P(X) \times P(Y \mid X) = \frac{4}{100} \times \frac{80}{100} = \frac{320}{10000}$$

$$P(X^C \cap Y) = P(X^C) \times P(Y \mid X^C) = \frac{96}{100} \times \frac{10}{100} = \frac{960}{10000}$$

이므로 위의 값을 ①에 대입하면 $\qquad \boxed{P(A \cap B) = P(A)P(B \mid A)}$

$$P(X\mid Y) = \frac{P(X \cap Y)}{P(X \cap Y) + P(X^c \cap Y)} = \frac{\dfrac{320}{10000}}{\dfrac{320}{10000} + \dfrac{960}{10000}}$$

$$= \frac{32}{32 + 96} = \frac{32}{128} = \frac{1}{4}$$

과 같은 결과가 나옵니다.

검사를 받은 어떤 사람이 정말로 질병 X에 걸렸을 확률은 의외로 낮습니다. 그 이유는 다음 그림을 보면 이해할 수 있습니다.

▼ 그림 6-18 어떤 사람이 정말로 질병 X에 걸릴 확률

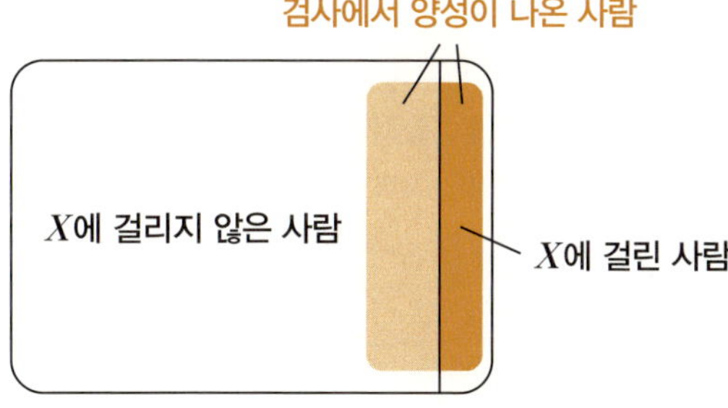

색칠된 부분이 검사에서 양성이 나온 사람인데, 애초에 질병 X에 걸린 사람이 드물기(전체의 4%) 때문에 질병 X에 걸린 사람의 80%(짙은 색)보다도 질병 X에 걸리지 않은 사람(전체의 96%)의 10%(연한 색)가 더 많습니다. 그래서 검사에서 양성(색칠된 부분)이 나온 사람 중 질병 X에 걸린 사람(짙은 색)의 비율이 낮은 것입니다.

❯ 기대를 저버리는 확률

앞서 나온 예제도 그랬지만 확률은 기대를 저버리는 경우가 많습니다.

예를 들어

(1) 뽑았던 제비를 제자리에 돌려놓지 않는 제비뽑기에서는 먼저 뽑는 사람이 유리하다.

(2) 40명이 모인 소규모 모임에서 참가자 두 사람의 생일이 우연히 겹치는 일은 놀라운 일이다.

(3) 올해 코리아시리즈는 양팀의 실력이 비슷하기 때문에 최종 7차전까지 갈 것이다.

등에 '맞아!'라고 말하면서 맞장구를 치는 사람이 많지 않나요? 그러나 실제로는 **모두 틀린 이야기**입니다.

하나씩 검증해 봅시다.

(1) 복권은 첫날에 사도 마지막 날에 사도 확률은 마찬가지

당첨이 2개 들어 있는 제비 10개를 철수와 영희 2명이 순서대로 뽑을 때, 철수가 당첨될 확률과 영희가 당첨될 확률을 생각해 봅시다. 단, 뽑았던 제비는 되돌려 놓지 않습니다.

철수가 당첨되는 사건을 A, 영희가 당첨되는 사건을 B라고 합시다.

철수가 당첨되는 확률은 두말할 나위 없이

$$P(A) = \frac{2}{10} = \frac{1}{5}$$

입니다.

한편, 영희가 당첨될 확률 $P(B)$는

$$P(B) = P(A \cap B) + P(A^c \cap B)$$

입니다. 이전 절(395쪽)에서 봤던 것처럼

$$P(A \cap B) = P(A) \times P(B|A) = \frac{2}{10} \times \frac{1}{9} = \frac{2}{90}$$

$$P(A^c \cap B) = P(A^c) \times P(B|A^c) = \frac{8}{10} \times \frac{2}{9} = \frac{16}{90}$$

이므로

$$P(B) = P(A \cap B) + P(A^c \cap B) = \frac{2}{90} + \frac{16}{90} = \frac{18}{90} = \frac{1}{5}$$

입니다.

지금까지 영희가 당첨될 확률도 철수가 당첨될 확률도 $\frac{1}{5}$임을 증명했습니다. 즉, 복권을 첫날에 사도 마지막 날에 사도 당첨될 확률은 똑같습니다.

(2) 생일 패러독스

이는 유명한 생일 패러독스 문제입니다. 하지만 '생일이 같은 사람이 있을' 확률을 정공법으로 구하려면 계산이 보통 일이 아니므로 389쪽에서 배웠던 '여사건의 확률'을 사용합니다. 바로 계산해 봅시다.

어떤 모임에 40명이 속해 있습니다.

'생일이 같은 사람이 있다'의 여사건 = '생일이 같은 사람이 한 명도 없다'의 확률을 구합니다.

우선 무작위로 1명을 뽑습니다. 이 사람의 생일은 언제든 상관없습니다.

다음 사람(2명째)의 생일이 첫 번째 사람과 다를 확률은 $\frac{364}{365}$,

그 다음 사람(3명째)의 생일이 이전 2명과 다를 확률은 $\frac{363}{365}$,

그 다음 사람(4명째)의 생일이 이전 3명과 다를 확률은 $\frac{362}{365}$,

…으로 계산하다 보면 마지막 한 명(40명째)이 이전 39명과 생일이 다를 확률은 $\frac{326}{365}$입니다. 그 결과 여사건의 확률(모두가 생일이 다를 확률)은

$$1 \times \frac{364}{365} \times \frac{363}{365} \times \frac{362}{365} \times \cdots \times \frac{326}{365} = 0.1087 \cdots$$

입니다. 따라서 구하고자 하는 확률(생일이 같은 사람이 있을 확률)은

$$1 - 0.1087 \cdots = 0.8912 \cdots$$

이므로 약 **89%**입니다.

40명이 모인 소규모 모임에서 어떤 두 사람의 생일이 우연히 겹치는 일은 '매우 흔한 일'인 것입니다.

그러면 도대체 몇 명이 모여야 생일이 같은 사람이 있을 확률이 50%를 넘을까요? 실제로 위와 같은 방법으로 계산을 해 보면 **23명 이상이 모일 때 생일이 같은 사람이 있을 확률이 50%를 넘는다는 것을 알 수 있습니다.** 그림 6-21의 그래프와 표는 모임의 인원수에 따라 생일이 같은 사람이 있을 확률을 계산하여 정리한 것입니다.

모임의 인원수가 60명을 넘으면 생일이 같은 사람이 있을 확률이 99%를 넘는다는 것을 알 수 있습니다.

❤ 그림 6-19 모임의 인원수에 따른 확률의 변화

모임의 인원수 (사람)	5	10	15	20	25	30
모임에 생일이 같은 사람이 있을 확률	2.71 %	11.69 %	25.29 %	41.14 %	56.87 %	70.63 %

35	40	45	50	55	60
81.44 %	89.12 %	94.10 %	97.04 %	98.63 %	99.41 %

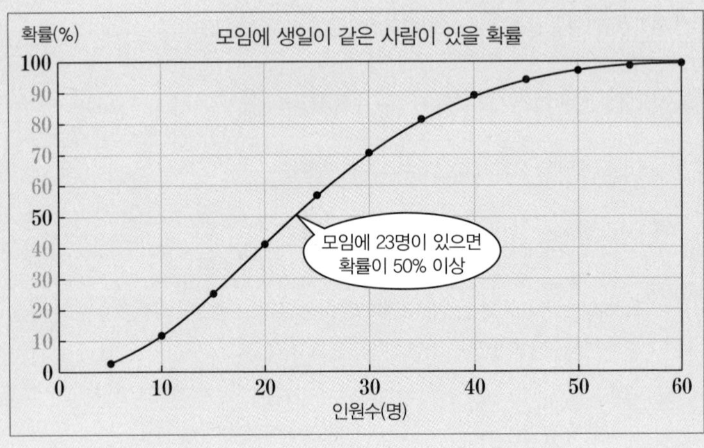

(3) 호적수의 대결이 의외로 빨리 결판이 날 수 있다고?

코리아시리즈에서는 프로야구 정규 시즌의 챔피언을 정하는 경기입니다. 두 대표팀 중 먼저 4승을 거둔 팀이 우승하는 것으로, 최소 4차전에서 최대 7차전까지 열립니다.

여기에 실력이 거의 같은 A팀과 B팀이 대결을 하고 있습니다. 양팀이 한 게임에서 이길 확률은 $\frac{1}{2}$이고, 질 확률도 $\frac{1}{2}$입니다(무승부는 없는 것으로 합니다). 경기를 치르는 횟수에 따라 우승이 정해지는 확률을 구해 봅시다.

(i) 총 4경기(4승 0패)로 한 팀이 우승하는 경우

먼저 A팀이 4승 0패로 우승할 확률을 구해 봅시다.

모든 경기에서 A팀이 이길 확률은

$$\left(\frac{1}{2}\right)^4 = \frac{1}{16} = 0.0625$$

입니다. B팀이 4승 0패로 우승할 확률도 같으므로 4경기로 우승이 정해질 확률은 다음과 같습니다.

$$0.0625 \times 2 = 0.125 = \mathbf{12.5\,\%}$$

(ii) 총 5경기(4승 1패)로 한 팀이 우승하는 경우

먼저 A팀이 4승 1패로 우승할 확률을 구합니다.

경기는 모두 5경기 열립니다. 단, 5차전은 반드시 A팀이 이긴다는 점에 주의합시다. 처음 4경기는 A팀이 3번 이기는 반복시행이지만 마지막 경기는 A팀이 이겨서 우승을 정해야 하므로 A팀의 5차전 승리는 확정입니다.

▼ 그림 6-20 경기의 승패에 따른 확률의 변화

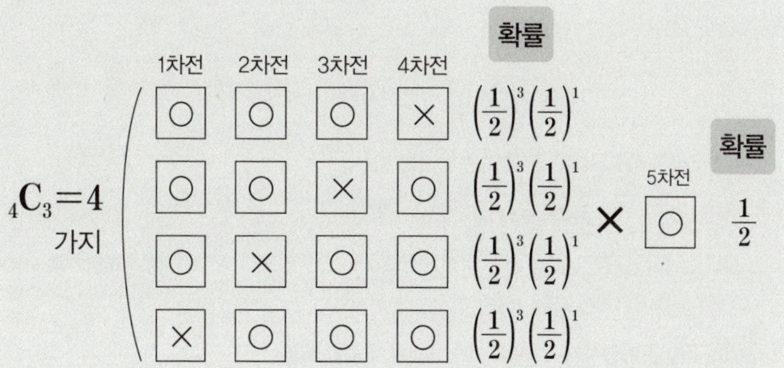

확률 p로 일어나는 사건 A가 n번 중 k번 일어나는 반복시행의 확률은

$$_n\mathrm{C}_k\, p^k (1-p)^{n-k}$$

이었지요(394쪽)?

따라서 A팀이 4승 1패로 우승할 확률은 다음과 같습니다.

$$_4\mathrm{C}_3\left(\frac{1}{2}\right)^3\left(\frac{1}{2}\right)^1\times\frac{1}{2}=4\times\frac{1}{2^5}=\frac{1}{2^3}=\frac{1}{8}=0.125 \qquad \boxed{_4\mathrm{C}_3={}_4\mathrm{C}_1=4}$$

B팀이 4승 1패로 우승할 확률도 같으므로 5경기로 우승이 정해질 확률은 다음과 같습니다.

$$0.125\times2=0.25=\mathbf{25\,\%}$$

(iii) 총 6경기(4승 2패)로 한 팀이 우승하는 경우

우선 A팀이 4승 2패로 우승할 확률을 구합니다.

경기는 모두 6경기 열립니다. (ii)와 마찬가지로 6차전은 반드시 A팀이 이긴다는 점에 주의하면 처음 5경기는 A팀이 3번 이기는 반복시행이고 6차전은 A팀이 이깁니다.

(ii)와 마찬가지로 A팀이 4승 2패로 우승할 확률은

$$_5\mathrm{C}_3\left(\frac{1}{2}\right)^3\left(\frac{1}{2}\right)^2\times\frac{1}{2}=10\times\frac{1}{2^6}=\frac{5}{2^5}=\frac{5}{32} \qquad \boxed{\begin{aligned}_5\mathrm{C}_3&={}_5\mathrm{C}_2\\&=\frac{5\times4}{2\times1}=10\end{aligned}}$$
$$=0.15625$$

입니다. B팀이 4승 2패로 우승할 확률도 같으므로 6경기로 우승이 정해질 확률은 다음과 같습니다.

$$0.15625\times2=0.3125=\mathbf{31.25\,\%}$$

(iv) 총 7경기(4승 3패)로 한 팀이 우승하는 경우

우선 A팀이 4승 3패로 우승할 확률을 구합니다.

경기는 모두 7경기 열립니다. 마찬가지로 7차전은 반드시 A팀이 이긴다는 점에 주의하면 처음 6경기는 A팀이 3번 이기는 반복시행이고 7차전은 A팀이 이깁니다.

(ii), (iii)와 마찬가지로 A팀이 4승 3패로 우승할 확률은

$$_6C_3\left(\frac{1}{2}\right)^3\left(\frac{1}{2}\right)^3 \times \frac{1}{2} = 20 \times \frac{1}{2^7} = \frac{5}{2^5} = \frac{5}{32}$$
$$= 0.15625$$

$$_6C_3 = \frac{6 \times 5 \times 4}{3 \times 2 \times 1} = 20$$

입니다. B팀이 4승 3패로 우승할 확률도 같으므로 7경기로 우승이 정해질 확률은 다음과 같습니다.

$$0.15625 \times 2 = 0.3125 = \mathbf{31.25\%}$$

이처럼 두 팀이 승리할 확률이 모두 50%인 경우 (iii) 6차전에서 결판이 날 확률과 (iv) 마지막 7차전에서 결판이 날 **확률은 완전히 같습니다.**

'실력이 비슷하니까 반드시 7차전까지 갈 것이다'라는 직감을 배반하는 결과입니다.

03 데이터 분석

한마디로 말하자면 통계란 **데이터의 경향과 성질을 수량적으로 밝히는 것**입니다. 무슨 뜻인지 다음 예로 생각해 봅시다. N 고등학교에서 클럽 활동을 하는 학생의 시험 점수를 조사하고 있습니다. 다음 표는 이 고등학교 2학년 야구 부원 10명이 1학기 기말고사에서 받은 수학 점수와 영어 점수를 요약한 것입니다 (학생 ⑩은 영어 시험을 보지 않음).

▼ 표 6-4 N 고등학교 2학년 야구 부원의 수학 점수와 영어 점수

학생	①	②	③	④	⑤	⑥	⑦	⑧	⑨	⑩
수학(점)	50	60	60	70	50	70	70	60	50	60
영어(점)	50	40	50	20	100	50	60	100	70	

데이터(data)란 **계산의 기반이 되는 숫자의 모임**을 말합니다. 위 표에 있는 19개의 시험 점수는 전체가 하나의 데이터입니다. 또한, 측정 대상이 되는 각 항목(이 경우에는 수학 점수와 영어 점수)을 **변량**(variate) 또는 변수(variable)라고 합니다.

위 표를 보고 '수학 점수가 고르게 나왔다'라는 **감상**을 언급하는 것만으로는 통계라고 할 수 없습니다. 이 데이터(19개의 숫자)가 가지는 '경향과 성질'을 **수량적**으로 밝혀야 비로소 통계가 됩니다.

먼저 **평균값**부터 계산해 봅시다. 평균값을 구하는 방법은 초등학교 때 배워 익숙하겠지만 만약을 위해 확인해 둡시다.

변량 x에 대한 n개의 데이터가

$$x_1, \quad x_2, \quad x_3, \quad \cdots, \quad x_n$$

일 때, 이 데이터를 모두 더한 값을 데이터의 개수 n으로 나눈 것이 평균입니다. 수학에서는 보통 **평균값을 $\bar{x}$로 나타내는데, 문자 위에 가로 막대(바)를 씌운 모습입니다.**

> **평균값**
>
> $$\bar{x} = \frac{x_1 + x_2 + x_3 + \cdots + x_n}{n} = \frac{1}{n}\sum_{k=1}^{n} x_k$$

Note≡ Σ 기호(203쪽)를 사용하면 깔끔하게 나타낼 수 있습니다.

$$\sum_{k=1}^{n} x_k = x_1 + x_2 + x_3 + \cdots + x_n$$

수학 점수의 평균

$$\frac{50+60+60+70+50+70+70+60+50+60}{10} = \frac{600}{10} = 60 \ (\text{점})$$

영어 점수의 평균

$$\frac{50+40+50+20+100+50+60+100+70}{9} = \frac{540}{9} = 60 \ (\text{점})$$

수학도 영어도 평균값은 같습니다.

대푯값: 메디안과 모드

평균처럼 데이터의 '경향과 성질'을 나타내는 값을 **대푯값**이라고 합니다. 대푯값으로는 평균 외에도 **중앙값, 최빈값**이 있습니다.

중앙값(median) : 데이터를 크기 순서대로 정렬하면 가운데에 오는 값이며, **메디안**이라고도 합니다. 구하는 절차는 다음과 같습니다(데이터의 개수가 홀수인지 짝수인지에 따라 절차가 다르니 주의하세요).

중앙값을 구하는 법

(i) 데이터를 크기순으로 나열한다

(ii) 데이터의 개수가 **홀수인 경우**: 중앙값 = **정확히 가운데에 있는 값**

　　　 데이터의 개수가 **짝수인 경우**: 중앙값 = **가운데에 있는 두 값의 평균**

그러면 조금 전에 보았던 N 고등학교 2학년 야구 부원의 데이터에서 수학 점수와 영어 점수의 중앙값을 계산해 봅시다. 우선 각 과목의 점수를 '작은 순'으로 정렬합니다.

$$\text{수학} : 50 \quad 50 \quad 50 \quad 60 \quad 60 \quad 60 \quad 60 \quad 70 \quad 70 \quad 70$$

$$\text{영어} : 20 \quad 40 \quad 50 \quad 50 \quad 50 \quad 60 \quad 70 \quad 100 \quad 100$$

데이터의 개수가 짝수인 경우

수학 점수의 데이터가 짝수 개(10개)이므로 중앙값은 가운데에 있는 두 값의 평균입니다.

$$50 \quad 50 \quad 50 \quad 60 \quad \boxed{60} \quad \boxed{60} \quad 60 \quad 70 \quad 70 \quad 70$$

이 두 값의 평균

$$\text{수학 점수의 중앙값} = \frac{60 + 60}{2} = 60 \ (\text{점})$$

데이터의 개수가 홀수인 경우

영어 점수의 데이터가 홀수 개(9개)이므로 중앙값은 정확히 가운데에 있는 값입니다.

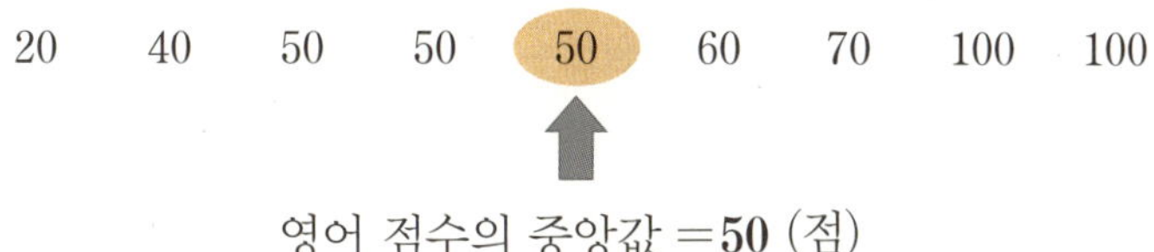

20   40   50   50   50   60   70   100   100

영어 점수의 중앙값 ＝**50** (점)

평균값은 수학 점수와 영어 점수 모두 60점이지만 중앙값은 영어 점수가 더 낮습니다. 영어 과목의 경우 월등히 좋은 점수(100점)를 얻은 사람이 2명 있기 때문입니다.

이렇게 데이터에 특이값(다른 값과 비교해 월등히 크거나 작은 값)이 있으면 **평균값은 특이값의 영향을 받습니다.**

지금까지 중앙값을 알아보았습니다. 이어서 최빈값을 살펴봅시다.

　최빈값(mode) : 가장 빈번하게 출현하는 값입니다. 모드라고도 합니다.

한 번 더 N 고등학교 2학년 야구 부원의 점수 데이터를 크기가 작은 순서대로 정렬해 봅시다.

영어 : 50　50　50　(60　60　60　60)　70　　70　　70
수학 : 20　40　(50　50　50)　60　70　100　100

수학 점수의 최빈값은 **60점**이고, 영어 점수의 최빈값은 **50점**입니다.

만약 매장에서 가장 많이 팔리는 크기와 품목을 알고 싶다면 최빈값이 좋은 대푯값이 됩니다. 또한, 최빈값은 특이값의 영향을 받지 않습니다.

데이터의 분포와 대푯값

데이터의 분포가 단봉분포(봉우리가 하나)를 보일 때, 데이터의 분포에 따라 각각의 대푯값은 다음과 같은 경향을 보입니다.

(i) 분포가 좌우 대칭 ⇒ 평균값 = 중앙값 = 최빈값

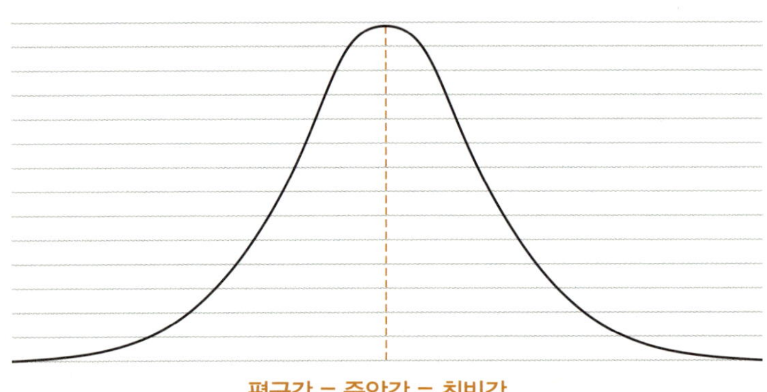

(ii) 분포가 오른쪽으로 치우침 ⇒ 평균값 < 중앙값 < 최빈값

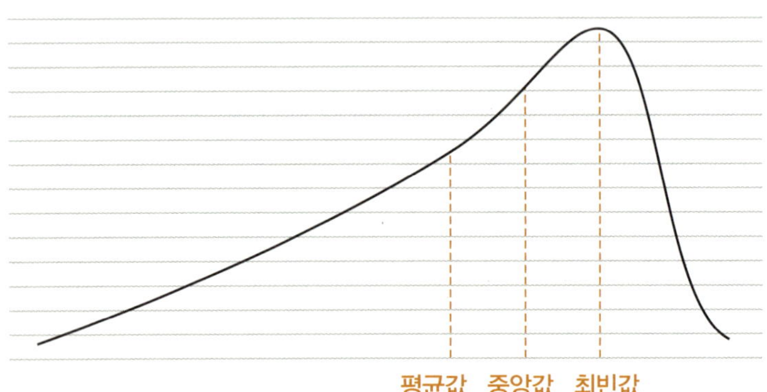

(ⅲ) 분포가 왼쪽으로 치우침 ⇒ 최빈값 < 중앙값 < 평균값

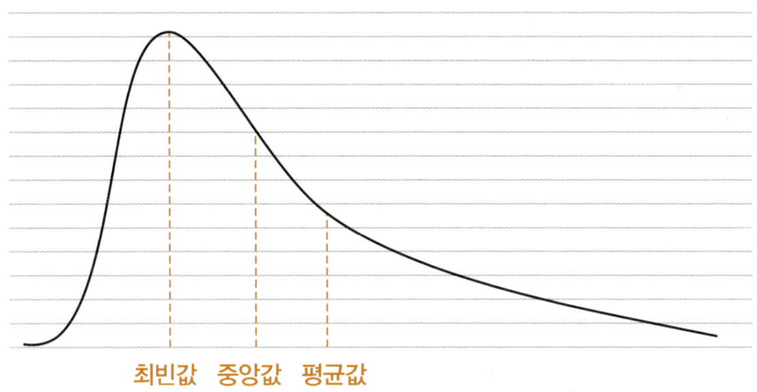

> Note≡ 참고로 데이터의 분포가 쌍봉분포(봉우리가 둘)일 때는 데이터가 위와 같은 경향을 보이지 않습니다.

세 대푯값(평균값, 중앙값, 최빈값)을 조사하면 데이터의 분포에 대한 몇 가지 추측을 세울 수는 있지만, 대푯값만으로 데이터가 얼마나 흩어져 있는지 알아내기는 어렵습니다. 이번에는 **평균값에서 흩어진 정도를 나타내는 양인 분산과 표준편차**를 소개하려 합니다.

평균에서 흩어진 정도를 나타내는 척도 ①: 분산

평균을 기준으로 데이터가 얼마나 흩어져 있는지 알아보려 한다면 평균값과의 차이(편차)를 계산해야 한다는 생각이 가장 먼저 떠오를 것입니다.

이 절에서 계속 다루는 N 고등학교 2학년 야구 부원의 수학 점수와 영어 점수 데이터의 편차를 정리하면 다음과 같습니다.

학생	①	②	③	④	⑤	⑥	⑦	⑧	⑨	⑩
수학의 편차(점)	-10	0	0	10	-10	10	10	0	-10	0
영어의 편차(점)	-10	-20	-10	-40	40	-10	0	40	10	

먼저 수학 점수에 대한 '편차의 평균값'을 계산해 봅시다.

수학: 편차의 평균값

$$\frac{(-10)+0+0+10+(-10)+10+10+0+(-10)+0}{10} = \frac{0}{10} = 0 \,(\text{점})$$

수학에 대한 편차의 평균값은 0점입니다.

편차의 평균값이 0이 되는 것은 절대 우연이 아닙니다. 평균이란 문자 그대로 **평평하게 고른다**는 뜻입니다. '편차의 평균값'은 평평하게 고른 땅의 높이를 0으로 하고, 땅을 원래의 울퉁불퉁했던 상태로 만든 후 다시 평평하게 고른 땅의 높이 같은 것이라 어떤 데이터든 반드시 0이 됩니다.

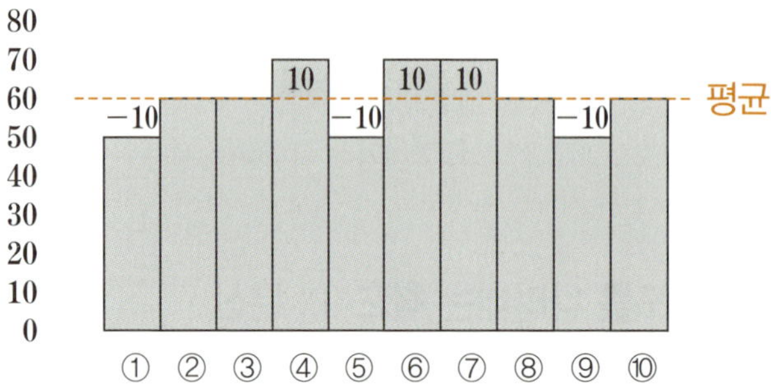

편차의 평균값이 0이 된다는 것은 평균값의 정의식에서도 확인할 수 있습니다.

변량 x에 대한 데이터가 n개의 값

$$x_1, \ x_2, \ x_3, \ \cdots, \ x_n$$

일 때, 이들의 평균값을 $\overline{x}$라고 하면 다음과 같습니다.

$$\text{편차의 평균값} = \frac{1}{n}\{(x_1 - \overline{x}) + (x_2 - \overline{x}) + (x_3 - \overline{x}) + \cdots + (x_n - \overline{x})\}$$

$$= \frac{1}{n}\sum_{k=1}^{n}(x_k - \overline{x})$$

$$= \frac{1}{n}\left(\sum_{k=1}^{n}x_k - \sum_{k=1}^{n}\overline{x}\right)$$

$$= \frac{1}{n}\sum_{k=1}^{n}x_k - \frac{1}{n}\sum_{k=1}^{n}\overline{x}$$

$$= \overline{x} - \frac{1}{n}\cdot n\,\overline{x}$$

$$= \overline{x} - \overline{x}$$

$$= 0$$

$$x_1 + x_2 + x_3 + \cdots + x_n = \sum_{k=1}^{n}x_k$$

$$\sum_{k=1}^{n}(pa_k + qb_k) = p\sum_{k=1}^{n}a_k + q\sum_{k=1}^{n}b_k$$

$\dfrac{1}{n}\sum_{k=1}^{n}x_k = \overline{x}$ 는 상수이므로

$$\sum_{k=1}^{n}\overline{x} = n\,\overline{x}$$

편차의 평균값이 0이 되는 이유는 평균을 기준으로 튀어나온 부분(양수)과 들어간 부분(음수)을 모두 더하면 서로가 서로를 상쇄하기 때문입니다. 하지만 '편차를 제곱한 값의 평균값'을 구하면 편차의 부호에 관계없이 평균값의 차이가 보이게 되고, 데이터의 흩어진 정도를 나타내는 값을 얻을 수 있게 됩니다. N 고등학교의 예로 계산해 봅시다.

▼ 표 6-6 N 고등학교 2학년 야구 부원의 수학 점수와 영어 점수(편차의 제곱)

학생	①	②	③	④	⑤	⑥	⑦	⑧	⑨	⑩
수학의 편차의 제곱	100	0	0	100	100	100	100	0	100	0
영어의 편차의 제곱	100	400	100	1600	1600	100	0	1600	100	

수학: 편차의 제곱 평균값

$$\frac{100 + 0 + 0 + 100 + 100 + 100 + 100 + 0 + 100 + 0}{10} = \frac{600}{10} = 60 \ (\text{점}^2)$$

영어: 편차의 제곱 평균값

$$\frac{100 + 400 + 100 + 1600 + 1600 + 100 + 0 + 1600 + 100}{9} = \frac{5600}{9}$$

$$= 622.22 \cdots (\text{점}^2)$$

이번에는 수학이 60(점^2), 영어에서 622.22 … (점^2)이 나왔습니다. 확실히 차이가 있네요.

편차를 제곱해서 평균을 낸 것을 **분산**(Variance)이라고 합니다. 분산도 문자식으로 정의해 둡시다.

일반적으로 변량 x에 대한 데이터가 n개의 값

$$x_1, \quad x_2, \quad x_3, \quad \cdots, \quad x_n$$

일 때, 평균값을 $\overline{x}$, **분산을** V_x라 하면 분산을 다음과 같이 나타냅니다.

> **분산**
>
> $$V_x = \frac{(x_1 - \overline{x})^2 + (x_2 - \overline{x})^2 + (x_3 - \overline{x})^2 + \cdots + (x_n - \overline{x})^2}{n}$$
>
> $$= \frac{1}{n} \sum_{k=1}^{n} (x_k - \overline{x})^2$$

평균에서 흩어진 정도를 나타내는 척도 ②: 표준편차

분산은 데이터가 평균값의 주변으로 흩어진 정도를 표현하는 데는 안성맞춤이지만 약간 문제가 있습니다. 그 문제는 다음과 같습니다.

(1) 값이 너무 커진다.

(2) 단위가 [원래 단위^2]이다.

N 고등학교의 데이터에서 수학 점수의 분산은 60(점^2), 영어 점수의 분산은

$622.22\cdots$(점^2)이었습니다. 이렇게 두 분산을 함께 놓고 비교해 보면 수학 점수가 평균값 주변으로 흩어진 정도가 더 작다는 것을 알 수 있습니다. 하지만 영어 점수라는 비교 대상이 없으면 수학 점수의 평균에서 흩어진 정도도 (실제보다) 꽤 크게 느껴집니다. 거기다 '점^2'이라는 단위도 이해가 잘 안 됩니다.

하지만 위 두 가지 단점은 쉽게 해결할 수 있습니다. $\sqrt{\ }$를 씌우면 됩니다. $\sqrt{분산}$을 **표준편차**(Standard Deviation)라고 합니다.

바로 수학 점수와 영어 점수의 표준편차를 구해 봅시다.

$$수학\ 점수의\ 표준편차 = \sqrt{60\,(점^2)} = \mathbf{7.7459\cdots}\ (점)$$

$$영어\ 점수의\ 표준편차 = \sqrt{622.22\cdots(점^2)} = \mathbf{24.9443\cdots}\ (점)$$

수학 점수의 표준편차가 약 8점이고 영어 점수의 표준편차가 약 25점이므로 표준편차를 사용하면 각 과목의 흩어짐 정도를 잘 표현할 수 있습니다. 그리고 표준편차를 사용하면 단위도 원래 데이터(= 변량)와 같은 '점'이 됩니다.

일반적으로 변량 x에 대한 데이터가 n개의 값

$$x_1,\ \ x_2,\ \ x_3,\ \ \cdots,\ \ x_n$$

일 때, 평균값을 $\bar{x}$, **표준편차**를 s_x라 하면 표준편차는 다음과 같이 나타냅니다 (분산에 $\sqrt{\ }$를 씌우기만 하면 됩니다).

표준편차

$$s_x = \sqrt{V_x}$$

$$= \sqrt{\frac{(x_1-\bar{x})^2 + (x_2-\bar{x})^2 + (x_3-\bar{x})^2 + \cdots + (x_n-\bar{x})^2}{n}}$$

$$= \sqrt{\frac{1}{n}\sum_{k=1}^{n}(x_k-\bar{x})^2}$$

평균값의 정의식과 분산의 정의식에서 다음을 계산 공식을 유도할 수 있습니다.

$$V_x = \frac{1}{n}\sum_{k=1}^{n}(x_k - \overline{x})^2$$

$$= \frac{1}{n}\sum_{k=1}^{n}\{x_k{}^2 - 2x_k\overline{x} + (\overline{x})^2\}$$

$$= \frac{1}{n}\left\{\sum_{k=1}^{n}x_k{}^2 - 2\overline{x}\sum_{k=1}^{n}x_k + \sum_{k=1}^{n}(\overline{x})^2\right\}$$

$$= \frac{1}{n}\sum_{k=1}^{n}x_k{}^2 - 2\overline{x}\cdot\frac{1}{n}\sum_{k=1}^{n}x_k + \frac{1}{n}\cdot n(\overline{x})^2$$

$$= \frac{1}{n}\sum_{k=1}^{n}x_k{}^2 - 2\overline{x}\cdot\overline{x} + (\overline{x})^2$$

$$= \overline{x^2} - 2(\overline{x})^2 + (\overline{x})^2$$

$$= \overline{x^2} - (\overline{x})^2$$

$$(x-a)^2 = x^2 - 2ax + a^2$$

$$\sum_{k=1}^{n}(pa_k + qb_k) = p\sum_{k=1}^{n}a_k + q\sum_{k=1}^{n}b_k$$

$\overline{x}$ (평균) $= \dfrac{1}{n}\sum_{k=1}^{n}x_k$ 는 상수

$\overline{x^2}$ (제곱의 평균)
$$= \frac{x_1{}^2 + x_2{}^2 + x_3{}^2 + \cdots + x_n{}^2}{n}$$
$$= \frac{1}{n}\sum_{k=1}^{n}x_k{}^2$$

$(\overline{x})^2$ (평균의 제곱) $= \overline{x}\cdot\overline{x}$

Note≡ 평균의 제곱 $(\overline{x})^2$ 과 제곱의 평균 $\overline{x^2}$ 를 혼동하지 않도록 주의하세요.

예를 들어

x_1	x_2	x_3
1	2	3

라는 데이터가 있을 때, 이 데이터의 평균 $\overline{x}$, 평균의 제곱 $(\overline{x})^2$, 제곱의 평균 $\overline{x^2}$ 을 구하면 각각 다음과 같습니다.

$$\overline{x} = \frac{1+2+3}{3} = \frac{6}{3} = 2$$

$$(\overline{x})^2 = 2^2 = 4$$

$$\overline{x^2} = \frac{1^2 + 2^2 + 3^3}{3} = \frac{1+4+9}{3} = \frac{14}{3} = 4.66\cdots$$

> **분산의 간단한 계산 공식**
>
> $$V_x = \overline{x^2} - (\overline{x})^2$$
>
> **[분산 = 제곱의 평균 − 평균의 제곱]**

물론 이 공식을 쓰면 표준편차 s_x도 다음과 같이 간단히 나타낼 수 있습니다.

$$s_x = \sqrt{V_x} = \sqrt{\overline{x^2} - (\overline{x})^2}$$

지금까지 배운 내용을 바탕으로 입시 문제에 도전해 봅시다.

문제 4

변량 x의 값 x_1, x_2, $\cdots$, x_n이 모두 0 또는 1이라고 합니다. 0이 r개, 1이 $n - r$개 있을 때, x_1, x_2, $\cdots$, x_n의 평균값을 $m(r)$, 분산을 $V(r)$이라 할 때, $m(r)$과 $V(r)$을 구하세요.

해설

변량 x의 n개의 값 중 0이 r개, 1이 $n - r$개이므로 x_1, x_2, $\cdots$, x_n의 합계는

$$x_1 + x_2 + \cdots + x_n = 0 \times r + 1 \times (n - r) = n - r$$

입니다. 그리고 각각의 제곱의 합계는

$$x_1{}^2 + x_2{}^2 + \cdots + x_n{}^2 = 0^2 \times r + 1^2 \times (n - r) = n - r$$

이 됩니다.

그 다음에 '분산의 간단한 계산 공식'을 사용하면 풀립니다.

$$m(r) = \frac{x_1 + x_2 + \cdots + x_n}{n} = \frac{0 \times r + 1 \times (n-r)}{n} = \frac{n-r}{n}$$

$$V(r) = \overline{x^2} - (\overline{x})^2 \qquad \boxed{\text{분산} = \text{제곱의 평균} - \text{평균의 제곱}}$$

$$= \frac{x_1{}^2 + x_2{}^2 + \cdots + x_n{}^2}{n} - \{m(r)\}^2$$

$$= \frac{0^2 \times r + 1^2 \times (n-r)}{n} - \left(\frac{n-r}{n}\right)^2$$

$$= \frac{n-r}{n} - \left(\frac{n-r}{n}\right)^2 \qquad \boxed{A - A^2 = A(1-A)}$$

$$= \frac{n-r}{n}\left(1 - \frac{n-r}{n}\right)$$

$$= \frac{n-r}{n} \cdot \frac{n-(n-r)}{n}$$

$$= \frac{n-r}{n} \cdot \frac{r}{n}$$

$$= \frac{r(n-r)}{n^2}$$

2변수 사이의 관계를 시각화하는 '산포도'

이 절에서 계속 사용하고 있는 N 고등학교의 데이터는 수학 점수와 영어 점수라는 2개의 변량을 가진 이변량 데이터입니다.

여기서부터는 2개의 변량 사이의 관계를 조사하는 방법을 배워 봅시다.

이변량 데이터를 정리해 추세를 파악하기 위한 그래프를 산포도(또는 상관도)라고 합니다.

산포도에서는 2개의 변수를 좌표로 보고, 이를 좌표평면 위에 플롯(점을 찍는다는 뜻)해 나갑니다. N 고등학교의 데이터를 대상으로 산포도를 그려 봅시다 (학생 ⑩은 영어 시험에 응시하지 않았으므로 생략합니다).

학생	①	②	③	④	⑤	⑥	⑦	⑧	⑨
수학(점)	50	60	60	70	50	70	70	60	50
영어(점)	50	40	50	20	100	50	60	100	70

여기에서는 가로축을 수학 점수로, 세로축을 영어 점수로 하여 수학 점수와 영어 점수를

(수학 점수, 영어 점수)

라는 좌표로 나타내기로 합니다. 예를 들어 학생 ①을 나타내는 점은 (50, 50)입니다. 이렇게 학생 ①~⑨를 각각의 위치에 점으로 찍어 놓으면 산포도는 그림 6-25와 같은 모습이 됩니다.

▼ 그림 6-25 N 고등학교 2학년 야구 부원의 수학 점수와 영어 점수

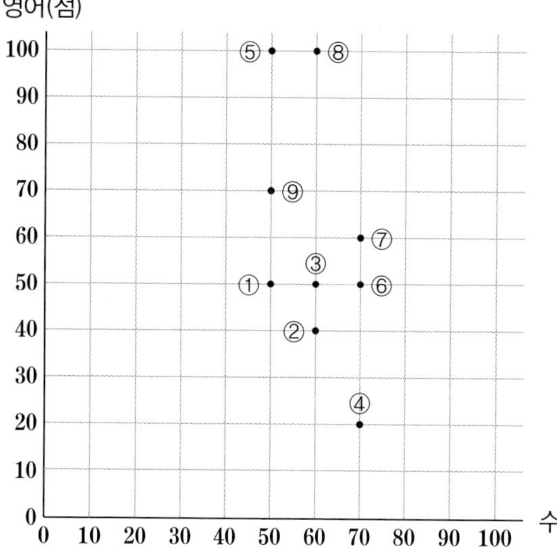

이변량 데이터에서 한쪽이 증가할 때 따른 한쪽도 늘어나는 경향을 보일 때, 이를 가리켜 2개의 변량 사이에 **양의 상관관계**가 있다고 합니다. 반대로 한쪽이 증가할 때 다른 한쪽이 줄어드는 경향을 보일 때, 이를 가리켜 2개의 변량 사이에 음의 상관관계가 있다고 합니다. 그리고 어떠한 경향도 발견할 수 없을 때는 **상관관계가 없다**고 합니다.

산포도는 크게 다섯 종류로 분류할 수 있습니다. 이변량 데이터를 정리해 산포도로 만들면 (대략적으로라도) 이변량 사이에 **상관관계가 있는지, 있다면 상관관계가 어느 정도 강한지** 파악할 수 있습니다.

▼ 그림 6-26 다섯 종류의 산포도

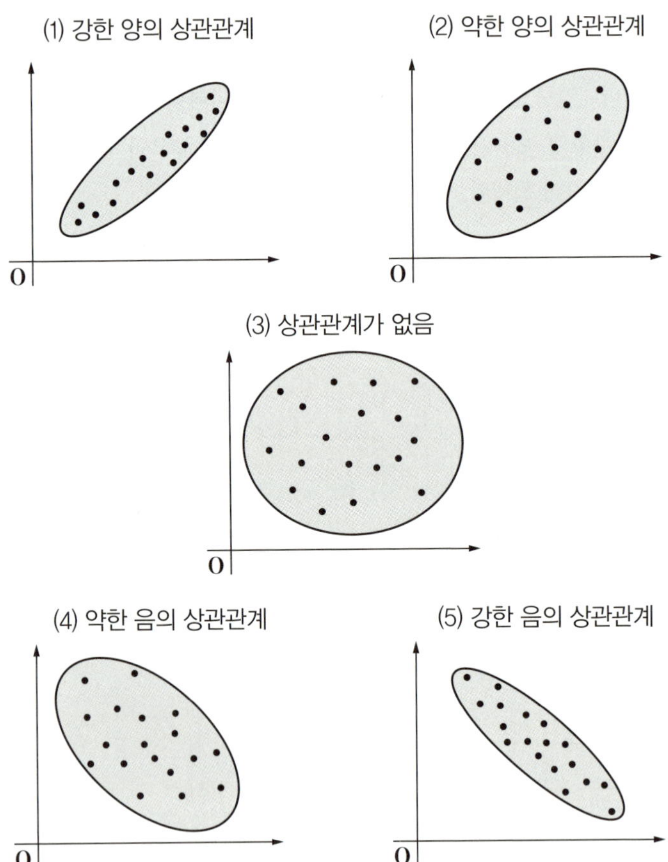

데이터의 분포가 전체적으로 **우상향을 그리면 양의 상관관계**, 우하향을 그리면 **음의 상관관계**라고 합니다. 또한, 분포가 **직선에 가까운 타원을 그리면 강한 상관관계, 원에 가깝다면 약한 상관관계(또는 상관관계 없음)**로 분류합니다.

방금 그린 N 고등학교 2학년 야구 부원의 데이터는 산포도 (4)와 가장 가깝지 않나요? 수학 점수와 영어 점수 사이에는 '약한 음의 상관관계가 있다'고 할 수 있을 것입니다.

N 고등학교 2학년 축구 부원의 수학 점수와 영어 점수가 다음 표와 같다고 가정합시다.

▼ 표 6-8 N고등학교 2학년 축구 부원의 수학 점수와 영어 점수

학생	①	②	③	④	⑤	⑥	⑦	⑧	⑨
수학(점)	40	50	50	60	60	60	70	70	80
영어(점)	30	40	50	50	50	60	70	90	100

산포도는 그림 6-27과 같은 모습이 됩니다. 이 경우 '강한 양의 상관관계'가 있다고 할 수 있습니다.

▼ 그림 6-27 N 고등학교 2학년 축구 부원의 수학 점수와 영어 점수는 강한 양의 상관관계가 있다

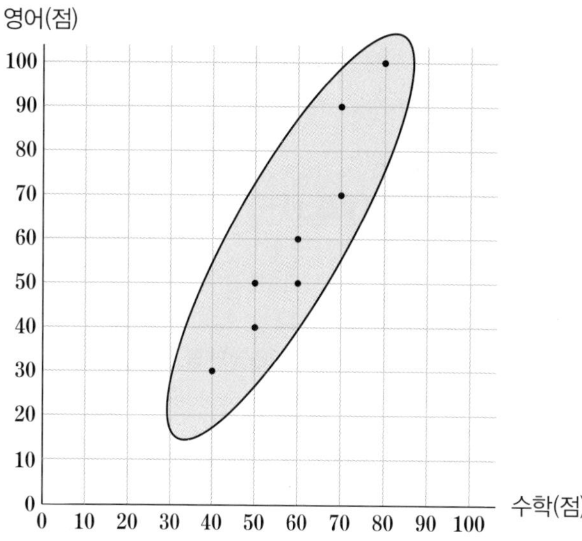

상관관계의 강도를 수치화하는 '상관계수'를 구하는 방법

산포도를 보고 이변량 데이터의 대략적인 상관관계는 파악할 수 있지만 그 강약의 판단은 다분히 감각적이기 때문에 같은 산포도를 보고도 '강한 상관관계가 있다'고 느끼는 사람 또는 '약한 상관관계가 있다'고 느끼는 사람이 있습니다. 어느 정도에 '상관관계가 없다'고 단정할지도 애매합니다. 그래서 통계에는 상관관계의 음양과 강약을 나타내기 위한 수치가 마련되어 있습니다. 바로 **상관계수**(correlation coefficient)입니다.

다음과 같은 x와 y라는 2개의 변량을 가진 데이터(이변량 데이터)가 있습니다.

▼ **표 6-9** 이변량 데이터

데이터 번호	①	②	③	⋯	ⓝ
x	x_1	x_2	x_3	⋯	x_n
y	y_1	y_2	y_3	⋯	y_n

상관계수를 구하려면 값이 3개 필요합니다. 바로 x의 표준편차와 y의 표준편차(417쪽), 다음 식으로 정의되는 **공분산**(covariance)입니다.

> **공분산**
>
> x와 y의 공분산을 c_{xy}라 하면
>
> $$c_{xy} = \frac{(x_1 - \bar{x})(y_1 - \bar{y}) + (x_2 - \bar{x})(y_2 - \bar{y}) + \cdots + (x_n - \bar{x})(y_n - \bar{y})}{n}$$
>
> $$= \frac{1}{n} \sum_{k=1}^{n} (x_k - \bar{x})(y_k - \bar{y})$$
>
> ($\bar{x}$는 x의 평균, $\bar{y}$는 y의 평균)

x의 표준편차를 s_x, y의 표준편차를 s_y라 하면 상관계수는 다음과 같이 정리할 수 있습니다.

상관계수

x와 y의 상관계수를 r이라 하면

$$r = \frac{c_{xy}}{s_x \cdot s_y}$$

Note 표준편차는 다음과 같았지요(417쪽)?

$$s_x = \sqrt{V_x} = \sqrt{\frac{(x_1 - \overline{x})^2 + (x_2 - \overline{x})^2 + (x_3 - \overline{x})^2 + \cdots + (x_n - \overline{x})^2}{n}}$$

$$= \sqrt{\frac{1}{n} \sum_{k=1}^{n} (x_k - \overline{x})^2}$$

$$s_y = \sqrt{V_y} = \sqrt{\frac{(y_1 - \overline{y})^2 + (y_2 - \overline{y})^2 + (y_3 - \overline{y})^2 + \cdots + (y_n - \overline{y})^2}{n}}$$

$$= \sqrt{\frac{1}{n} \sum_{k=1}^{n} (y_k - \overline{y})^2}$$

$$(V_x \text{는 } x \text{의 분산, } V_y \text{는 } y \text{의 분산})$$

참고로 x와 y의 상관계수 r은 원래 r_{xy}처럼 x와 y를 첨자로 붙여 써야 하지만, 명백할 때는 종종 생략합니다.

이에 따라 상관계수 r은 $\sum$ 기호를 사용해 다음과 같이 나타낼 수 있습니다.

$$r = \frac{c_{xy}}{s_x \cdot s_y} = \frac{\dfrac{1}{n} \sum_{k=1}^{n} (x_k - \overline{x})(y_k - \overline{y})}{\sqrt{\dfrac{1}{n} \sum_{k=1}^{n} (x_k - \overline{x})^2} \cdot \sqrt{\dfrac{1}{n} \sum_{k=1}^{n} (y_k - \overline{y})^2}}$$

$$= \frac{\dfrac{1}{n} \sum_{k=1}^{n} (x_k - \overline{x})(y_k - \overline{y})}{\sqrt{\dfrac{1}{n}} \cdot \sqrt{\sum_{k=1}^{n} (x_k - \overline{x})^2} \cdot \sqrt{\dfrac{1}{n}} \cdot \sqrt{\sum_{k=1}^{n} (y_k - \overline{y})^2}}$$

$$= \frac{\sum_{k=1}^{n} (x_k - \overline{x})(y_k - \overline{y})}{\sqrt{\sum_{k=1}^{n} (x_k - \overline{x})^2} \cdot \sqrt{\sum_{k=1}^{n} (y_k - \overline{y})^2}}$$

N 고등학교 2학년 야구 부원의 데이터를 사용해 상관계수를 계산해 봅시다. 상관계수를 구할 때는 다음과 같은 표에 정리하면 좋습니다. 다음 표에서 변량 x는 수학 점수, 변량 y는 영어 점수를 나타냅니다.

▼ 표 6-10 N 고등학교 2학년 야구 부원의 점수 데이터

학생	x	y	$x - \overline{x}$ / $(x-\overline{x})^2$	$y - \overline{y}$ / $(y-\overline{y})^2$	$(x-\overline{x})(y-\overline{y})$
①	50	50	-10 / 100	-10 / 100	100
②	60	40	0 / 0	-20 / 400	0
③	60	50	0 / 0	-10 / 100	0
④	70	20	10 / 100	-40 / 1600	-400
⑤	50	100	-10 / 100	40 / 1600	-400
⑥	70	50	10 / 100	-10 / 100	-100
⑦	70	60	10 / 100	0 / 0	0
⑧	60	100	0 / 0	40 / 1600	0
⑨	50	70	-10 / 100	10 / 100	-100
합계	540	540	600	5600	-900
평균	60 $\overline{x}$	60 $\overline{y}$	$\displaystyle\sum_{k=1}^{n}(x_k-\overline{x})^2$	$\displaystyle\sum_{k=1}^{n}(y_k-\overline{y})^2$	$\displaystyle\sum_{k=1}^{n}(x_k-\overline{x})(y_k-\overline{y})$

$$\sqrt{\sum_{k=1}^{n}(x_k-\overline{x})^2} = \sqrt{600} \fallingdotseq 24.495 \qquad \sqrt{\sum_{k=1}^{n}(y_k-\overline{y})^2} = \sqrt{5600} \fallingdotseq 74.833$$

주황색으로 표시한 3개의 숫자가 상관계수를 계산할 때 사용하는 것입니다.

$$r = \frac{\sum\limits_{k=1}^{n}(x_k - \overline{x})(y_k - \overline{y})}{\sqrt{\sum\limits_{k=1}^{b}(x_k - \overline{x})^2} \cdot \sqrt{\sum\limits_{k=1}^{n}(y_k - \overline{y})^2}} \fallingdotseq \frac{-900}{24.495 \times 74.833} \fallingdotseq -0.49$$

−1~+1의 수직선으로 상관계수 해석하기

상관계수 r은 반드시 $-1 \leq r \leq 1$의 범위에 있습니다(이유는 나중에 설명합니다). 상관관계의 강약은 보통 r의 값을 사용해 다음과 같이 판단합니다.

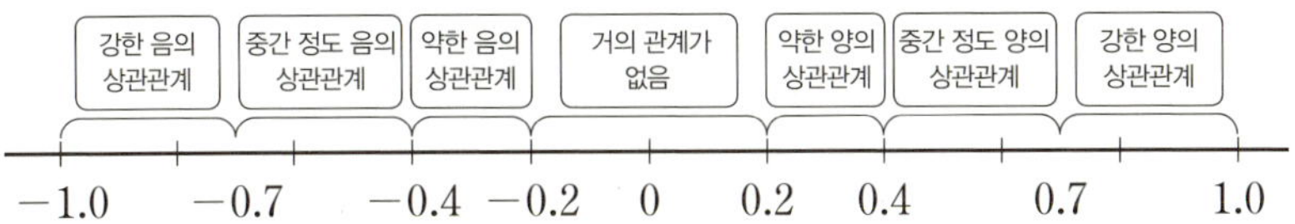

N 고등학교 2학년 야구 부원은 수학 점수와 영어 점수에 대한 상관계수가 −0.49이었으므로 '중간 정도 음의 상관관계가 있다'고 할 수 있습니다.

421쪽에서 그린 산포도는 보는 사람에 따라 '관계가 없다'고 해석할 수 있지만, 상관계수를 사용하면 상관관계의 유무와 강약을 객관적으로 판단할 수 있습니다. 참고로 423쪽에 나온 N 고등학교 2학년 축구 부원의 데이터로 상관계수를 구하면

$$r \fallingdotseq 0.94$$

가 됩니다(여력이 있는 분은 꼭 계산해 보세요). 이는 1과 상당히 가까운 값이므로 명확하게 '강한 양의 상관관계가 있다'고 할 수 있습니다.

상관계수의 이론적 배경 이해하기(범위 밖)

상관계수의 이론적 배경은 복잡하기 때문에 고등학교 수학에서는 보통 계산 공식만 배웁니다. 그러나 이 책에서는 한때 수학을 잘하셨던 분들을 위해 상관계수 r이 반드시 $-1 \leq r \leq 1$ 범위의 값을 취한다는 것을 증명하고, 다음으로 상

관계수가 1과 -1이면 산포도가 직선이 되는 이유를 다뤄보려 합니다(시간이 없는 분은 건너뛰어도 됩니다).

$-1 \leq r \leq 1$의 증명

상관계수 r은

$$r = \frac{c_{xy}}{s_x \cdot s_y} = \frac{\displaystyle\sum_{k=1}^{n}(x_k - \overline{x})(y_k - \overline{y})}{\sqrt{\displaystyle\sum_{k=1}^{n}(x_k - \overline{x})^2} \cdot \sqrt{\displaystyle\sum_{k=1}^{n}(y_k - \overline{y})^2}} \quad \cdots ①$$

이었습니다(421쪽). ①은 복잡하니

$$X_1 = x_1 - \overline{x}, \quad X_2 = x_2 - \overline{x}, \quad \cdots, \quad X_n = x_n - \overline{x}$$
$$Y_1 = y_1 - \overline{y}, \quad Y_2 = y_2 - \overline{y}, \quad \cdots, \quad Y_n = y_n - \overline{y}$$

로 치환합니다. 그러면 ①은

$$r = \frac{c_{xy}}{s_x \cdot s_y} = \frac{\displaystyle\sum_{k=1}^{n} X_k \cdot Y_k}{\sqrt{\displaystyle\sum_{k=1}^{n} X_k^2} \cdot \sqrt{\displaystyle\sum_{k=1}^{n} Y_k^2}}$$

가 됩니다. $-1 \leq r \leq 1$을 증명하는 데 있어서

$$-1 \leq r \leq 1 \quad \Leftrightarrow \quad r^2 \leq 1$$
$$\Leftrightarrow \quad \left(\frac{\displaystyle\sum_{k=1}^{n} X_k \cdot Y_k}{\sqrt{\displaystyle\sum_{k=1}^{n} X_k^2} \cdot \sqrt{\displaystyle\sum_{k=1}^{n} Y_k^2}} \right)^2 \leq 1$$
$$\Leftrightarrow \quad \frac{\left(\displaystyle\sum_{k=1}^{n} X_k \cdot Y_k\right)^2}{\displaystyle\sum_{k=1}^{n} X_k^2 \cdot \sum_{k=1}^{n} Y_k^2} \leq 1$$
$$\Leftrightarrow \quad \left(\sum_{k=1}^{n} X_k \cdot Y_k\right)^2 \leq \sum_{k=1}^{n} X_k^2 \cdot \sum_{k=1}^{n} Y_k^2 \quad \cdots ②$$

이므로 당장은 ②를 나타내는 것을 목표로 합시다.

여기에서 (갑작스럽지만) 임의의 실수 t에 대하여 다음 부등식이 항상 성립한다는 것에 주목합시다.

$$(X_1 t - Y_1)^2 + (X_2 t - Y_2)^2 + \cdots + (X_n t - Y_n)^2 \geq 0$$

$$\Leftrightarrow \sum_{k=1}^{n}(X_k t - Y_k)^2 \geq 0 \quad \cdots ③$$

> **Note≡** X_k, Y_k, t는 실수이므로 $X_k t - Y_k$도 실수입니다. 실수는 제곱하면 반드시 양수 또는 0이 되므로 ③의 좌변은 0 이상의 숫자의 합이 됩니다. 따라서 ③은 항상 성립합니다.

③을 변형하면

$$\sum_{k=1}^{n}(X_k t - Y_k)^2 \geq 0$$

$$\Leftrightarrow \sum_{k=1}^{n}(X_k^2 t^2 - 2X_k Y_k t + Y_k^2) \geq 0$$

$$\Leftrightarrow \left(\sum_{k=1}^{n}X_k^2\right) \cdot t^2 - 2\left(\sum_{k=1}^{n}X_k Y_k\right) \cdot t + \sum_{k=1}^{n}Y_k^2 \geq 0 \quad \cdots ④$$

$$(x-a)^2 = x^2 - 2ax + a^2$$

$$\sum_{k=1}^{n}(pa_k + qb_k) = p\sum_{k=1}^{n}a_k + q\sum_{k=1}^{n}b_k$$

입니다. 식을 알아보기 쉽게 만들기 위해

$$\sum_{k=1}^{n}X_k^2 = A, \quad \sum_{k=1}^{n}X_k Y_k = B, \quad \sum_{k=1}^{n}Y_k^2 = C \quad \cdots ⑤$$

로 변형하면 ④는 다음과 같이 정리됩니다.

$$At^2 - 2Bt + C \geq 0 \quad \cdots ④'$$

$$\Leftrightarrow A\left(t^2 - \frac{2B}{A}t\right) + C \geq 0$$

$$\Leftrightarrow A\left\{\left(t - \frac{B}{A}\right)^2 - \frac{B^2}{A^2}\right\} + C \geq 0$$

$$\Leftrightarrow A\left(t - \frac{B}{A}\right)^2 - \frac{B^2}{A} + C \geq 0 \quad \cdots ⑥$$

완전제곱식 변형 비법(86쪽)
$$x^2 - 2px = (x-p)^2 - p^2$$

여기에서 좌변은 t의 이차함수이므로

$$y = A\left(t - \frac{B}{A}\right)^2 - \frac{B^2}{A} + C \quad \cdots ⑥'$$

로 바꾸면 그래프가 다음과 같은 모습이 됩니다.

▼ 그림 6-28 $y = A\left(t - \frac{B}{A}\right)^2 - \frac{B^2}{A} + C$의 그래프

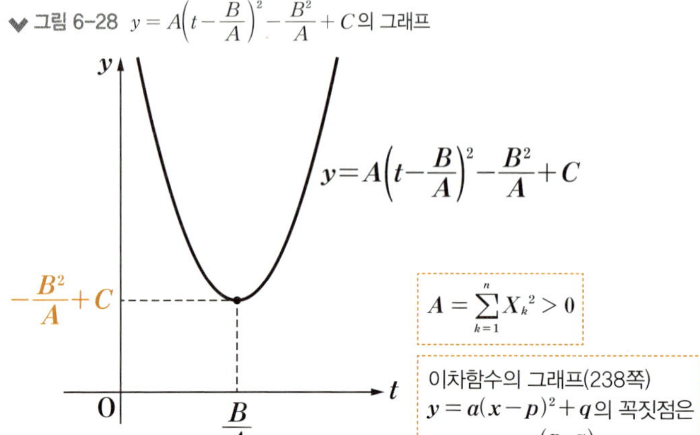

⑥이 **t의 값과 관계없이** 항상 성립한다는 것은 ⑥'의 y가 t의 값과 관계없이 항상 0 이상이라는 뜻입니다. 이때 그래프의 꼭짓점의 y좌표는 0 이상이므로 다음과 같습니다.

$$-\frac{B^2}{A} + C \geq 0$$

$$\Leftrightarrow \quad -\frac{B^2}{A} + C \geq 0$$

$$\Leftrightarrow \quad -B^2 + AC \geq 0$$

$$\Leftrightarrow \quad B^2 \leq AC$$

$A = \sum_{k=1}^{n} X_k^2 > 0$ 이므로 양변에 **A**를 곱해도 부등호의 방향은 바뀌지 않습니다.

Note≡　$X_1 = X_2 = \cdots = X_n = 0$일 때, 즉

$$x_1 = x_2 = \cdots = x_n = \overline{x}\text{일 때,}$$

$A = 0$이지만 이런 경우는 고려하지 않기로 합니다.

⑤에서 위치를 바꿨던 것을 원래 상태로 되돌리면

$$\left(\sum_{k=1}^{n} X_k \cdot Y_k\right)^2 \leq \sum_{k=1}^{n} X_k{}^2 \cdot \sum_{k=1}^{n} Y_k{}^2 \quad \cdots ②$$

이고, 이는 우리가 목표했던 식인 ② 그 자체입니다.

②를 동치변형하면(424쪽 하단의 변형을 역으로 거슬러 올라가면)

$$-1 \leq r \leq 1$$

이 나옵니다.

증명 끝

상관계수가 최댓값과 최솟값을 가질 때

425쪽의 ③에서 등호가 성립할 때, 다음과 같습니다.

$$\sum_{k=1}^{n}(X_k t - Y_k)^2 = 0 \quad \cdots ③'$$

$$\Leftrightarrow \quad (X_1 t - Y_1)^2 + (X_2 t - Y_2)^2 + \cdots + (X_n t - Y_n)^2 = 0$$

$$\Leftrightarrow \quad (X_1 t - Y_1) = (X_2 t - Y_2) = \cdots = (X_n t - Y_n) = 0$$

> **Note** : 0 이상의 숫자를 더한 결과가 0이 되려면 모두 0이어야 합니다.

따라서

$$t = \frac{Y_1}{X_1} = \frac{Y_2}{X_2} = \cdots = \frac{Y_n}{X_n} \quad \cdots ⑦$$

입니다.

이때 ⑦에서 424쪽의 대문자 X와 Y로 치환했던 것을 원래대로 되돌리면

$$\frac{y_1 - \overline{y}}{x_1 - \overline{x}} = \frac{y_2 - \overline{y}}{x_2 - \overline{x}} = \cdots = \frac{y_n - \overline{y}}{x_n - \overline{x}}$$

이군요. ⑦의 값을 a(상수)라고 하면

$$\frac{y_k - \overline{y}}{x_k - \overline{x}} = a \quad (k = 1,\ 2,\ \cdots,\ n)$$

으로 표기할 수 있습니다. 이에 따라

$$y_k - \overline{y} = a(x_k - \overline{x})$$
$$\Leftrightarrow \quad y_k = a(x_k - \overline{x}) + \overline{y} \quad \cdots ⑧$$

입니다. ⑧은 n개의 점

$$(x_1,\ y_1),\quad (x_2,\ y_2),\quad (x_3,\ y_3),\quad \cdots,\quad (x_n,\ y_n)$$

모두가

$$y = a(x - \overline{x}) + \overline{y} \quad \cdots ⑨$$

> $y_k = f(x_k)$가 성립한다.
> $\Leftrightarrow$ 점 $(x_k,\ y_k)$가 $y = f(x)$의 위에 있다.

가 그리는 그래프 위에 있음을 나타냅니다.

⑨는 기울기가 a이고 **점 $(\overline{x}, \overline{y})$를 통과하는 직선을 나타내는 것이었지요**(134쪽)?

> 점 (p, q)를 통과하고 기울기가 m인 직선의 방정식
> $y = m(x - p) + q$

그런데 425쪽의 ③에서 등호가 성립하면(③'이면) ④'의 등호도 성립하므로

$$At^2 - 2Bt + C = 0 \quad \cdots ☆$$

이 됩니다. 이차방정식의 근의 공식(83쪽)에 따라 다음과 같습니다.

> $ax^2 + bx + c = 0$일 때,
> $x = \dfrac{-b \pm \sqrt{b^2 - 4ac}}{2a}$

$$t = \frac{-(-2B) \pm \sqrt{(-2B)^2 - 4AC}}{2A}$$
$$= \frac{2B \pm \sqrt{4B^2 - 4AC}}{2A} = \frac{B \pm \sqrt{B^2 - AC}}{A} \quad \cdots ⑩$$

③의 등호가 성립하면(③'이면) ⑦에 의해 $\dfrac{Y_1}{X_1}$, $\dfrac{Y_2}{X_1}$, $\cdots$, $\dfrac{Y_n}{X_n}$의 값이 모두 같고, 이것이 t와 같으므로 ③'의 동치변형인 **☆의 t는 단 한 개의 실근(중근)을 가질 것**입니다.

한편 ⑩은 ☆의 해를 나타내므로 ☆이 단 한 개의 실근(중근)을 가질 때, ⑩의 $\sqrt{}$의 내용물은 0입니다. 따라서

$$B^2 - AC = 0$$
$$\Leftrightarrow\ B^2 = AC$$

가 됩니다. ⑤의 치환(429쪽)에 의해

$$B^2 = AC$$
$$\Leftrightarrow\ \left(\sum_{k=1}^{n} X_k \cdot Y_k\right)^2 = \sum_{k=1}^{n} {X_k}^2 \cdot \sum_{k=1}^{n} {Y_k}^2$$
$$\Leftrightarrow\ \frac{\left(\displaystyle\sum_{k=1}^{n} X_k \cdot Y_k\right)^2}{\displaystyle\sum_{k=1}^{n} {X_k}^2 \cdot \sum_{k=1}^{n} {Y_k}^2} = 1$$
$$\Leftrightarrow\ r^2 = 1$$
$$\Leftrightarrow\ r = \pm 1$$

입니다. 지금까지의 논리를 정리하면 다음과 같습니다.

③의 등호가 성립한다. $\Leftrightarrow$ $(x_1,\ y_1)$, $(x_2,\ y_2)$, $(x_3,\ y_3)$, $\cdots$, $(x_n,\ y_n)$이 모두 ⑨의 직선 위에 있다.

③의 등호가 성립한다. $\Leftrightarrow$ $(x_1,\ y_1)$, $(x_2,\ y_2)$, $(x_3,\ y_3)$, $\cdots$, $(x_n,\ y_n)$
이 모두 ⑨의 직선 위에 있다.

③의 등호가 성립한다. $\Leftrightarrow$ ③'을 만족하는 t는 단 하나
$\Leftrightarrow$ ☆을 만족하는 t는 단 하나
$\Leftrightarrow$ $r = \pm 1$

즉, 산포도에서 모든 데이터가 점 $(\overline{x},\ \overline{y})$를 통과하는 직선 위에 있을 때, 상관계수 r은 최댓값 1 또는 최솟값 -1이 되는 것을 알 수 있습니다.

▼ 그림 6-29 상관계수가 1이거나 −1이면 산포도는 직선이 된다

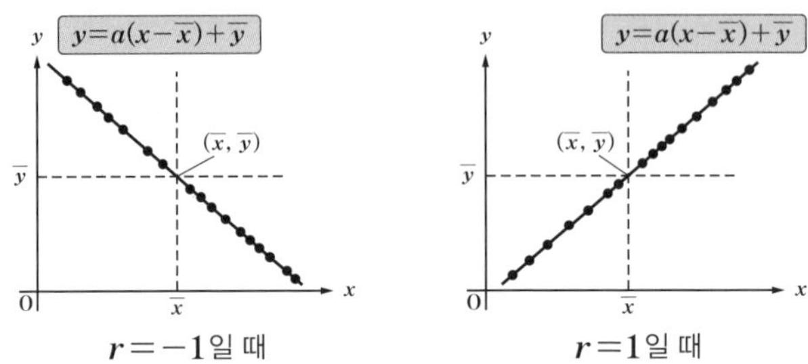

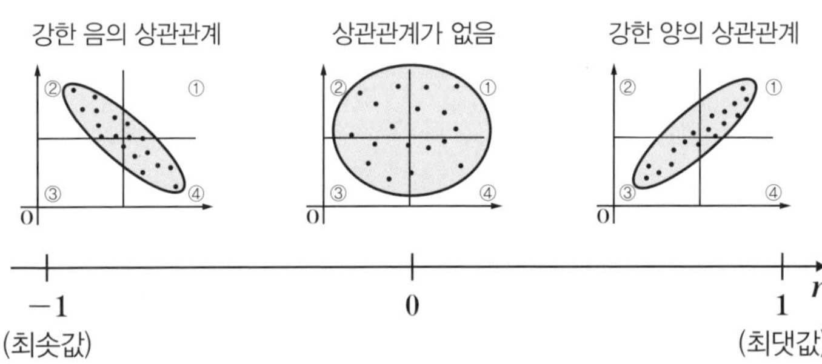

❯ 상관관계를 다룰 때 주의해야 할 점

요즘은 IT의 급속한 성장 덕분에 빅 데이터에서 유용한 정보를 찾아내는 **데이터마이닝** (Data mining) 기술을 가진 통계 전문가들이 다양한 분야에서 눈부신 성과를 거두고 있습니다. 모두가 통계의 힘을 깨달은 시대가 온 것입니다.

그 결과 사회적으로 통계가 가능한 인재가 필요하게 되었습니다. 그리고 계산이 번거롭다는 이유로 통계를 (대부분의 고교생이 선택하지 않는) 선택 단원으로 방치할 수 없게 되었습니다.

최근에는 미국 대통령 선거에서부터 스팸 메일의 필터에 이르기까지 통계에 의한 획기적인 데이터마이닝을 소개하는 책과 기사가 거리에 넘치고 있습니다. 조금만 검색해도 바로 몇 가지 예를 찾을 수 있을 정도입니다. 이 책에서는 계속 고등학교 수학에서 배우는 각 단원이 무슨 도움이 되는지 설파해 왔지만 통계의 유용성만큼은 재차 언급할 필요가 없을 것 같습니다.

우리가 통계를 배우는 이유는 **데이터를 정확하게 분석해 생활에 유용한 정보를 도출하는 힘을 기르기 위한 것**이지만, 그 기법에만 정신이 팔리면 모처럼 제대로 통계를 계산하고도 판단을 잘못 내려 본래 찾고자 했던 '정보'를 찾지 못할 수 있습니다. 따라서 이번 칼럼에서는 상관관계에 대해 초심자가 특히 주의해야 할 점을 정리해 둡니다.

안이한 연결은 위험하다

앞에서 배운 산포도와 상관계수로 2개의 변량 사이에 생각지도 못했던 상관관계를 발견하는 것은 결코 드문 일이 아닙니다. 하지만 그 파급력이 큰 탓일까요? 발견한 상관관계에 대해 잘못된 판단을 내리는 경우가 매우 많습니다. 특히 다음 두 가지를 주의하세요.

> **상관관계를 분석할 때 주의해야 할 것**
> (1) 구해낸 경향이 일반적이라고 단언할 수 없다.
> (2) 상관관계가 있어도 인과관계가 있다고 단언할 수는 없다.

(1)에 대하여

다른 통계량(평균, 분산, 표준편차)에도 해당하는 것이지만 구한 상관관계는 어디까지나 그 조사 대상에 대한 결과입니다. 보통은 이를 바로 '일반적인 관계'로 간주할 수 없습니다(모집단의 모든 데이터를 사용하는 경우는 제외).

예를 들어 앞에서 사용한 N 고등학교 2학년 야구 부원의 데이터에서는 수학 점수와 영어 점수 사이에 약한 음의 상관관계가 발견됐습니다. 하지만 (당연하게도) 이 데이터에서 '수학을 잘하는 학생은 영어를 못하는 경향이 있다'는 결론을 내리는 것은 조금 이상합니다.

다른 샘플(표본) 데이터를 사용하면 양의 상관관계를 구할 수도 있고, 상관관계가 없다고 판단할 수 있는 경우도 충분히 있을 수 있습니다.

모집단에서 추출한 일부 샘플로 구한 결과를 일반적인 것(모집단의 경향을 제대로 반영한 것)으로 간주할 수 있는지 확인하려면 **추측통계**라는 기법을 제대로 배워야 합니다.

(2)에 대하여

가령 X와 Y라는 2개의 변량 사이에 상관관계가 발견되더라도 다음 중 어떤 것이라고 단정짓긴 어렵습니다.

(i) X(원인) → Y(결과)의 관계

예 X: 기온

Y: 감기 환자의 수

이 데이터를 가져오면 대부분은 기온과 감기 환자의 수 사이에는 음의 상관관계(기온이 낮으면 감기 환자의 수는 늘어나는 경향이 있다)가 있음을 찾을 수 있을 것입니다. 이 경우에는 낮은 기온을 감기 환자의 수를 늘리는 원인으로 생각하는 것이 타당합니다.

(ii) Y(원인) → X(결과)의 관계

예 X: 상품의 가격

Y: 제품의 품질

예외가 있긴 하지만 일반적으로 상품의 가격과 제품의 품질 사이에는 양의 상관관계(가격이 비싼 제품은 품질이 좋은 경향이 있다)가 성립할 것입니다. 하지만 이 경우 '가격이 비싸기 때문에 품질이 좋다'고 보는 것은 이상하네요. 역시 높은 품질을 실현하기 위한 비용을 비싼 가격의 원인으로 보는 것이 옳을 것입니다.

(iii) X와 Y 모두 공통의 원인 Z의 결과이다(Z → X이며 Z → Y)

예 X: 롯데월드의 입장객 수

Y: 에버랜드의 입장객 수

일별 데이터를 가져오면 롯데월드의 입장객 수와 에버랜드의 입장객 수 사이에는 양의 상관관계(롯데월드의 입장객 수가 많은 날은 에버랜드의 입장객 수도 많다)가 성립할 것입니다. 그러나 둘 사이에 직접적인 인과관계가 성립한다고 생각하기에는 무리가 있습니다. 롯데월드나 에버랜드도 우리나라를 대표하는 휴양 시설이므로 휴일은 특히 혼잡할 것입니다. 또한, 날씨가 좋은 날이 날씨가 나쁜 날보다 입장객이 많을 것입니다. 이 경우에는 롯데월드 입장객 수의 증감과 에버랜드 입장객 수의 증감은 모두 시기 및 날씨처럼 다른 원인의 결과로 보는 것이 합리적입니다.

(iv) 우연의 일치

예 X: 콤팩트디스크(CD)의 국내 판매량

Y: 교통사고 사망자 수

CD의 국내 총 판매량도 교통사고 사망자도 2000년부터 감소 추세에 있으므로 둘 사이에는 양의 상관관계가 성립합니다. 그러나 이 경우 우연히 경향이 같을 뿐, 양쪽 모두에 어떤 인과관계가 성립한다고 보기는 어렵습니다.

(v) 더욱 복잡한 관계가 있음

상관관계가 있는 2개의 변량 사이에 (i)~(iv) 사이의 어떤 관계도 아닌 더 복잡한 관계가 성립할 수도 있습니다.

위 모든 상황에서 상관관계를 인과관계와 안이하게 연결 짓는 것은 매우 위험한 사고방식입니다. 어쨌든 주의하기 바랍니다.

7장

대학 수학으로 가는 길

선형대수와 복소평면

❯ 벡터의 용도 −벡터의 두 가지 모습−

선형대수와 복소평면

화살표를 수학적으로 다루면 어떤 장점이 있을까요?

▼ 그림 7−1 다양한 '이동'을 식별하려면?

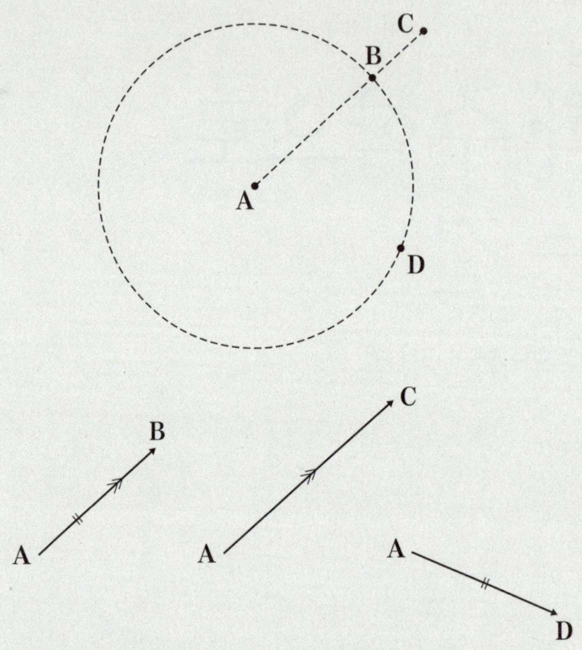

예를 들어 위 그림에서 점 A에서 점 B, 점 C, 점 D로 이동한다고 생각해 봅시다. 점 A에서 보면 점 B와 점 C는 방향이 같고, 점 B와 점 D는 점 A와의 거리가 같습니다. 하지만 그 어떤 이동도 '동일'하지는 않습니다(당연하지요). '점의 이동'을 식별하려면 방향과 길이라는 정보가 모두 필요하므로 이것을 화살표로 표시하려는 시도는 자연스러운 사고라 할 수 있습니다.

'이동'과 같이 '화살표로 나타낼 수 있는 것', 즉 방향과 크기(길이)를 가지는 양을 **벡터**(vector)라고 합니다.

vector의 어원은 '운반자'라는 뜻의 라틴어 vector입니다. 뉴턴의 등장 이후 천체 역학이 발전하며 별의 이동과 별들 사이에 작용하는 힘을 표현하려면 도구가 필요했는데, 이것이 바로 벡터가 탄생하는 계기가 되었습니다.

그러나 벡터의 현대적인 표기법을 처음으로 사용한 사람은 19세기 미국의 물리학자이자 '벡터 해석의 아버지'로 불리는 조사이어 윌더드 기브스(1839–1903)로 알려져 있습니다.

참고로 방향과 크기를 모두 가지는 양은 벡터(vector)라 하고 길이와 넓이, 무게, 온도처럼 **크기만 가지는 양**은 **스칼라**(scalar)라고 합니다. scalar의 어원은 스케일(scale)과 같은데, 스케일과 스칼라 모두 사다리라는 뜻의 라틴어 scalaris에서 유래했기 때문입니다.

물리학은 벡터 탄생의 계기가 된 학문인 만큼 물리학을 배우다 보면 '화살표'를 수학적으로 다루는 상황을 자주 접하게 됩니다.

> 벡터(vector): 방향과 크기(길이)를 가지는 양
>
> 스칼라(scalar): 크기만 가지는 양

물리학에서의 벡터

(i) 속도의 합성

예를 들어 강을 보트로 건너갈 때, 물가에 서 있는 사람이 보는 보트의 속도는 다음 그림처럼 **벡터의 합**(448쪽)으로 구할 수 있습니다.

▼ 그림 7–2 물가에 서 있는 사람이 보는 보트의 속도를 구하려면?

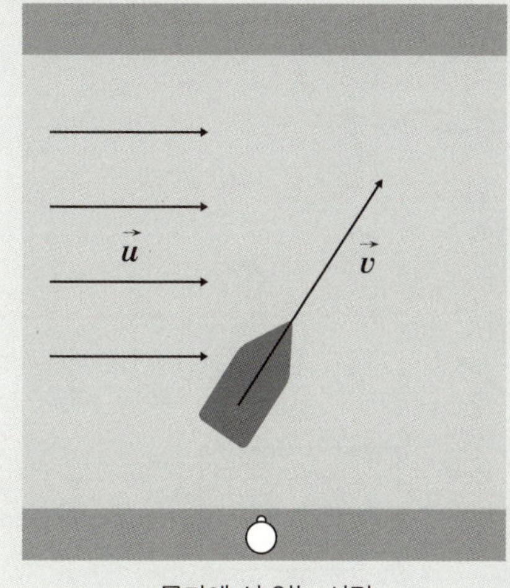

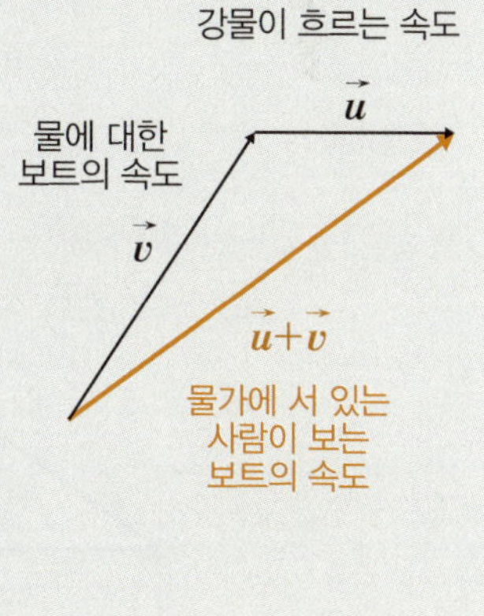

(ii) 일

물리학에서는 에너지를 증감시키는 것을 **일**이라고 합니다.

어떤 물체에 크기가 F인 힘을 주어 그 물체가 힘의 방향으로 거리 r만큼 이동하면 힘이 물체에 한 일(물체에 준 에너지) W는 힘의 크기와 이동한 거리의 곱으로 표현됩니다.

$$W = F \cdot r$$

▼ 그림 7-3 일 = 힘·이동 거리

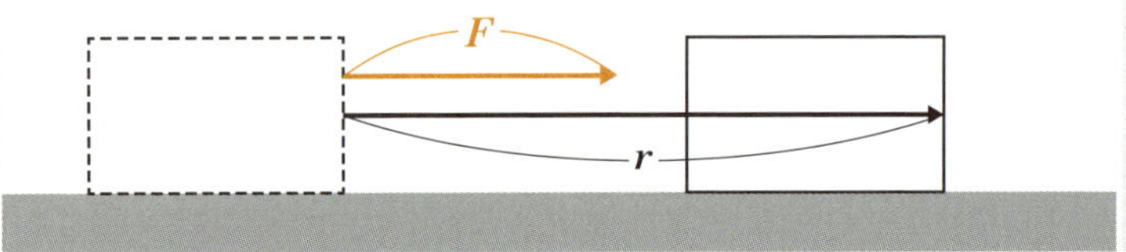

그림 7-4처럼 이동 방향에 대해 각도 θ를 이루는 방향으로 크기가 F인 힘을 주어 물체가 거리 r만큼 이동한 경우는 힘이 물체에 한 일(물체에 준 에너지) W를 힘의 이동 방향 성분과 이동 거리의 곱

$$W = F \cos\theta \cdot r$$

로 나타냅니다.

▼ 그림 7-4 일 = 힘·$\cos\theta$·거리

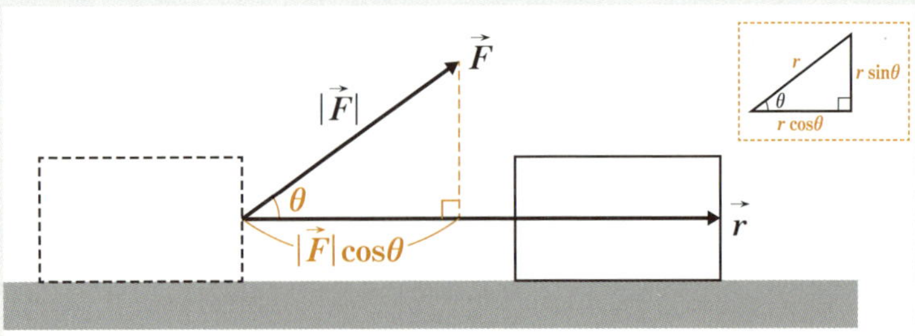

일반적으로 벡터 $\vec{a}$의 크기는 $|\vec{a}|$로 나타냅니다(446쪽). 그러므로

$$F = |\vec{F}|, \quad r = |\vec{r}|$$

입니다. 이들을 사용해 W를 나타내면

$$W = F\cos\theta \cdot r = |\vec{F}|\cos\theta \cdot |\vec{r}| = |\vec{F}\,\|\,\vec{r}|\cos\theta$$

가 되는데, 가장 오른쪽의 식이 벡터에서 '곱셈과 비슷한 연산' 중 하나인 내적의 정의식입니다(468쪽). 벡터 $\vec{F}$와 벡터 $\vec{r}$의 내적은 $\vec{F}\cdot\vec{r}$로 표기하므로

$$\vec{F}\cdot\vec{r} = |\vec{F}\,\|\,\vec{r}|\cos\theta$$

이며

$$W = \vec{F}\cdot\vec{r}$$

입니다.

(ⅲ) 로런츠 힘

전하를 가진 입자가 자기장 속을 통과하면 **로런츠 힘**이라는 것을 받습니다. **플레밍의 왼손 법칙**을 보면 왼손의 중지, 검지, 엄지를 그림 7-5처럼 모았을 때 중지가 하전 입자의 운동 방향, 검지가 자기장의 방향, 엄지가 로런츠 힘의 방향입니다.

▼ 그림 7-5 로런츠 힘의 방향

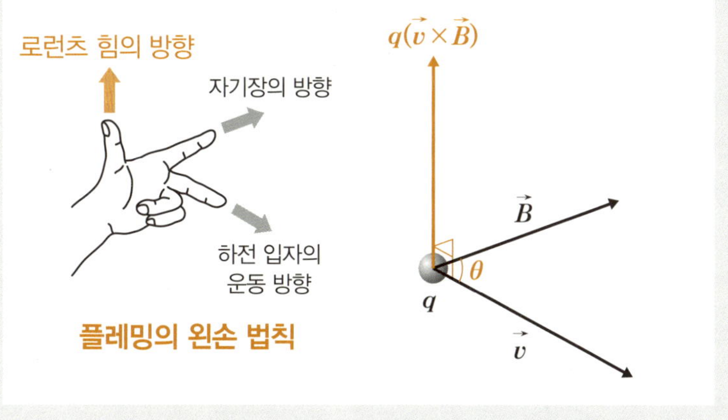

하전 입자의 전하량이 q, 속도가 $\vec{v}$, 자기장의 방향과 크기가 $\vec{B}$이면 로런츠 힘 $\vec{F}$는

$$\vec{F} = q(\vec{v} \times \vec{B})$$

으로 나타냅니다.

우변의 $\vec{v} \times \vec{B}$를 벡터 $\vec{v}$와 벡터 $\vec{B}$의 **외적**이라고 합니다. 앞서 설명한 내적은 방향이 없는 스칼라량이지만 외적은 방향을 가지는 벡터량입니다.

그림 7–5에서 볼 수 있듯이 $\vec{v} \times \vec{B}$의 방향은 벡터 $\vec{v}$과 벡터 $\vec{B}$ 위쪽 수직 방향입니다. 크기는 각 벡터의 크기와 각 벡터가 이루는 각 θ를 사용해

$$|\vec{v} \times \vec{B}| = |\vec{v}\,||\,\vec{B}\,|\sin\theta$$

로 정의합니다. 외적은 대학 수학에서 배우는 내용이지만 이 책에서는 가볍게 다뤄 보고자 합니다(476쪽).

다차원량으로서의 벡터

운동이나 힘을 설명하려면 크기와 방향이 모두 필요하기 때문에 벡터가 물리학에 많이 등장하는 것은 당연하다고 할 수 있습니다.

이 칼럼의 첫머리에 '화살표로 나타낼 수 있는 것(방향과 크기를 가지는 양)을 벡터라고 한다'고 했습니다. 고등학교에서도 똑같이 배울 것입니다. 하지만 **벡터에는 화살표 외에도 다른 모습이 있습니다.** 바로 둘 이상의 수의 쌍으로 표현되는 **다차원량**이라는 것입니다.

나중에 설명하겠지만 평면 위의 벡터는 시작점을 좌표축의 원점에 두었을 때, 끝점의 좌표를 사용해

$$\vec{a} = (x_a,\ y_a)$$

로 나타낼 수 있습니다. 이것을 벡터의 **성분**이라고 합니다(460쪽). 고등학교 수학에서 벡터의 성분이란 어디까지나 좌표이지만, 대학 수학에서는 반드시 그렇지만은 않습니다.

예를 들어 키(cm), 몸무게(kg), 체지방률(%)을 나열한

$$(175,\ 65,\ 15)$$

라는 세 수의 쌍은 훌륭한 3차원 벡터입니다. 마찬가지로 영어, 수학, 국어, 과학, 사회의 점수를 나열한

$$(80,\ 70,\ 60,\ 90,\ 50)$$

은 5차원 벡터로 볼 수 있습니다.

고등학교 수학에서는 평면(2차원)벡터를 배운 다음 공간(3차원)벡터를 배웁니다. 만약 평면벡터를 잘 이해한 사람이라면 공간벡터는 성분이 하나 늘어난 정도라 새롭게 배울 것이 거의 없다고 느낄 것입니다. **이처럼 차원을 쉽게 늘릴 수 있다는 점**이야말로 벡터의 묘미가 아닐까 생각합니다.

고등학교 수학에서 배우는 벡터는 화살표로서의 모습이 강조됩니다. 때문에 특히 선택 과목으로 물리를 선택하지 않은 학생은 '왜 벡터 같은 게 필요하지?'라는 의문을 품기 쉽습니다.

그러나 벡터의 성질과 연산 방법을 다차원량이라는 측면에서 이해하는 것은 **벡터의 모임**이기도 한 **행렬**을 배울 때 꼭 필요합니다. 또한, 벡터와 행렬에 대한 이론을 정리한 **선형대수**는 현대 수학에서 빼놓을 수 없는 기초이며 놀라울 정도로 광범위하게 사용되고 있습니다(선형대수는 행렬과 함께 설명합니다).

01 벡터

▼ 그림 7-6 벡터의 용어

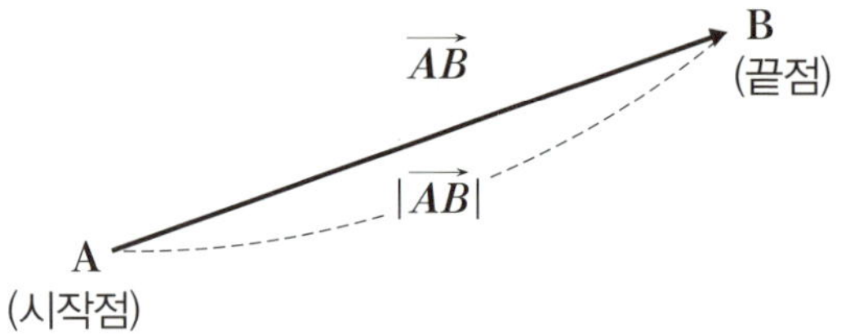

위 그림처럼 **점 A가 시작점, 점 B가 끝점이며 화살표로 나타낸 벡터를 $\overrightarrow{AB}$로** 표기합니다. 벡터는 문자 하나에 화살표를 씌워 $\overrightarrow{a}$로 표기할 수도 있습니다.

양 옆에 절댓값과 비슷한 기호를 씌운 $|\overrightarrow{AB}|$는 $\overrightarrow{AB}$의 크기를 뜻합니다. 예를 들어 선분 AB의 길이가 3이라면 $|\overrightarrow{AB}| = 3$입니다.

크기가 1인 벡터는 특별히 **단위벡터**라고 합니다.

벡터의 상등: 방향과 길이가 정확히 겹친다

▼ 그림 7-7 벡터의 상등이란?

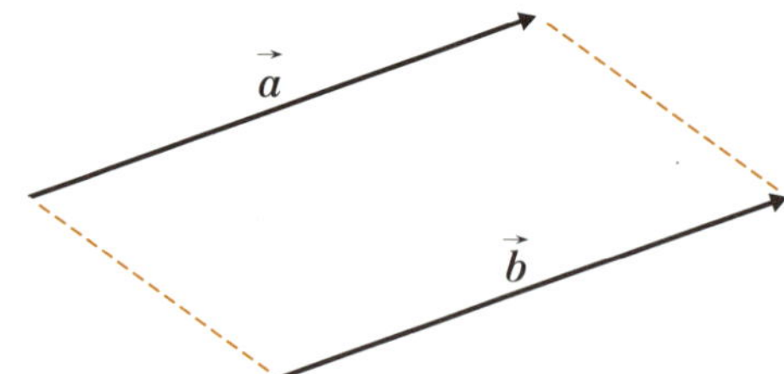

위 그림처럼 $\vec{a}$와 $\vec{b}$의 방향과 크기가 같을 때, 두 벡터가 같다(= 상등하다)고 하며

$$\vec{a} = \vec{b}$$

로 표기합니다. $\vec{a} = \vec{b}$는 $\vec{a}$와 $\vec{b}$가 평행이동을 하면 정확히 겹쳐진다는 뜻입니다.

예를 들어 한 교실의 학생 40명이 각자가 가진 노트에 길이가 3cm인 화살표를 칠판 방향으로(칠판과 수직을 이루도록) 그렸다고 하면 그들이 그린 벡터 40개는 수학적으로 모두 '같다'고 할 수 있습니다.

역벡터와 영벡터

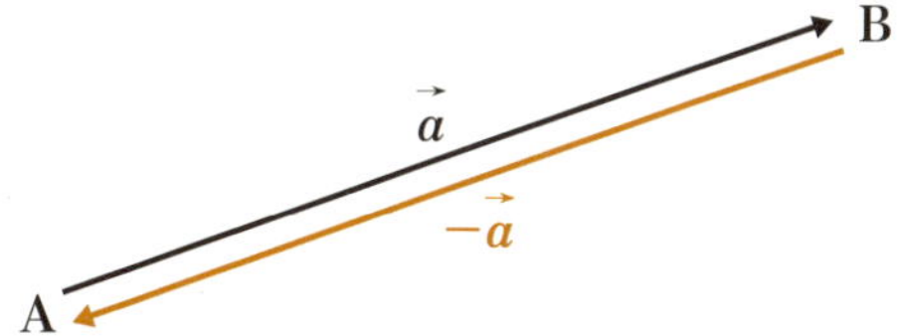

벡터 $\vec{a}$와 크기가 같지만 **방향이 반대인 벡터**를 **역벡터**라고 하며 $-\vec{a}$로 표기합니다. 예를 들어 $\vec{a} = \overrightarrow{AB}$이면 $-\vec{a} = \overrightarrow{BA}$입니다.

또한, 시작점과 끝점이 일치하는 벡터는 **크기(길이)가 0인 벡터**, 즉 **영벡터**라고 하며 $\vec{0}$으로 표기합니다. 예를 들어 $\overrightarrow{AA} = \vec{0}$입니다.

벡터의 합: 하나의 정의, 두 개의 셈법

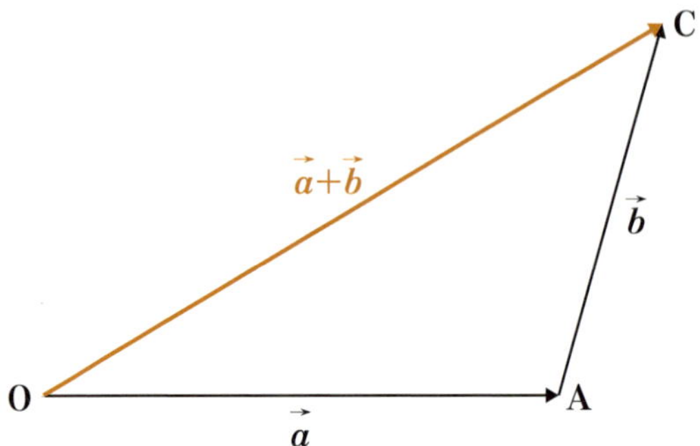

위 그림처럼 $\vec{a} = \overrightarrow{OA}$이고 $\vec{b} = \overrightarrow{AC}$일 때, $\vec{a}$와 $\vec{b}$의 합은 $\vec{a} + \vec{b} = \overrightarrow{OC}$로 정의합니다. 즉,

$$\overrightarrow{OA} + \overrightarrow{AC} = \overrightarrow{OC} \quad \cdots ☆$$

입니다.

> Note ≡ ☆의 정의에서 문자를 바꾸면 $\overrightarrow{PQ} + \overrightarrow{QR} = \overrightarrow{PR}$ 등도 성립합니다. 이 계산은
> (내용을 이해한 후에)
>
> $$\overrightarrow{PQ} + \overrightarrow{QR} = \overrightarrow{PR}$$
>
> 처럼 기계적으로 계산할 수 있도록 연습해 두면 좋습니다.

O에서 A로의 이동과 A에서 C로의 이동을 더하면 당연히 O에서 C로의 이동이 되는데 새삼스레 강조할 필요가 있냐고 생각하는 사람이 있을 수 있습니다. 하지만 ☆은 앞으로 벡터를 다루는 데 아주 중요하니 늘 머릿속에 담아 두고 있어야 합니다.

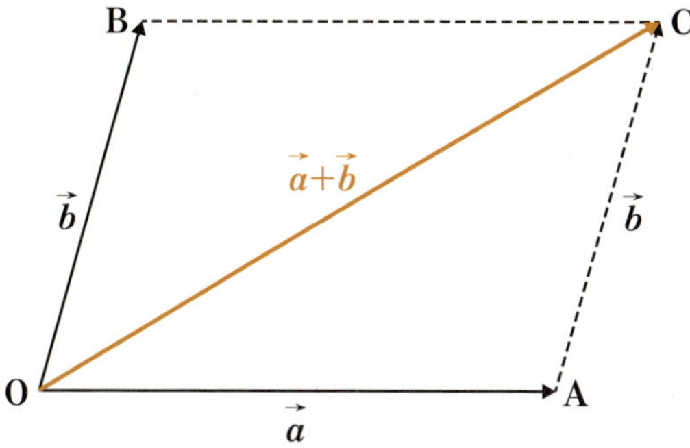

또한, 그림 7-10의 평행사변형 OACB에서 $\overrightarrow{AC}$와 $\overrightarrow{OB}$는 평행이동을 하면 정확히 겹칠 수 있으므로(평행사변형의 마주 보는 변은 평행하고 길이가 같으므로)

$$\overrightarrow{AC} = \overrightarrow{OB}$$

입니다. 즉, □OACB가 **평행사변형일 때**, ☆에 따라

$$\overrightarrow{OA} + \overrightarrow{OB} = \overrightarrow{OC}$$

입니다. 이처럼 $\vec{a}$와 $\vec{b}$의 합을 **$\vec{a}$와 $\vec{b}$의 시작점을 따라** 만드는 평행사변형의 대**각선**으로 이해하는 방법도 있습니다.

벡터의 차: 하나의 정의, 두 개의 셈법

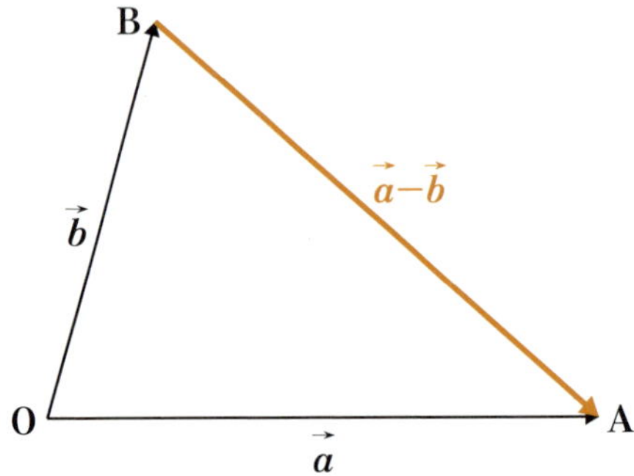

그림 7-11처럼 $\vec{a} = \overrightarrow{OA}$이고 $\vec{b} = \overrightarrow{OB}$일 때, 앞서 설명한 벡터합의 정의(식)에 따라

$$\overrightarrow{OB} + \overrightarrow{BA} = \overrightarrow{OA} \qquad \boxed{\overrightarrow{OB} + \overrightarrow{BA} = \overrightarrow{OA}}$$
$$\Rightarrow \quad \vec{b} + \overrightarrow{BA} = \vec{a}$$

입니다. 그러므로 (당연히) $\vec{a}$와 $\vec{b}$의 차는 $\vec{a} - \vec{b} = \overrightarrow{BA}$로 정의됩니다. 즉,

$$\overrightarrow{OA} - \overrightarrow{OB} = \overrightarrow{BA} \quad \cdots ◎$$

입니다. 점 O를 사이에 두고 점 B와 대칭 관계에 있는 점을 B′이라 하면 역벡터의 정의에 따라 $-\vec{b} = \overrightarrow{OB'}$이므로 그림 7-12와 같이

$$\vec{a} + (-\vec{b}) = \vec{a} - \vec{b}$$

가 성립합니다. $\vec{a} + (-\vec{b})$와 $\vec{a} - \vec{b}$는 평행이동을 하면 정확히 겹쳐진다는 것을 알 수 있습니다.

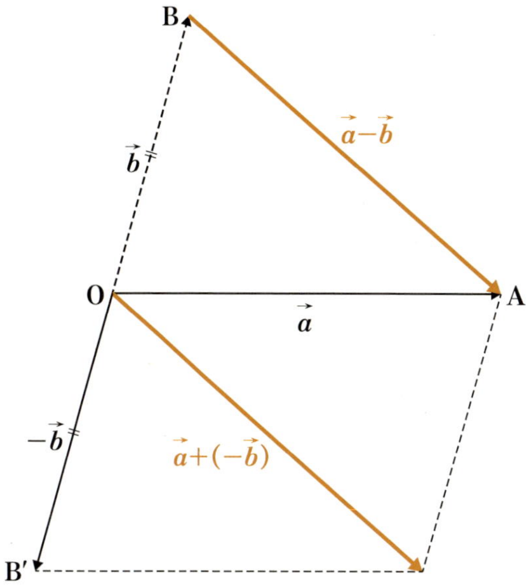

Note≡ $\vec{a}$와 $-\vec{b}$로 그릴 수 있는 평행사변형의 대각선은 $\vec{a}+(-\vec{b})$입니다.

그리고 ◎에 따라

$$\vec{BA} = \vec{OA} - \vec{OB}$$
$$\Rightarrow \quad \vec{AB} = -\vec{BA}$$
$$= -(\vec{OA} - \vec{OB})$$
$$= \vec{OB} - \vec{OA}$$

이고, 위 식의 O를 X로 바꾸면 다음과 같습니다.

$$\vec{AB} = \vec{XB} - \vec{XA}$$

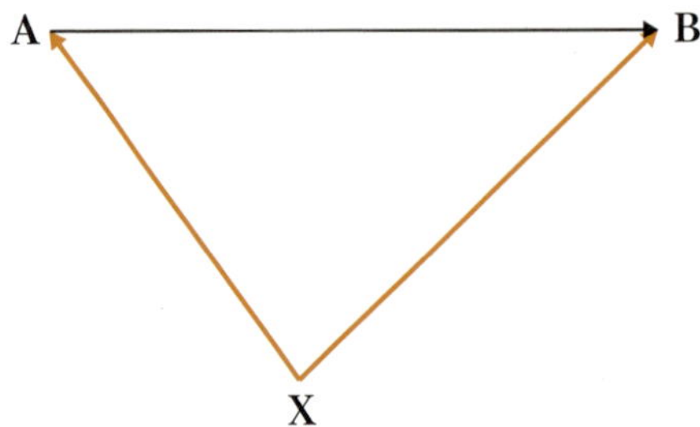

사실 이 식은 **시작점이 A인 벡터($\overrightarrow{AB}$)를 시작점이 X인 두 벡터($\overrightarrow{XA}$와 $\overrightarrow{XB}$)로 나타내기 위한 변환 공식**입니다.

앞서 '로그를 계산할 때는 반드시 밑을 똑같이 맞춰야 한다'고 설명했습니다 (316쪽)만, **벡터를 계산할 때도 반드시 시작점을 똑같이 맞춰야** 합니다. 이 식은 시작점을 똑같이 맞추기 위한 주요 공식입니다.

시작점을 변환하는 공식

$$\overrightarrow{AB} = \overrightarrow{XB} - \overrightarrow{XA}$$

Note≡ 이 변환도 기계적으로 계산할 수 있도록 연습해 둡시다.

$$\overrightarrow{AB} = \overrightarrow{XB} - \overrightarrow{XA}$$

임의의 시작점

■ 예 ■

$$\overrightarrow{PQ} = \overrightarrow{AQ} - \overrightarrow{AP}$$
$$\overrightarrow{ST} = \overrightarrow{OT} - \overrightarrow{OS}$$
$$\overrightarrow{MN} = \overrightarrow{ON} - \overrightarrow{OM}$$

벡터의 실수배와 평행 조건

$\vec{0}$이 아닌 벡터 $\vec{a}$와 실수 k에 대하여 $\vec{a}$를 k배 한 $k\vec{a}$를 다음과 같이 정합니다.

(i) $k > 0$일 때,

$\vec{a}$와 방향이 같고 크기가 $|\vec{a}|$의 k배인 벡터

▼ 그림 7-14 벡터의 실수배($k > 0$)

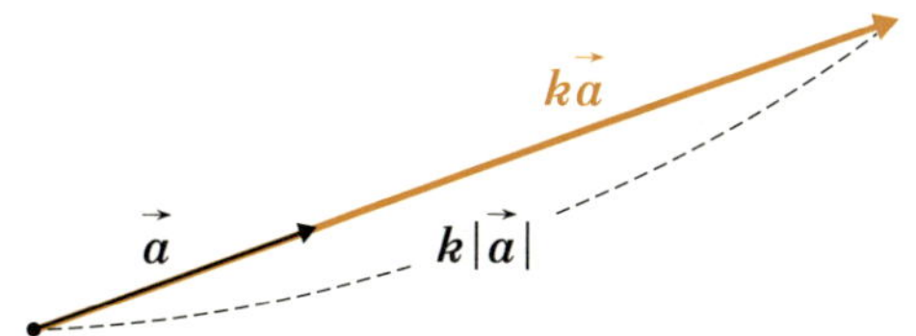

(ii) $k < 0$일 때,

$\vec{a}$와 방향이 반대이고 크기가 $|\vec{a}|$의 $|k|$배인 벡터

▼ 그림 7-15 벡터의 실수배($k < 0$)

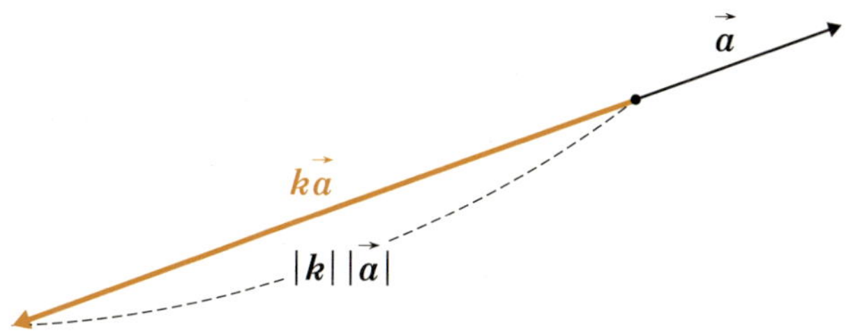

(iii) $k = 0$일 때,

영벡터

$$0\vec{a} = \vec{0}$$

(i), (ii)를 통해 벡터의 평행 조건을 이해할 수 있습니다.

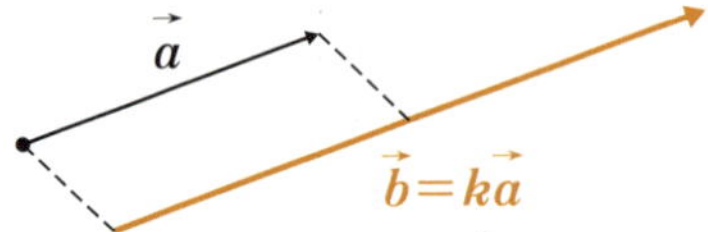

$\vec{0}$이 아닌 벡터 $\vec{a}$와 벡터 $\vec{b}$에 대하여

$$\vec{b} = k\vec{a} \quad (k \neq 0)$$

가 성립할 때, $\vec{a}$와 $\vec{b}$는 방향이 같거나 반대가 되는군요. 이때 $\vec{a}$와 $\vec{b}$는 **평행**하다고 하고

$$\vec{a} \,/\!/\, \vec{b}$$

로 표기합니다.

> **벡터의 평행 조건**
>
> $\vec{a} \neq \vec{0}$, $\vec{b} \neq \vec{0}$이면 0이 아닌 실수 k에 대하여 다음이 성립합니다.
>
> $$\vec{a} \,/\!/\, \vec{b} \quad \Leftrightarrow \quad \vec{b} = k\vec{a}$$

중요한 것은 벡터의 분해

고등학교 수학에서 배운 벡터에 대한 지식을 대학 수학에서 활용하려면 이제부터 설명하는 '벡터의 분해'를 제대로 이해해야 합니다.

벡터의 분해

벡터 $\vec{a}$와 벡터 $\vec{b}$가 모두 $\vec{0}$이 아니고 서로 평행하지 않을 때($\vec{a} = \overrightarrow{OA}$, $\vec{b} = \overrightarrow{OB}$이고 세 점 O, A, B가 삼각형을 이룰 때), 평면 위에 있는 임의의 벡터 $\vec{p}$는 실수 s와 t를 이용해

$$\vec{p} = s\vec{a} + t\vec{b}$$

와 같은 단 한 가지 방법으로 나타낼 수 있습니다.

증명

▼ 그림 7-17 $\vec{p} = s\vec{a} + t\vec{b}$ 증명

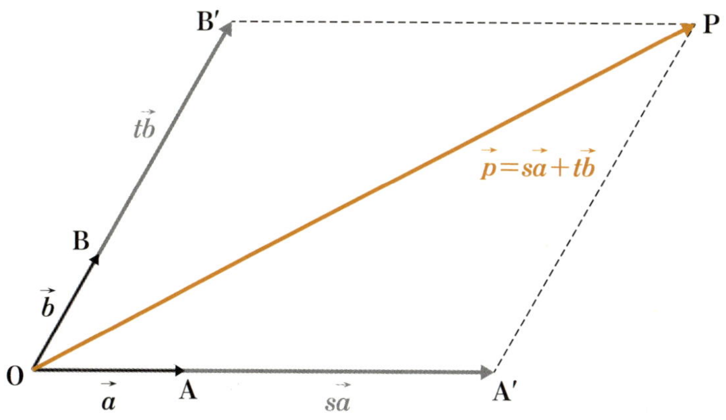

$\vec{a}$와 $\vec{b}$가 모두 $\vec{0}$이 아니고 서로 평행하지 않을 때, $\vec{a} = \overrightarrow{OA}$, $\vec{b} = \overrightarrow{OB}$, $\vec{p} = \overrightarrow{OP}$라고 합시다.

점 P를 통과하며 직선 OA, 직선 OB와 평행한 직선이 직선 OB, 직선 OA와 만나는 점을 각각 B′, A′이라고 하면 $\overline{OP}$는 평행사변형 OA′PB′의 대각선이며

$$\overrightarrow{OP} = \overrightarrow{OA'} + \overrightarrow{OB'} \quad \cdots ①$$

입니다. 또한, O, A, A′이 일직선 위에 있고, O, B, B′ 역시 일직선 위에 있으므로

$$\overrightarrow{OA'} = s\overrightarrow{OA} = s\vec{a} \quad \cdots ②$$
$$\overrightarrow{OB'} = t\overrightarrow{OB} = t\vec{b} \quad \cdots ③$$

를 만족하는 실수 s와 t는 단 한 쌍만 존재합니다. ②와 ③을 ①에 대입하면 다음과 같이 정리됩니다.

$$\overrightarrow{OP} = s\vec{a} + t\vec{b}$$

증명 끝

▼ 그림 7-18 실수 s, t에 따른 벡터 $\vec{p}$

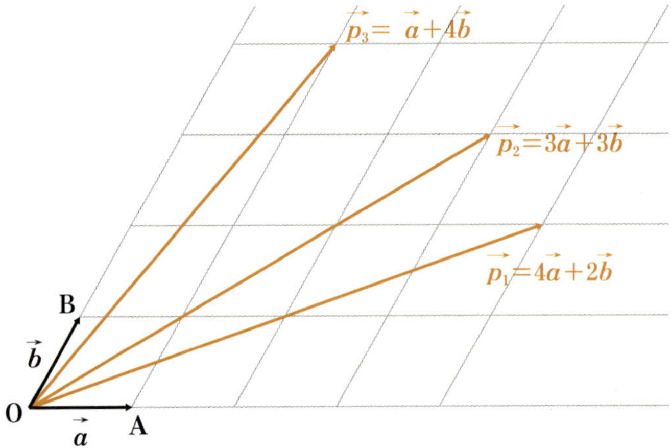

벡터의 분해가 어떻게 대학 수학으로 이어지는지는 다음 칼럼에서 정리하겠습니다.

여기서는 지금까지 배운 내용을 바탕으로 문제에 도전해 봅시다.

삼각형 OAB 내부에 점 P가 있습니다. 직선 AP와 변 OB가 만나는 점 Q는 변 OB를 3:2로 내분하고 직선 BP와 변 OA가 만나는 점 R은 변 OA를 4:3으로 내분합니다. 이때 $\overrightarrow{OP}$를 $\overrightarrow{OA}$와 $\overrightarrow{OB}$로 나타내세요.

▼ 그림 7-19 삼각형 OAB

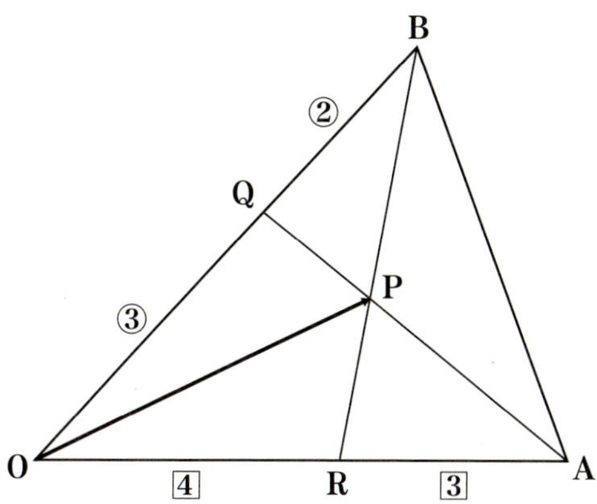

해설

P는 직선 AQ 위에 있으므로 실수 k를 써서

$$\overrightarrow{AP} = k\,\overrightarrow{AQ}$$

로 나타낼 수 있습니다. P는 직선 BR 위에 있으므로 실수 l을 써서

$$\overrightarrow{BP} = l\,\overrightarrow{BR}$$

이 됩니다. 그 다음 각각의 식으로 시작점을 O로 맞춥니다.

$\overrightarrow{OA}$와 $\overrightarrow{OB}$ 모두가 $\vec{0}$이 아니며 서로 평행하지 않을 경우, 임의의 $\overrightarrow{OP}$는 $\overrightarrow{OA}$와 $\overrightarrow{OB}$를 사용해 한 가지로 나타낼 수 있습니다. 이 성질을 이용하면 k와 l에 대한 연립방정식을 구할 수 있고 이 방정식을 풀면 답을 구할 수 있습니다.

P는 직선 AQ 위에 있으므로 실수 k를 이용해

$$\overrightarrow{AP} = k\overrightarrow{AQ} \quad \cdots ①$$

로 나타낼 수 있습니다. 그리고 P는 직선 BR 위에 있으므로 실수 l을 이용해

$$\overrightarrow{BP} = l\overrightarrow{BR} \quad \cdots ②$$

로 나타낼 수 있습니다. 시작점을 O로 하면 ①에 따라 다음과 같습니다.

$$\overrightarrow{AP} = k\overrightarrow{AQ}$$
$$\Rightarrow \overrightarrow{OP} - \overrightarrow{OA} = k(\overrightarrow{OQ} - \overrightarrow{OA})$$
$$\Rightarrow \overrightarrow{OP} = \overrightarrow{OA} + k\overrightarrow{OQ} - k\overrightarrow{OA}$$
$$\Rightarrow \overrightarrow{OP} = (1-k)\overrightarrow{OA} + k\overrightarrow{OQ}$$
$$\Rightarrow \overrightarrow{OP} = (1-k)\overrightarrow{OA} + \frac{3}{5}k\overrightarrow{OB} \quad \cdots ③$$

> 시작점의 변환 공식(452쪽)
> $$\overrightarrow{AB} = \overrightarrow{XB} - \overrightarrow{XA}$$

> O, Q, B는 일직선 위에 있고
> $$\overline{OQ} : \overline{OB} = 3 : 5$$
> $$\Rightarrow \overrightarrow{OQ} = \frac{3}{5}\overrightarrow{OB}$$

마찬가지로 ②에 따라 다음과 같이 정리됩니다.

$$\overrightarrow{BP} = l\overrightarrow{BR}$$
$$\Rightarrow \overrightarrow{OP} - \overrightarrow{OB} = l(\overrightarrow{OR} - \overrightarrow{OB})$$
$$\Rightarrow \overrightarrow{OP} = \overrightarrow{OB} + l\overrightarrow{OR} - l\overrightarrow{OB}$$
$$\Rightarrow \overrightarrow{OP} = l\overrightarrow{OR} + (1-l)\overrightarrow{OB}$$
$$\Rightarrow \overrightarrow{OP} = \frac{4}{7}l\overrightarrow{OA} + (1-l)\overrightarrow{OB} \quad \cdots ④$$

> O, R, A는 일직선 위에 있고
> $$\overline{OR} : \overline{OA} = 4 : 7$$
> $$\Rightarrow \overrightarrow{OR} = \frac{4}{7}\overrightarrow{OA}$$

지금 $\overrightarrow{OA}$와 $\overrightarrow{OB}$는 모두 $\vec{0}$이 아니고 서로 평행하지 않으므로 $\overrightarrow{OP}$는 $\overrightarrow{OA}$와 $\overrightarrow{OB}$를 사용해 한 가지로 나타낼 수 있습니다. 따라서 ③과 ④에 의해

$$1 - k = \frac{4}{7}l \quad \cdots ⑤ \qquad \frac{3}{5}k = 1 - l \quad \cdots ⑥$$

이 됩니다. ⑤에 의해

$$k = 1 - \frac{4}{7}l$$

이 되고, 이를 ⑥에 대입해서 다음과 같이 구합니다.

$$\frac{3}{5}\left(1 - \frac{4}{7}l\right) = 1 - l \quad \Rightarrow \quad \frac{3}{5} - \frac{12}{35}l = 1 - l$$

$$\Rightarrow \quad \left(1 - \frac{12}{35}\right)l = 1 - \frac{3}{5}$$

$$\Rightarrow \quad \frac{23}{35}l = \frac{2}{5}$$

$$\Rightarrow \quad l = \frac{2}{5} \times \frac{35}{23} = \frac{14}{23}$$

$\overrightarrow{OP}$ 를 구하는 것이 목적이므로 k 나 l 중 하나만 구하면 된다.

④에 대입하면 다음과 같이 나타낼 수 있습니다.

$$\overrightarrow{OP} = \frac{4}{7} \times \frac{14}{23}\overrightarrow{OA} + \left(1 - \frac{14}{23}\right)\overrightarrow{OB}$$

$$\Rightarrow \quad \overrightarrow{OP} = \frac{8}{23}\overrightarrow{OA} + \frac{9}{23}\overrightarrow{OB}$$

벡터의 성분: 시작점을 원점에 두었을 때의 좌표

▼ 그림 7-20 벡터의 성분 표시

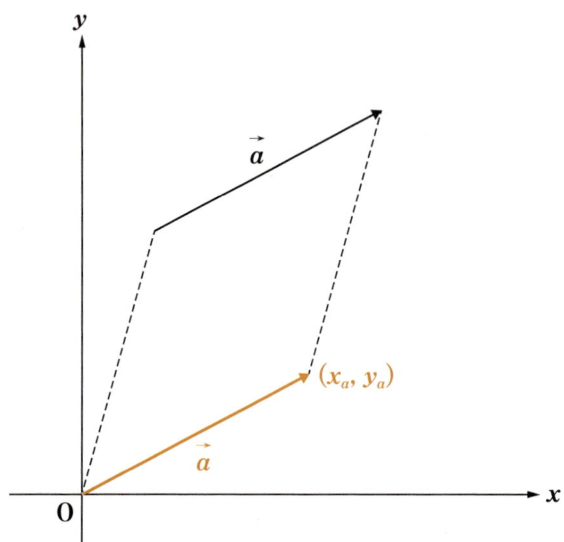

좌표평면 위에서 $\vec{a}$의 시작점이 원점 O가 되도록 평행이동을 했을 때, $\vec{a}$의 끝점의 좌표를 $\vec{a}$의 **성분**(**x좌표가 x성분, y좌표가 y성분**)이라 하며

$$\vec{a} = (x_a,\ y_a)$$

로 나타내는 것을 벡터의 **성분 표시**라고 합니다.

> Note≣   벡터의 성분은 다음 칼럼에서 조금 더 자세히 다루겠습니다.

성분으로 벡터 연산하기

벡터의 합, 차, 실수배 등의 연산을 성분으로 나타내 봅시다.

▼ 그림 7-21 벡터의 합

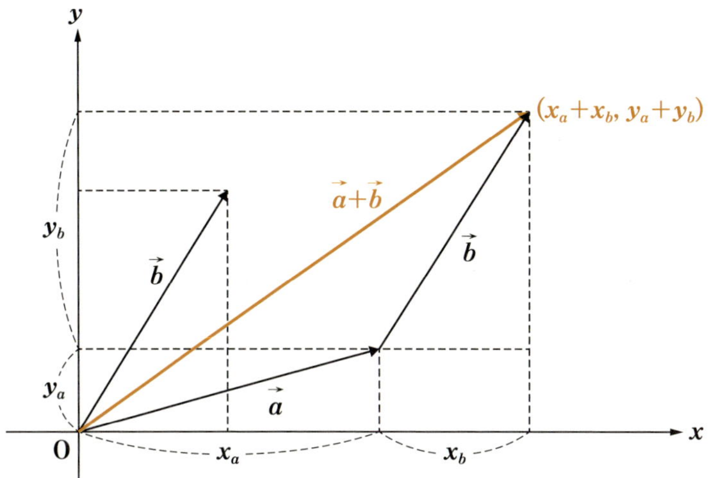

$$\vec{a} = (x_a,\ y_a),\quad \vec{b} = (x_b,\ y_b)$$

라고 하면 그림 7-21에 따라

$$\vec{a} + \vec{b} = (x_a + x_b,\ y_a + y_b)$$

임은 명백합니다. 그러므로

$$\vec{a} + \vec{b} = (x_a,\ y_a) + (x_b,\ y_b) = (x_a + x_b,\ y_a + y_b) \quad \cdots ①$$

가 성립합니다.

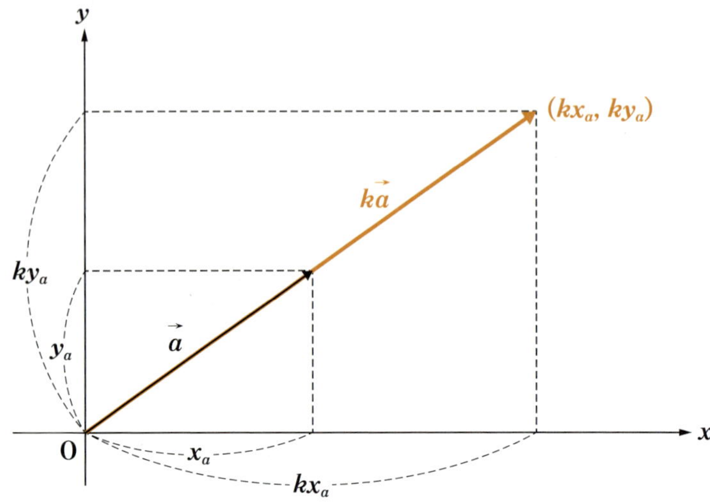

또한, 실수 k에 대하여

$$\vec{a} = (x_a,\ y_a)$$

일 때, 그림 7-22를 통해

$$k\vec{a} = (kx_a,\ ky_a)$$

임이 명백하므로

$$k\vec{a} = k(x_a,\ y_a) = (kx_a,\ ky_a) \quad \cdots ②$$

가 성립합니다. ①과 ②를 합쳐 봅시다.

$\vec{a} = (x_a, y_a)$, $\vec{b} = (x_b, y_b)$일 때, 실수 k와 l에 대하여 다음 식이 성립합니다.

$$k\vec{a} + l\vec{b} = k(x_a,\ y_a) + l(x_b,\ y_b)$$
$$= (kx_a + lx_b,\ ky_a + ly_b)$$

이 식에 $k = 1$, $l = -1$을 대입하면

$$\vec{a} - \vec{b} = (x_a,\ y_a) - (x_b,\ y_b) = (x_a - x_b,\ y_a - y_b)$$

가 성립하는 것을 바로 확인할 수 있습니다.

벡터의 성분으로 벡터의 크기(길이) 나타내기

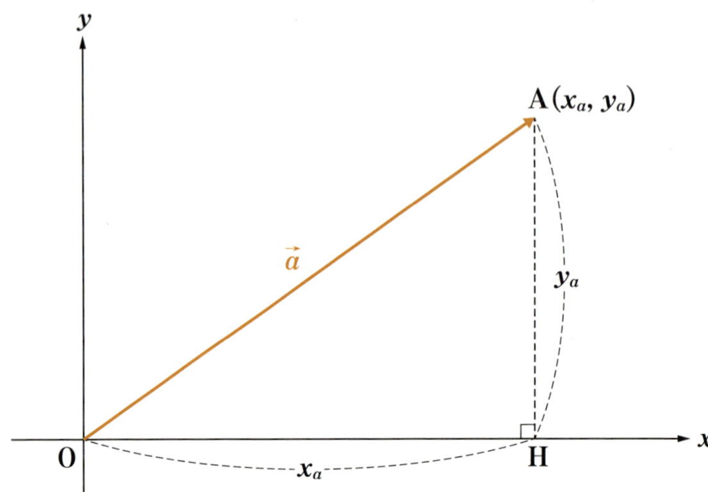

$$\vec{a} = (x_a,\ y_a)$$

그림 7-23의 삼각형 OAH는 직각삼각형이므로 피타고라스 정리(132쪽)에 따라 다음과 같이 구할 수 있습니다.

$$\overline{OA}^2 = \overline{OH}^2 + \overline{AH}^2 \qquad |\vec{a}|^2 = x_a{}^2 + y_a{}^2$$

$$\Rightarrow\ |\vec{a}| = \sqrt{x_a{}^2 + y_a{}^2}$$

$|\vec{a}|$는 $\vec{a}$의 크기를 나타낸다.

이를 이용하면

$$A\ (x_a,\ y_a),\quad B\ (x_b,\ y_b)$$

일 때,

$$\vec{AB} = \vec{OB} - \vec{OA}$$
$$= (x_b,\ y_b) - (x_a,\ y_a)$$
$$= (x_b - x_a,\ y_b - y_a)$$

$\vec{AB} = \vec{XB} - \vec{XA}$

이므로

$$|\overrightarrow{AB}| = \sqrt{(x_b - x_a)^2 + (y_b - y_a)^2}$$

이 됩니다. 이는 (물론) 도형의 방정식에서 배웠던 두 점 사이의 거리 공식과 일 치합니다.

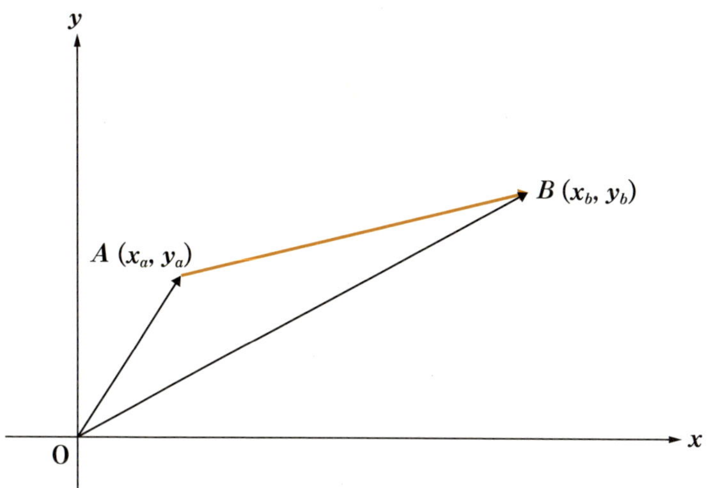

벡터의 내적과 기하학적 의미

이제 벡터에서 곱셈과 **닮은** 연산을 생각해 봅시다. 하지만 그 정의는 전혀 '직 감적'으로 와닿지 않을 것입니다. 크기와 방향을 모두 가지는 양끼리의 '곱'은 그림을 그리며 이해하는 것이 어렵기 때문입니다.

> Note≡ 굳이 '곱셈'이 아니라 '곱셈과 닮은 연산'이라 강조하는 데는 이유가 있습니다. 뒤 (474쪽)에서 다시 설명하겠지만 일반적인 곱셈에 대해 성립하는 '결합법칙'이 내적에 대해서 는 성립하지 않기 때문입니다.

벡터에서 곱과 닮은 연산은 두 가지가 있습니다. 하나는 **내적**, 다른 하나는 **외적**이라 합니다. 고등학교에서는 내적만 배우지만 이 책에서는 추후 외적도 설명하고자 합니다.

$\vec{a} = (x_a, y_a)$, $\vec{b} = (x_b, y_b)$일 때, 각 성분끼리의 곱을 더한 값, 즉

$$x_a x_b + y_a y_b$$

를 $\vec{a}$와 $\vec{b}$의 **내적**이라 하며 기호로는

$$\vec{a} \cdot \vec{b}$$

와 같이 표기합니다. 예를 들어 $\vec{a} = (1, 2)$, $\vec{b} = (3, 4)$라면

$$\vec{a} \cdot \vec{b} = 1 \times 3 + 2 \times 4 = 11$$

입니다. **벡터의 내적은 방향을 가지지 않는 단순한 숫자(스칼라)입니다.** 즉, 벡터의 내적은 벡터가 아닙니다. 또한, 벡터의 내적을 표기할 때 사용하는 $\cdot$는 $\times$의 생략 기호가 아니라는 것에 주의하세요.

나중에 소개하겠지만 $\vec{a} \times \vec{b}$는 외적이라는 뜻입니다. 또한, $\vec{a} \cdot \vec{b}$를 $\vec{a}\,\vec{b}$로 표기한다거나 $\vec{a} \cdot \vec{a}$를 $\vec{a}^2$으로 표기하는 것은 (외적과 구분할 수 없으므로) 허용하지 않습니다.

내적의 정의

$\vec{a} = (x_a, y_a)$, $\vec{b} = (x_b, y_b)$일 때,

$$\vec{a} \cdot \vec{b} = x_a x_b + y_a y_b$$

를 $\vec{a}$와 $\vec{b}$의 **내적**이라고 합니다.

이제 내적의 기하학적 의미를 알아봅시다.

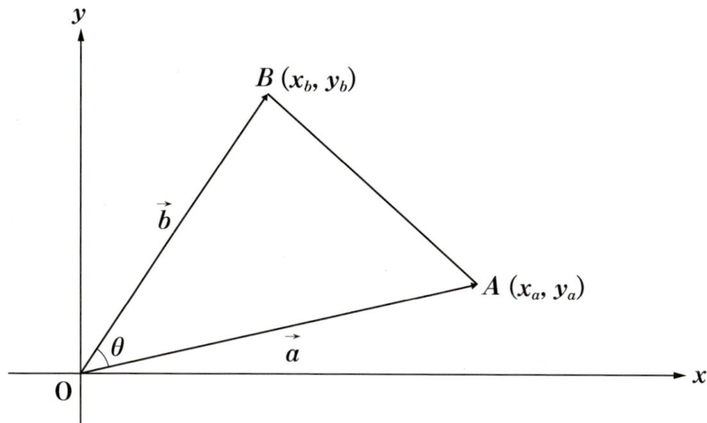

그림 7-25의 삼각형 OAB에서 $\angle AOB = \theta$라면
코사인법칙(70쪽)에 따라 다음과 같이 정리됩니다.

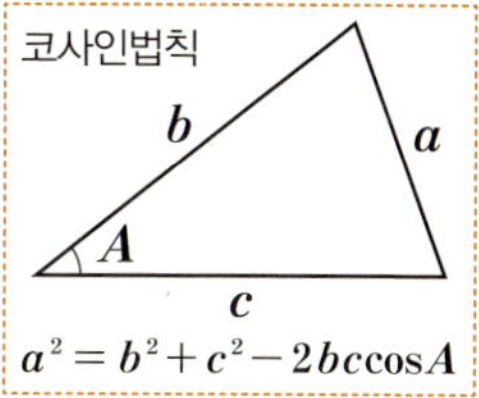

$$\overline{AB}^2 = \overline{OA}^2 + \overline{OB}^2 - 2\overline{OA}\,\overline{OB}\cos\theta$$

두 점 $A(x_a, y_a)$, $B(x_b, y_b)$ 사이의 거리
$\overline{AB} = \sqrt{(x_b - x_a)^2 + (y_b - y_a)^2}$
원점 O와 점 $A(x_a, y_a)$ 사이의 거리
$\overline{OA} = \sqrt{x_a^2 + y_a^2}$

$$\Rightarrow (x_b - x_a)^2 + (y_b - y_a)^2$$

$$= (x_a^2 + y_a^2) + (x_b^2 + y_b^2) - 2\sqrt{x_a^2 + y_a^2}\sqrt{x_b^2 + y_b^2}\cos\theta$$

$$\Rightarrow x_b^2 - 2x_b x_a + x_a^2 + y_b^2 - 2y_b y_a + y_a^2$$

$$= x_a^2 + y_a^2 + x_b^2 + y_b^2 - 2\sqrt{x_a^2 + y_a^2}\sqrt{x_b^2 + y_b^2}\cos\theta$$

$$\Rightarrow -2x_a x_b - 2y_a y_b = -2\sqrt{x_a^2 + y_a^2}\sqrt{x_b^2 + y_b^2}\cos\theta$$

$$\Rightarrow x_a x_b + y_a y_b = \sqrt{x_a^2 + y_a^2}\sqrt{x_b^2 + y_b^2}\cos\theta$$

$$\Rightarrow \vec{a}\cdot\vec{b} = |\vec{a}||\vec{b}|\cos\theta$$

$x_a x_b + y_a y_b = \vec{a}\cdot\vec{b}$
$\sqrt{x_a^2 + y_a^2} = |\vec{a}|$
$\sqrt{x_b^2 + y_b^2} = |\vec{b}|$

그림 7-26의 삼각형처럼 $\vec{0}$이 아닌 벡터 $\vec{a}$와 벡터 $\vec{b}$의 시작점을 합쳐 $\vec{a}$와 $\vec{b}$가 이루는 각을 θ라고 하면

$$|\vec{b}| \cos\theta$$

는 $\vec{a}$의 바로 위에서 빛을 비추었을 때 $\vec{b}$가 그리는 그림자의 길이가 됩니다.

▼ 그림 7-26 $\vec{b}$가 그리는 그림자의 길이

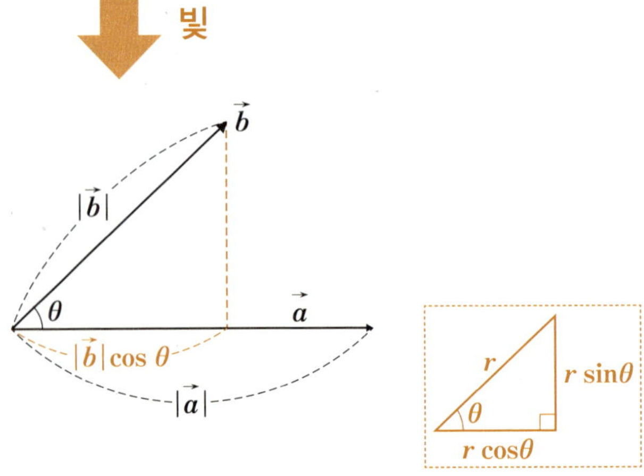

일반적으로 물체에 빛을 비추었을 때 만들어지는 그림자를 **사영**이라고 하고, 대상에 수직으로 비추는 광선이 그리는 사영을 **정사영**이라고 합니다. $|\vec{b}| \cos \theta$ 는 $\vec{b}$를 $\vec{a}$ 위에 내린 정사영의 길이입니다.

즉, $\vec{a}$와 $\vec{b}$의 **내적**이란 $\vec{a}$의 길이($|\vec{a}|$)와 $\vec{b}$를 $\vec{a}$ 위로 내린 정사영의 길이($|\vec{b}|\cos\theta$)를 곱한 것으로 볼 수 있습니다.

벡터의 수직 조건: 그림으로 이해하는 내적 0(그림자 없음)의 상태

특히 $\vec{a}$와 $\vec{b}$가 이루는 각 θ가 90°일 때, $\vec{a}$와 $\vec{b}$는 **수직**이라고 하며

$$\vec{a} \perp \vec{b}$$

로 표기합니다. $\vec{a}$와 $\vec{b}$가 수직일 때,

$$\vec{a} \cdot \vec{b} = |\vec{a}||\vec{b}|\cos 90° = |\vec{a}| \times |\vec{b}| \times 0 = 0 \qquad \boxed{\cos 90° = 0}$$

이므로 $\vec{a}$와 $\vec{b}$의 내적은 0입니다. 이 결과는 $\vec{a}$와 $\vec{b}$가 이루는 각이 90°이면 $\vec{b}$를 $\vec{a}$ 위에 내린 정사영의 길이가 0이 된다는 것을 상상하면 이해하기 쉬울 것입니다.

▼ 그림 7-27 $\vec{a}$와 $\vec{b}$가 수직이라면 $\vec{a}$와 $\vec{b}$의 내적은 0

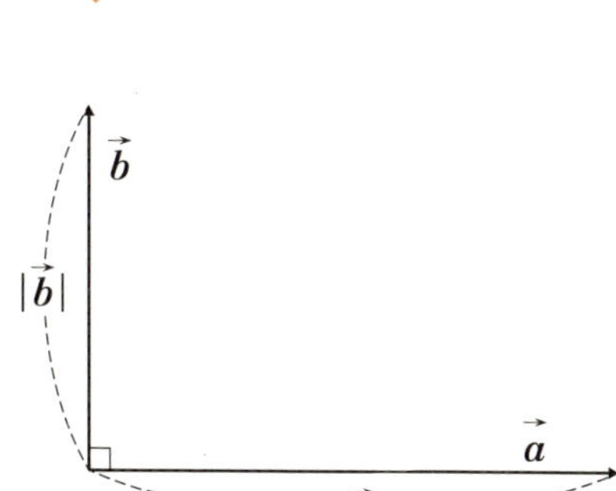

반대로 $|\vec{a}| \neq 0$, $|\vec{b}| \neq 0$일 때,

$$\vec{a} \cdot \vec{b} = 0 \;\; \Rightarrow \;\; |\vec{a}||\vec{b}|\cos\theta = 0 \;\; \Rightarrow \;\; \cos\theta = 0 \;\; \Rightarrow \;\; \theta = 90°$$

이므로 $\vec{a}$와 $\vec{b}$의 내적이 0이면 $\vec{a}$와 $\vec{b}$가 이루는 각은 90°입니다. 따라서 벡터에 대하여 내적이 0인 것과 수직인 것은 동치입니다.

> **벡터의 수직 조건**
>
> 벡터 $\vec{a}$와 벡터 $\vec{b}$가 $\vec{0}$이 아닐 때, 다음이 성립합니다.
>
> $$\vec{a} \perp \vec{b} \;\; \Leftrightarrow \;\; \vec{a} \cdot \vec{b} = 0$$

n차원 벡터의 크기, 내적, 이루는 각의 정의(범위 밖)

이 책은 대학 수학 범위로 자연스럽게 이어지도록

$$\vec{a} = (x_a,\ y_a), \;\; \vec{b} = (x_b,\ y_b)$$

일 때, 성분과 성분을 곱한 것의 합

$$\vec{a} \cdot \vec{b} = x_a x_b + y_a y_b$$

를 내적으로 정의하고, 코사인법칙을 사용해

$$\vec{a} \cdot \vec{b} = |\vec{a}||\vec{b}|\cos\theta$$

를 유도했습니다. 하지만 고등학교 수학에서는 가르치는 순서가 반대입니다. $\vec{a} \cdot \vec{b} = |\vec{a}||\vec{b}|\cos\theta$를 내적으로 정의한 다음, 코사인법칙을 사용해 $\vec{a} \cdot \vec{b} = x_a x_b + y_a y_b$를 유도합니다. 왜냐하면 상대적으로 $\vec{a} \cdot \vec{b} = |\vec{a}||\vec{b}|\cos\theta$가 그림으로 이해하기 쉽기 때문입니다.

하지만 4차원, 5차원, $\cdots$, n차원처럼 구체적인 모습을 상상하기 어려운 세계의 벡터를 계산해야 하는 대학 수학에서는 **두 벡터가 이루는 각 θ 자체를 볼 수가**

없습니다. 그래서 대학 이후의 수학에서는 **먼저 벡터의 크기와 내적을 성분으로 정의하고 내적을 사용해서 각도를 정의합니다.**

n차원 벡터에 대한 설명은 고등학교 수학의 범위를 벗어나지만 간단히 살펴봅시다.

$$\vec{a} = (a_1,\ a_2,\ a_3,\ \cdots,\ a_n),\ \vec{b} = (b_1,\ b_2,\ b_3,\ \cdots,\ b_n)$$

에 대한 크기(길이)와 내적은 다음과 같이 정의합니다.

$$|\vec{a}| = \sqrt{a_1^2 + a_2^2 + a_3^2 + \cdots + a_n^2},\ |\vec{b}| = \sqrt{b_1^2 + b_2^2 + b_3^2 + \cdots + b_n^2}$$

$$\vec{a} \cdot \vec{b} = a_1 b_1 + a_2 b_2 + a_3 b_3 + \cdots + a_n b_n$$

$\vec{a}$와 $\vec{b}$가 $\vec{0}$이 아닐 때,

$$\cos\theta = \frac{\vec{a} \cdot \vec{b}}{|\vec{a}||\vec{b}|}\ (0 \leq \theta \leq \pi)$$

로 정해지는 각도 θ를 **$\vec{a}$와 $\vec{b}$가 이루는 각**으로 정합니다.

n차원 벡터에서도

$$\vec{a} \perp \vec{b}\ \ \Leftrightarrow\ \ \vec{a} \cdot \vec{b} = 0$$

은 변하지 않습니다. 예를 들어

$$\vec{a} = (1,\ 0,\ 1,\ 0),\ \vec{b} = (0,\ 1,\ 0,\ 1)$$

일 때,

$$\vec{a} \cdot \vec{b} = 1 \times 0 + 0 \times 1 + 1 \times 0 + 0 \times 1 = 0$$

이므로 $\vec{a} \perp \vec{b}$입니다. 4차원 벡터인 $\vec{a}$와 $\vec{b}$를 그림으로 나타내는 것은 어렵지만 그들이 '수직'이라는 것은 쉽게 알 수 있습니다. **고차원 벡터라도 이루는 각을 계산하거나 수직 여부를 확인할 때 내적을 사용하면 간단**하게 해결할 수 있다는 것을 기억해 두세요.

내적의 성질과 그 증명

벡터의 내적은 다음 성질이 성립합니다.

내적의 성질

(i) $\quad \vec{a} \cdot \vec{b} = \vec{b} \cdot \vec{a}$

(ii) $\quad (\vec{a} + \vec{b}) \cdot \vec{c} = \vec{a} \cdot \vec{c} + \vec{b} \cdot \vec{c}$

(iii) $\quad (k\vec{a}) \cdot \vec{b} = \vec{a} \cdot (k\vec{b}) = k(\vec{a} \cdot \vec{b})$ (k는 실수)

(iv) $\quad \vec{a} \cdot \vec{a} = |\vec{a}|^2$

증명

세 벡터 $\vec{a}$, $\vec{b}$, $\vec{c}$를

$$\vec{a} = (x_a,\ y_a),\quad \vec{b} = (x_b,\ y_b),\quad \vec{c} = (x_c,\ y_c)$$

라 합시다. 정의 (i)에 따라 다음과 같이 구할 수 있습니다.

$$\vec{a} \cdot \vec{b} = x_a x_b + y_a y_b$$
$$\vec{b} \cdot \vec{a} = x_b x_a + y_b y_a = x_a x_b + y_a y_b$$
$$\Rightarrow\ \vec{a} \cdot \vec{b} = \vec{b} \cdot \vec{a}$$

> **내적의 정의**
> $\vec{a} = (x_a,\ y_a)$, $\vec{b} = (x_b,\ y_b)$일 때,
> $\vec{a} \cdot \vec{b} = x_a x_b + y_a y_b$

정의 (ii)에 따라 다음과 같이 구할 수 있습니다.

$$
\begin{aligned}
(\vec{a} + \vec{b}) \cdot \vec{c} &= (x_a + x_b,\ y_a + y_b) \cdot (x_c,\ y_c) \\
&= (x_a + x_b)x_c + (y_a + y_b)y_c \\
&= x_a x_c + x_b x_c + y_a y_c + y_b y_c \\
\vec{a} \cdot \vec{c} + \vec{b} \cdot \vec{c} &= (x_a,\ y_a) \cdot (x_c,\ y_c) + (x_b,\ y_b) \cdot (x_c,\ y_c) \\
&= x_a x_c + y_a y_c + x_b x_c + y_b y_c \\
&= x_a x_c + x_b x_c + y_a y_c + y_b y_c \\
\Rightarrow\ (\vec{a} + \vec{b}) \cdot \vec{c} &= \vec{a} \cdot \vec{c} + \vec{b} \cdot \vec{c}
\end{aligned}
$$

정의 (iii)에 따라 다음과 같이 구할 수 있습니다.

$$(k\vec{a})\cdot\vec{b} = (kx_a,\ ky_a)\cdot(x_b,\ y_b)$$
$$= kx_a x_b + ky_a y_b$$
$$\vec{a}\cdot(k\vec{b}) = (x_a,\ y_a)\cdot(kx_b,\ ky_b)$$
$$= x_a kx_b + y_a ky_b$$
$$= kx_a x_b + ky_a y_b$$
$$k(\vec{a}\cdot\vec{b}) = k\{(x_a,\ y_a)\cdot(x_b,\ y_b)\}$$
$$= k(x_a x_b + y_a y_b)$$
$$= kx_a x_b + ky_a y_b$$
$$\Rightarrow\ (k\vec{a})\cdot\vec{b} = \vec{a}\cdot(k\vec{b}) = k(\vec{a}\cdot\vec{b})$$

정의 (iv)에 따라 다음과 같이 구할 수 있습니다.

$$\vec{a}\cdot\vec{a} = x_a x_a + y_a y_a$$
$$= x_a{}^2 + y_a{}^2$$
$$|\vec{a}|^2 = \left(\sqrt{x_a{}^2 + y_a{}^2}\right)^2 \qquad \boxed{|\vec{a}| = \sqrt{x_a{}^2 + y_a{}^2}}$$
$$= x_a{}^2 + y_a{}^2$$
$$\Rightarrow\ \vec{a}\cdot\vec{a} = |\vec{a}|^2$$

증명 끝

> **Note≡** 정의 (iii)에 따라 $k(\vec{a}\cdot\vec{b})$를 간단히 $k\vec{a}\cdot\vec{b}$로 표기합니다.
>
> 정의 (iv)의 $\vec{a}\cdot\vec{b}$는 $\vec{a}$와 $\vec{a}$의 내적(같은 벡터끼리의 내적)이므로 이루는 각은 0°입니다.
> $\vec{a}\cdot\vec{b} = |\vec{a}\,\|\,\vec{b}|\cos\theta$이므로
>
> $$\vec{a}\cdot\vec{a} = |\vec{a}\,\|\,\vec{a}|\cos 0° = |\vec{a}|\times|\vec{a}|\times 1 = |\vec{a}|^2 \qquad \boxed{\cos 0° = 1}$$
>
> 으로 볼 수도 있습니다.

일반 곱셈에는

- $a \times b = b \times a$: 교환법칙

- $(a + b) \times c = a \times c + b \times c$: 분배법칙

- $a \times b \times c = a \times (b \times c) = (a \times b) \times c$: 결합법칙

이 성립합니다.

벡터의 내적에서도 교환법칙 (i)과 분배법칙 (ii)는 성립하지만 **결합법칙은 성립하지 않습니다.** 466쪽에서도 언급했지만 두 벡터의 내적은 스칼라(실수)이고 $\vec{a} \cdot (\vec{b} \cdot \vec{c})$나 $(\vec{a} \cdot \vec{b}) \cdot \vec{c}$는 벡터와 스칼라의 곱이므로 이들을 세 벡터량 $\vec{a}$, $\vec{b}$, $\vec{c}$의 내적으로 볼 수는 없기 때문입니다.

지금까지 살펴본 내용을 바탕으로 문제에 도전해 봅시다.

문제 2

△ABC가 $\overline{AB} = 5$, $\overline{AC} = 4$, $\angle BAC = 60°$라고 합니다. 꼭짓점 A에서 변 BC에 내린 수선과 BC가 만나는 점을 H라고 할 때, $\overrightarrow{AH}$를 $\overrightarrow{AB}$와 $\overrightarrow{AC}$로 나타내세요.

해설

$\overrightarrow{AH} \perp \overrightarrow{BC}$이므로 $\overrightarrow{AH} \cdot \overrightarrow{BC} = 0$ 입니다. 또한, H는 $\overline{BC}$ 위에 있으므로 실수 k를 써서

$$\overrightarrow{BH} = k\overrightarrow{BC}$$

로 나타낼 수 있습니다. 나머지는 시작점을 A에 맞추면 풀립니다.

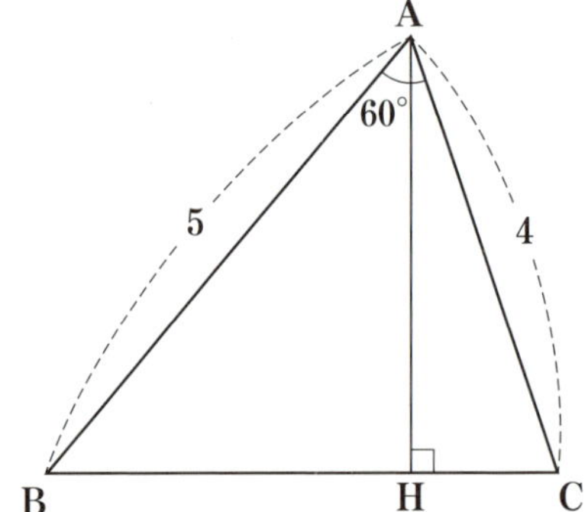

▼ 그림 7-28 △ABC

해답

$\overrightarrow{AH} \perp \overrightarrow{BC}$ 이므로

$$\overrightarrow{AH} \cdot \overrightarrow{BC} = 0 \qquad \boxed{\vec{a} \perp \vec{b} \iff \vec{a} \cdot \vec{b} = 0}$$

입니다. 시작점을 A에 맞추면

$$\overrightarrow{AH} \cdot (\overrightarrow{AC} - \overrightarrow{AB}) = 0 \quad \cdots ① \qquad \boxed{\overrightarrow{AB} = \overrightarrow{XB} - \overrightarrow{XA}}$$

이고, H는 $\overline{BC}$ 위에 있으므로

$$\overrightarrow{BH} = k\,\overrightarrow{BC} \qquad \boxed{\vec{a} \,/\!/\, \vec{b} \iff \vec{b} = k\vec{a}}$$

가 됩니다. 시작점을 A에 맞추면 다음과 같이 정리됩니다.

$$\overrightarrow{BH} = k\,\overrightarrow{BC}$$
$$\Rightarrow \overrightarrow{AH} - \overrightarrow{AB} = k(\overrightarrow{AC} - \overrightarrow{AB}) \qquad \boxed{\overrightarrow{AB} = \overrightarrow{XB} - \overrightarrow{XA}}$$
$$\Rightarrow \overrightarrow{AH} = \overrightarrow{AB} + k\,\overrightarrow{AC} - k\,\overrightarrow{AB}$$
$$\Rightarrow \overrightarrow{AH} = (1-k)\overrightarrow{AB} + k\,\overrightarrow{AC} \quad \cdots ②$$

②를 ①에 대입합니다.

$$\overrightarrow{AH} \cdot (\overrightarrow{AC} - \overrightarrow{AB}) = 0$$
$$\Rightarrow \{(1-k)\overrightarrow{AB} + k\,\overrightarrow{AC}\} \cdot (\overrightarrow{AC} - \overrightarrow{AB}) = 0$$

> **Note ≡** $(\vec{a} + \vec{b}) \cdot (\vec{c} + \vec{d})$는 다음과 같이 볼 수 있으므로 문자식 $(a+b)(c+d)$와 같은 방법으로 계산할 수 있습니다.
>
> $$\begin{aligned} (\vec{a} + \vec{b}) \cdot (\vec{c} + \vec{d}) &= \vec{a} \cdot (\vec{c} + \vec{d}) + \vec{b} \cdot (\vec{c} + \vec{d}) \\ &= (\vec{c} + \vec{d}) \cdot \vec{a} + (\vec{c} + \vec{d}) \cdot \vec{b} \\ &= \vec{c} \cdot \vec{a} + \vec{d} \cdot \vec{a} + \vec{c} \cdot \vec{b} + \vec{d} \cdot \vec{b} \\ &= \vec{a} \cdot \vec{c} + \vec{a} \cdot \vec{d} + \vec{b} \cdot \vec{c} + \vec{b} \cdot \vec{d} \end{aligned}$$
>
> $$\boxed{\begin{aligned}(\vec{a} + \vec{b}) \cdot \vec{c} \\ = \vec{a} \cdot \vec{c} + \vec{b} \cdot \vec{c}\end{aligned}} \qquad \boxed{\vec{a} \cdot \vec{b} = \vec{b} \cdot \vec{a}}$$

$$\Rightarrow (1-k)\overrightarrow{AB}\cdot\overrightarrow{AC}+k\overrightarrow{AC}\cdot\overrightarrow{AC}-(1-k)\overrightarrow{AB}\cdot\overrightarrow{AB}-k\overrightarrow{AB}\cdot\overrightarrow{AC}=0$$

$$\Rightarrow (1-2k)\overrightarrow{AB}\cdot\overrightarrow{AC}+k\overrightarrow{AC}\cdot\overrightarrow{AC}-(1-k)\overrightarrow{AB}\cdot\overrightarrow{AB}=0$$

$$\boxed{\vec{a}\cdot\vec{b}=|\vec{a}||\vec{b}|\cos\theta,\ \vec{a}\cdot\vec{a}=|\vec{a}|^2}$$

$$\Rightarrow (1-2k)|\overrightarrow{AB}||\overrightarrow{AC}|\cos 60°+k|\overrightarrow{AC}|^2-(1-k)|\overrightarrow{AB}|^2=0$$

$$\Rightarrow (1-2k)\times 5\times 4\times\frac{1}{2}+k\times 4^2-(1-k)\times 5^2=0 \qquad \boxed{\cos 60°=\frac{1}{2}}$$

$$\Rightarrow (1-2k)\times 10+k\times 16-(1-k)\times 25=0$$

$$\Rightarrow 10-20k+16k-25+25k=0$$

$$\Rightarrow 21k-15=0$$

$$\Rightarrow k=\frac{15}{21}=\frac{5}{7}$$

②에 대입해서 다음과 같이 구할 수 있습니다.

$$\overrightarrow{AH}=\left(1-\frac{5}{7}\right)\overrightarrow{AB}+\frac{5}{7}\overrightarrow{AC}$$

$$\Rightarrow \overrightarrow{AH}=\frac{2}{7}\overrightarrow{AB}+\frac{5}{7}\overrightarrow{AC}$$

벡터의 외적

마지막으로 벡터에서 곱셈과 닮은 또 하나의 연산인 **외적**을 설명해 둡니다. 고등학교 수학 범위를 벗어나므로 간단하게 소개합니다. 외적은 기본적으로 3차원 벡터(3개의 성분을 가지는 벡터, 즉 공간벡터)의 연산입니다.

$$\vec{a}=(a_1,\ a_2,\ a_3),\ \vec{b}=(b_1,\ b_2,\ b_3)$$

일 때, 외적은 $\vec{a}\times\vec{b}$로 나타내고

$$\vec{a} \times \vec{b} = (a_2 b_3 - a_3 b_2,\ a_3 b_1 - a_1 b_3,\ a_1 b_2 - a_2 b_1)$$

로 정의됩니다.

외적 $\vec{a} \times \vec{b}$의 계산 결과는 벡터량이며 다음과 같은 방향과 크기를 가집니다.

(i) $\vec{a} \times \vec{b}$의 방향: $\vec{a}$와 $\vec{b}$ 모두에 수직 방향

(ii) $\vec{a} \times \vec{b}$의 크기: $\vec{a}$와 $\vec{b}$가 이루는 평행사변형의 넓이

❤ 그림 7-29 외적이 갖는 방향과 크기

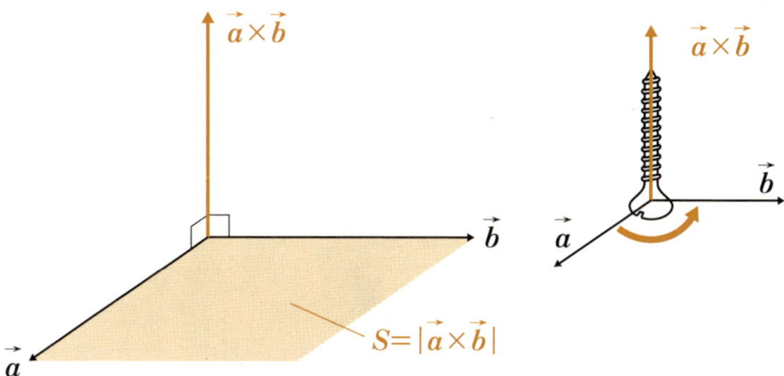

> **Note** $\vec{a}$와 $\vec{b}$ **양쪽 모두에 수직이 되는 방법**은 두 종류가 있는데, $\vec{a} \times \vec{b}$의 방향은 $\vec{a}$에서 $\vec{b}$쪽으로 오른쪽 나사를 돌릴 때 나사가 움직이는 방향입니다.

내적과 달리 외적의 정의식은 매우 외우기 어렵습니다. 다음과 같이 써서 외웁시다.

먼저 두 벡터의 성분을 세로로 나열합니다.

$$\vec{a} = \begin{pmatrix} a_1 \\ a_2 \\ a_3 \end{pmatrix}, \quad \vec{b} = \begin{pmatrix} b_1 \\ b_2 \\ b_3 \end{pmatrix}$$

그 다음 맨 윗줄을 맨 아랫줄에 추가하고 '엇갈려 곱하기'를 반복합니다.

Note≡ 성분을 가로로 나열한 벡터를 **행벡터**, 성분을 세로로 나열한 벡터를 **열벡터**라고
합니다. 대학에서는 벡터를 보통 열벡터로 나타냅니다.

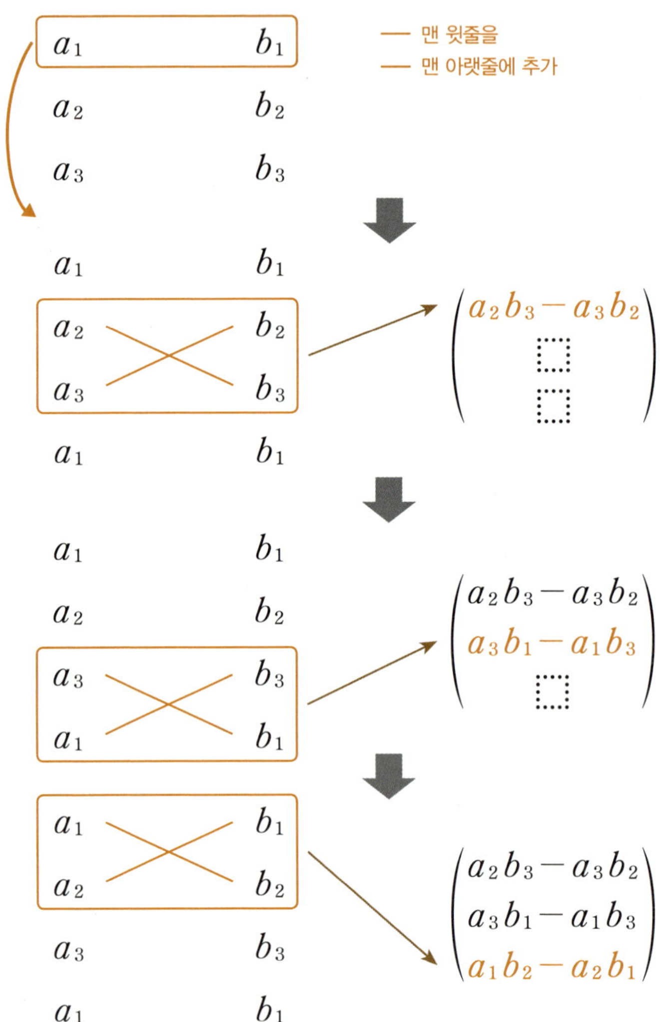

맨 윗줄을
맨 아랫줄에 추가

$$\vec{a} = \begin{pmatrix} 1 \\ 2 \\ 3 \end{pmatrix}, \quad \vec{b} = \begin{pmatrix} 3 \\ 2 \\ 1 \end{pmatrix}$$

일 때,

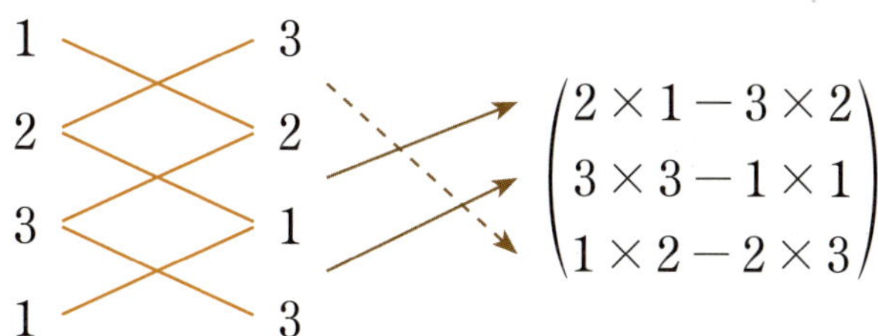

이렇게 계산하면

$$\vec{a} \times \vec{b} = \begin{pmatrix} 2 \times 1 - 3 \times 2 \\ 3 \times 3 - 1 \times 1 \\ 1 \times 2 - 2 \times 3 \end{pmatrix} = \begin{pmatrix} -4 \\ 8 \\ -4 \end{pmatrix} \quad \cdots ①$$

가 나옵니다. 이 결과가 477쪽에서 언급한 두 가지 성질

(i) $\vec{a} \times \vec{b}$의 방향: $\vec{a}$와 $\vec{b}$ 모두에 수직 방향

(ii) $\vec{a} \times \vec{b}$의 크기: $\vec{a}$와 $\vec{b}$가 이루는 평행사변형의 넓이

를 만족하는지 확인해 둡시다.

(i) 내적을 계산합니다.

$$\vec{a} \cdot (\vec{a} \times \vec{b}) = \begin{pmatrix} 1 \\ 2 \\ 3 \end{pmatrix} \cdot \begin{pmatrix} -4 \\ 8 \\ -4 \end{pmatrix}$$

$$= 1 \times (-4) + 2 \times 8 + 3 \times (-4)$$

$$= -4 + 16 - 12$$

$$= 0$$

$$\vec{b} \cdot (\vec{a} \times \vec{b}) = \begin{pmatrix} 3 \\ 2 \\ 1 \end{pmatrix} \cdot \begin{pmatrix} -4 \\ 8 \\ -4 \end{pmatrix}$$

$$= 3 \times (-4) + 2 \times 8 + 1 \times (-4)$$

$$= -12 + 16 - 4$$

$$= 0$$

> $\vec{a} = \begin{pmatrix} a_1 \\ a_2 \\ a_3 \end{pmatrix}, \ \vec{b} = \begin{pmatrix} b_1 \\ b_2 \\ b_3 \end{pmatrix}$ 일 때,
>
> $\vec{a} \cdot \vec{b} = \begin{pmatrix} a_1 \\ a_2 \\ a_3 \end{pmatrix} \cdot \begin{pmatrix} b_1 \\ b_2 \\ b_3 \end{pmatrix}$
>
> $= a_1 b_1 + a_2 b_2 + a_3 b_3$

> $\vec{a} \cdot \vec{b} = 0 \ \Leftrightarrow \ \vec{a} \perp \vec{b}$

$\vec{a}$와의 내적과 $\vec{b}$와의 내적이 모두 0이므로 $\vec{a} \times \vec{b}$는 $\vec{a}$와도 $\vec{b}$와도 수직을 이룹니다.

(ii)

▼ 그림 7-30 두 가지 성질을 모두 만족하는 $\vec{a} \times \vec{b}$

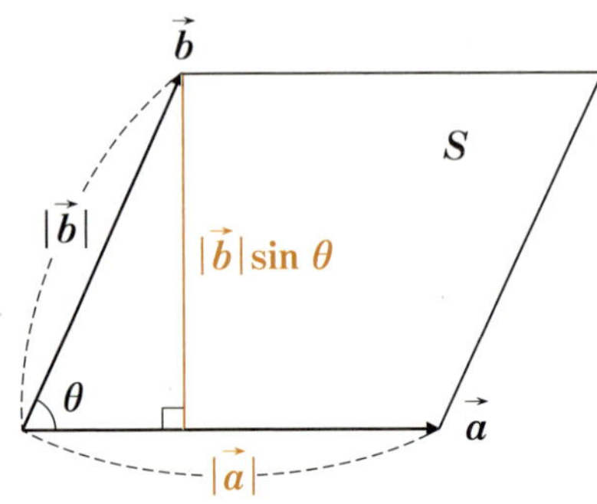

일반적으로 $\vec{a}$와 $\vec{b}$가 이루는 평행사변형의 넓이 S는 위 그림에서

$$S = |\vec{a}| \, |\vec{b}| \sin\theta \quad \cdots ②$$

로 구할 수 있습니다. 이 경우

$$\vec{a} = \begin{pmatrix} 1 \\ 2 \\ 3 \end{pmatrix}, \quad \vec{b} = \begin{pmatrix} 3 \\ 2 \\ 1 \end{pmatrix}$$

이므로

$$|\vec{a}| = \sqrt{1^2 + 2^2 + 3^2} = \sqrt{14} \qquad \cdots ③$$

$$|\vec{b}| = \sqrt{3^2 + 2^2 + 1^2} = \sqrt{14} \qquad \cdots ④$$

$$\vec{a} \cdot \vec{b} = 1 \times 3 + 2 \times 2 + 3 \times 1 = 10 \quad \cdots ⑤$$

$$\vec{a} = \begin{pmatrix} a_1 \\ a_2 \\ a_3 \end{pmatrix} \text{일 때,}$$
$$|\vec{a}| = \sqrt{a_1{}^2 + a_2{}^2 + a_3{}^2}$$

468쪽에서 설명한 정의에 따라

$$\cos\theta = \frac{\vec{a} \cdot \vec{b}}{|\vec{a}||\vec{b}|}$$

이고 ③, ④, ⑤를 대입해서 식을 정리합니다.

$$\cos\theta = \frac{\vec{a} \cdot \vec{b}}{|\vec{a}||\vec{b}|}$$

$$= \frac{10}{\sqrt{14} \times \sqrt{14}} = \frac{10}{14} = \frac{5}{7}$$

$$\sin\theta = \sqrt{1 - \cos^2\theta}$$

$$= \sqrt{1 - \left(\frac{5}{7}\right)^2}$$

$$= \sqrt{1 - \frac{25}{49}} = \sqrt{\frac{24}{49}} = \frac{2\sqrt{6}}{7} \quad \cdots ⑥$$

$$\cos^2\theta + \sin^2\theta = 1$$
$$\Rightarrow \ \sin^2\theta = 1 - \cos^2\theta$$
$$0 \leq \theta \leq 180°\text{일 때,}$$
$$\sin \geq 0 \text{ 이므로}$$
$$\sin\theta = \sqrt{1 - \cos^2\theta}$$

③, ④, ⑥을 ②에 대입합니다.

$$S = |\vec{a}||\vec{b}|\sin\theta = \sqrt{14} \times \sqrt{14} \times \frac{2\sqrt{6}}{7} = 14 \times \frac{2\sqrt{6}}{7} = 4\sqrt{6}$$

그런데 ①에 의해

$$\vec{a} \times \vec{b} = \begin{pmatrix} -4 \\ 8 \\ -4 \end{pmatrix}$$

이었으므로

$$|\vec{a} \times \vec{b}| = \sqrt{(-4)^2 + 8^2 + (-4)^2} = \sqrt{16 + 64 + 16} = \sqrt{96} = 4\sqrt{6}$$

입니다. 확실히

$$|\vec{a} \times \vec{b}| = S = |\vec{a}||\vec{b}|\sin\theta$$

가 성립하고 있습니다(S는 $\vec{a}$와 $\vec{b}$가 이루는 평행사변형의 넓이).

Note≡ 외적은 3차원을 넘어서는 벡터에서도 계산할 수 있는 경우가 있지만 꽤 복잡해집니다. 관심이 있는 분은 '외적'과 '사원수(Quaternion)'로 검색해 보세요.

❯ 벡터의 성분과 기저의 교체

이전 절에서 2차원(평면) 벡터에 대하여 $\vec{a}$를 시점이 원점 O에 겹쳐지도록 평행이동을 했을 때, 그 종점의 좌표를 $\vec{a}$의 성분이라 하고,

$$\vec{a} = (x_a,\ y_a)$$

로 나타낸다고 설명했습니다(460쪽).

3차원(공간) 벡터에 대해서도 그림 7–31처럼 공간 속의 점 A를 통과하고 x축, y축, z축에 수직인 3개의 평면이 각각의 축과 만나는 점의 좌표를 x_a, y_a, z_a라고 할 때, 원점 O를 시점으로 하고 점 A를 종점으로 하는 벡터의 성분을

$$\vec{a} = (x_a,\ y_a,\ z_a)$$

로 정할 수 있습니다.

▼ 그림 7–31 3차원 벡터의 성분

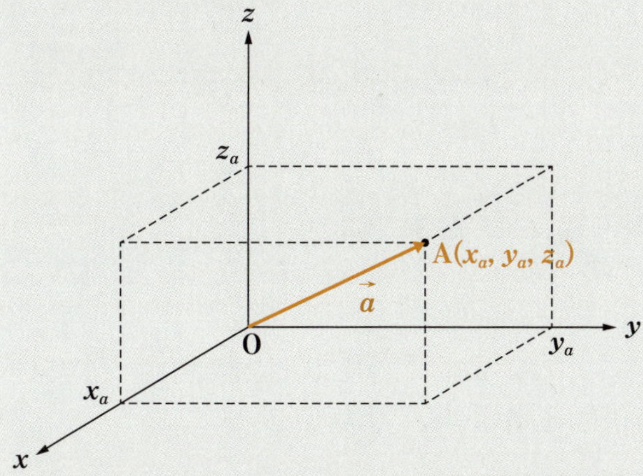

고등학교 수학의 범위에서는 성분을 이 정도로만 이해해도 문제없지만, 이전 칼럼에서 설명한 것처럼 **벡터를 화살표가 아니라 다차원량으로 파악**하려면 좀 더 자세하게 정의해야합니다.

다시 2차원 벡터로 돌아갑시다. 여기에 xy평면 위의 원점을 O로 하고 $\vec{a} = \overrightarrow{OA}$가 되는 임의의 점 A의 좌표 (x_a, y_a)가 있습니다. 그리고 x축 위에 점 $E_1\,(1, 0)$을 두고 y축 위에 $E_2\,(0, 1)$을 두어 $\overrightarrow{e_1} = \overrightarrow{OE_1}, \overrightarrow{e_2} = \overrightarrow{OE_2}$라 합시다(이 $\overrightarrow{e_1}, \overrightarrow{e_2}$를 **기본 벡터**라고 합니다).

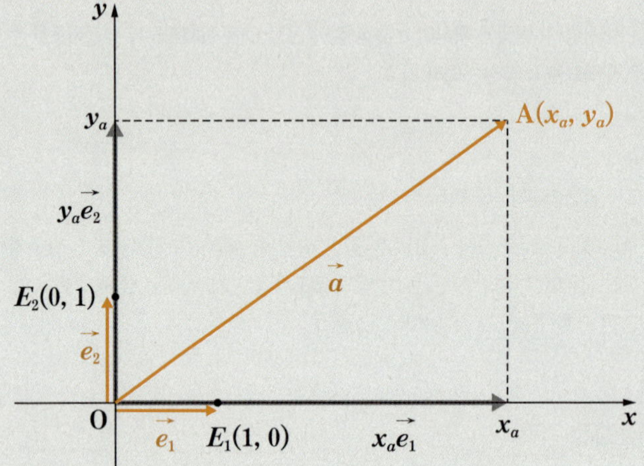

위 그림에서 $\vec{a}$는 $\vec{e_1}$과 $\vec{e_2}$를 사용해

$$\vec{a} = x_a\,\vec{e_1} + y_a\,\vec{e_2}$$

로 '분해'할 수 있습니다.

> Note≡ | '벡터의 분해'는 455쪽을 참조하세요.

이때

$$x_a를\ \vec{a}의\ \vec{e_1}\ 성분\ (x\ 성분)$$
$$y_a를\ \vec{a}의\ \vec{e_2}\ 성분\ (y\ 성분)$$

이라 하며, 이 성분을 세로로 표기한

$$\vec{a} = \begin{pmatrix} x_a \\ y_a \end{pmatrix}$$

를 $\vec{a}$의 **성분 표시**라 부르기로 합시다. 특히

$$\vec{e_1} = 1\cdot\vec{e_1} + 0\cdot\vec{e_2}$$
$$\vec{e_2} = 0\cdot\vec{e_1} + 1\cdot\vec{e_2}$$

이므로 2차원의 기본 벡터의 성분 표시는

$$\vec{e_1} = \begin{pmatrix} 1 \\ 0 \end{pmatrix}, \ \vec{e_2} = \begin{pmatrix} 0 \\ 1 \end{pmatrix}$$

입니다.

Note≡ | 여기서 $\vec{a}$이나 $\vec{e_1}$, $\vec{e_2}$를 열벡터(성분을 수직으로 나열한 꼴)로 나타낸 이유는 대학 수학의 분위기를 내기 위해서이지 그 이상의 의미는 없습니다.

벡터의 성분 표시란 결국 임의의 벡터를 기본 벡터로 분해(486쪽)했을 때 각 기본 벡터의 앞에 나오는 계수를 조합한 것입니다.

3차원 벡터도 마찬가지입니다. x축에 점 E_1 (1, 0, 0), y축에 점 E_2 (0, 1, 0), z축에 점 E_3 (0, 0, 1)을 가져와 $\vec{e_1} = \overrightarrow{OE_1}$, $\vec{e_2} = \overrightarrow{OE_2}$, $\vec{e_3} = \overrightarrow{OE_3}$으로 하면 원점 O를 시점으로 하며 A (x_a, y_a, z_a)를 종점으로 하는 벡터 $\vec{a}$를

$$\vec{a} = x_a \vec{e_1} + y_a \vec{e_2} + z_a \vec{e_3}$$

으로 나타낼 수 있으므로 $\vec{a}$의 성분 표시는

$$\vec{a} = \begin{pmatrix} x_a \\ y_a \\ z_a \end{pmatrix}$$

가 됩니다. 이때

$$\vec{e_1} = \begin{pmatrix} 1 \\ 0 \\ 0 \end{pmatrix}, \ \vec{e_2} = \begin{pmatrix} 0 \\ 1 \\ 0 \end{pmatrix}, \ \vec{e_3} = \begin{pmatrix} 0 \\ 0 \\ 1 \end{pmatrix}$$

입니다. 바로 이해할 수 있겠지만 2차원 벡터는 성분을 2개 가지고, 3차원 벡터는 성분을 3개 가집니다. 마찬가지로 생각해 보면 (좌표축에 나타낼 수는 없지만) 4차원 벡터가 성분을 4개 가지고 있으리라 자연스럽게 추측할 수 있습니다. 이제

n차원 벡터 = n개의 성분을 가지는 벡터

로 정의합시다.

즉, $\vec{a}$가 n차원 벡터이면

$$\vec{a} = \begin{pmatrix} a_1 \\ a_2 \\ \vdots \\ a_n \end{pmatrix}$$

입니다. 이때 $\vec{a}$는 n개의 기본 벡터

$$\vec{e_1} = \begin{pmatrix} 1 \\ 0 \\ \vdots \\ 0 \end{pmatrix}, \quad \vec{e_2} = \begin{pmatrix} 0 \\ 1 \\ \vdots \\ 0 \end{pmatrix}, \quad \cdots, \quad \vec{e_n} = \begin{pmatrix} 0 \\ \vdots \\ 0 \\ 1 \end{pmatrix}$$

를 사용해

$$\vec{a} = a_1 \vec{e_1} + a_2 \vec{e_2} + \cdots + a_n \vec{e_n}$$

으로 나타낼 수 있습니다.

기저의 교체와 사교좌표계

그런데 예를 들어

$$\vec{p} = \begin{pmatrix} 7 \\ 8 \end{pmatrix}$$

일 때,

$$\begin{pmatrix} 7 \\ 8 \end{pmatrix} = 7 \begin{pmatrix} 1 \\ 0 \end{pmatrix} + 8 \begin{pmatrix} 0 \\ 1 \end{pmatrix} \quad \Rightarrow \quad \vec{p} = 7\vec{e_1} + 8\vec{e_2}$$

인데

$$\vec{a} = \begin{pmatrix} 2 \\ 1 \end{pmatrix}, \quad \vec{b} = \begin{pmatrix} 1 \\ 2 \end{pmatrix}$$

라고 하면

$$\begin{pmatrix} 7 \\ 8 \end{pmatrix} = 2 \begin{pmatrix} 2 \\ 1 \end{pmatrix} + 3 \begin{pmatrix} 1 \\ 2 \end{pmatrix} \quad \Rightarrow \quad \vec{p} = 2\vec{a} + 3\vec{b}$$

로 바꾸어 쓸 수도 있습니다. 이것은 $\vec{e_1}$과 $\vec{e_2}$가 기준인 좌표계로 나타내는 대신, $\vec{a}$와 $\vec{b}$가 기준인 좌표계로도 $\vec{p}$를 나타낼 수 있다는 뜻입니다. 일반적으로 기준이 되는 벡터를 교체하는 것을 **기저의 교체**라고 합니다.

> Note≣ $\vec{0}$이 아니며 서로 평행하지 않은 두 벡터 $\vec{a}$와 $\vec{b}$를 사용해 평면 위에 있는 임의의 벡터 $\vec{p}$가
>
> $$\vec{p} = k\vec{a} + l\vec{b} \quad (k,\ l은\ 실수)$$
>
> 의 꼴로 나타날 때, $\vec{a}$와 $\vec{b}$를 (2차원)**기저**라고 합니다. 기본 벡터인 $\vec{e_1}$과 $\vec{e_2}$도 (2차원)기저의 일종이며, 이들은 특별히 **표준기저**라고 부릅니다.

▼ 그림 7-33 사교좌표계

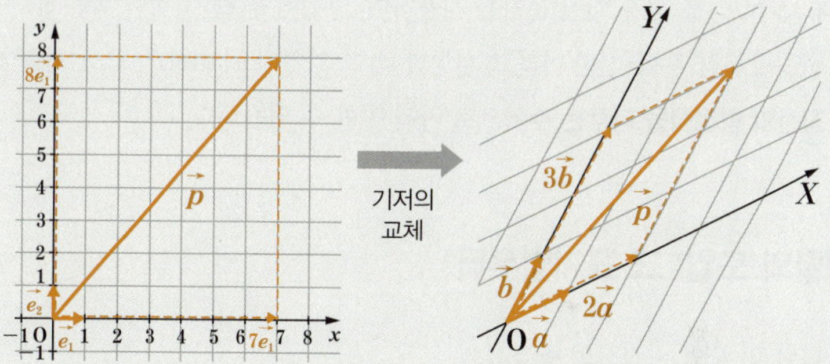

우리가 중학교 때부터 친숙하게 사용해 온 직교좌표계(데카르트 좌표계)는 $\vec{e_1}$과 $\vec{e_2}$가 기준인 좌표계입니다. 반면, 위의 $\vec{a}$와 $\vec{b}$처럼 이루는 각도가 90°가 아닌 벡터를 기준으로 하는 좌표계는 **사교좌표계**라고 합니다.

> Note≣ 기저의 교체는 관점의 교체라고 볼 수 있습니다. 동일한 대상이 새로운 관점으로 보면 더욱 심플한 모습으로 바뀌는 일은 드문 일이 아닙니다.
>
> 실제로 3차원 CG의 이미지 처리와 통계의 다변량 분석이 필요한 산업 현장에서 기저의 교체는 기초적이면서도 중요한 수단입니다.

02 행렬

지난 교육 과정과 비교해 볼 때 고등학교 수학에서 **선형대수**(linear algebra)의 흔적은 거의 사라졌습니다. 대학 이후의 수학에서 선형대수는 디딤돌 역할을 한다는 의미에서나 범용성의 깊이에 있어서 미적분과 쌍벽을 이룹니다. 특히 다변수를 다루는 분야에서는 선형대수 없이 논의를 진행할 수 없다고 해도 과언이 아닐 것입니다.

선형대수의 '선형'은 linear의 번역어로, 간단히 말해 직선이라는 뜻입니다. 그런데 대수(학)를 숫자 대신 문자를 사용하여 '방정식'을 풀기 위한 학문 또는 그것에서 발전한 수학 전반'이라고 설명한 적이 있었지요(80쪽)? 고로 선형대수는 **직선의 방정식을 다루는 수학**으로 바꿔 말할 수 있습니다.

행렬의 도입: 그 표기법부터

xy평면 위에 있는 직선의 방정식은

$$ax + by = c \ (a,\ b,\ c는\ 상수)$$

라는 x와 y에 대한 일차식으로 나타나므로 **일차방정식을 다루는 수학** 전반이 선형대수의 범주에 들어갑니다. 예를 들어 선형대수에서는 연립방정식

$$\begin{cases} x + 2y = 5 \\ 3x + 4y = 11 \end{cases}$$

을 계수(1, 2, 3, 4)와 미지수(x, y)를 분리해

$$\begin{pmatrix} 1 & 2 \\ 3 & 4 \end{pmatrix} \begin{pmatrix} x \\ y \end{pmatrix} = \begin{pmatrix} 5 \\ 11 \end{pmatrix}$$

로 표기합니다.

$$\begin{cases} 3x + 4y + 5z = 8 \\ 2x + \ y - \ z = 1 \\ \qquad\quad 3y + \ z = 1 \end{cases}$$

일 때,

$$\begin{pmatrix} 3 & 4 & 5 \\ 2 & 1 & -1 \\ 0 & 3 & 1 \end{pmatrix} \begin{pmatrix} x \\ y \\ z \end{pmatrix} = \begin{pmatrix} 8 \\ 1 \\ 1 \end{pmatrix}$$

입니다.

$$\begin{pmatrix} 1 & 2 \\ 3 & 4 \end{pmatrix}, \quad \begin{pmatrix} x \\ y \end{pmatrix}, \quad \begin{pmatrix} 3 & 4 & 5 \\ 2 & 1 & -1 \\ 0 & 3 & 1 \end{pmatrix}, \quad \begin{pmatrix} 8 \\ 1 \\ 1 \end{pmatrix}$$

처럼 숫자를 직사각형 모양으로 배열한 것을 행렬(matrix)이라고 합니다.

Note≡ matrix란 주물을 주조할 때 금속을 녹여 액체로 만든 것을 부어 넣는 거푸집(주형)을 말합니다. 숫자를 정해진 '거푸집'에 넣으면 행렬이 되기 때문에 이런 이름이 붙은 것이겠지요.

일반적으로 자연수 m과 n이 있을 때, m개의 행과 n개의 열로 이루어진 행렬을 m행 n열 행렬 또는 $m \times n$행렬로 줄여서 표기합니다(이 책에서는 후자를 사용합니다).

$$m\ \text{행} \begin{pmatrix} a_{11} & a_{12} & \cdots & a_{1n} \\ a_{21} & a_{22} & \cdots & a_{2n} \\ \vdots & \vdots & \cdots & \vdots \\ a_{m1} & a_{m2} & \cdots & a_{mn} \end{pmatrix} : m \times n \text{행렬}$$

여기서 n 열

$$\begin{pmatrix} 1 & 2 \\ 3 & 4 \end{pmatrix} : 2 \times 2\text{행렬} \qquad \begin{pmatrix} x \\ y \end{pmatrix} : 2 \times 1\text{행렬} \qquad \begin{pmatrix} 3 & 4 & 5 \\ 2 & 1 & -1 \\ 0 & 3 & 1 \end{pmatrix} : 3 \times 3\text{행렬}$$

Note≡ m개의 성분을 세로로 나열한 열벡터(478쪽)는 $m \times 1$행렬, n개의 성분을 가로로 나열한 행벡터(478쪽)는 $1 \times n$행렬입니다.

$$\boxed{\text{예}} \quad \begin{pmatrix} 1 \\ 2 \\ 3 \end{pmatrix} : 3 \times 1\text{행렬} \qquad \vec{b} = (5 \quad 6) : 1 \times 2\text{행렬}$$

정렬된 각각의 숫자를 **성분**이라 하며, i행 j열에 있는 성분은 (i, j) **성분**이라 합니다.

$\begin{pmatrix} a & b \\ c & d \end{pmatrix}$의 경우

$$a : (1, \ 1) \text{ 성분} \qquad b : (1, \ 2) \text{ 성분}$$
$$c : (2, \ 1) \text{ 성분} \qquad d : (2, \ 2) \text{ 성분}$$

교과 과정에서는 주로 2×2행렬을 다루므로 이 책에서도 특별한 설명이 없다면 2×2행렬을 가리키는 것으로 하겠습니다.

행렬은 A, B, C 등의 대문자로 표기하는 것이 관례입니다.

처음에 예로 든

$$\begin{pmatrix} 1 & 2 \\ 3 & 4 \end{pmatrix} \begin{pmatrix} x \\ y \end{pmatrix} = \begin{pmatrix} 5 \\ 11 \end{pmatrix}$$

에서 $A = \begin{pmatrix} 1 & 2 \\ 3 & 4 \end{pmatrix}$라 하면

$$A \begin{pmatrix} x \\ y \end{pmatrix} = \begin{pmatrix} 5 \\ 11 \end{pmatrix}$$

입니다. 그리고 2×1행렬을 2차 열벡터로 보면 $\vec{x} = \begin{pmatrix} x \\ y \end{pmatrix}$, $\vec{p} = \begin{pmatrix} 5 \\ 11 \end{pmatrix}$이므로

$$A\vec{x} = \vec{p}$$

로 표기할 수도 있습니다.

행렬과 벡터의 곱

연립방정식을

$$\begin{cases} x + 2y = 5 \\ 3x + 4y = 11 \end{cases} \Rightarrow \begin{pmatrix} 1 & 2 \\ 3 & 4 \end{pmatrix} \begin{pmatrix} x \\ y \end{pmatrix} = \begin{pmatrix} 5 \\ 11 \end{pmatrix}$$

로 표현한다는 것은 행렬 $A = \begin{pmatrix} a & b \\ c & d \end{pmatrix}$와 벡터 $\vec{x} = \begin{pmatrix} x \\ y \end{pmatrix}$의 곱을

$$A\vec{x} = \begin{pmatrix} a & b \\ c & d \end{pmatrix} \begin{pmatrix} x \\ y \end{pmatrix} = \begin{pmatrix} ax + by \\ cx + dy \end{pmatrix}$$

로 정의한다는 뜻입니다. 이를 그림으로 풀어 보면

$$\vec{a} = (x_a,\ y_a),\ \vec{b} = (x_b,\ y_b)\text{일 때,}$$
$$\vec{a} \cdot \vec{b} = x_a x_b + y_a y_b$$

$$\vec{u} = (a,\ b) \quad \vec{x} = (x,\ y) \quad \vec{u} \cdot \vec{x} = ax + by$$

$$\begin{pmatrix} a & b \\ c & d \end{pmatrix} \begin{pmatrix} x \\ y \end{pmatrix} = \begin{pmatrix} ax + by \\ cx + dy \end{pmatrix} \qquad \begin{pmatrix} a & b \\ c & d \end{pmatrix} \begin{pmatrix} x \\ y \end{pmatrix} = \begin{pmatrix} ax + by \\ cx + dy \end{pmatrix}$$

$$\vec{v} = (c,\ d) \quad \vec{x} = (x,\ y) \quad \vec{v} \cdot \vec{x} = cx + dy$$

가 됩니다. 그러므로 행렬 A의 1행 $(a,\ b)$와 2행 $(c,\ d)$를 각각 벡터

$$\vec{u} = (a,\ b) \qquad \vec{v} = (c,\ d)$$

로 생각하면 $A\vec{x}$는 $\vec{u} \cdot \vec{x}$와 $\vec{v} \cdot \vec{x}$라는 내적(466쪽)을 세로로 나열한 것임을 알 수 있습니다.

▌ 예 ▐

$$\begin{pmatrix} 1 & 2 \\ 3 & 4 \end{pmatrix}\begin{pmatrix} 5 \\ 6 \end{pmatrix} = \begin{pmatrix} 1 \times 5 + 2 \times 6 \\ 3 \times 5 + 4 \times 6 \end{pmatrix} = \begin{pmatrix} 17 \\ 39 \end{pmatrix}$$

행렬과 벡터의 곱

$A = \begin{pmatrix} a & b \\ c & d \end{pmatrix}$와 $\vec{x} = \begin{pmatrix} x \\ y \end{pmatrix}$의 곱을 다음과 같이 정합니다.

$$A\vec{x} = \begin{pmatrix} a & b \\ c & d \end{pmatrix}\begin{pmatrix} x \\ y \end{pmatrix} = \begin{pmatrix} ax + by \\ cx + dy \end{pmatrix}$$

행렬의 연산 ①: 합과 실수배

$$A = \begin{pmatrix} a & b \\ c & d \end{pmatrix}, \ B = \begin{pmatrix} p & q \\ r & s \end{pmatrix}$$

일 때, A와 B의 합은 다음과 같이 정의합니다.

$$A + B = \begin{pmatrix} a & b \\ c & d \end{pmatrix} + \begin{pmatrix} p & q \\ r & s \end{pmatrix} = \begin{pmatrix} a+p & b+q \\ c+r & d+s \end{pmatrix}$$

또한, 행렬을 k배(k는 실수) 하면 각 성분이 k배가 되는 것으로 합니다.

$$kA = k\begin{pmatrix} a & b \\ c & d \end{pmatrix} = \begin{pmatrix} ka & kb \\ kc & kd \end{pmatrix}$$

행렬의 합과 실수배를 위와 같이 정하는 이유는 실수 k, l과 행렬 $A = \begin{pmatrix} a & b \\ c & d \end{pmatrix}$, $B = \begin{pmatrix} p & q \\ r & s \end{pmatrix}$, 벡터 $\vec{x} = \begin{pmatrix} x \\ y \end{pmatrix}$에 대하여

$$(kA + lB)\vec{x} = kA\vec{x} + lB\vec{x}$$

를 성립시키기 위해서입니다.

Note≡　이 성질의 의미는 뒷부분에서 자세히 설명하겠습니다.

증명

$A = \begin{pmatrix} a & b \\ c & d \end{pmatrix}$, $B = \begin{pmatrix} p & q \\ r & s \end{pmatrix}$ 일 때,

$$kA + lB = k\begin{pmatrix} a & b \\ c & d \end{pmatrix} + l\begin{pmatrix} p & q \\ r & s \end{pmatrix}$$

$$= \begin{pmatrix} ka & kb \\ kc & kd \end{pmatrix} + \begin{pmatrix} lp & lq \\ lr & ls \end{pmatrix}$$

$$= \begin{pmatrix} ka + lp & kb + lq \\ kc + lr & kd + ls \end{pmatrix}$$

$$k\begin{pmatrix} a & b \\ c & d \end{pmatrix} = \begin{pmatrix} ka & kb \\ kc & kd \end{pmatrix}$$

$$\begin{pmatrix} a & b \\ c & d \end{pmatrix} + \begin{pmatrix} p & q \\ r & s \end{pmatrix} = \begin{pmatrix} a+p & b+q \\ c+r & d+s \end{pmatrix}$$

가 됩니다. 따라서 다음과 같이 정리됩니다.

$$(kA + lB)\vec{x} = \begin{pmatrix} ka + lp & kb + lq \\ kc + lr & kd + ls \end{pmatrix}\begin{pmatrix} x \\ y \end{pmatrix}$$

$$= \begin{pmatrix} (ka + lp)x + (kb + lq)y \\ (kc + lr)x + (kd + ls)y \end{pmatrix}$$

$$= \begin{pmatrix} kax + lpx + kby + lqy \\ kcx + lrx + kdy + lsy \end{pmatrix}$$

$$\begin{pmatrix} a & b \\ c & d \end{pmatrix}\begin{pmatrix} x \\ y \end{pmatrix} = \begin{pmatrix} ax + by \\ cx + dy \end{pmatrix}$$

또한,

$$kA\vec{x} + lB\vec{x} = k\begin{pmatrix} a & b \\ c & d \end{pmatrix}\begin{pmatrix} x \\ y \end{pmatrix} + l\begin{pmatrix} p & q \\ r & s \end{pmatrix}\begin{pmatrix} x \\ y \end{pmatrix}$$

$$= \begin{pmatrix} ka & kb \\ kc & kd \end{pmatrix}\begin{pmatrix} x \\ y \end{pmatrix} + \begin{pmatrix} lp & lq \\ lr & ls \end{pmatrix}\begin{pmatrix} x \\ y \end{pmatrix}$$

$$= \begin{pmatrix} kax + kby \\ kcx + kdy \end{pmatrix} + \begin{pmatrix} lpx + lqy \\ lrx + lsy \end{pmatrix}$$

$$= \begin{pmatrix} kax + kby + lpx + lqy \\ kcx + kdy + lrx + lsy \end{pmatrix}$$

$$= \begin{pmatrix} kax + lpx + kby + lqy \\ kcx + lrx + kdy + lsy \end{pmatrix}$$

가 됩니다. 이에 따라 다음과 같이 구할 수 있습니다.

$$(kA + lB)\vec{x} = kA\vec{x} + lB\vec{x}$$

증명 끝

또한, 행렬의 차 $A - B$는 합과 실수배의 정의를 사용해

$$A - B = A + (-1)B$$

$$= \begin{pmatrix} a & b \\ c & d \end{pmatrix} + (-1)\begin{pmatrix} p & q \\ r & s \end{pmatrix}$$

$$= \begin{pmatrix} a & b \\ c & d \end{pmatrix} + \begin{pmatrix} -p & -q \\ -r & -s \end{pmatrix}$$

$$= \begin{pmatrix} a-p & b-q \\ c-r & d-s \end{pmatrix}$$

로 계산할 수 있습니다.

행렬의 연산 ②: 곱과 그의 비가환성에 대하여

행렬의 곱셈의 정의는 다음과 같습니다.

$$AB = \begin{pmatrix} a & b \\ c & d \end{pmatrix}\begin{pmatrix} p & q \\ r & s \end{pmatrix} = \begin{pmatrix} ap+br & aq+bs \\ cp+dr & cq+ds \end{pmatrix}$$

이는

$$\vec{p} = \begin{pmatrix} p \\ r \end{pmatrix}, \ \vec{q} = \begin{pmatrix} q \\ s \end{pmatrix}$$

로 방금 전 '행렬과 벡터의 곱'(492쪽)에서

$$A\vec{p} = \begin{pmatrix} a & b \\ c & d \end{pmatrix}\begin{pmatrix} p \\ r \end{pmatrix} = \begin{pmatrix} ap+br \\ cp+dr \end{pmatrix}, \ A\vec{q} = \begin{pmatrix} a & b \\ c & d \end{pmatrix}\begin{pmatrix} q \\ s \end{pmatrix} = \begin{pmatrix} aq+bs \\ cq+ds \end{pmatrix}$$

라고 계산했던 것을 가로로 나열한 모습이 되는군요.

$$\overset{A}{\begin{pmatrix} a & b \\ c & d \end{pmatrix}} \overset{\vec{p} \quad \vec{q}}{\begin{pmatrix} p & q \\ r & s \end{pmatrix}} = \begin{pmatrix} \overset{A\vec{p}}{ap+br} & \overset{A\vec{q}}{aq+bs} \\ cp+dr & cq+ds \end{pmatrix}$$

좀 더 그림으로 풀어서 설명해 보겠습니다. 행렬의 곱셈은 왼쪽 행렬에서 행벡터(성분을 가로로 나열한 벡터)를 가져오고, 오른쪽에서 열벡터(성분을 세로로 나열한 벡터)를 가져와 각각의 내적을 계산하면 됩니다.

▼ 그림 7-34 행렬의 곱셈의 연산 순서

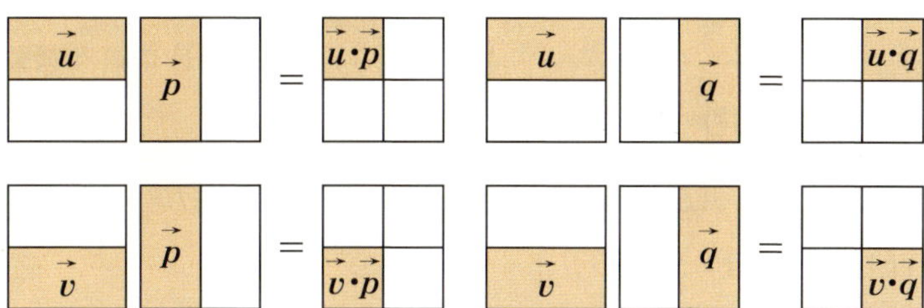

예를 들어

$$A = \begin{pmatrix} 1 & 2 \\ 3 & 4 \end{pmatrix}, B = \begin{pmatrix} 4 & 3 \\ 2 & 1 \end{pmatrix}$$일 때, AB와 BA를 계산해서 비교해 봅시다.

$$\vec{a} = (x_a, y_a), \quad \vec{b} = (x_b, y_b)$$
$$\downarrow$$
$$\vec{a} \cdot \vec{b} = x_a x_b + y_a y_b$$

$$AB = \begin{pmatrix} 1 & 2 \\ 3 & 4 \end{pmatrix}\begin{pmatrix} 4 & 3 \\ 2 & 1 \end{pmatrix}$$
$$= \begin{pmatrix} 1 \times 4 + 2 \times 2 & 1 \times 3 + 2 \times 1 \\ 3 \times 4 + 4 \times 2 & 3 \times 3 + 4 \times 1 \end{pmatrix}$$
$$= \begin{pmatrix} 8 & 5 \\ 20 & 13 \end{pmatrix}$$

$$BA = \begin{pmatrix} 4 & 3 \\ 2 & 1 \end{pmatrix}\begin{pmatrix} 1 & 2 \\ 3 & 4 \end{pmatrix}$$
$$= \begin{pmatrix} 4 \times 1 + 3 \times 3 & 4 \times 2 + 3 \times 4 \\ 2 \times 1 + 1 \times 3 & 2 \times 2 + 1 \times 4 \end{pmatrix}$$
$$= \begin{pmatrix} 13 & 20 \\ 5 & 8 \end{pmatrix}$$

이에 따라

$$AB \neq BA$$

임을 알 수 있습니다.

$AB \neq BA$는 행렬의 연산에서 가장 조심해야 하는 부분입니다. 숫자끼리 곱하거나 벡터의 내적을 구할 때는 곱하는 순서에 구애를 받지 않지만 행렬의 곱셈은 일반적으로 곱하는 순서에 따라 다른 결과가 나옵니다. 이를 가리켜 **행렬은 곱셈에 대하여 비가환**이라고 합니다.

그렇다고 해서 반드시 $AB \neq BA$가 되는 것은 아니며 우연히 AB와 BA가 같은 결과가 나오는 조합도 있습니다.

예를 들어

$$A = \begin{pmatrix} 1 & 2 \\ 3 & 4 \end{pmatrix}, \ B = \begin{pmatrix} 2 & 2 \\ 3 & 5 \end{pmatrix}$$

의 경우

$$AB = BA = \begin{pmatrix} 8 & 12 \\ 18 & 26 \end{pmatrix}$$

이므로 $AB = BA$입니다(여력이 있는 분은 꼭 계산해 보세요).

행렬의 연산(합/실수배/곱)

$A = \begin{pmatrix} a & b \\ c & d \end{pmatrix}$, $B = \begin{pmatrix} p & q \\ r & s \end{pmatrix}$일 때,

$$A + B = \begin{pmatrix} a & b \\ c & d \end{pmatrix} + \begin{pmatrix} p & q \\ r & s \end{pmatrix} = \begin{pmatrix} a+p & b+q \\ c+r & d+s \end{pmatrix}$$

$$kA = k\begin{pmatrix} a & b \\ c & d \end{pmatrix} = \begin{pmatrix} ka & kb \\ kc & kd \end{pmatrix} \quad (k\text{는 실수})$$

$$AB = \begin{pmatrix} a & b \\ c & d \end{pmatrix}\begin{pmatrix} p & q \\ r & s \end{pmatrix} = \begin{pmatrix} ap+br & aq+bs \\ cp+dr & cq+ds \end{pmatrix}$$

행렬의 곱셈의 정의가 복잡한 이유

행렬의 연산 중 곱셈의 정의가 유독 복잡하다고 생각하는 사람이 적지 않을 것입니다. 멋을 부리기 위해 일부러 이렇게 기이하게 정의한 것이 아닙니다. 합과 실수배는 $(kA + lB)\vec{x} = kA\vec{x} + lB\vec{x}$가 성립하도록 정의되어 있음을 앞서 밝혔습니다. 그런데 행렬의 곱셈에 대해서는

$$A(B\vec{x}) = (AB)\vec{x}$$

가 성립하도록 정의되어 있습니다. 확인해 봅시다.

$$A = \begin{pmatrix} a & b \\ c & d \end{pmatrix}, \quad B = \begin{pmatrix} p & q \\ r & s \end{pmatrix}, \quad \vec{x} = \begin{pmatrix} x \\ y \end{pmatrix}$$ 일 때,

'행렬과 벡터의 곱' 정의(492쪽)에 따라

$$B\vec{x} = \begin{pmatrix} p & q \\ r & s \end{pmatrix}\begin{pmatrix} x \\ y \end{pmatrix} = \begin{pmatrix} px + qy \\ rx + sy \end{pmatrix} \qquad \boxed{\begin{pmatrix} a & b \\ c & d \end{pmatrix}\begin{pmatrix} x \\ y \end{pmatrix} = \begin{pmatrix} ax + by \\ cx + dy \end{pmatrix}}$$

가 됩니다. 여기에 $B\vec{x} = \vec{t}$, 즉

$$\vec{t} = \begin{pmatrix} s \\ t \end{pmatrix} = \begin{pmatrix} px + qy \\ rx + sy \end{pmatrix}$$

라 하고, 다시 '행렬과 벡터의 곱' 정의를 사용해서 다음과 같이 식을 정리합니다.

$$
\begin{aligned}
A(B\vec{x}) &= A\vec{t} \\
&= \begin{pmatrix} a & b \\ c & d \end{pmatrix}\begin{pmatrix} s \\ t \end{pmatrix} \\
&= \begin{pmatrix} as + bt \\ cs + dt \end{pmatrix} \\
&= \begin{pmatrix} a(px + qy) + b(rx + sy) \\ c(px + qy) + d(rx + sy) \end{pmatrix} \\
&= \begin{pmatrix} apx + aqy + brx + bsy \\ cpx + cqy + drx + dsy \end{pmatrix} \\
&= \begin{pmatrix} (ap + br)x + (aq + bs)y \\ (cp + dr)x + (cq + ds)y \end{pmatrix} \\
&= \begin{pmatrix} ap + br & aq + bs \\ cp + dr & cq + ds \end{pmatrix}\begin{pmatrix} x \\ y \end{pmatrix}
\end{aligned}
$$

$$\boxed{\begin{pmatrix} a & b \\ c & d \end{pmatrix}\begin{pmatrix} x \\ y \end{pmatrix} = \begin{pmatrix} ax + by \\ cx + dy \end{pmatrix}}$$

$$\boxed{\begin{aligned} s &= px + qy \\ t &= rx + sy \end{aligned}}$$

$$\boxed{\begin{pmatrix} ax + by \\ cx + dy \end{pmatrix} = \begin{pmatrix} a & b \\ c & d \end{pmatrix}\begin{pmatrix} x \\ y \end{pmatrix}}$$

이에 따라

$$A(B\vec{x}) = \begin{pmatrix} ap + br & aq + bs \\ cp + dr & cq + ds \end{pmatrix}\begin{pmatrix} x \\ y \end{pmatrix}$$

이므로 $A(B\vec{x}) = (AB)\vec{x}$이기 위해서는

$$\begin{pmatrix} ap+br & aq+bs \\ cp+dr & cq+ds \end{pmatrix}\begin{pmatrix} x \\ y \end{pmatrix} = (AB)\vec{x}$$

이어야 합니다. 즉,

$$AB = \begin{pmatrix} ap+br & aq+bs \\ cp+dr & cq+ds \end{pmatrix}$$

이면 된다는 것을 알 수 있습니다.

증명 끝

그렇다면 왜

$$A(B\vec{x}) = (AB)\vec{x}$$

를 성립시킬 필요가 있는 것일까요? 이는 뒷부분에서 배우는 '일차변환', '합성변환'과 관계가 있으며, 뒤에서 자세히 설명합니다.

특수한 행렬: 영행렬 O와 단위행렬 E

모든 성분이 0인 행렬

$$O = \begin{pmatrix} 0 & 0 \\ 0 & 0 \end{pmatrix}$$

을 **영행렬**이라고 하며, 행렬의 왼쪽 위에서 오른쪽 아래를 향하는 대각선 위에 있는 성분이 모두 1이고 나머지 성분이 0인 행렬

$$E = \begin{pmatrix} 1 & 0 \\ 0 & 1 \end{pmatrix}$$

을 **단위행렬**이라고 합니다.

Note≡   단위행렬을 표기할 때는 보통 '단위'라는 뜻의 독일어 Einheit(아인하이트)의 머리글자 E를 사용합니다.

영행렬과 단위행렬은 다음과 같은 성질이 성립합니다.

영행렬과 단위행렬의 성질

임의의 행렬 A에 대하여

(i) $AO = OA = O$

(ii) $AE = EA = A$

Note≡   영행렬과 단위행렬의 쓰임새는 각각 실수 계산에서의 0, 1에 해당합니다.

증명

$A = \begin{pmatrix} a & b \\ c & d \end{pmatrix}$ 일 때,

(i)
$$\begin{pmatrix} a & b \\ c & d \end{pmatrix}\begin{pmatrix} p & q \\ r & s \end{pmatrix} = \begin{pmatrix} ap+br & aq+bs \\ cp+dr & cq+ds \end{pmatrix}$$

$$AO = \begin{pmatrix} a & b \\ c & d \end{pmatrix}\begin{pmatrix} 0 & 0 \\ 0 & 0 \end{pmatrix} = \begin{pmatrix} a\times 0 + b\times 0 & a\times 0 + b\times 0 \\ c\times 0 + d\times 0 & c\times 0 + d\times 0 \end{pmatrix} = \begin{pmatrix} 0 & 0 \\ 0 & 0 \end{pmatrix} = O$$

$$OA = \begin{pmatrix} 0 & 0 \\ 0 & 0 \end{pmatrix}\begin{pmatrix} a & b \\ c & d \end{pmatrix} = \begin{pmatrix} 0\times a + 0\times c & 0\times b + 0\times d \\ 0\times a + 0\times c & 0\times b + 0\times d \end{pmatrix} = \begin{pmatrix} 0 & 0 \\ 0 & 0 \end{pmatrix} = O$$

$\Rightarrow\ \ AO = OA = O$

(ii)

$$AE = \begin{pmatrix} a & b \\ c & d \end{pmatrix}\begin{pmatrix} 1 & 0 \\ 0 & 1 \end{pmatrix} = \begin{pmatrix} a\times 1 + b\times 0 & a\times 0 + b\times 1 \\ c\times 1 + d\times 0 & c\times 0 + d\times 1 \end{pmatrix} = \begin{pmatrix} a & b \\ c & d \end{pmatrix} = A$$

$$EA = \begin{pmatrix} 1 & 0 \\ 0 & 1 \end{pmatrix}\begin{pmatrix} a & b \\ c & d \end{pmatrix} = \begin{pmatrix} 1\times a + 0\times c & 1\times b + 0\times d \\ 0\times a + 1\times c & 0\times b + 1\times d \end{pmatrix} = \begin{pmatrix} a & b \\ c & d \end{pmatrix} = A$$

$$\Rightarrow \quad AE = EA = A$$

증명 끝

$$A = \begin{pmatrix} 1 & 2 \\ 2 & 4 \end{pmatrix},\ B = \begin{pmatrix} -2 & -2 \\ 1 & 1 \end{pmatrix} \text{일 때,}$$

$$AB = \begin{pmatrix} 1 & 2 \\ 2 & 4 \end{pmatrix}\begin{pmatrix} -2 & -2 \\ 1 & 1 \end{pmatrix} = \begin{pmatrix} 1\times(-2)+2\times 1 & 1\times(-2)+2\times 1 \\ 2\times(-2)+4\times 1 & 2\times(-2)+4\times 1 \end{pmatrix}$$

$$= \begin{pmatrix} 0 & 0 \\ 0 & 0 \end{pmatrix}$$

입니다. 이렇게 행렬은 $A \neq O,\ B \neq O$이어도 $AB = O$이 되는 경우가 있습니다. 이때 A를 B의 **좌영인자**, B를 A의 **우영인자**라고 합니다.

역행렬의 정의와 그 성질

실수의 계산에서는 0이 아닌 숫자 a에 그의 역수 a^{-1}를 곱하면 1이 되었지요?

$$a \cdot a^{-1} = a^{-1} \cdot a = 1$$

> 음의 지수의 확장(289쪽)
> $$a^{-1} = \frac{1}{a}$$

행렬에도 역수에 해당하는 것이 있는데, 바로 **역행렬**(Inverse matrix)입니다.

즉, 행렬 $A,\ X$가

$$AX = XA = E$$

를 만족하면 X는 A의 역행렬입니다. A의 역행렬은

$$A^{-1}$$

로 나타냅니다(A 인버스라고 읽습니다).

$A = \begin{pmatrix} a & b \\ c & d \end{pmatrix}$ 일 때,

$$AX = XA = E$$

를 만족하는 X를 구해 봅시다.

$X = \begin{pmatrix} x & y \\ z & w \end{pmatrix}$ 라 하면 $AX = E$에 의해 다음과 같이 정리됩니다.

$$\begin{pmatrix} a & b \\ c & d \end{pmatrix}\begin{pmatrix} x & y \\ z & w \end{pmatrix} = \begin{pmatrix} 1 & 0 \\ 0 & 1 \end{pmatrix}$$

$$\Rightarrow \begin{pmatrix} ax+bz & ay+bw \\ cx+dz & cy+dw \end{pmatrix} = \begin{pmatrix} 1 & 0 \\ 0 & 1 \end{pmatrix}$$

각 성분을 비교해 다음과 같이 구할 수 있습니다.

$$ax + bz = 1 \quad \cdots① \qquad ay + bw = 0 \quad \cdots②$$
$$cx + dz = 0 \quad \cdots③ \qquad cy + dw = 1 \quad \cdots④$$

문자가 많아서 귀찮을 것 같지만 a, b, c, d는 A의 성분으로 주어진 숫자이므로 미지수는 x, y, z, w까지 4개입니다. 게다가 ①과 ③은 x와 z에 대한 연립방정식, ②와 ④는 y와 w에 대한 연립방정식입니다.

①과 ③에서 z를 소거하면 ①$\times d$ − ③$\times b$에 의해

$$(ax + bz) \times d - (cx + dz) \times b = 1 \times d - 0 \times b$$
$$\Rightarrow \ adx + bdz - bcx - bdz = d$$
$$\Rightarrow \ (ad - bc)x = d \quad \cdots⑤$$

이고, ①과 ③에서 x를 소거하면 ①$\times c$ − ③$\times a$에 의해

$$(ax+bz) \times c - (cx+dz) \times a = 1 \times c - 0 \times a$$

$$\Rightarrow \quad acx + bcz - acx - adz = c$$

$$\Rightarrow \quad -(ad-bc)z = c$$

$$\Rightarrow \quad (ad-bc)z = -c \quad \cdots ⑥$$

가 됩니다. 마찬가지로 ②와 ④에서도 w를 소거하면

$$(ad-bc)y = -b \quad \cdots ⑦$$

이고, y를 소거하면

$$(ad-bc)w = a \quad \cdots ⑧$$

가 나옵니다.

(i) $ad-bc \neq 0$일 때, ⑤, ⑥, ⑦, ⑧에 의해

$$x = \frac{d}{ad-bc}, \quad z = \frac{-c}{ad-bc}, \quad y = \frac{-b}{ad-bc}, \quad w = \frac{a}{ad-bc}$$

가 됩니다. 즉, 다음과 같이 구할 수 있습니다.

$$X = \begin{pmatrix} x & y \\ z & w \end{pmatrix} = \begin{pmatrix} \dfrac{d}{ad-bc} & \dfrac{-b}{ad-bc} \\[2ex] \dfrac{-c}{ad-bc} & \dfrac{a}{ad-bc} \end{pmatrix} = \frac{1}{ad-bc} \begin{pmatrix} d & -b \\ -c & a \end{pmatrix}$$

(ii) $ad-bc = 0$일 때, ⑤, ⑥, ⑦, ⑧에 의해

$$d = c = b = a = 0 \quad \Rightarrow \quad A = \begin{pmatrix} 0 & 0 \\ 0 & 0 \end{pmatrix} = O$$

가 아닌 이상 ⑤, ⑥, ⑦, ⑧을 만족하는 x, y, z, w는 존재하지 않습니다.

그러나 A가 영행렬일 때,

$$AX = OX = O$$

이므로

$$AX = E \neq O$$

와 모순됩니다. 따라서 **$ad - bc = 0$일 때는 $AX = E$가 되는 행렬 X가 존재하지 않음**을 알 수 있습니다.

$ad - bc \neq 0$일 때,

$$X = \frac{1}{ad - bc}\begin{pmatrix} d & -b \\ -c & a \end{pmatrix}$$

이면

$$\begin{aligned}
XA &= \frac{1}{ad - bc}\begin{pmatrix} d & -b \\ -c & a \end{pmatrix}\begin{pmatrix} a & b \\ c & d \end{pmatrix} \\
&= \frac{1}{ad - bc}\begin{pmatrix} ad - bc & bd - bd \\ -ac + ac & -bc + ad \end{pmatrix} \\
&= \frac{1}{ad - bc}\begin{pmatrix} ad - bc & 0 \\ 0 & ad - bc \end{pmatrix} \\
&= \begin{pmatrix} 1 & 0 \\ 0 & 1 \end{pmatrix} = E
\end{aligned}$$

가 되어 $XA = E$를 만족합니다.

역행렬

$A = \begin{pmatrix} a & b \\ c & d \end{pmatrix}$일 때,

$$ad - bc \neq 0 \;\Rightarrow\; A^{-1} = \frac{1}{ad - bc}\begin{pmatrix} d & -b \\ -c & a \end{pmatrix}$$

$$ad - bc = 0 \;\Rightarrow\; A^{-1}\text{는 존재하지 않습니다.}$$

A^{-1}는 다음 성질을 가집니다.

$$AA^{-1} = A^{-1}A = E$$

열쇠를 쥔 행렬식, $ad - bc$

$A = \begin{pmatrix} a & b \\ c & d \end{pmatrix}$ 일 때, 역행렬의 존재 여부를 결정하는 $ad - bc$를 A의 **행렬식**
(determinant)이라 하며, $\det A$ 또는 $|A|$로 표기합니다. 즉,

$$\det A = |A| = ad - bc$$

입니다. 왜 행렬식 $ad - bc$가 역행렬의 존재 여부에 대한 열쇠를 쥐고 있는지
는 행렬을 사용해 연립방정식을 풀어 이해할 수 있습니다.

이 절 처음에 나온

$$\begin{cases} x + 2y = 5 \\ 3x + 4y = 11 \end{cases}$$

을 행렬로 나타내면

$$\begin{pmatrix} 1 & 2 \\ 3 & 4 \end{pmatrix} \begin{pmatrix} x \\ y \end{pmatrix} = \begin{pmatrix} 5 \\ 11 \end{pmatrix}$$

이었지요? 만약 $A = \begin{pmatrix} 1 & 2 \\ 3 & 4 \end{pmatrix}$ 라고 하면

$$A \begin{pmatrix} x \\ y \end{pmatrix} = \begin{pmatrix} 5 \\ 11 \end{pmatrix}$$

입니다. 양변의 **왼쪽**에 A^{-1}를 곱합니다.

$$A^{-1} A \begin{pmatrix} x \\ y \end{pmatrix} = A^{-1} \begin{pmatrix} 5 \\ 11 \end{pmatrix}$$

$$\Rightarrow \quad E \begin{pmatrix} x \\ y \end{pmatrix} = A^{-1} \begin{pmatrix} 5 \\ 11 \end{pmatrix}$$

$$\Rightarrow \quad \begin{pmatrix} x \\ y \end{pmatrix} = A^{-1} \begin{pmatrix} 5 \\ 11 \end{pmatrix}$$

$$\begin{aligned}
E \begin{pmatrix} x \\ y \end{pmatrix} &= \begin{pmatrix} 1 & 0 \\ 0 & 1 \end{pmatrix} \begin{pmatrix} x \\ y \end{pmatrix} \\
&= \begin{pmatrix} 1 \times x + 0 \times y \\ 0 \times x + 1 \times y \end{pmatrix} \\
&= \begin{pmatrix} x \\ y \end{pmatrix}
\end{aligned}$$

여기에 A^{-1}를 계산합니다.

$$A = \begin{pmatrix} 1 & 2 \\ 3 & 4 \end{pmatrix} \text{에서}$$

$$A^{-1} = \frac{1}{1 \times 4 - 2 \times 3} \begin{pmatrix} 4 & -2 \\ -3 & 1 \end{pmatrix} = \frac{1}{-2} \begin{pmatrix} 4 & -2 \\ -3 & 1 \end{pmatrix}$$

$$\Rightarrow \begin{pmatrix} x \\ y \end{pmatrix} = A^{-1} \begin{pmatrix} 5 \\ 11 \end{pmatrix}$$

$$= \frac{1}{-2} \begin{pmatrix} 4 & -2 \\ -3 & 1 \end{pmatrix} \begin{pmatrix} 5 \\ 11 \end{pmatrix}$$

$$= \frac{1}{-2} \begin{pmatrix} 4 \times 5 - 2 \times 11 \\ -3 \times 5 + 1 \times 11 \end{pmatrix}$$

$$= \frac{1}{-2} \begin{pmatrix} -2 \\ -4 \end{pmatrix} = \begin{pmatrix} 1 \\ 2 \end{pmatrix}$$

> $A = \begin{pmatrix} a & b \\ c & d \end{pmatrix}$ 일 때,
>
> $A^{-1} = \frac{1}{ad-bc} \begin{pmatrix} d & -b \\ -c & a \end{pmatrix}$

가 되고 그 결과

$$\begin{pmatrix} x \\ y \end{pmatrix} = \begin{pmatrix} 1 \\ 2 \end{pmatrix}$$

가 나옵니다. 일반적으로 x와 y의 연립방정식

$$\begin{cases} ax + by = p \\ cx + dy = q \end{cases}$$

에 대하여 $A = \begin{pmatrix} a & b \\ c & d \end{pmatrix}$ 로 두고

$$A \begin{pmatrix} x \\ y \end{pmatrix} = \begin{pmatrix} p \\ q \end{pmatrix}$$

로 나타내었을 때, **A^{-1}가 존재한다면**

$$A^{-1}A\begin{pmatrix} x \\ y \end{pmatrix} = A^{-1}\begin{pmatrix} p \\ q \end{pmatrix}$$

$$\Rightarrow \quad E\begin{pmatrix} x \\ y \end{pmatrix} = A^{-1}\begin{pmatrix} p \\ q \end{pmatrix}$$

$$\Rightarrow \quad \begin{pmatrix} x \\ y \end{pmatrix} = A^{-1}\begin{pmatrix} p \\ q \end{pmatrix}$$

를 계산해 $\begin{pmatrix} x \\ y \end{pmatrix}$를 만족하는 해가 하나 나옵니다. 그러나 연립방정식은 항상 해가 하나만 나오지는 않습니다. 예를 들어

$$\begin{cases} x + 2y = 2 \\ 2x + 4y = 8 \end{cases}$$

일 때, 두 방정식이 나타내는 2개의 직선은 평행입니다. 만나는 점이 없기 때문에 해가 없습니다. 이러한 연립방정식을 **불능**이라고 합니다. 또는

$$\begin{cases} x + 2y = 2 \\ 2x + 4y = 4 \end{cases}$$

일 때, 두 번째 방정식의 양변을 2로 나누면 첫 번째 방정식과 같은 식이 되기 때문에 2개의 직선은 완전히 겹치게 되고 교점이 무수하게 많이 나옵니다. 이때는 직선 위에 있는 모든 점의 좌표가 해가 되므로 연립방정식의 해를 하나로 정할 수 없습니다. 이러한 연립방정식을 **부정**이라고 합니다.

❤ 그림 7-35 연립방정식의 불능과 부정

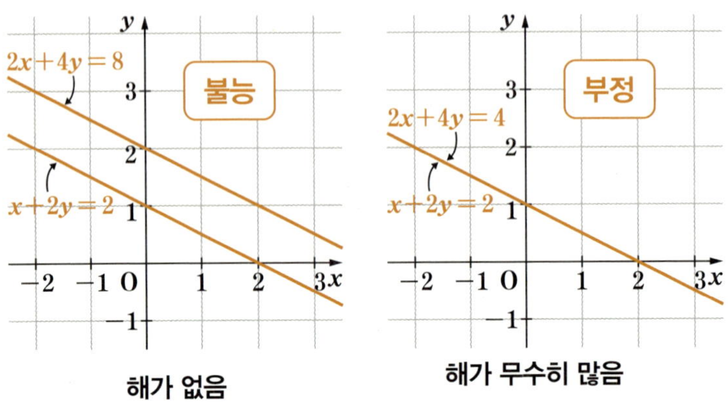

해가 없음   해가 무수히 많음

불능이거나 부정일 때 두 직선의 기울기는 같습니다.

$$ax + by = p$$
$$cx + dy = q$$

라는 두 직선의 기울기가 같을 때,

$$a : b = c : d$$

가 되고, '외항의 곱 = 내항의 곱'에 의해

$$ad = bc \quad \Leftrightarrow \quad ad - bc = 0$$

입니다. 이제 이해했겠지요? $ad - bc \neq 0$이라면 연립방정식이 나타내는 두 직선은 기울기가 다르므로 두 직선은 반드시 한 점에서 만나고, 그 점의 좌표 (연립방정식의 해)는

$$\begin{pmatrix} x \\ y \end{pmatrix} = A^{-1} \begin{pmatrix} p \\ q \end{pmatrix}$$

로 정할 수 있습니다. 그러나 $ad - bc = 0$일 때는 연립방정식이 나타내는 두 직선은 교점이 없거나(불능) 교점이 무수히 많거나(부정) 둘 중의 하나이므로 해를 하나로 정할 수 없습니다.

$ad - bc = 0$이라는 것, 다시 말해 A^{-1}가 존재하지 않는다는 것은 연립방정식의 해를 하나로 정할 수 없다는 뜻입니다.

그러면 여기서 문제를 하나 풀어 봅시다.

문제 3

행렬 $A = \begin{pmatrix} 9 & -2 \\ -2 & 6 \end{pmatrix}$에 대하여

(1) $A - kE$가 역행렬을 가지지 않는 실수 k의 값을 모두 구하세요. 단, E는 단위행렬입니다.

(2) (1)로 구한 k의 각각의 값에 대하여

$$A \begin{pmatrix} x \\ y \end{pmatrix} = k \begin{pmatrix} x \\ y \end{pmatrix}$$

를 만족하며 영벡터가 아닌 벡터 $\vec{v} = (x, y)$를 구하세요.

해설

(1) '역행렬을 가지지 않을 때 행렬식이 0'이라는 성질을 사용하면 k에 대한 이차방정식을 구할 수 있습니다.

(2)
$$k\begin{pmatrix} x \\ y \end{pmatrix} = \begin{pmatrix} kx \\ ky \end{pmatrix} = \begin{pmatrix} kx + 0 \cdot y \\ 0 \cdot x + ky \end{pmatrix}$$

$$= \begin{pmatrix} k & 0 \\ 0 & k \end{pmatrix}\begin{pmatrix} x \\ y \end{pmatrix}$$

$$= k\begin{pmatrix} 1 & 0 \\ 0 & 1 \end{pmatrix}\begin{pmatrix} x \\ y \end{pmatrix}$$

$$= kE\begin{pmatrix} x \\ y \end{pmatrix}$$

$$\begin{pmatrix} ax + by \\ cx + dy \end{pmatrix} = \begin{pmatrix} a & b \\ c & d \end{pmatrix}\begin{pmatrix} x \\ y \end{pmatrix}$$

$$\begin{pmatrix} ka & kb \\ kc & kd \end{pmatrix} = k\begin{pmatrix} a & b \\ c & d \end{pmatrix}$$

$$\begin{pmatrix} 1 & 0 \\ 0 & 1 \end{pmatrix} = E$$

로 변형할 수 있습니다. 또한 A와 k의 값을 대입해 구할 수 있는 방정식은 하나의 식으로 정리할 수 있으므로 '부정'입니다(해가 무수히 많습니다). 이를 벡터 $\vec{v}$를 사용해 나타냅니다.

해답

(1)
$$A - kE = \begin{pmatrix} 9 & -2 \\ -2 & 6 \end{pmatrix} - k\begin{pmatrix} 1 & 0 \\ 0 & 1 \end{pmatrix}$$

$$= \begin{pmatrix} 9 & -2 \\ -2 & 6 \end{pmatrix} - \begin{pmatrix} k & 0 \\ 0 & k \end{pmatrix}$$

$$= \begin{pmatrix} 9-k & -2 \\ -2 & 6-k \end{pmatrix} \quad \cdots ①$$

$A = \begin{pmatrix} a & b \\ c & d \end{pmatrix}$ 일 때, 행렬식(505쪽)은 $\det A = ad - bc$

$A - kE$가 역행렬을 가지지 않으므로

$$\det(A - kE) = 0$$
$$\Rightarrow (9-k)(6-k) - (-2)(-2) = 0$$
$$\Rightarrow 54 - 6k - 9k + k^2 - 4 = 0$$
$$\Rightarrow k^2 - 15k + 50 = 0$$
$$\Rightarrow (k-5)(k-10) = 0$$
$$\Rightarrow \boldsymbol{k = 5} \ \text{또는} \ \boldsymbol{k = 10}$$

$x^2 - (a+b)x + ab = (x-a)(x-b)$

$(x-a)(x-b) = 0$
$\Rightarrow x-a = 0$ 또는 $x-b = 0$
$\Rightarrow x = a$ 또는 $x = b$

(2)

$$k\begin{pmatrix} x \\ y \end{pmatrix} = kE\begin{pmatrix} x \\ y \end{pmatrix}$$

에 의해

$$A\begin{pmatrix} x \\ y \end{pmatrix} = k\begin{pmatrix} x \\ y \end{pmatrix}$$

$$\Rightarrow \ A\begin{pmatrix} x \\ y \end{pmatrix} = kE\begin{pmatrix} x \\ y \end{pmatrix}$$

$$\Rightarrow \ A\begin{pmatrix} x \\ y \end{pmatrix} - kE\begin{pmatrix} x \\ y \end{pmatrix} = 0$$

$$\Rightarrow \ (A - kE)\begin{pmatrix} x \\ y \end{pmatrix} = 0$$

$$\Rightarrow \ \begin{pmatrix} 9-k & -2 \\ -2 & 6-k \end{pmatrix}\begin{pmatrix} x \\ y \end{pmatrix} = 0$$

$$k A\vec{x} + l B\vec{x} = (kA + lB)\vec{x}$$

①에 의해

(i) $k = 5$일 때,

$$\begin{pmatrix} 9-k & -2 \\ -2 & 6-k \end{pmatrix}\begin{pmatrix} x \\ y \end{pmatrix} = 0$$

$$\Rightarrow \ \begin{pmatrix} 9-5 & -2 \\ -2 & 6-5 \end{pmatrix}\begin{pmatrix} x \\ y \end{pmatrix} = 0$$

$$\Rightarrow \ \begin{pmatrix} 4 & -2 \\ -2 & 1 \end{pmatrix}\begin{pmatrix} x \\ y \end{pmatrix} = 0$$

$$\Rightarrow \ \begin{cases} 4x - 2y = 0 \\ -2x + y = 0 \end{cases}$$

이 연립방정식은 하나의 식으로 정리할 수 있다(부정).

$$\Rightarrow \ y = 2x$$

따라서

$$\vec{v} = \begin{pmatrix} x \\ y \end{pmatrix} = \begin{pmatrix} x \\ 2x \end{pmatrix} = x\begin{pmatrix} 1 \\ 2 \end{pmatrix} \ (x \neq 0)$$

(ii) $k = 10$일 때,

$$\begin{pmatrix} 9-k & -2 \\ -2 & 6-k \end{pmatrix}\begin{pmatrix} x \\ y \end{pmatrix} = 0$$

$$\Rightarrow \begin{pmatrix} 9-10 & -2 \\ -2 & 6-10 \end{pmatrix}\begin{pmatrix} x \\ y \end{pmatrix} = 0$$

$$\Rightarrow \begin{pmatrix} -1 & -2 \\ -2 & -4 \end{pmatrix}\begin{pmatrix} x \\ y \end{pmatrix} = 0$$

$$\Rightarrow \begin{cases} -x - 2y = 0 \\ -2x - 4y = 0 \end{cases}$$

이 연립방정식도 하나의 식으로 정리할 수 있다(부정).

$$\Rightarrow \ x = -2y$$

따라서 다음과 같이 구할 수 있습니다.

$$\vec{v} = \begin{pmatrix} x \\ y \end{pmatrix} = \begin{pmatrix} -2y \\ y \end{pmatrix} = y\begin{pmatrix} -2 \\ 1 \end{pmatrix} \ (y \neq 0)$$

Note≡ (ii)의 경우 y를 소거하고 $y = -\dfrac{1}{2}x$를 대입해

$$\vec{v} = \begin{pmatrix} x \\ y \end{pmatrix} = \begin{pmatrix} x \\ -\dfrac{1}{2}x \end{pmatrix} = x\begin{pmatrix} 1 \\ -\dfrac{1}{2} \end{pmatrix} \ (x \neq 0)$$

로 계산해도 됩니다.

▥ 메모 ▥ **고유벡터와 고윳값**

일반적으로 행렬 A에 대하여 벡터 $\vec{x}$와 어떤 실수 k가 존재하고

$$\begin{cases} A\vec{x} = k\vec{x} \\ \vec{x} \neq \vec{0} \end{cases}$$

을 만족할 때, $\vec{x}$를 A의 **고유벡터**(characteristic vector), k를 A의 **고윳값**(characteristic value)이라고 합니다.

문제 **3**에서 구한

$$k = 5 \quad \text{또는} \quad k = 10$$

은 행렬 $A = \begin{pmatrix} 9 & -2 \\ -2 & 6 \end{pmatrix}$의 고윳값이고,

$$\vec{v} = x\begin{pmatrix} 1 \\ 2 \end{pmatrix}, \ y\begin{pmatrix} -2 \\ 1 \end{pmatrix} \ (x \neq 0, \ y \neq 0)$$

은 행렬 $A = \begin{pmatrix} 9 & -2 \\ -2 & 6 \end{pmatrix}$의 고유벡터입니다.

일반적으로 행렬 A의 고유벡터가

$$\vec{x_1} = \begin{pmatrix} x_1 \\ y_1 \end{pmatrix}, \ \vec{x_2} = \begin{pmatrix} x_2 \\ y_2 \end{pmatrix}$$

이며 각각에 대응하는 고윳값이 k_1, k_2일 때,

$$A\vec{x_1} = k_1\vec{x_1} \ \Rightarrow \ A\begin{pmatrix} x_1 \\ y_1 \end{pmatrix} = k_1\begin{pmatrix} x_1 \\ y_1 \end{pmatrix} = \begin{pmatrix} k_1 x_1 \\ k_1 y_1 \end{pmatrix}$$

$$A\vec{x_2} = k_2\vec{x_2} \ \Rightarrow \ A\begin{pmatrix} x_2 \\ y_2 \end{pmatrix} = k_2\begin{pmatrix} x_2 \\ y_2 \end{pmatrix} = \begin{pmatrix} k_2 x_2 \\ k_2 y_2 \end{pmatrix}$$

이들은 행렬의 곱셈의 정의에 따라 다음과 같습니다.

$$A\begin{pmatrix} x_1 & x_2 \\ y_1 & y_2 \end{pmatrix} = \begin{pmatrix} k_1 x_1 & k_2 x_2 \\ k_1 y_1 & k_2 y_2 \end{pmatrix}$$

$$A\begin{pmatrix} x_1 & x_2 \\ y_1 & y_2 \end{pmatrix} = \begin{pmatrix} x_1 & x_2 \\ y_1 & y_2 \end{pmatrix}\begin{pmatrix} k_1 & 0 \\ 0 & k_2 \end{pmatrix}$$

여기서

$$P = \begin{pmatrix} x_1 & x_2 \\ y_1 & y_2 \end{pmatrix}$$

라 하면

$$AP = P\begin{pmatrix} k_1 & 0 \\ 0 & k_2 \end{pmatrix}$$

입니다. 양변의 왼쪽에 P^{-1}를 곱하면

$$P^{-1}AP = P^{-1}P\begin{pmatrix} k_1 & 0 \\ 0 & k_2 \end{pmatrix}$$

$$\Rightarrow \quad P^{-1}AP = E\begin{pmatrix} k_1 & 0 \\ 0 & k_2 \end{pmatrix}$$

$$\Rightarrow \quad \boldsymbol{P^{-1}AP = \begin{pmatrix} k_1 & 0 \\ 0 & k_2 \end{pmatrix}}$$

가 됩니다. 고유벡터와 고윳값을 사용한 이런 일련의 작업을 **행렬의 대각화**라고 합니다. 또한, 여기서는 2×2행렬의 대각화 방법을 설명했지만 대학에서는 $n \times n$행렬의 대각화 방법을 배우게 됩니다. 이는 선형대수의 주요 학습목표 중 하나입니다.

고유벡터와 고윳값은 고등학교 수학의 범위를 벗어나는 것이지만 행렬을 특징 짓는 매우 중요한 값입니다.

자, 이번에는 행렬의 곱셈과 벡터의 곱이 이동을 나타낸다는 관점에서 일차변환을 다루어 봅시다. 행렬의 연산을 정의할 때, 왜

$$(kA + lB)\vec{x} = kA\vec{x} + lB\vec{x}$$

와

$$A(B\vec{x}) = (AB)\vec{x}$$

를 성립시킬 필요가 있었는지도 밝혀 보겠습니다.

일차변환(선형변환)

좌표평면 위의 점 $\mathrm{P}(x, y)$가 점 $\mathrm{P}'(x', y')$으로 이동할 때, P'의 좌표를 행렬 $A = \begin{pmatrix} a & b \\ c & d \end{pmatrix}$를 사용해

$$\begin{pmatrix} x' \\ y' \end{pmatrix} = A\begin{pmatrix} x \\ y \end{pmatrix} \qquad \boxed{\begin{aligned} A\begin{pmatrix} x \\ y \end{pmatrix} &= \begin{pmatrix} a & b \\ c & d \end{pmatrix}\begin{pmatrix} x \\ y \end{pmatrix} \\ &= \begin{pmatrix} ax + by \\ cx + dy \end{pmatrix} \end{aligned}}$$

로 나타낼 수 있다면, 다시 말해

$$\begin{cases} x' = ax + by \\ y' = cx + dy \end{cases}$$

가 항상 성립한다면 이 이동을 행렬 A를 나타내는 **일차변환** 또는 **선형변환**(linear transformation)이라고 합니다.

Note 대학 수학 과정부터는 '일차변환'보다 '선형변환'이라는 표현을 더 많이 사용합니다.

▼ 그림 7-36 원점에 대한 대칭이동

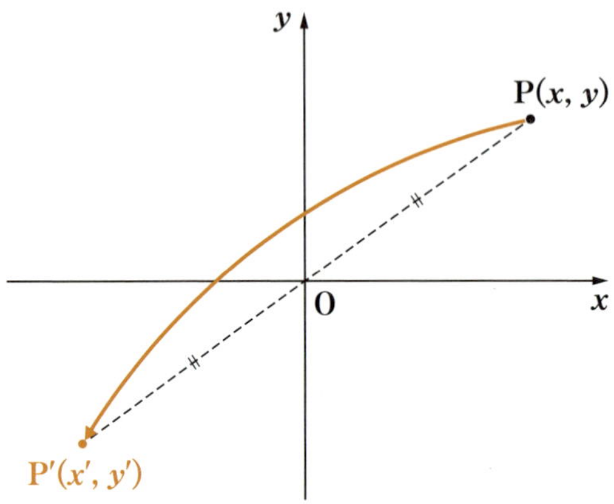

위와 같이 좌표평면 위에서 원점에 대한 대칭이동에 의해 점 $P(x, y)$가 점 $P'(x', y')$으로 이동했다고 할 때,

$$\begin{cases} x' = -x \\ y' = -y \end{cases}$$

의 관계가 있습니다. 이는

$$\begin{cases} x' = (-1) \cdot x + 0 \cdot y \\ y' = 0 \cdot x + (-1) \cdot y \end{cases}$$

로 바꿔 쓸 수 있으므로

$$\begin{pmatrix} x' \\ y' \end{pmatrix} = \begin{pmatrix} -1 & 0 \\ 0 & -1 \end{pmatrix} \begin{pmatrix} x \\ y \end{pmatrix}$$

입니다. 즉, 원점에 대한 대칭이동은 행렬

$$A = \begin{pmatrix} -1 & 0 \\ 0 & -1 \end{pmatrix}$$

이 나타내는 일차변환입니다.

예 2 ▐ 원점 기준의 회전이동

❤ 그림 7-37 원점 기준의 회전이동

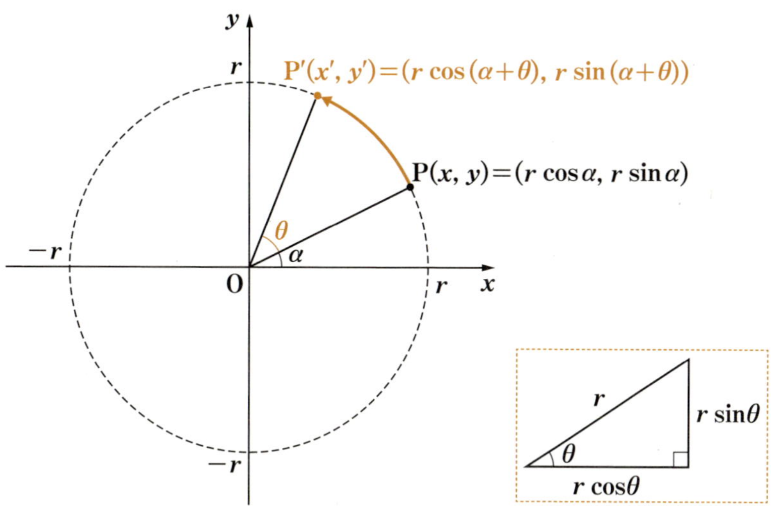

평면 위에 있는 임의의 점 $P(x, y)$를 원점 기준으로 각도 θ만큼 회전시킨 점 $P'(x', y')$을 생각해 봅시다. 점 P가 원점이 중심이며 반지름이 r인 원 위에 있고, $\overline{OP}$와 x축의 양의 방향이 이루는 각이 α이면 삼각함수의 정의(251쪽)에 따라

$$\begin{cases} x = r\cos\alpha \\ y = r\sin\alpha \end{cases}$$

입니다. 한편, 점 P를 원점을 기준으로 각도 θ만큼 회전하면 $\overline{OP'}$과 x축의 양의 방향이 이루는 각은 $\alpha + \theta$가 되므로

$$\begin{aligned} x' &= r\cos(\alpha + \theta) \\ &= r(\cos\alpha\cos\theta - \sin\alpha\sin\theta) \\ &= \cos\theta \cdot r\cos\alpha - \sin\theta \cdot r\sin\alpha \\ y' &= r\sin(\alpha + \theta) \\ &= r(\sin\alpha\cos\theta + \cos\alpha\sin\theta) \\ &= \sin\theta \cdot r\cos\alpha + \cos\theta \cdot r\sin\alpha \end{aligned}$$

덧셈정리(264쪽)
$\cos(\alpha + \beta) = \cos\alpha\cos\beta - \sin\alpha\sin\beta$
$\sin(\alpha + \beta) = \sin\alpha\cos\beta + \cos\alpha\sin\beta$

입니다. 이에 따라

$$\begin{cases} x' = \cos\theta \cdot r\cos\alpha - \sin\theta \cdot r\sin\alpha = \cos\theta \cdot x - \sin\theta \cdot y \\ y' = \sin\theta \cdot r\cos\alpha + \cos\theta \cdot r\sin\alpha = \sin\theta \cdot x + \cos\theta \cdot y \end{cases}$$

로 바꿔 쓸 수 있으므로

$$\begin{pmatrix} x' \\ y' \end{pmatrix} = \begin{pmatrix} \cos\theta & -\sin\theta \\ \sin\theta & \cos\theta \end{pmatrix} \begin{pmatrix} x \\ y \end{pmatrix}$$

입니다. 즉, 원점이 중심인 각도 θ만큼의 회전이동은 행렬

$$A = \begin{pmatrix} \cos\theta & -\sin\theta \\ \sin\theta & \cos\theta \end{pmatrix}$$

가 나타내는 일차변환입니다.

> **원점이 중심인 각도 θ의 회전이동을 나타내는 행렬**
>
> $$\begin{pmatrix} \cos\theta & -\sin\theta \\ \sin\theta & \cos\theta \end{pmatrix}$$

선형성에 대하여

임의의 변환 f에 의해 $\vec{p}$가 $\vec{p'}$으로 이동하는 것을

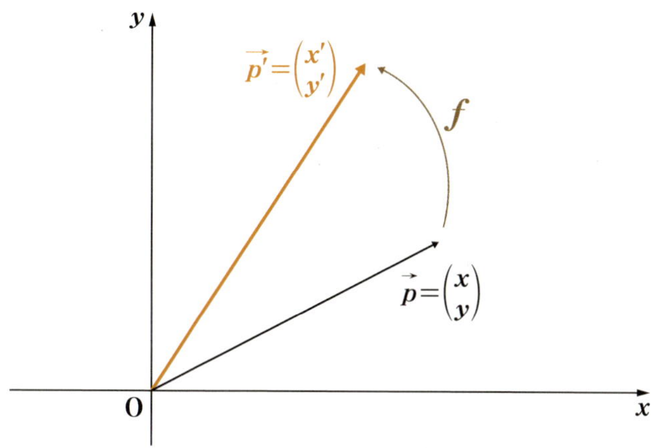

$$\vec{p'} = f(\vec{p})$$

로 나타낸다고 하면 f가 일차변환일 때, 임의의 벡터 $\vec{p}$, $\vec{q}$와 임의의 실수 α, β 에 대하여

$$f(\alpha\vec{p} + \beta\vec{q}) = \alpha f(\vec{p}) + \beta f(\vec{q})$$

가 성립합니다. 이 성질을 **선형성**(linearity)이라고 합니다. 선형성을 나타내는 이 식은 문자식에서 분배법칙이 성립하는 것을 나타내는 정도로만 보이기 때문 에 지극히 당연하다고 느낄 수 있지만, 사실은 전혀 당연하지 않습니다. 함수를 사용해 이를 설명해 보겠습니다.

$y = f(x)$일 때(y가 x의 함수일 때), f에 의해 x가 y로 변환됐다고 생각해 봅 시다.

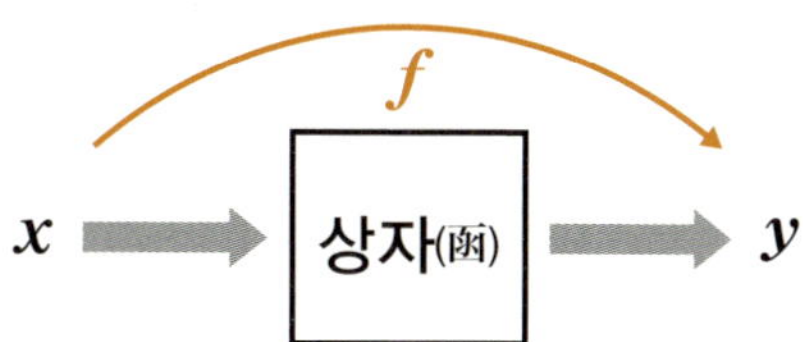

여기서 $f(x)$가

$$f(x) = kx$$

이면

$$f(\alpha p + \beta q) = k(\alpha p + \beta q) = k\alpha p + k\beta q = \alpha k p + \beta k q = \alpha f(p) + \beta f(q)$$

에 의해 선형성이 있지만

$$f(x) = kx^2$$

인 경우

$$f(\alpha p + \beta q) = k(\alpha p + \beta q)^2 = k\alpha^2 p^2 + 2k\alpha\beta pq + k\beta^2 q^2$$
$$\alpha f(p) + \beta f(q) = \alpha k p^2 + \beta k q^2$$
$$\Rightarrow \quad f(\alpha p + \beta q) \neq \alpha f(p) + \beta f(q)$$

가 되므로 선형성이 없습니다.

변환의 합과 행렬의 합

이제 행렬 A가 나타내는 일차변환을 f, 행렬 B가 나타내는 일차변환을 g라고 합시다. 즉,

$$f(\vec{p}) = A\vec{p}$$
$$g(\vec{p}) = B\vec{p}$$

입니다. 여기에 각각을 실수배한 결과의 덧셈

$$(kf + lg)(\vec{p}) = kf(\vec{p}) + lg(\vec{p}) \quad \cdots ①$$

로 정의되는 변환 $kf + lg$를 생각해 봅시다(k와 l은 실수).

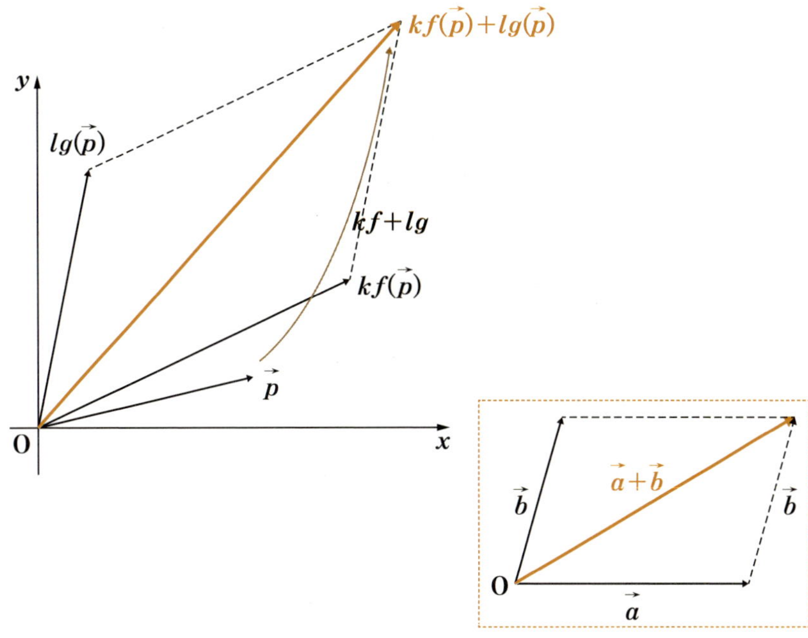

먼저 이 변환이 선형성을 가지고 있는지 확인해 봅시다.

$$(kf + lg)\left(\alpha\vec{p} + \beta\vec{q}\right)$$
$$= kf\left(\alpha\vec{p} + \beta\vec{q}\right) + lg\left(\alpha\vec{p} + \beta\vec{q}\right)$$
$$= k\{\alpha f(\vec{p}) + \beta f(\vec{q})\} + l\{\alpha g(\vec{p}) + \beta g(\vec{q})\}$$
$$= \alpha kf(\vec{p}) + \beta kf(\vec{q}) + \alpha lg(\vec{p}) + \beta lg(\vec{q})$$
$$= \alpha\{kf(\vec{p}) + lg(\vec{p})\} + \beta\{kf(\vec{q}) + lg(\vec{q})\}$$
$$= \alpha(kf + lg)(\vec{p}) + \beta(kf + lg)(\vec{q})$$

가 되므로 **변환 $kf + lg$는 선형성을 가집니다.**

그런데 행렬의 합과 실수배의 정의에서

$$(kA + lB)\vec{x} = kA\vec{x} + lB\vec{x}$$

가 성립하는 것은 이미 확인했습니다(493~494쪽).

이를 사용하면 ①에 의해

$$(kf + lg)(\vec{p}) = kf(\vec{p}) + lg(\vec{p}) = kA\vec{p} + lB\vec{p} = (kA + lB)\vec{p}$$

이므로 변환 $kf + lg$는 $kA + lB$로 나타낼 수 있는 변환임을 알 수 있습니다.

즉, 492쪽에서 배운 행렬의 합과 실수배에 대한 정의는 **선형성을 가진 변환 $kf + lg$를 $kA + lB$라는 행렬로 나타내기 위한 것**이었습니다.

합성변환과 행렬의 곱

이번에는 다음과 같이 g라는 변환으로 $\vec{p}$가 $\vec{q}$로 변환되고, f라는 변환으로 $\vec{q}$가 $\vec{r}$로 변환되는 경우를 생각해 봅시다. 식으로 나타내면

$$\vec{q} = g(\vec{p}) \quad \cdots ①$$
$$\vec{r} = f(\vec{q}) \quad \cdots ②$$

가 됩니다.

▼ 그림 7-41 합성변환 $f \circ g$의 정의

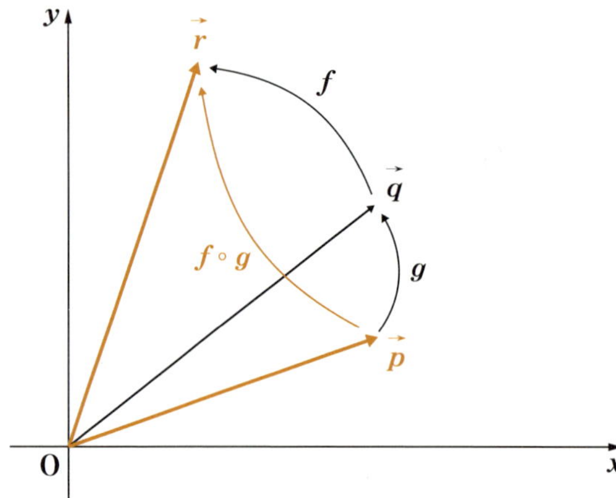

여기서 ①을 ②에 대입해 봅시다.

$$\vec{r} = f(\vec{q}) = f(g(\vec{p}))$$

$\vec{r}$은 $\vec{p}$를 g와 f로 ($\vec{q}$를 사이에 두고) 변환한 것이므로 $\vec{p}$를 $\vec{r}$에 대응시키는 변환을 **g와 f의 합성변환**이라 하며 $f(g(\vec{p}))$를 $f \circ g(\vec{p})$로 표기합니다. 즉,

$$\vec{r} = f \circ g(\vec{p})$$

입니다. 변환 g를 나타내는 행렬을 B, 변환 f를 나타내는 행렬을 A라고 하면

$$\vec{q} = g(\vec{p}) = B\vec{p}$$
$$\vec{r} = f(\vec{q}) = A\vec{q}$$

이므로

$$
\begin{aligned}
f \circ g(\vec{p}) &= f(g(\vec{p})) \\
&= f(\vec{q}) \\
&= A\vec{q} \\
&= A(B\vec{p})
\end{aligned}
\qquad
\begin{aligned}
&g(\vec{p}) = \vec{q} \\
&f(\vec{q}) = A\vec{q} \\
&\vec{q} = B\vec{p}
\end{aligned}
$$

가 됩니다. 그런데 행렬의 곱셈은

$$A(B\vec{x}) = (AB)\vec{x}$$

가 성립하도록 정의된 것이었지요(497쪽)? 따라서

$$f \circ g(\vec{p}) = A(B\vec{p}) = (AB)\vec{p}$$

입니다.

결국 복잡하게만 보였던 행렬의 곱셈의 정의는 행렬 B로 나타나는 변환 g와 행렬 A로 나타나는 변환 f의 **합성변환 $f \circ g$를 나타내는 행렬이 AB가 되도록** 만들어진 것이었습니다.

▶ 행렬의 쓰임새 –마르코프 연쇄와 시장 점유율 분석–

선형대수가 수비하는 범위는 아주 넓은데, 경제 이론에서 말하는 이른바 **마르코프 연쇄**(Markov Chain)라는 화제로 이야기해 보려 합니다. 일반적으로 같은 일을 반복하는 프로세스에서 각 현상이 일어날 확률이 직전의 상태만으로 결정되는 경우를 **마르코프 과정**이라고 합니다. 마르코프 연쇄란 마르코프 과정 중 주기가 '하루' 또는 '1년'처럼 이산적인 과정을 말합니다.

예를 들어 어떤 제품의 시장 점유율을 놓고 S사와 T사라는 2개의 회사가 경쟁하고 있다고 합시다. 이 제품의 수명은 1년이며 모든 사용자는 1년마다 제품을 교체합니다.

S사 제품의 사용자 0.9(90%)는 교체를 검토할 때마다 그대로 S사 제품을 사용하며, 0.1(10%)은 T사 제품으로 교체합니다. 또한, T사 제품의 사용자는 교체를 검토할 때마다 0.7(70%)이 그대로 T사 제품을 사용하며, 0.3(30%)은 S사 제품으로 교체합니다.

▼ 그림 7-42 S사와 T사 고객의 교체율

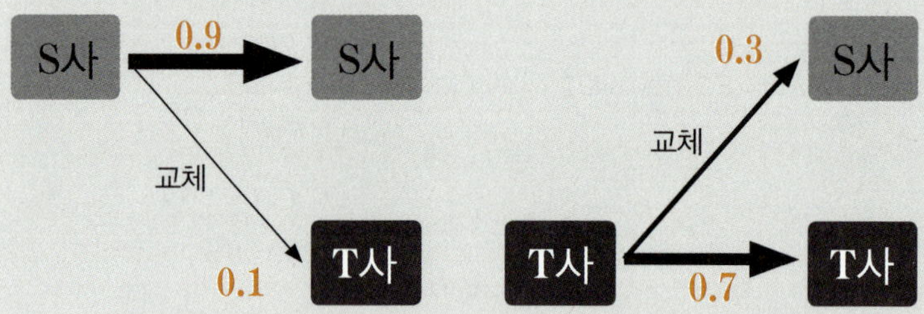

이 4개의 숫자로 만든 행렬

$$A = \begin{pmatrix} 0.9 & 0.3 \\ 0.1 & 0.7 \end{pmatrix}$$

을 **전이확률행렬**이라고 합니다.

만약 현재 S사와 T사의 시장 점유율이 정확히 절반(0.5)일 경우, 1년 후 시장 점유율이 어떻게 변화할지 계산해 봅시다.

1년 후에 S사 → S사로 계속 사용하는 사용자는

$$0.5 \times 0.9 = 0.45$$

입니다. 또한, 1년 후에 T사 → S사로 교체하는 사용자는

$$0.5 \times 0.3 = 0.15$$

이므로 결국 1년 후 S사의 시장 점유율은

$$0.45 + 0.15 = 0.60$$

입니다. 마찬가지로 1년 후에 T사 → T사로 계속 사용하는 사용자는

$$0.5 \times 0.7 = 0.35$$

입니다. 1년 후에 S사 → T사로 교체하는 사용자는

$$0.5 \times 0.1 = 0.05$$

이므로 결국 1년 후 T사의 시장 점유율은

$$0.35 + 0.05 = 0.40$$

입니다. 즉, S사와 T사의 시장 점유율은 1년 후

$$\begin{matrix} 0.5 \\ 0.5 \end{matrix} \quad \rightarrow \quad \begin{matrix} 0.6 \\ 0.4 \end{matrix}$$

로 변화하는 것을 알았습니다. 이를 열벡터로 표기하면(성분을 세로로 나열하면)

$$\vec{x_0} = \begin{pmatrix} 0.5 \\ 0.5 \end{pmatrix} \quad \rightarrow \quad \vec{x_1} = \begin{pmatrix} 0.6 \\ 0.4 \end{pmatrix}$$

군요. 이렇게 하면 위의 계산은 행렬과 벡터를 사용해

$$\begin{pmatrix} 0.9 & 0.3 \\ 0.1 & 0.7 \end{pmatrix} \begin{pmatrix} 0.5 \\ 0.5 \end{pmatrix} = \begin{pmatrix} 0.9 \times 0.5 + 0.3 \times 0.5 \\ 0.1 \times 0.5 + 0.7 \times 0.5 \end{pmatrix} = \begin{pmatrix} 0.6 \\ 0.4 \end{pmatrix}$$

로 표기할 수 있습니다. 전이확률행렬을 A, 현재 시장 점유율을 $\vec{x_0}$, 1년 후 시장 점유율을 $\vec{x_1}$이라고 하면

$$A\vec{x_0} = \vec{x_1} \quad \cdots ①$$

입니다. 마찬가지로 2년 후의 시장 점유율 $\vec{x_2}$는

$$A\vec{x_1} = \vec{x_2} \quad \cdots ②$$

가 됩니다. ①을 ②에 대입하면

$$A \vec{x_1} = A(A \vec{x_0}) = \vec{x_2} \quad \Rightarrow \quad A^2 \vec{x_0} = \vec{x_2}$$

군요. 결국 n년 후 시장 점유율 $\vec{x_n}$은

$$A^n \vec{x_0} = \vec{x_n}$$

으로 계산할 수 있습니다. 이때 n을 한없이 키웠을 때, $\vec{x_n}$의 극한(339쪽)이 $\vec{x_\infty}$라면, 즉

$$\lim_{n \to \infty} A^n \vec{x_0} = \vec{x_\infty} \quad \cdots ③$$

이면 자연스럽게

$$\lim_{n \to \infty} A^{n+1} \vec{x_0} = \vec{x_\infty} \quad \cdots ④$$

가 떠오를 것입니다.

> Note≡ | 예를 들어 $\dfrac{1}{2}$은 곱하면 곱할수록 0에 가까워지므로
>
> $$\lim_{n \to \infty} \left(\frac{1}{2} \right)^n = 0$$
>
> 이며
>
> $$\lim_{n \to \infty} \left(\frac{1}{2} \right)^{n+1} = 0$$
>
> 입니다. 일반적으로 n이 한없이 커질 때, n제곱의 극한과 $n+1$제곱의 극한은 같은 값이 됩니다(n이 커지면 커질수록 n과 $n+1$의 차이는 고려할 필요가 없어지는 셈입니다).

④에 의해

$$\lim_{n \to \infty} A^{n+1} \vec{x_0} = \vec{x_\infty}$$

$$\Rightarrow \quad \lim_{n \to \infty} A A^n \vec{x_0} = \vec{x_\infty}$$

$$\Rightarrow \quad A \lim_{n \to \infty} A^n \vec{x_0} = \vec{x_\infty}$$

이고, ③에 대입하면

$$A\overrightarrow{x_\infty} = \overrightarrow{x_\infty} \quad \cdots ⑤$$

입니다.

$$\overrightarrow{x_\infty} = \begin{pmatrix} s \\ t \end{pmatrix} \quad (0 \leq s,\ t \leq 1)$$

이라 하면 전체 시장 점유율을 2개의 회사가 경쟁하고 있으므로

$$s+t = 1$$

입니다. 따라서

$$\overrightarrow{x_\infty} = \begin{pmatrix} s \\ 1-s \end{pmatrix} \quad (0 \leq s \leq 1)$$

이고, 이를 ⑤에 대입하면

$$\begin{pmatrix} 0.9 & 0.3 \\ 0.1 & 0.7 \end{pmatrix}\begin{pmatrix} s \\ 1-s \end{pmatrix} = \begin{pmatrix} s \\ 1-s \end{pmatrix} \Rightarrow \begin{pmatrix} 0.9s+0.3(1-s) \\ 0.1s+0.7(1-s) \end{pmatrix} = \begin{pmatrix} s \\ 1-s \end{pmatrix}$$

$$\Rightarrow \begin{cases} 0.9s+0.3-0.3s = s \\ 0.1s+0.7-0.7s = 1-s \end{cases}$$

이며, 이 두 식은 모두

$$0.4s = 0.3$$

으로 정리할 수 있으므로

$$s = \frac{0.3}{0.4} = 0.75$$

가 나오며, 결국 S사와 T사의 시장 점유율 쟁탈전은

$$\overrightarrow{x_\infty} = \begin{pmatrix} 0.75 \\ 0.25 \end{pmatrix}$$

로 마무리되는 것을 알 수 있습니다. 이 최종적인 시장 점유율을 **균형점유율**이라고 합니다. 사실 **균형점유율**은 현재 시장 점유율 $\overrightarrow{x_0}$과는 관계가 없고 전이확률행렬 A만으로 정해집니다.

⑤에 의해 A가 고윳값 1을 가지는 것을 알게 되었고, 균형점유율 $\vec{x_\infty}$는 고윳값 1에 대한 고유벡터이기 때문입니다(513쪽).

$$A\vec{x} = k\vec{x} \text{이고 } \vec{x} \neq \vec{0} \text{일 때,}$$
$\vec{x}$: A의 고유벡터
k : A의 고윳값(⑤는 $k=1$인 경우)

또한, 일반적으로 전이확률행렬이

$$A = \begin{pmatrix} a & b \\ c & d \end{pmatrix} \ [a,\ b,\ c,\ d \geq 0,\ a+c=1,\ b+d=1]$$

일 때,

$$a+c=1,\ \ b+d=1$$

에서 a와 d를 소거하고 509쪽의 문제처럼 계산하면 A의 고윳값 1에 대한 고유벡터, 즉 균형점유율 $\vec{x_\infty}$는

$$\vec{x_\infty} = \begin{pmatrix} \dfrac{b}{b+c} \\ \dfrac{c}{b+c} \end{pmatrix}$$

가 된다는 것을 알 수 있습니다. 여력이 있는 분들은 꼭 확인해 보세요.

03 복소평면

앞서 복소수를 배웠지만 이 절에서는 제곱하면 음수가 되는 허수(imaginary number)를 좌표평면 위의 점에 대응시키는 방법을 배웁니다. 그러면 허수는 결코 현실과 동떨어진 '상상의 수'가 아니라 실로 응용 범위가 넓은 강력한 도구임을 알게 됩니다.

복소수로 복소평면 위의 도형을 다루면 특히 **도형의 회전**을 다루기 편해진다는 점도 기억해 주세요.

▼ 그림 7-43 복소수

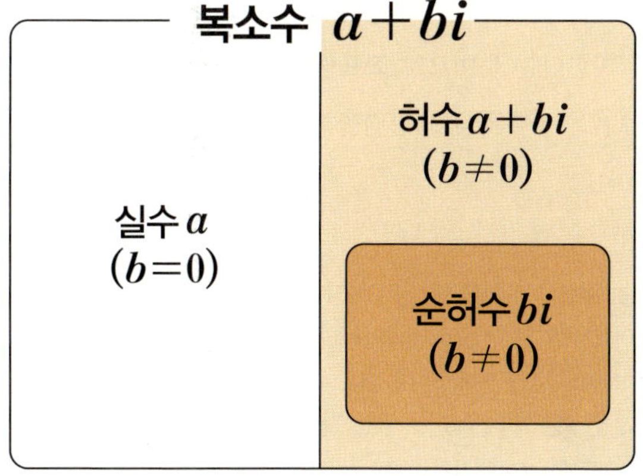

앞에서 데카르트가 한 쌍의 숫자와 좌표계의 점이 일대일로 대응한다는 점을 이용해 방정식을 도형으로 파악하거나 도형을 방정식으로 나타내는 혁명을 일으켰다고 설명했습니다(128쪽).

복소수도 이후에 설명하는 방법으로 좌표계의 점과 도형을 일대일로 대응시킬 수 있으므로 복소수를 도형으로 파악하거나 도형을 복소수로 표현할 수 있습니다.

복소평면: 허와 실이 교차하는 좌표평면

▼ 그림 7-44 복소평면

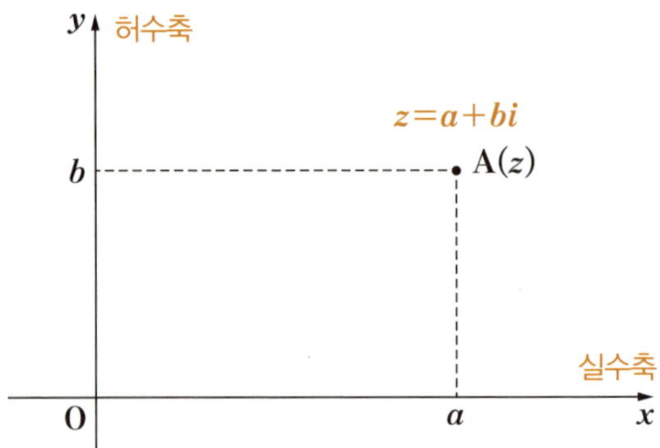

복소수 $z = a + bi$를 좌표평면 위의 점 $(a,\ b)$로 나타내면 **복소수와 평면 위의 점이 일대일로 대응**합니다. 일반적으로 두 집합의 각 요소가 일대일로 대응한다는 것은 두 집합이 일치한다는 뜻이므로 **좌표평면(=점의 집합)을 복소수의 집합으로 간주**할 수 있습니다. 이때의 좌표평면을 **복소수평면** 또는 **복소평면**이라고 합니다.

> Note≡ 　실수를 표현하는 직선을 수직선이라 부르니 복소수를 나타내는 평면은 '복소수평면'이라고 해야 합리적이겠지만, 일반적으로 대학 수학에서는 복소수를 나타내는 평면을 complex plane를 번역하여 '복소평면'이라 부릅니다. 혹은 복소수를 평면 위에 나타내는 획기적인 아이디어를 깊게 연구한 가우스(1777-1855)를 기리는 의미에서 **가우스 평면**(Gaussian plane)이라 부르기도 합니다. 여기서도 복소평면으로 통일해서 설명하겠습니다.

복소평면 위에서는 x축을 **실수축**, y축을 **허수축**이라고 합니다. 실수축 위의 점은 실수를 나타내고, 허수축 위의 점은 (원점을 제외하고) 순허수를 나타냅니다.

또한, 복소평면 위의 점 A가 복소수 z를 나타낼 때는 $\mathrm{A}(z)$로 표기합니다. 점 A는 간단히 점 z로 줄여 부르기도 합니다.

켤레복소수

복소수 $z = a + bi$(a, b는 실수)에 대하여

$$\overline{z} = a - bi$$

를 z의 **켤레복소수**(complex conjugate) 또는 공액복소수라고 합니다.

예

$$z = 3 + 2i \quad \Rightarrow \quad \overline{z} = 3 - 2i$$
$$z = 3 \quad \Rightarrow \quad \overline{z} = 3$$
$$z = 2i \quad \Rightarrow \quad \overline{z} = -2i$$

---

z와 $\overline{z}$의 합과 곱은 실수가 됩니다.

$$z + \overline{z} = (a + bi) + (a - bi) = 2a$$

$$z\,\overline{z} = (a + bi)(a - bi)$$
$$= a^2 - (bi)^2 = a^2 - b^2 i^2 = a^2 + b^2$$

$$(p+q)(p-q) = p^2 - q^2$$

허수단위 i (99쪽)
$$i^2 = -1$$

또한, 복소평면 위에서는

점 $\overline{z}$는 점 z와 실수축에 대하여 대칭

점 $-\overline{z}$는 점 z와 허수축에 대하여 대칭

점 $-z$는 점 z와 원점에 대하여 대칭

입니다.

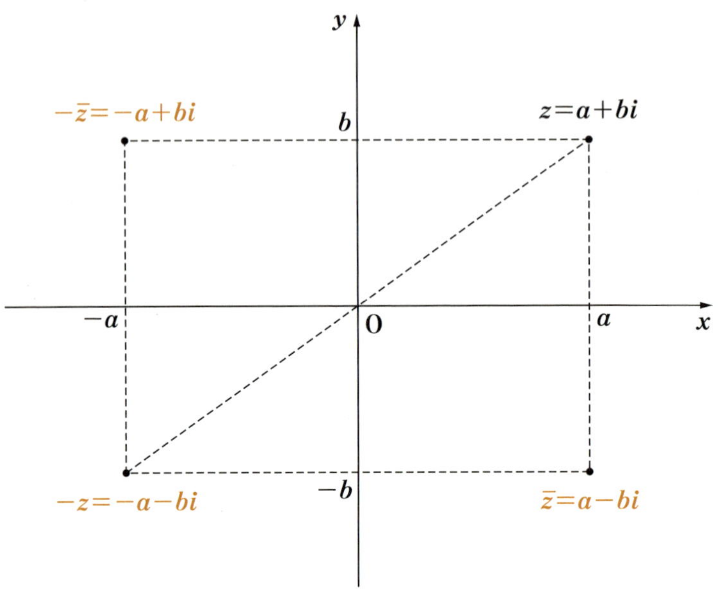

특히 z가 실수일 때, 점 z는 실수축 위에 있으므로 점 z와 실수축에 대하여 대칭을 이루는 점 $\overline{z}$는 겹칩니다. 또한, z가 순허수일 때, 점 z는 허수축 위에 있으므로 점 z와 실수축에 대하여 대칭을 이루는 점 $\overline{z}$는 허수축 위에 있는 원점을 기준으로 반대쪽에 위치합니다.

이로써 다음을 알 수 있습니다.

$$z\text{가 실수} \iff \overline{z} = z$$
$$z\text{가 순허수} \iff \overline{z} = -z \ (z \neq 0)$$

또한, 두 복소수 α, β의 합, 차, 곱, 몫의 켤레복소수에 대해 다음이 성립합니다.

$$\text{(i)} \quad \overline{\alpha+\beta} = \overline{\alpha} + \overline{\beta} \quad \text{(합)}$$

$$\text{(ii)} \quad \overline{\alpha-\beta} = \overline{\alpha} - \overline{\beta} \quad \text{(차)}$$

$$\text{(iii)} \quad \overline{\alpha\beta} = \overline{\alpha} \cdot \overline{\beta} \quad \text{(곱)}$$

$$\text{(iv)} \quad \overline{\left(\dfrac{\beta}{\alpha}\right)} = \dfrac{\overline{\beta}}{\overline{\alpha}} \quad \text{(몫)}$$

증명

$$\overline{\alpha+\beta} = (a+c) - (b+d)i$$

라고 합시다(a, b, c, d는 실수).

(i)

$$\alpha = a+bi, \quad \beta = c+di$$

이므로

$$\overline{\alpha+\beta} = (a+c) - (b+d)i$$

가 됩니다. 또한,

$$\overline{\alpha} + \overline{\beta} = (a-bi) + (c-di)$$
$$= (a+c) - (b+d)i$$

> $\alpha = a+bi$ 일 때,
> $\overline{\alpha} = a-bi$

입니다. 따라서 다음이 성립합니다.

$$\overline{\alpha+\beta} = \overline{\alpha} + \overline{\beta}$$

(ii)

$$\alpha - \beta = (a + bi) - (c + di)$$
$$= (a - c) + (b - d)i$$

이므로

$$\overline{\alpha - \beta} = (a - c) - (b - d)i$$

입니다. 또한,

$$\overline{\alpha} - \overline{\beta} = (a - bi) - (c - di)$$
$$= a - c - bi + di$$
$$= (a - c) - (b - d)i$$

입니다. 따라서 다음이 성립합니다.

$$\overline{\alpha - \beta} = \overline{\alpha} - \overline{\beta}$$

(iii)

$$\alpha\beta = (a + bi)(c + di)$$
$$= ac + adi + bci + bdi^2 \qquad \boxed{i^2 = -1}$$
$$= ac + adi + bci - bd$$
$$= (ac - bd) + (ad + bc)i$$

이므로

$$\overline{\alpha\beta} = (ac - bd) - (ad + bc)i$$

입니다. 또한,

$$\overline{\alpha} \cdot \overline{\beta} = (a - bi)(c - di)$$
$$= ac - adi - bci + bdi^2 \qquad \boxed{i^2 = -1}$$
$$= ac - adi - bci - bd$$
$$= (ac - bd) - (ad + bc)i$$

입니다. 따라서 다음이 성립합니다.

$$\overline{\alpha\beta} = \overline{\alpha} \cdot \overline{\beta}$$

(iv)

$$\frac{\beta}{\alpha} = \frac{c+di}{a+bi} = \frac{c+di}{a+bi} \times \frac{a-bi}{a-bi}$$

$$= \frac{(c+di)(a-bi)}{(a+bi)(a-bi)}$$

$$= \frac{ac+adi-bci-bdi^2}{a^2-b^2i^2}$$

$$= \frac{ac+adi-bci+bd}{a^2+b^2}$$

$$= \frac{ac+bd}{a^2+b^2} + \frac{ad-bc}{a^2+b^2}i$$

이므로

$$\overline{\left(\frac{\beta}{\alpha}\right)} = \frac{ac+bd}{a^2+b^2} - \frac{ad-bc}{a^2+b^2}i$$

입니다. 또한,

$$\frac{\overline{\beta}}{\overline{\alpha}} = \frac{c-di}{a-bi} = \frac{c-di}{a-bi} \times \frac{a+bi}{a+bi} \qquad \leftarrow \text{분모의 실수화}$$

$$= \frac{(c-di)(a+bi)}{(a-bi)(a+bi)}$$

$$= \frac{ac-adi+bci-bdi^2}{a^2-b^2i^2}$$

$$= \frac{ac-adi+bci+bd}{a^2+b^2}$$

$$= \frac{ac+bd}{a^2+b^2} - \frac{ad-bc}{a^2+b^2}i$$

> ← 분모의 실수화
> (참고) 분모의 유리화
> $$\frac{5}{2+\sqrt{3}} = \frac{5}{2+\sqrt{3}} \times \frac{2-\sqrt{3}}{2-\sqrt{3}}$$
> $$= \frac{5(2-\sqrt{3})}{2^2-(\sqrt{3})^2}$$
> $$= \frac{10-5\sqrt{3}}{4-3}$$
> $$= 10-5\sqrt{3}$$

입니다. 따라서 다음이 성립합니다.

$$\overline{\left(\dfrac{\beta}{\alpha}\right)} = \dfrac{\overline{\beta}}{\overline{\alpha}}$$

증명 끝

복소수의 절댓값

복소수 $z = a + bi$에 대하여

$$\sqrt{z\overline{z}} = \sqrt{a^2 + b^2}$$

$$z\overline{z} = (a + bi)(a - bi) \\ = a^2 - (bi)^2 = a^2 - b^2 i^2 = a^2 + b^2$$

을 **복소수 z의 절댓값**이라고 하며 $|z|$ 또는 $|a + bi|$로 나타냅니다.

> **복소수의 절댓값**
>
> $z = a + bi$일 때, 다음이 성립합니다.
>
> $$|z| = |a + bi| = \sqrt{a^2 + b^2}$$
> $$|z|^2 = z\overline{z} = a^2 + b^2$$

복소평면 위에서는 복소수 z의 절댓값이 **원점 O와 점 z 사이의 거리**를 뜻합니다.

▼ 그림 7-46 복소수의 위치를 복소평면 위에 나타내는 방법 (1)

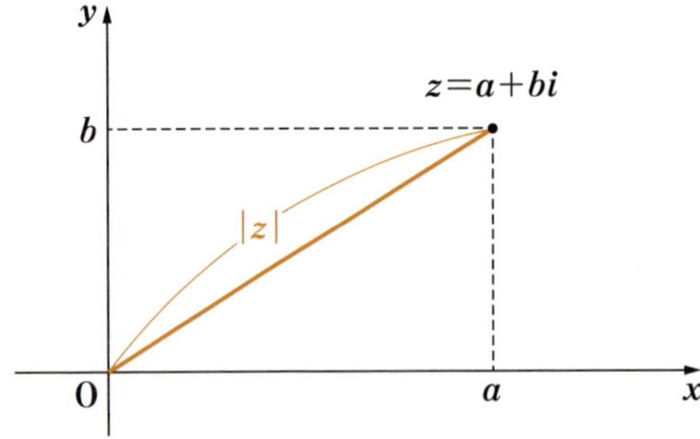

복소수의 극형식

평면 위의 점 하나를 정하려면 보통은 2개의 좌표축과 좌표를 사용하지만 또 다른 방법이 있습니다.

복소수 $z = a + bi$에 대하여 $z \neq 0$일 때,

$$r = |z| = \sqrt{a^2 + b^2}$$

이면 z를 나타내는 점 A의 위치를 x축(실수축)의 양의 부분에서의 회전각 θ와 원점 O가 이루는 거리 r로 나타낼 수 있습니다.

▼ 그림 7-47 복소수의 위치를 복소평면 위에 나타내는 방법 (2)

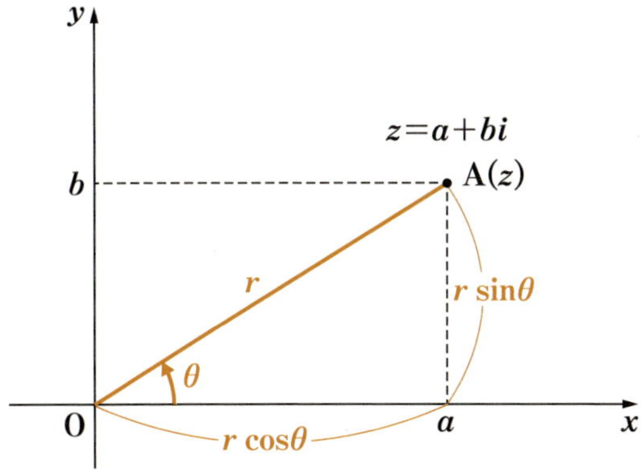

이때

$$\begin{cases} a = r\cos\theta \\ b = r\sin\theta \end{cases}$$

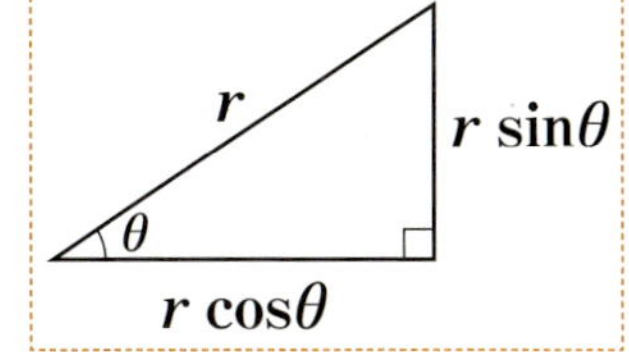

이므로

$$z = a + bi = r\cos\theta + r\sin\theta \cdot i = r(\cos\theta + i\sin\theta)$$

입니다. 가장 오른쪽 식의 형태를 복소수 z의 **극형식**(polar form)이라고 합니다.

극형식의 각도 θ를 **편각**(argument)이라 하고, 복소수 z의 편각은

$$\mathbf{arg}z$$

로 표기합니다.

편각은 호도법(250쪽)으로 나타내는데 음의 각도나 2π보다 더 큰 각도가 있을 수 있습니다. 일반적으로 복소수 z의 편각 중 하나가 θ_0일 때,

$$\arg z = \theta_0 + 2n\pi$$

입니다.

♥ 그림 7-48 호도법

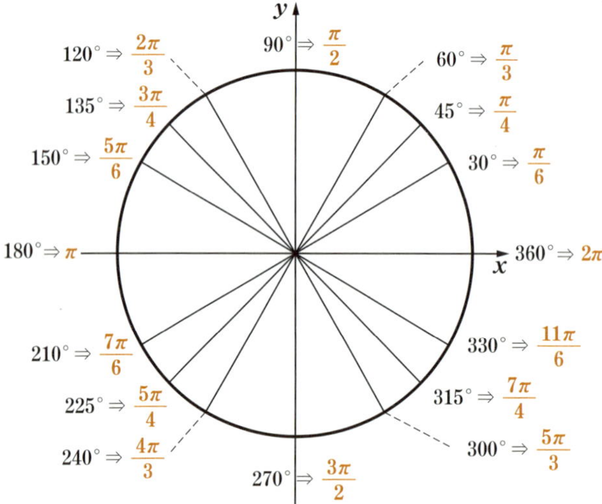

복소수의 극형식

0이 아닌 복소수 z에 대하여

$$z = r(\cos\theta + i\sin\theta)$$

와 같이 나타내는 것을 복소수 z의 극형식이라고 합니다. 이때

$$r = |z|, \quad \theta = \arg z$$

이고, θ를 편각이라고 합니다.

 극형식에서는 보통

$$z = r(\cos\theta + \sin\theta i)$$

라고 표기하지 않습니다. $\sin\theta i$라고 적으면 이것이 $\sin(\theta i)$인지 $(\sin\theta)i$인지 구분하기 어렵기 때문입니다.

예

$z = \sqrt{3} + i$일 때, z의 절댓값을 r이라고 하면

$$r = |z| = \sqrt{(\sqrt{3})^2 + 1^2} = \sqrt{3+1} = \sqrt{4} = 2$$

$$\Rightarrow \quad z = \sqrt{3} + i = 2\left(\frac{\sqrt{3}}{2} + i\cdot\frac{1}{2}\right)$$

$z = r(\cos\theta + i\sin\theta)$ 형태로 변형

입니다. 편각을 θ라 하면

$$\cos\theta = \frac{\sqrt{3}}{2}, \quad \sin\theta = \frac{1}{2}$$

$$\Rightarrow \quad \theta = \frac{\pi}{6} + 2n\pi \quad (n\text{은 정수})$$

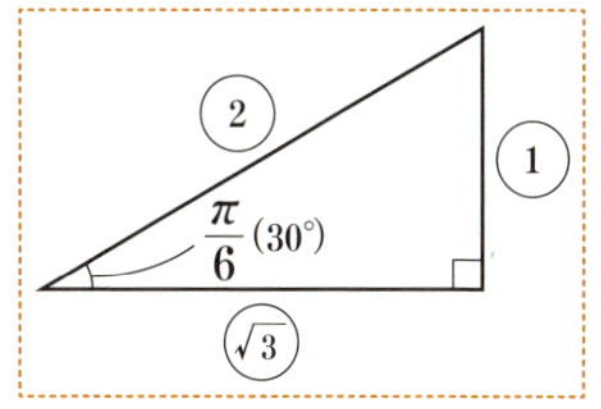

입니다. 편각을 $0 \le \theta < 2\pi$ 범위에서 나타내면 다음과 같습니다.

$$z = \sqrt{3} + i = 2\left(\frac{\sqrt{3}}{2} + i \cdot \frac{1}{2}\right) = 2\left(\cos\frac{\pi}{6} + i\sin\frac{\pi}{6}\right)$$

▼ 그림 7-49 복소수의 극형식

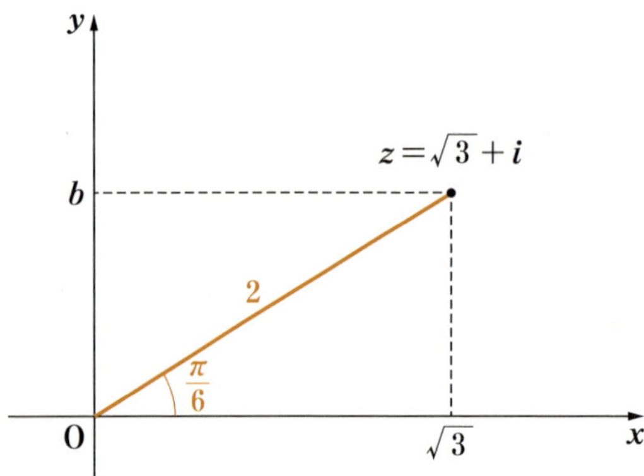

Note≡ 편각은 $0 \leq \theta < 2\pi$라고 단정할 수 없으므로

$$\theta = \frac{\pi}{6} + 2n\pi = \frac{\pi}{6}, \ \frac{13\pi}{6}, \ \frac{25\pi}{6}, \ \cdots\cdots$$

처럼 다양한 방법으로 나타낼 수 있습니다. 따라서

$$z = 2\left(\cos\frac{\pi}{6} + i\sin\frac{\pi}{6}\right) = 2\left(\cos\frac{13\pi}{6} + i\sin\frac{13\pi}{6}\right)$$
$$= 2\left(\cos\frac{25\pi}{6} + i\sin\frac{25\pi}{6}\right) = \cdots\cdots$$

입니다.

그런데 왜 복소수를 이런 형태로 나타내는 것일까요? 이는 **복소수를 극형식으로 나타내면 곱이나 나눗셈의 계산이 무척 편해지기 때문**(542쪽)입니다. 또한, 복소평면 위에서는 어떤 복소수에 절댓값이 1인 복소수

$$w = \cos\theta + i\sin\theta$$

를 곱하는 것이 **각도 θ만큼의 회전을 뜻한다**(545쪽)는 것도 꼭 염두해 두세요.

극형식의 곱셈

$$z_1 = r_1(\cos\theta_1 + i\sin\theta_1)$$

$$z_2 = r_2(\cos\theta_2 + i\sin\theta_2)$$

일 때의 곱을 계산합니다.

$$
\begin{aligned}
z_1 z_2 &= r_1(\cos\theta_1 + i\sin\theta_1)\cdot r_2(\cos\theta_2 + i\sin\theta_2) \\
&= r_1 r_2(\cos\theta_1 + i\sin\theta_1)(\cos\theta_2 + i\sin\theta_2) \qquad \boxed{i^2 = -1} \\
&= r_1 r_2(\cos\theta_1\cos\theta_2 + i\cos\theta_1\sin\theta_2 + i\sin\theta_1\cos\theta_2 + i^2\sin\theta_1\sin\theta_2) \\
&= r_1 r_2(\cos\theta_1\cos\theta_2 + i\cos\theta_1\sin\theta_2 + i\sin\theta_1\cos\theta_2 - \sin\theta_1\sin\theta_2) \\
&= r_1 r_2\{(\cos\theta_1\cos\theta_2 - \sin\theta_1\sin\theta_2) + i(\sin\theta_1\cos\theta_2 + \cos\theta_1\sin\theta_2)\}
\end{aligned}
$$

여기에서 삼각함수의 덧셈정리(264쪽)를 떠올려 보세요.

$$\cos(\alpha + \beta) = \cos\alpha\cos\beta - \sin\alpha\sin\beta$$

$$\sin(\alpha + \beta) = \sin\alpha\cos\beta + \cos\alpha\sin\beta$$

이었지요? 이에 따라

$$
\begin{aligned}
z_1 z_2 &= r_1 r_2\{(\cos\theta_1\cos\theta_2 - \sin\theta_1\sin\theta_2) + i(\sin\theta_1\cos\theta_2 + \cos\theta_1\sin\theta_2)\} \\
&= r_1 r_2\{\cos(\theta_1 + \theta_2) + i\sin(\theta_1 + \theta_2)\}
\end{aligned}
$$

이므로

$$|z_1 z_2| = r_1 r_2 = |z_1||z_2|$$

$$\arg z_1 z_2 = \theta_1 + \theta_2 = \arg z_1 + \arg z_2$$

임을 알 수 있습니다. 특히 편각을 덧셈으로 계산한다는 점이 극형식으로 곱을 계산할 때의 진정한 묘미입니다.

복소수의 곱과 절댓값, 편각

$$z_1 = r_1(\cos\theta_1 + i\sin\theta_1),\ \ z_2 = r_2(\cos\theta_2 + i\sin\theta_2)$$

일 때, 다음이 성립합니다.

(i)　$z_1 z_2 = r_1 r_2\{\cos(\theta_1 + \theta_2) + i\sin(\theta_1 + \theta_2)\}$

(ii)　$|z_1 z_2| = |z_1||z_2|$

(iii)　$\arg z_1 z_2 = \arg z_1 + \arg z_2$

극형식에서의 나눗셈

마찬가지로

$$z_1 = r_1(\cos\theta_1 + i\sin\theta_1)$$
$$z_2 = r_2(\cos\theta_2 + i\sin\theta_2)$$

일 때의 몫을 계산해 봅시다.

$$\frac{z_2}{z_1} = \frac{r_2(\cos\theta_2 + i\sin\theta_2)}{r_1(\cos\theta_1 + i\sin\theta_1)}$$

$$= \frac{r_2(\cos\theta_2 + i\sin\theta_2)}{r_1(\cos\theta_1 + i\sin\theta_1)} \times \frac{(\cos\theta_1 - i\sin\theta_1)}{(\cos\theta_1 - i\sin\theta_1)} \qquad \leftarrow \text{분모의 실수화}$$

$$= \frac{r_2(\cos\theta_2\cos\theta_1 + i\sin\theta_2\cos\theta_1 - i\cos\theta_2\sin\theta_1 - i^2\sin\theta_2\sin\theta_1)}{r_1(\cos^2\theta_1 - i^2\sin^2\theta_1)} \qquad \boxed{i^2 = -1}$$

$$= \frac{r_2(\cos\theta_2\cos\theta_1 + i\sin\theta_2\cos\theta_1 - i\cos\theta_2\sin\theta_1 + \sin\theta_2\sin\theta_1)}{r_1(\cos^2\theta_1 + \sin^2\theta_1)}$$

$$\boxed{\cos^2\theta + \sin^2\theta = 1}$$

$$= \frac{r_2\{(\cos\theta_2\cos\theta_1 + \sin\theta_2\sin\theta_1) + i(\sin\theta_2\cos\theta_1 - \cos\theta_2\sin\theta_1)\}}{r_1}$$

여기서 다시 삼각함수의 덧셈정리를 사용합니다.

$$\cos(\alpha - \beta) = \cos\alpha\cos\beta + \sin\alpha\sin\beta$$

$$\sin(\alpha - \beta) = \sin\alpha\cos\beta - \cos\alpha\sin\beta$$

이에 따라

$$\frac{z_2}{z_1} = \frac{r_2\{(\cos\theta_2\cos\theta_1 + \sin\theta_2\sin\theta_1) + i(\sin\theta_2\cos\theta_1 - \cos\theta_2\sin\theta_1)\}}{r_1}$$

$$= \frac{r_2}{r_1}\{\cos(\theta_2 - \theta_1) + i\sin(\theta_2 - \theta_1)\}$$

이므로

$$\left|\frac{z_2}{z_1}\right| = \frac{r_2}{r_1} = \frac{|z_2|}{|z_1|}$$

$$\arg\frac{z_2}{z_1} = \theta_2 - \theta_1 = \arg z_2 - \arg z_1$$

입니다. 극형식으로 계산하면 나눗셈의 편각은 뺄셈이 됩니다.

복소수의 몫과 절댓값, 편각

$$z_1 = r_1(\cos\theta_1 + i\sin\theta_1), \quad z_2 = r_2(\cos\theta_2 + i\sin\theta_2)$$

일 때, 다음이 성립합니다.

(i) $\dfrac{z_2}{z_1} = \dfrac{r_2}{r_1}\{\cos(\theta_2 - \theta_1) + i\sin(\theta_2 - \theta_1)\}$

(ii) $\left|\dfrac{z_2}{z_1}\right| = \dfrac{r_2}{r_1} = \dfrac{|z_2|}{|z_1|}$

(iii) $\arg\dfrac{z_2}{z_1} = \arg z_2 - \arg z_1$

회전을 나타내는 복소수

$$z_1 = r_1(\cos\theta_1 + i\sin\theta_1), \quad z_2 = r_2(\cos\theta_2 + i\sin\theta_2)$$

일 때,

$$z_1 z_2 = r_1 r_2 \{\cos(\theta_1 + \theta_2) + i\sin(\theta_1 + \theta_2)\}$$

이므로

$$z = r(\cos\theta + i\sin\theta), \quad w = \cos\varphi + i\sin\varphi$$

> **Note≡** φ은 '파이'라고 읽는 그리스 문자입니다. 각도를 나타낼 때 자주 사용합니다.

라고 하면

$$zw = r\{\cos(\theta + \varphi) + i\sin(\theta + \varphi)\}$$

입니다. 여기서 복소평면 위에 z를 나타내는 점을 P, zw를 나타내는 점을 Q 라 하면

$$|zw| = r = |z|$$
$$\arg(zw) = \theta + \varphi$$

이므로 Q(zw)는 P(z)를 원점을 기준으로 각도 φ만큼 반시계 방향으로 회전한 점이라는 것을 알 수 있습니다(그림 7-50 참조).

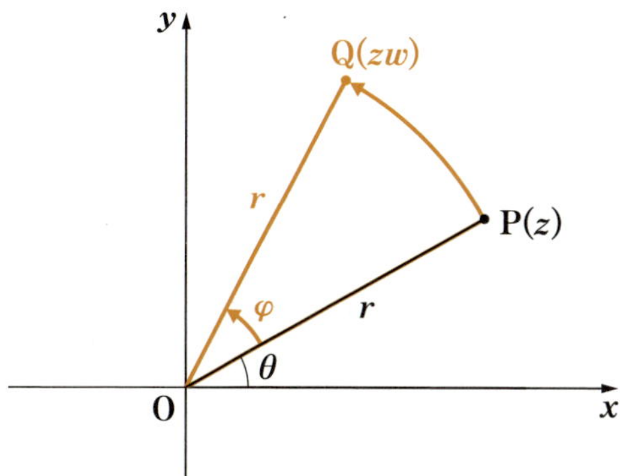

일반적으로 0이 아닌 복소수에 대하여

$$w = \cos\varphi + i\sin\varphi$$

를 곱한다는 말은 복소평면 위에서 **각도 φ만큼 회전이동**한다는 뜻입니다. 지금까지 살펴본 내용을 바탕으로 입시 문제에 도전해 봅시다.

문제 4

점 (a, b)는 a와 b가 모두 유리수일 때 유리점이라고 합니다. 세 꼭짓점이 모두 유리점인 정삼각형은 존재하지 않음을 증명하세요. 단, 필요하다면 $\sqrt{3}$이 무리수임을 증명 없이 사용해도 됩니다.

해설

유리수란 분수로 나타낼 수 있는 수를 말하는 것이었지요? 삼각형 OAB가 정삼각형일 때, B는 A를 원점을 기준으로 각도 $\pm\dfrac{\pi}{3}$만큼 회전이동한 점입니다. 여기에 착안해 각 점을 복소평면 위의 점으로 보고, A를 나타내는 복소수에

$$w = \cos\left(\pm\frac{\pi}{3}\right) + i\sin\left(\pm\frac{\pi}{3}\right)$$

를 곱해 B를 나타내는 복소수를 계산합니다.

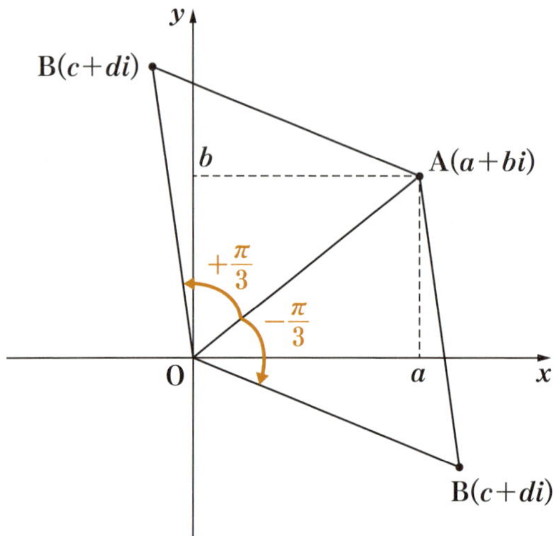

증명 자체는 먼저 세 점 모두가 유리점이라 가정하고 모순을 유도하는 **귀류법** (32쪽)을 사용합니다.

증명

복소평면 위의 세 꼭짓점이 모두 유리점인 정삼각형이 있다고 가정하면 그 중 한 점이 원점 O에 오도록 평행이동을 해도 나머지 두 꼭짓점은 유리점이 됩니다(유리수 $\pm$ 유리수 $=$ 유리수). 따라서 ΔOAB를 정삼각형으로 봐도 일반성을 잃지 않습니다.

이제 복소평면 위의 점을

$$O(0), \quad A(a+bi), \quad B(c+di)$$

라 합시다. 여기서 $a + bi$와 $c + di$는 0이 아닌 복소수이며, a, b, c, d는 유리수로 가정합니다.

점 B가 점 A를 원점을 중심으로 각도 $+\dfrac{\pi}{3}$만큼 회전이동한 점일 때,

$$c + di = (a + bi)\left(\cos\frac{\pi}{3} + i\sin\frac{\pi}{3}\right)$$

$$= (a + bi)\left(\frac{1}{2} + \frac{\sqrt{3}}{2}i\right)$$

$$= \frac{1}{2}a + \frac{\sqrt{3}}{2}ai + \frac{1}{2}bi + \frac{\sqrt{3}}{2}bi^2$$

$$= \frac{1}{2}a + \frac{\sqrt{3}}{2}ai + \frac{1}{2}bi - \frac{\sqrt{3}}{2}b$$

$$= \left(\frac{1}{2}a - \frac{\sqrt{3}}{2}b\right) + \left(\frac{\sqrt{3}}{2}a + \frac{1}{2}b\right)i$$

$$c + di = \left(\frac{1}{2}a - \frac{\sqrt{3}}{2}b\right) + \left(\frac{\sqrt{3}}{2}a + \frac{1}{2}b\right)i$$

이므로

$$\begin{cases} c = \dfrac{1}{2}a - \dfrac{\sqrt{3}}{2}b & \cdots ① \\[2mm] d = \dfrac{\sqrt{3}}{2}a + \dfrac{1}{2}b & \cdots ② \end{cases}$$

①에 의해 다음과 같이 정리됩니다.

$$2c = a - \sqrt{3}\,b \;\; \Rightarrow \;\; \sqrt{3}\,b = a - 2c \quad \cdots ③$$

(i) ③에서 $b \neq 0$일 때,

$$\sqrt{3} = \frac{a - 2c}{b} \quad \cdots ④$$

입니다. a, b, c는 유리수이므로 $\dfrac{b - 2c}{b}$도 유리수입니다. 반면, $\sqrt{3}$은 무리수이므로 ④는 '무리수 = 유리수'가 되어 모순입니다.

(ii) ③에서 $b = 0$일 때,

$$a = 2c \quad \cdots ⑤$$

$a + bi$는 0이 아닌 복소수이므로 a와 b가 동시에 0이 되는 일은 없습니다. 즉, $a \neq 0$이고 따라서 ⑤에 의해 $c \neq 0$입니다. 이때 ②에 의해

$$a = 2c$$

$$2d = \sqrt{3}\,a + b \;\Rightarrow\; 2d = 2\sqrt{3}\,c + b \;\Rightarrow\; 2\sqrt{3}\,c = 2d - b$$

입니다. $c \neq 0$이므로

$$\sqrt{3} = \frac{2d - b}{2c} \quad \cdots ⑥$$

이고, b, c, d는 유리수이므로 $\dfrac{2d - b}{2c}$도 유리수입니다. 그런데 $\sqrt{3}$은 무리수이므로 ⑥도 '무리수 = 유리수'가 되어 모순입니다.

또한, 점 B가 점 A를 원점 방향으로 각도 $-\dfrac{\pi}{3}$만큼 회전이동한 점일 때,

$$c + di = (a + bi)\left\{\cos\left(-\frac{\pi}{3}\right) + i\sin\left(-\frac{\pi}{3}\right)\right\}$$

$$\cos\left(-\frac{\pi}{3}\right) = \frac{1}{2}$$
$$\sin\left(-\frac{\pi}{3}\right) = -\frac{\sqrt{3}}{2}$$

$$= (a + bi)\left(\frac{1}{2} - \frac{\sqrt{3}}{2}i\right)$$

가 됩니다. 나머지 계산은 전반부와 같은 방법으로

$b \neq 0$일 때는

$$\sqrt{3} = \frac{2c - a}{b}$$

이고, $b = 0$일 때는

$$\sqrt{3} = \frac{b - 2d}{2c}$$

를 유도할 수 있으므로 역시 모순됩니다.

이에 따라 세 꼭짓점이 유리점인 정삼각형은 존재하지 않습니다.

증명 끝

드 무아브르의 공식

극형식으로 복소수의 곱을 계산해 구할 수 있는 드 무아브르의 공식은 응용 범위가 넓은 중요한 공식입니다.

$$z_1 = r_1(\cos\theta_1 + i\sin\theta_1), \quad z_2 = r_2(\cos\theta_2 + i\sin\theta_2)$$

일 때,

$$z_1 z_2 = r_1 r_2 \{\cos(\theta_1 + \theta_2) + i\sin(\theta_1 + \theta_2)\}$$

이므로 절댓값이 1인 복소수

$$z = \cos\theta + i\sin\theta$$

에 대하여

$$z^2 = z \cdot z = 1 \cdot 1 \{\cos(\theta + \theta) + i\sin(\theta + \theta)\} = \cos 2\theta + i\sin 2\theta$$
$$\Rightarrow \quad z^2 = (\cos\theta + i\sin\theta)^2 = \cos 2\theta + i\sin 2\theta$$

입니다. 마찬가지로

$$z^2 = \cos 2\theta + i\sin 2\theta, \quad z = \cos\theta + i\sin\theta$$

에 의해

$$z^3 = z^2 \cdot z = 1 \cdot 1 \{\cos(2\theta + \theta) + i\sin(2\theta + \theta)\} = \cos 3\theta + i\sin 3\theta$$
$$\Rightarrow \quad z^3 = (\cos\theta + i\sin\theta)^3 = \cos 3\theta + i\sin 3\theta$$

입니다. 마찬가지로

$$z^3 = \cos 3\theta + i\sin 3\theta, \quad z = \cos\theta + i\sin\theta$$

에 의해

$$z^4 = z^3 \cdot z = 1 \cdot 1 \{\cos(3\theta + \theta) + i\sin(3\theta + \theta)\} = \cos 4\theta + i\sin 4\theta$$

$$\Rightarrow \quad z^4 = (\cos\theta + i\sin\theta)^4 = \cos 4\theta + i\sin 4\theta$$

입니다. 이쯤 계산하면

$$z^5 = (\cos\theta + i\sin\theta)^5 = \cos 5\theta + i\sin 5\theta$$

임이 명백해집니다. 이들을 복소평면 위에 나타내면 그림과 같습니다.

▼ 그림 7-52 드 무아브르의 공식

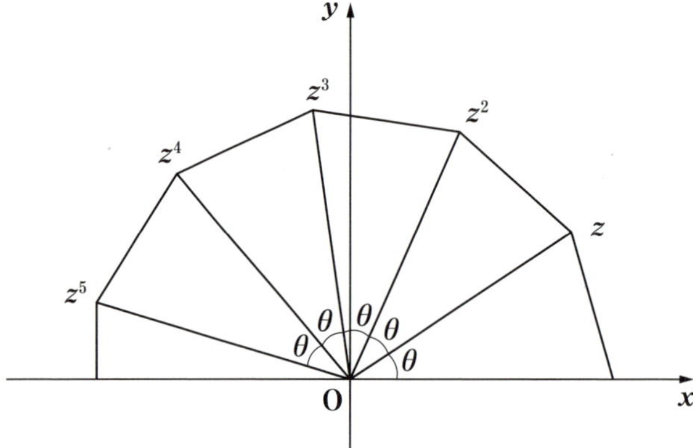

이에 따라 다음 공식이 성립합니다.

드 무아브르의 공식

n이 정수일 때, 다음이 성립합니다.

$$(\cos\theta + i\sin\theta)^n = \cos n\theta + i\sin n\theta$$

$$z = 1 + \sqrt{3}\, i$$

일 때, z^9을 구해 봅시다. 먼저 z를 극형식으로 나타냅니다.

$$|z| = \sqrt{1^2 + (\sqrt{3})^2} = \sqrt{1+3} = \sqrt{4} = 2$$

> $z = a + bi$일 때,
> $|z| = \sqrt{a^2 + b^2}$

에 의해 다음과 같이 구할 수 있습니다.

$$z = 1 + \sqrt{3}\, i = 2\left(\frac{1}{2} + \frac{\sqrt{3}}{2}i\right) = 2\left(\cos\frac{\pi}{3} + i\sin\frac{\pi}{3}\right)$$

$$z^9 = \left\{2\left(\cos\frac{\pi}{3} + i\sin\frac{\pi}{3}\right)\right\}^9$$

$$= 2^9 \cdot \left(\cos\frac{\pi}{3} + i\sin\frac{\pi}{3}\right)^9$$

$$= 2^9 \cdot \left\{\cos\left(9 \times \frac{\pi}{3}\right) + i\sin\left(9 \times \frac{\pi}{3}\right)\right\}$$

> $(\cos\theta + i\sin\theta)^n = \cos n\theta + i\sin n\theta$

> $2^9 = 512$

$$= 512 \cdot (\cos 3\pi + i\sin 3\pi)$$

$$= 512 \cdot (-1 + i \cdot 0)$$

$$= -512$$

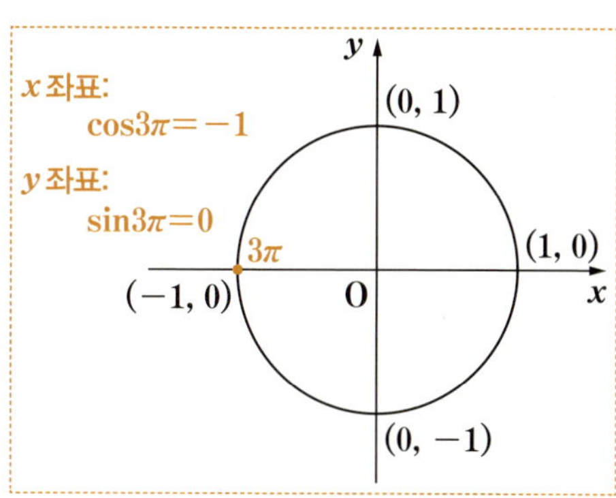

> $2\pi = 360°$이므로
> $3\pi = 2\pi + \pi$는
> $\pi\,(180°)$와 같다.
> $\cos\pi = -1$, $\sin\pi = 0$

1의 n제곱근

마지막으로 드 무아브르의 공식을 사용해 다음 방정식의 해를 구해 봅시다. n은
자연수입니다.

$$z^n = 1 \quad \cdots ①$$

일반적으로 두 복소수 z_1과 z_2에 대하여

$$|z_1 z_2| = |z_1||z_2|$$

가 성립하는 것은 이미 확인했습니다(541쪽). 이에 따라

$$|z^2| = |z \cdot z| = |z||z| = |z|^2$$

이군요. 마찬가지로

$$|z^3| = |z^2 \cdot z| = |z^2||z| = |z|^2|z| = |z|^3$$

이므로 이를 반복하면

$$|z^n| = |z|^n \quad \cdots ②$$

을 구할 수 있습니다. ①에 의해

$$|z^n| = 1$$

이고, ②에 의해

$$|z|^n = 1$$

입니다. $|z|$는 복소수 z의 절댓값이므로 양의 실수입니다. 따라서

$$|z|^n = 1 \quad \Rightarrow \quad |z| = 1$$

입니다. 여기서

$$z = \cos\theta + i\sin\theta \ (0 \le \theta < 2\pi) \quad \cdots ③$$

로 두면 ①에 의해

$$z^n = 1$$

$$\Rightarrow \ (\cos\theta + i\sin\theta)^n = 1$$

$$\Rightarrow \ \cos n\theta + i\sin n\theta = 1$$

$$\Rightarrow \ \cos n\theta + i\sin n\theta = 1 + 0 \cdot i$$

$$(\cos\theta + i\sin\theta)^n = \cos n\theta + i\sin n\theta$$

가 됩니다. 따라서

$$a + bi = p + qi \ \Leftrightarrow \ a = p, \ b = q$$

$$\cos n\theta = 1, \ \sin n\theta = 0$$

$$\therefore \ \ n\theta = 2k\pi$$

$$\Rightarrow \ \theta = \frac{2k\pi}{n} \ (k\text{는 상수}) \ \cdots ④$$

입니다. $0 \leq \theta < 2\pi$에 의해

$$0 \leq \frac{2k\pi}{n} < 2\pi$$

$$\Rightarrow \ 0 \leq 2k\pi < 2n\pi$$

$$\Rightarrow \ 0 \leq k < n$$

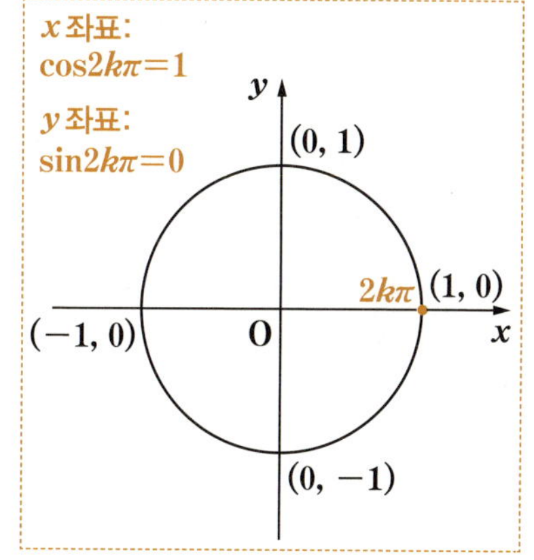

이고, k는 정수이므로

$$k = 0, \ 1, \ 2, \ \cdots, \ n-1 \ \cdots ⑤$$

입니다. 결국 $z^n = 1$의 해는 ③, ④, ⑤에 의해 다음과 같이 나타낼 수 있습니다.

$$z = \cos\frac{2k\pi}{n} + i\sin\frac{2k\pi}{n} \ (k = 0, \ 1, \ 2, \ \cdots, \ n-1)$$

Note≡ $z^n = 1$의 해를 **1의 n제곱근**이라고 합니다.

1의 n제곱근은 복소수 범위에서 n개 존재합니다.

▶ 오일러의 공식 유도하기

자, 드디어 이 책도 막바지에 다다랐습니다. 마지막으로 101쪽에서 '세상에서 가장 아름다운 수식'으로 소개했던 오일러의 공식을 증명해 봅시다.

오일러의 공식 $e^{i\theta} = \cos\theta + i\sin\theta$

오일러의 공식을 증명하는 방법은 여러 가지가 있지만 이번 칼럼에서는

    (1) 삼각함수의 주요 극한

    (2) 네이피어 수의 허수승

    (3) 드 무아브르의 공식을 사용한 증명

의 순으로 오일러의 공식을 증명합니다.

(1) 삼각함수의 주요 극한

다음 그림과 같이 **반지름이 1인 부채꼴 OAB**에 내접하는 **직각삼각형 OPB**와 외접하는 **직각삼각형 OAQ**를 생각해 봅시다(θ는 라디안이며 251쪽 참조).

▼ 그림 7–53 부채꼴 OAB, 직각삼각형 OPB, 직각삼각형 OAQ

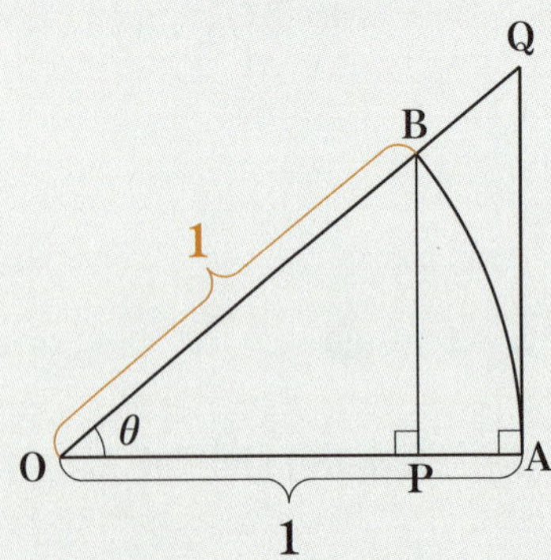

세 도형의 넓이는 명백히

$$\triangle OPB \leq 부채꼴\, OAB \leq \triangle OAQ$$

입니다. 부채꼴 OAB의 넓이는

$$1^2\pi \times \frac{\theta}{2\pi} = \frac{1}{2} \cdot 1^2 \cdot \theta$$

이며, 삼각비의 정의(62쪽)에 따라

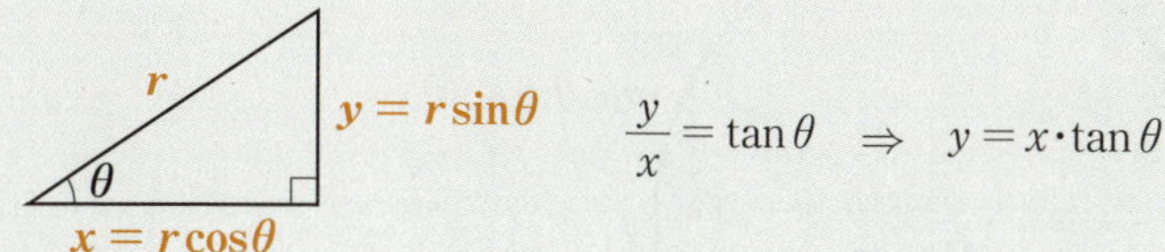

이므로

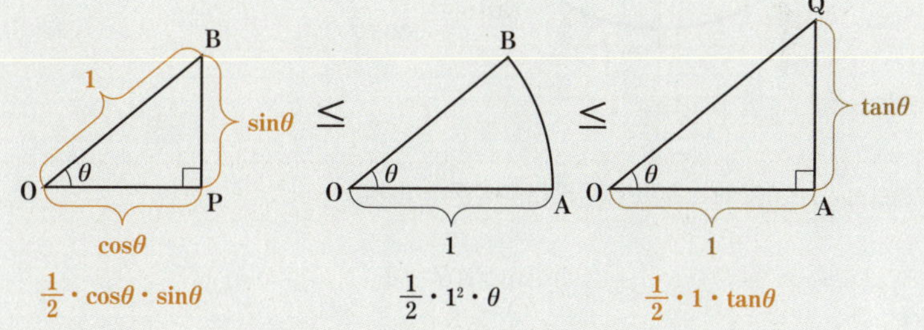

가 됩니다. 이를 통해 다음과 같이 정리합니다.

$$\frac{1}{2}\cdot\cos\theta\cdot\sin\theta \leq \frac{1}{2}\cdot 1^2\cdot\theta \leq \frac{1}{2}\cdot 1\cdot\tan\theta$$

$$\Rightarrow\;\; \cos\theta\sin\theta \leq \theta \leq \tan\theta$$

$$\Rightarrow\;\; \cos\theta\sin\theta \leq \theta \leq \frac{\sin\theta}{\cos\theta}$$

$$\Rightarrow\;\; \cos\theta \leq \frac{\theta}{\sin\theta} \leq \frac{1}{\cos\theta}$$

여기서 θ를 한없이 0에 가깝게 접근시켜 봅시다. 삼각함수의 정의(251쪽)에 의해 $\theta = 0$일 때 P는 $(1, 0)$에 겹쳐지므로 그림과 같이 됩니다.

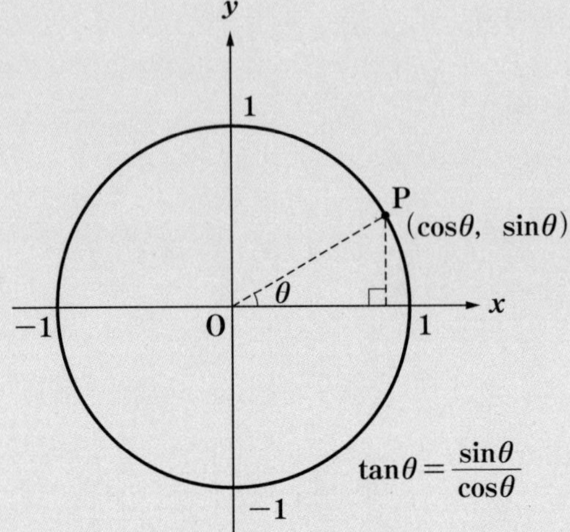

따라서 $\theta \to 0$일 때 $\cos\theta$의 극한값(339쪽)은 1이므로

$$\lim_{\theta \to 0}\cos\theta = 1$$

입니다. 이를 사용하면

$$\cos\theta \leq \frac{\theta}{\sin\theta} \leq \frac{1}{\cos\theta}$$

$$\Rightarrow \quad \lim_{\theta \to 0}\cos\theta \leq \lim_{\theta \to 0}\frac{\theta}{\sin\theta} \leq \lim_{\theta \to 0}\frac{1}{\cos\theta}$$

$$\Rightarrow \quad 1 \leq \lim_{\theta \to 0}\frac{\theta}{\sin\theta} \leq 1$$

입니다. 이렇게 되면 $\lim\limits_{\theta \to 0}\dfrac{\theta}{\sin\theta}$는 1 이상 1 이하라는 말이 되네요. 즉,

$$\lim_{\theta \to 0}\frac{\theta}{\sin\theta} = 1$$

입니다! 이대로도 충분하지만 보통은 이 극한의 θ를 분모의 형태로 나타냅니다.

$$\lim_{\theta \to 0} \frac{\sin\theta}{\theta} = 1$$

250쪽에서 언급했듯이 삼각함수에서 호도법을 사용하는 이유는 입력값으로 무차원수를 사용하고자 하는 의도도 있지만, 사실은 위에서 구한

$$\lim_{\theta \to 0} \frac{\sin\theta}{\theta} = 1$$

을 성립시키기 위한 것이 가장 큰 이유입니다.

(2) 네이피어 수 e의 허수승

이번에는 극한

$$\lim_{n \to \infty} \left(1 + \frac{x}{n}\right)^n$$

을 생각합니다.

$$\frac{x}{n} = k$$

이면 $n \to \infty$일 때 $k \to 0$이므로

$$\lim_{n \to \infty}\left(1 + \frac{x}{n}\right)^{n} = \lim_{k \to 0}(1+k)^{\frac{x}{k}} \qquad \boxed{\frac{x}{n} = k \;\Rightarrow\; n = \frac{x}{k}}$$

$$= \lim_{k \to 0}\left\{(1+k)^{\frac{1}{k}}\right\}^{x}$$

$$= \left\{\lim_{k \to 0}(1+k)^{\frac{1}{k}}\right\}^{x}$$

입니다. 네이피어 수 e의 정의(357쪽)로 돌아가면

$$e = \lim_{k \to 0}(1+k)^{\frac{1}{k}}$$

이었지요? 따라서

$$\lim_{n \to \infty}\left(1 + \frac{x}{n}\right)^{n} = \left\{\lim_{k \to 0}(1+k)^{\frac{1}{k}}\right\}^{x} = e^{x}$$

입니다. 이에 따라

$$e^{x} = \lim_{n \to \infty}\left(1 + \frac{x}{n}\right)^{n}$$

입니다. 여기서 i를 허수단위(99쪽)로, θ를 임의의 실수로 한

$$x = i\theta$$

를 위 식에 대입하면

$$e^{i\theta} = \lim_{n \to \infty}\left(1 + \frac{i\theta}{n}\right)^{n}$$

이 됩니다. 이를 **네이피어 수 e의 허수승의 정의식**으로 합시다.

Note≣ 물론 지수의 허수승을 이렇게 정의하는 것이 타당한지에 대해서는 논란의 여지가 있지만 설명은 생략하겠습니다.

(3) 드 무아브르의 공식을 사용한 증명

n이 충분히 클 때, $\dfrac{\theta}{n}$는 0에 가까운 수가 됩니다.

(1)에 의해

$$\lim_{\theta \to 0} \frac{\sin\theta}{\theta} = 1$$

이므로 $\dfrac{\theta}{n}$가 0에 가까운 수일 때,

$$\frac{\sin\dfrac{\theta}{n}}{\dfrac{\theta}{n}} \fallingdotseq 1 \quad \Rightarrow \quad \sin\frac{\theta}{n} \fallingdotseq \frac{\theta}{n} \quad \cdots ①$$

입니다. 또한, $\cos 0 = 1$에 의해

$$\cos\frac{\theta}{n} \fallingdotseq 1 \quad \cdots ②$$

이고 ①, ②에 의해

$$\left(1 + \frac{i\theta}{n}\right)^n = \left(1 + i \cdot \frac{\theta}{n}\right)^n \fallingdotseq \left(\cos\frac{\theta}{n} + i\sin\frac{\theta}{n}\right)^n \quad \cdots ③$$

이 됩니다. 드 무아브르의 공식에 의해

$$\left(\cos\frac{\theta}{n} + i\sin\frac{\theta}{n}\right)^n$$

$$= \left\{\cos\left(n \cdot \frac{\theta}{n}\right) + i\sin\left(n \cdot \frac{\theta}{n}\right)\right\}$$

$$= (\cos\theta + i\sin\theta)$$

> 드 무아브르의 공식(550쪽)
> $(\cos\theta + i\sin\theta)^n = \cos n\theta + i\sin n\theta$

입니다. ③에 의해

$$\left(1 + \frac{i\theta}{n}\right)^n \fallingdotseq (\cos\theta + i\sin\theta) \quad \cdots ④$$

입니다. $n \to \infty$일 때, (2)에 의해

$$\left(1+\frac{i\theta}{n}\right)^n \to e^{i\theta}$$

입니다. 또한, $n \to \infty$일 때, ①, ②에 의해

$$\sin\frac{\theta}{n} \to \frac{\theta}{n}, \quad \cos\frac{\theta}{n} \to 1$$

이므로 ④의 오차는 0에 수렴합니다(노트 참조). 따라서 ④에 의해 다음과 같이 정리됩니다.

$$e^{i\theta} = \cos\theta + i\sin\theta$$

증명 끝

$\theta = \pi$이면 다음과 같이 구할 수 있습니다.

$$e^{i\pi} = \cos\pi + \sin\pi = -1 + 0$$
$$\Rightarrow \quad e^{i\pi} + 1 = 0$$

> **Note** $n \to \infty$일 때, ④의 오차가 0에 수렴하는 것을 엄밀하게 나타내려면 대학에서 배우는 '테일러 정리'로 ①과 ②의 오차를 평가해야 합니다.

우선 이 두꺼운 책을 끝까지 읽어 주신 점에 진심으로 감사와 경의를 표합니다. 감사합니다. 그리고 정말 수고했습니다.

고백하건대, 이 책을 쓰기 시작했을 때만 해도 설마 이 정도의 두께가 되리라고는 예상하지 못했습니다. 좀 더 간단히 개괄적으로 '고등학교 수학은 무엇이었을까'라는 질문에 답할 수 있으리라 생각했습니다. 하지만 글을 쓰다 보니 전하고 싶은 내용과 설명을 줄일 수 없는 내용이 계속 더해져 분량이 늘어나 버렸습니다.

책을 쓸 때는 제한된 페이지 수에 맞추어 원고를 줄여야 하는 경우가 많습니다. 하지만 감사하게도 편집부에서 '분량은 신경 쓰지 마시고 철저하게 작업을 해 주십시오'라고 먼저 배려해 주신 덕에 원하는 내용을 모두 적을 수 있었습니다.

아무리 그래도 고등학교 3년간 배우는 수학의 내용을 한 권에 정리하려면 내용을 상당 부분을 요약해야 했습니다. 그래서 고등학교 수학의 모든 것을 알고 싶거나 더 다양한 응용과 발전된 모습이 궁금한 분들을 위한 '참고 도서'를 남겨둡니다.

교과서를 포함한 이 모든 책들은 (저서는 차치하고)제가 항상 옆에 두는 양서뿐입니다. 이 책의 내용 전체에서 웅변한(적어도 의도는 그랬던) '수학을 배우는 자세'로 임해 주시면 진정한 수학의 세계를 맛볼 수 있을 것입니다.

제 일생의 과업은 수학을 배우는 의미와 의의를 한 분이라도 많은 분께 전하는 것입니다. 여러분이 수학 공부를 앞으로도 계속해 주기를, 그리고 언젠가 다시 어딘가에서 만날 수 있기를 진심으로 기대하고 펜을 놓습니다.

이 책을 잘 따라와주어 정말 감사합니다.

나가노 히로유키